KASPAR ELM

MITTELALTERLICHES ORDENSLEBEN
IN WESTFALEN UND AM NIEDERRHEIN

Studien und Quellen
zur westfälischen Geschichte

Im Auftrag des Vereins für Geschichte und Altertumskunde Westfalens
Abteilung Paderborn
begründet von Klemens Honselmann
herausgegeben von Friedrich Gerhard Hohmann
Band 27

Kaspar Elm

# Mittelalterliches Ordensleben in Westfalen und am Niederrhein

BONIFATIUS
Druck · Buch · Verlag
PADERBORN

CiP-Titelaufnahme der Deutschen Bibliothek

**Elm, Kaspar:**
Mittelalterliches Ordensleben in Westfalen und am Niederrhein / Kaspar Elm.
– Paderborn: Bonifatius, 1989
 (Studien und Quellen zur westfälischen Geschichte; Bd. 27)
ISBN 3-87088-590-4
NE: GT

ISBN 3 87088 590 4

© 1989 by Bonifatius GmbH Druck · Buch · Verlag Paderborn

Gesamtherstellung: Bonifatius GmbH Druck · Buch · Verlag Paderborn

# Inhalt

Vorwort . . . . . . . . . . . . . . . . . . . . . . . . . . . . 6

## I. Prämonstratenser, Zisterzienser und Wilhelmiten . . . . . . . 7

Norbert von Xanten. Bedeutung – Persönlichkeit – Nachleben . . . 7

Das männliche und weibliche Zisterziensertum in Westfalen von den Anfängen bis zur Reformation . . . . . . . . . . . . . . . . 45

Westfälisches Zisterziensertum und spätmittelalterliche Reformbewegung . . . . . . . . . . . . 66

Die münsterländischen Klöster Groß-Burlo und Klein-Burlo. Ihre Entstehung, Observanz und Stellung in der nordwesteuropäischen Reformbewegung des 15. Jahrhunderts . . . . . . . . 87

Ein Plan des Klosters Groß-Burlo aus dem Jahre 1728 . . . . . . . 114

## II. Bettelorden . . . . . . . . . . . . . . . . . . . . . . . . 130

Die Augustiner-Eremiten in Westfalen . . . . . . . . . . . . . . 130

Die Augustiner-Eremiten in Osnabrück. Der Zeitpunkt und die Umstände ihrer Niederlassung . . . . . . 144

Termineien und Hospize der westfälischen Augustiner-Eremitenklöster Osnabrück, Herford und Lippstadt . . . . . . . . . . . . 151

Mendikantenstudium, Laienbildung und Klerikerschulung im spätmittelalterlichen Westfalen . . . . . . . . . . . . . . . . . 184

## III. Devotio moderna und Kreuzherren . . . . . . . . . . . . . 214

Die Bruderschaft vom gemeinsamen Leben. Eine geistliche Lebensform zwischen Kloster und Welt, Mittelalter und Neuzeit . . . . . . . . . . . . . . . . . . . . . 214

Die Devotio moderna im Weserraum . . . . . . . . . . . . . . 231

Entstehung und Reform des belgisch-niederländischen Kreuzherrenordens. Ein Literaturbericht . . . . . . . . . . . . . . . . . . . . . . 236

Weitere das mittelalterliche Ordensleben in Westfalen und am Niederrhein betreffende Veröffentlichungen . . . . . . . . 257

# Vorwort

An Studien zur Geschichte von Orden und Klöstern in Westfalen und am Niederrhein besteht kein Mangel. Wenn sich der Verein für Geschichte und Altertumskunde Westfalens, Abteilung Paderborn, dennoch entschlossen hat, zu diesem Themenkreis zwölf Aufsätze von Kaspar Elm unverändert in einem Sammelband herauszugeben, so geschah das vor allem deshalb, weil in ihnen stärker als in vielen anderen Untersuchungen die Fragestellungen und Methoden der modernen Ordensgeschichtsforschung für regionale Studien fruchtbar gemacht werden. Kaspar Elm, Professor an der Freien Universität Berlin und Initiator des an ihr bestehenden Arbeitskreises für „Vergleichende Ordensforschung", gehört zu den wenigen Historikern, die sich durch eigene Forschungen fast alle Bereiche der hoch- und spätmittelalterlichen Ordensgeschichte Europas erschlossen haben. Diese Weite des Horizonts prägt auch Elms Arbeiten zu Orden und Klöstern in Westfalen und am Niederrhein; denn in ihnen spiegeln sich die Entwicklungen und Probleme der allgemeinen Ordensgeschichte ebenso wie die regionalspezifischen Bedingungen, unter denen Männer und Frauen versuchten, ihr Leben in religiösen Gemeinschaften zu gestalten. Diese überall deutlich werdende Verbindung von Allgemeinem und Besonderem macht die Lektüre der folgenden Aufsätze reizvoll und lohnend.

Für die freundliche Erteilung der Abdruckerlaubnis ist den Rechteinhabern zu danken. Die Drucklegung ermöglichten die Erzbistümer Köln und Paderborn, die Bistümer Berlin, Essen und Münster sowie die Freie Universität Berlin; ihnen sei dafür gedankt.

Paderborn, im September 1989            Friedrich Gerhard Hohmann

# I. Prämonstratenser, Zisterzienser und Wilhelmiten

## Norbert von Xanten
### Bedeutung — Persönlichkeit — Nachleben*

Wenn in Hand- und Lehrbüchern der Geschichte des Mittelalters über Norbert von Xanten berichtet wird, ist nur selten von ihm allein die Rede. Schon bald fällt der Name Bernhards, werden neben den auf Norbert zurückgehenden Prämonstratensern die Zisterzienser genannt, die durch den Abt von Clairvaux zur Blüte gelangten.[1] Norbert und Bernhard, die Prämonstratenser und Zisterzienser gehören so eng zusammen wie Franz von Assisi und Dominikus von Caleruega, wie die Minderbrüder und Prediger.[2] Ähnlich wie die Legendenschreiber, Dichter und bildenden Künstler des Duecento, die Franz und Dominikus als Dioskuren sahen und als Räder eines Streitwagens bezeichneten, auf dem sich die Kirche ihrer Feinde erwehrte, haben auch die Zeitgenossen Bernhards und Norberts die Nähe zwischen dem Abt von Clairvaux und dem Erzbischof von Magdeburg allegorisch umschrieben. Die *Vita Norberti* B zitiert ein Dictum, wonach sich die *caritas* in Bernhard und die *fides* in Norbert darstellen.[3] Was hier nur anklingt, wird von Hermann von Tournai[4] und Laurenz von Lüttich[5] vertieft und ausgeweitet. Sie preisen Bernhard und Norbert als fruchtbare Bäume im Garten der Kirche und ölreiche Oliven vor den Augen des Herrn und feiern ihre Orden als Erfüllung apokalyptischer Voraussagungen, ja als Cherubim, die mit den Flügeln die Kirche unter ihren Schutz nehmen.

Bei einer theologischen Überhöhung, die Bernhard und Norbert als führende Geister ihrer Zeit, ja als heilsgeschichtlich bedeutsame Gestalten erscheinen läßt, liegt es nahe, zu fragen, was die beiden Männer denn nun wirklich verband, wo sich ihre

---

* In: K. Elm (Hg.), Norbert von Xanten. Adliger — Ordensstifter — Kirchenfürst, Köln 1984, 267-318.

1 Als Beispiel seien genannt: *K. Jordan*, Investiturstreit und frühe Stauferzeit (1056-1197), in: Gebhardt. Handbuch der deutschen Geschichte, hg. v. *H. Grundmann,*⁹ Stuttgart 1970, I, 365-366. *F. Kempf*, Die innere Wende des christlichen Abendlandes während der gregorianischen Reform, in: Handbuch der Kirchengeschichte, hg. v. *H. Jedin*, Freiburg 1966, III, 1, 528-529.

2 *K. Elm*, Franziskus und Dominikus. Wirkungen und Antriebskräfte zweier Ordensstifter, Saeculum 23 (1972) 127-147.

3 Vita B, PL 170, 1269: *Unde quidam cum diceret quis in quo illius quo ipse vivebat temporis excelleret, ait: In Norberto eminet fides, in Bernardo Claraevallensi charitas, in Milone Tarvanensi humilitas.*

4 De miraculis S. Mariae Laudunensis, MGH SS XII, 655: *dicentes cum apostolo: Nostra autem conversatio in coelis est, ubi Christus est, ad dexteram Dei sedens, celestibusque Seraphin mente coniuncti, solo Christi iugiter ardent amore . . .*

5 Gesta Episcoporum Virdunensium, MGH SS X, 512: *subsecuta sunt deinde illa duo cherubin expandentia alas suas in medio ecclesiae et versis vultibus in propitiatorium se mutuo respicientia, id est duo praeclarissimi Ordines . . . Credas hos duos ordines esse de Apocalypsi duos prophetas circa finem mundi a Deo missos et sacco poenitentiae amictos, duas olivas coelestis clementiae duoque candelabra divinae gratiae.*

Wege kreuzten, was der eine vom anderen hielt und worin Gemeinsamkeit und
Verschiedenheit der beiden Orden bestanden. So verlockend es ist, auf diese Fragen
einzugehen,[6] ja über die Darstellung der Fakten hinaus am Verhältnis der beiden
Männer den für das Denken des 12. Jahrhunderts so wichtigen Gegensatz zwischen
Mönchen und Kanonikern sichtbar zu machen, soll hier die Bedeutung, die
Persönlichkeit und das Nachleben des vom Kanoniker zum Ordensstifter und
Erzbischof gewordenen rheinischen Adligen im Mittelpunkt stehen und auf
Bernhard von Clairvaux, der die Historiker seit je stärker angezogen hat,[7] nur da
hingewiesen werden, so sich im Vergleich mit ihm Gestalt und Bedeutung Norberts
schärfer erfassen und genauer bestimmen lassen.

# I.

Ein Vergleich mit Bernhard von Clairvaux, der sich bei allem, was er schrieb und
sprach, als „Künstler und Dichter, als ein Humanist mit dem Streben nach Schönheit"[8] erwies, muß dann zuungunsten Norberts ausfallen, wenn es um geistiges
Wirken und literarische Tätigkeit geht.

Der zwischen Maas und Rhein, zwar nicht im Zentrum, aber auch nicht am Rande des
hochmittelalterlichen Geistesleben als Sohn des Herbert von Gennep und seiner
Gattin Hadewig geborene Norbert, der nach Ausweis der Quellen über gute
intellektuelle Begabung verfügte, kam im Xantener St. Viktorstift, in das er wohl als
*puer* aufgenommen wurde, nicht in schlechte Hände. Die dortigen Magister und
Scholaster kannten nicht nur ihre liturgischen, sondern auch ihre literarischen Texte,
was er als Kleriker brauchte, konnte er bei ihnen lernen.[9] Der Hof des Erzbischofs
von Köln, an dem er *non minimus haberetur*,[10] die königliche Hofkapelle, der er nach

---

6 Neben den älteren Arbeiten über das Verhältnis der beiden Orden und Ordensstifter jetzt:
*F. Petit*, Bernhard et l'Ordre de Prémontré, in: Bernard de Clairvaux (Commission d'Histoire
de l'Ordre de Cîteaux III) Paris 1953, 289-307. *P. Vermeer*, S. Bernardus en de orden der
reguliere kanunniken van Prémontré, St. Victor en Arrouaise, in: St. Bernardus van Clairvaux.
Gedenkboek, Rotterdam 1953. *E. Brouette*, Le „Commemoratio fratrum Cisterciensium" dans
les obituaires norbertins, Cîteaux in de Nederlanden 9 (1958) 218-222. *T. Gerits*, Les actes de
confraternité de 1142 et de 1153 entre Cîteaux et Prémontré, Analecta Praemonstratensia 40
(1964) 192-205. *K. Spahr*, Zum Freundschaftsbündnis zwischen Cisterciensern und Prämonstratensern, Cistercienser-Chronik 73 (1966) 10-17.

7 *R. Gregoire*, Bernhard von Clairvaux, in: Lexikon des Mittelalters, München 1980, 9,
1992-1995. *J. Miethke*, Bernhard von Clairvaux, in: Die Zisterzienser (wie Anm. 43) 47-55.
*J. Leclercq*, Bernhard von Clairvaux, in: Theologische Realenzyklopädie, Berlin/New York
1980, V, 645-651.

8 *Leclercq* (wie Anm. 7) 646.

9 Über Stiftsschule, Scholaster, Magister, *Canonici scolares* und Handschriften von St. Viktor
an der Wende vom 11. zum 12. Jahrhundert: *W. Classen*, Das Erzbistum Köln. Archidiakonat
Xanten I (Germania Sacra III, 1) Berlin 1938, 51-58, 75-76, 100-103. *F. W. Oediger*,
Monasterium beati Victoris Christi martyris. Zur Frühgeschichte des Xantener Stiftskapitels
(vor 1300), in: *H. Borger* und *Ders.*, Beiträge zur Frühgeschichte des Xantener Viktorstiftes
(Rheinische Ausgrabungen 6) Düsseldorf 1969, 220, 242-243. Jetzt auch in: *Ders.*, Vom Leben
am Niederrhein. Aufsätze aus dem Bereich des alten Erzbistums Köln, Düsseldorf 1973,
117-185.

10 Vita A, 671.

Hermann von Tournai 1111 als *capellanus* angehört haben soll,[11] das Kloster Siegburg, wohin er sich nach seiner Umkehr im Jahre 1115 wandte,[12] und schließlich die Schule von Laon, mit der er spätestens nach seinem Aufbruch aus Xanten im Jahre 1118 Kontakt aufnahm,[13] boten zweifellos mehr. In Köln bestimmte der nicht nur für die Theologie, sondern auch für das Ordensleben aufgeschlossene Erzbischof Friedrich I. das Klima,[14] am Hofe Heinrichs V. hatte mit Adalbert von Saarbrücken ein Mann das Amt des Reichskanzlers inne, von dem die Hildesheimer Annalen sagen, er sei *omnium cancellariorum, qui ante eum fuerant in aula regis, celeberrimus* gewesen.[15] In Siegburg wirkte mit Abt Cuno ein anregender Geist, der hier Rupert von Deutz nicht nur Gastfreundschaft gewährte,[16] sondern ihn auch zu tiefgründigen Werken inspirierte, während in Laon nach dem Tode des berühmten Magisters Anselm, eines der Vorläufer der Scholastik, dank der Fähigkeiten seines Bruders Radulf noch viel von dem intellektuellen Glanz erhalten geblieben war, der eine Generation zuvor die besten Geister der Zeit angezogen hatte.[17]

Angesichts solcher Möglichkeiten verwundert es nicht, daß Norberts Bildung und intellektuelle Fähigkeiten innerhalb und außerhalb des Ordens geschätzt wurden,[18]

---

11 Historia Restaurationis Abbatiae Tornacensis, MGH SS XII, 662: *Quidam clericus nomine Norbertus, qui in eadem captione cappelanus imperatoris fuerat.*

12 Vita A, 671.

13 Hermann von Tournai: De miraculis S. Mariae Laudunensis, MGH SS XII, 656, und Vita A, 678. Wenn es an dieser Stelle von Drogo, dem Prior von St. Nicaise in Reims, heißt, *quem* (Norbertus) *aliquando notum et socium in scolis habuerat,* liegt die schon u. a. von *G. van den Elsen,* Kritische Untersuchungen über die Lebensbeschreibung des heiligen Norbert, Geschichtsblätter für Stadt und Land Magdeburg 21 (1886) 340, geäußerte und von *S. Martinet,* L'École de Laon au XIIe siècle. Anselme de Laon et Abélard, in: Mémoires de la Fédération des Sociétés d'histoire et d'archéologie de l'Aisne 26 (1981) 57-63 aufgenommene Vermutung nahe, Norbert habe schon vor seiner Umkehr einige Zeit in Laon „studiert". Vorsichtiger: *W. M. Grauwen,* Guibert van Nogent en Norbert van Gennep, Analecta Praemonstratensia 49 (1983) 207.

14 *W. Neuss* und *F. W. Oediger,* Geschichte des Erzbistums Köln II, Köln 1964, 204-215. *R. Rosen,* Die Stellung der Kölner Erzbischöfe Heribert bis Friedrich I. zu den Klöstern (999-1130), Jahrbuch des Kölnischen Geschichtsvereins 41 (1967) 119-181.

15 Annales Hildesheimenses, MGH SS rer. Germ., 62. *F. Hausmann,* Reichskanzlei und Hofkapelle unter Heinrich V. und Konrad III. (Schriften der Monumenta Germinae historica 14) Stuttgart 1956, 11.

16 Über Cuno und Kloster Siegburg zuletzt: *E. Wisplinghoff,* Siegburg, in: *R. Haacke* (Hg.), Die Benediktinerklöster in Nordrhein-Westfalen (Germania Benedicta VIII) St. Ottilien 1980, 533-557.

17 Neben der Literatur zur Frühscholastik: *V. I. J. Flint,* The School of Laon: A reconsideration, Recherches de théologie ancienne et médiévale 43 (1976) 89-110, und die in Anm. 13 genannten Titel.

18 Vita A, 671: *cum scientia litterarum . . . praeminens.* Vita B, 1257: *scientia tam litterarum quam curiae ac saeculi eruditus.* Gesta Archiepiscoporum Magdeburgensium, MGH SS XIV, 412: *quia erat mire eloquentie, doctrine et ingenii singularis.* Vita Godefridi, MGH SS XII, 516: *vir . . . praedulcis eloquentiae.* Fundatio Monasterii Gratiae Dei, MGH SS XX, 686: *prudencia quoque et saecularium negociorum industria landabiliter quoque est.* Arno von Reichersberg, Scutum Canonicorum, PL 194, 1519: *Similiter et Norbertus archiepiscopus magnificae doctrinae dono praepollens haud dubium, quin et ipse in Ecclesia Dei luminare praeclarum effulserit.* Gerhoch von Reichersberg, Commentarius in Psalmum LXIV, MGH LL de Lite III, 451: *archiepiscopus Magdeburgensis vir litteratus.* Eb. Konrad von Salzburg, *J. Bauermann,* Die Frage der Bischofswahlen auf dem Würzburger Reichstag von 1133, in: Kritische Beiträge zur

Arno von Reichersberg ihn mit Rupert von Deutz, Bernhard von Clairvaux und Hugo von St. Viktor auf eine Stufe stellte,[19] nicht nur Adlige, sondern auch Studenten und Kleriker sich auf seine Predigt hin dem Ordensleben zuwandten,[20] die großen Geister seiner Zeit mit ihm Umgang pflegten und seine Äußerungen, seien sie ihnen angenehm oder nicht, zur Kenntnis nahmen, ja ihm, wie Guibert von Nogent, ihre Werke widmeten. Was verwundert, ist die Tatsache, daß von einem so gebildeten Mann, der nach dem Ausweis der Quellen mit großer Sprachgewalt ausgestattet war,[21] kein literarischer Text im engeren Sinne überliefert und, das darf man daraus schließen, verfaßt wurde.[22] Man hat dies als Folge seiner rastlosen Tätigkeit im Dienst von Orden, Reich und Kirche angesehen,[23] der eigentliche Grund dürfte jedoch in seinem Verhältnis zur Wissenschaft zu suchen sein.

Norbert wird zwar von Gerhoch von Reichersberg als *vir litteratus* bezeichnet,[24] ein homme de lettres, ein Intellektueller also, war er deswegen noch lange nicht. Die konservative Theologie eines Rupert von Deutz und Gerhochs von Reichersberg, erst recht aber die neuen Methoden, die an den Kathedralschulen Nordfrankreichs gelehrt wurden, waren nicht seine Sache. Das wußte er selbst, das wußten auch die, die ihn kannten. Bei aller Hochschätzung, die sie ihm entgegenbrachten, ist die Distanz, mit der sie seine theologischen Äußerungen aufnahmen, nicht zu überhören. Es waren in der Tat auch weniger unbändiger Wissensdrang und hohe Bildung, als vielmehr frommer, manchmal sogar unüberlegter Eifer, der ihnen in Norbert begegnete. Rupert von Deutz, mit dem er vielleicht in Siegburg zusammentraf,[25] mußte sich von ihm der Häresie beschuldigen lassen, wobei Norbert das Mißgeschick passierte,

---

Geschichte des Mittelalters. Festschrift für Robert Holtzmann zum 60. Geburtstag, Berlin 1933. Jetzt: *Ders.: Von der Elbe bis zum Rhein*, München 1968, 131: *Non enim sic loquor quasi docere presumens eum, quem scio me doctiorem* ... Philipp von Harvengt, De continentia clericorum, PL 203, 807: *saecularibus litteris erat admodum eruditus, et ad proponendum vel respondendum irreprehensiliter expeditus.* Anselm von Havelberg, Liber de ordine Canonicorum, PL 188, 111-112: *Similiter et Norbertus archiepiscopus magnificae doctrinae.* Honorius Augustodunensis, Summa totius et imagine mundi, MHG SS X, 131: *Norbertus episcopus in praedicatione et religione clarus habetur.* Epistola Rudolfi abbatis ad Stephanum episcopum Mettensem, MGH SS X, 330: *Dei servus et praedicator magnus Norbertus.* Guibert von Nogent, Tropologiae in Prophetas Osee et Amos ac Lamentationes Jeremiae, PL 156, 416: *qui infinitas scientiae copias cunctis sine livore communicas.* Brief des Ponce von St. Ruf an die Kanoniker von Chaumouxay, *C. Dereine,* Saint-Ruf et ses coutumes aux XI$^e$ et XII$^e$ siècles, Revue Bénédictine 58 (1948) 171: *Sit dominus Norbertus religiosus et sanctus, sit multis et diversis virtutibus pollens, sit in divinis scripturis exercitatus, sit in praedicationibus praecipuus, plus illis sanctis Patribus, quorum nomina scripta sunt in libro vitae* ...

19 Scutum canonicorum, PL 194, 1519.

20 Hermann von Tournai, De miraculis S. Mariae Laudunensi, MGH SS XII, 656. Vgl. auch die in Anm. 13 genannte Literatur.

21 Vgl. die in Anm. 18 zitierten Quellen.

22 *W. M. Grauwen,* Die Quellen zur Geschichte Norberts von Xanten, in: *K. Elm* (Hg.), Norbert von Xanten. Adeliger – Ordensstifter – Kirchenfürst, Köln 1984, 15-33.

23 Ebd.

24 Commentarius in Psalmum LXIV, MGH LL de Lite III, 451.

25 *U. Berlière,* Rupert de Deutz et saint Norbert, Revue Bénédictine 7 (1890) 452-457. Daß es zu einer persönlichen Begegnung Norberts und Ruperts in Siegburg gekommen sei, schließt aus: *V. I. J. Flint,* The Date of Arrival of Rupert of Deutz at Siegburg, Revue Bénédictine 81 (1971) 317-319. Vgl. aber auch: *H. Silvestre,* Que nous apprend Renier de Saint-Laurent sur Rupert de Deutz, Sacris Erudiri 25 (1982) 49-97.

seinen Vorwurf mit einem Satz aus Ruperts Schrift *De divinis officiis* zu begründen,[26] der gar nicht von ihm, sondern von Gregor dem Großen, dem Kirchenvater, stammte.[27] Bernhard räumte zwar ein, Norbert sei *in divinis aperiendis mysteriis promptior, quanto et Deo proprior esse cognoscitur*,[28] er bezeichnete ihn bei anderer Gelegenheit sogar als *coelestis fistula*, war aber von dem Ernst, mit dem Norbert an ein unmittelbar bevorstehendes Weltende glaubte,[29] wenig beeindruckt und noch weniger von den Argumenten, mit denen er seine eschatologischen Ängste begründete, ohne freilich seine Reserven so deutlich zum Ausdruck zu bringen wie Abaelard, der Norberts Einstellung und Wirken der Lächerlichkeit preisgab.[30]

Wenn die Zeitgenossen Norbert als Verkörperung der *fides* bezeichneten und Drogo von St. Nicaise in Reims ihn zu überzeugen versucht haben soll, der Schule von Laon, der *schola secularis*, die *schola Spiritus Sancti* vorzuziehen,[31] wird damit gesagt, wie Norberts theologische Position aussah. Sie war, wenn es erlaubt ist, aus den nicht selten widersprüchlichen Äußerungen und oft topischen Darstellungen der Quellen auf sein Denken und Empfinden zu schließen, bestimmt durch elementare Vorstellungen von Sünde und Buße, Schuld, Erlösung und Jüngstem Gericht, dem hier und jetzt um die Seelen ausgetragenen Kampf zwischen Gott und Satan, vom Wunderwirken des Herrn durch seine Heiligen, von der Besessenheit der Sünder, von der Kraft der Sakramente, der Würde des Priestertums, der Heilsnotwendigkeit der Kirche und des ihr zugeordneten Reiches. Es ging ihm nicht wie seinen gelehrten Zeitgenossen in erster Linie darum, zwischen Glaube und Vernunft zu vermitteln, den alten Glauben neu verstehen zu wollen, ja nicht einmal darum, im Sinne der älteren Theologie durch Kontemplation und Auslegung die Heilige Schrift in ihrer ganzen Tiefe auszuschöpfen. Was ihm wichtiger und angemessener erschien, waren die Sicherung und Verteidigung des Glaubens, der Kampf mit dem Satan, die Rettung der Seelen, die Gewinnung von Gläubigen für das Ordensleben, vor allem aber die Durchsetzung der Forderung des Evangeliums und die Behauptung der Rechte der Kirche: Aufgaben, denen er sich als Reformkanoniker, Ordensstifter und Erzbischof mit ganzer Kraft widmete.

Wenn Norbert von Xanten von seinen Zeitgenossen geschichtliche, ja sogar heilsgeschichtliche Bedeutung zugemessen wurde, dann nicht wie Bernhard wegen seiner

---

26 *R. Haacke*, Ruperti Tuitiensis Liber de Divinis officiis (Corpus Christianorum. Continuatio Mediaevalis VII) Turnhout 1957.

27 Über den Vorfall berichtet Rupert selbst in der Schrift In regulam s. Benedicti, PL 170, 490-492. Das theologische Problem wird deutlich bei *W. Beinert*, Die Kirche – Gottes Heil in der Welt. Die Lehre von der Kirche nach den Schriften des Rupert von Deutz, Honorius Augustodunensis und Gerhoch von Reichersberg. Ein Beitrag zur Ekklesiologie des 12. Jahrhunderts (Beiträge zur Geschichte der Philosophie und Theologie des Mittelalters, NF 13) Münster 1973.

28 *J. Leclercq* und *H. Rochais*, Corpus epistolarum I, 1-180 (S. Bernardi Opera VII) Rom 1974, Ep. VIII, S. 49.

29 Ebd., Ep. LVI, S. 148.

30 *Monfrin, J.* (Hg.), Abélard, Historia Calamitatum (Bibliothèque des textes philosophiques) ³Paris 1967, 97. Sermo de Joanne Baptista, in: *V. Cousin* (Hg.), Petrus Abaelardus, Opera I, (Paris 1849, ND 1970) 590.

31 Vgl. Anm. 13 und 17. Zur geistigen Situation der Zeit: *P. Classen*, Die geistesgeschichtliche Lage im 12. Jahrhundert. Anstöße und Möglichkeiten, in: Ausgewählte Aufsätze, hg. v. *J. Fleckenstein* (Vorträge und Forschungen XXVIII) Sigmaringen 1983, 327-346.

geistigen Leistung, auch nicht wie Thomas von Canterbury wegen seiner Amtsführung als Erzbischof. Hermann von Tournai, Laurenz von Lüttich und später Jakob von Vitry rühmen ihn als den Ordensgründer, den *suae institutionis primus plantator primusque Dei dono inceptor,* der in Prémontré einen Weinberg anlegte, der sich über die ganze Welt ausbreitete, so daß es, wie Anselm von Havelberg sagt, schließlich keine Provinz mehr *in partibus Occidentis* gegeben habe, in der es an einer Niederlassung seines Ordens fehlte.[32] In der Tat war Norbert von seiner Bekehrung an auf der Suche nach einer *vita religiosa,* die ihm die beste Möglichkeit zur Selbstheiligung, zur vollkommenen Erfüllung der evangelischen Forderungen und zum eifrigen Dienst für die Kirche bot. Er erforschte in Siegburg und Klosterrath die Möglichkeiten, die das reformierte Mönch- und Kanonikertum zu bieten hatten, begann nach der Anleitung des Eremiten Liudolf auf dem Fürstenberg bei Xanten das, was damals als *vita eremitica* nicht ungewöhnlich war.[33] Schließlich ging er Wege, die uns, weniger seinen Zeitgenossen, als unkonventionell erscheinen müssen. Norbert wurde zum Büßer und Asketen, zog auf den Pilgerstraßen nach Südfrankreich, begab sich hinauf in den Norden, in die Diözesen Laon und Cambrai, Therouanne und Tournai, wo die Geister lebendiger waren und eine fortgeschrittenere gesellschaftliche Entwicklung die Diskrepanzen zwischen den Forderungen des Evangeliums und der Wirklichkeit der Kirche deutlicher machten. Es ging ihm dabei freilich nicht allein darum, durch Heimatlosigkeit, Armut, Nacktheit und Buße dem armen und nackten Christus gleichzuwerden. Er wollte vielmehr wie dieser und seine Apostel das Gesetz des Herrn verkünden.

Zahlreiche Männer und Frauen sollen sich ihm in kurzer Zeit angeschlossen haben, zumindest sagt Hermann von Tournai: „Ich weiß nicht, was die anderen davon halten, ich jedenfalls bin sicher, daß es seit der Zeit der Apostel niemanden gegeben hat, der innerhalb so kurzer Zeit so viele Menschen zu Nachfolgern Christi gemacht hat."[34] Schon bald nach dieser ganz konkreten Christusnachfolge, die ihn persönlich an den Rand der körperlichen Erschöpfung führte und der Hierarchie eher verdächtig als wohlgefällig war, wurde Norbert mit Hilfe des Bischofs von Laon zum Gründer von Prémontré, dem bald auf sein energisches Betreiben hin weitere Kirchen in Frankreich, Deutschland und den Niederlanden folgten, in denen man nicht, wie zunächst vorgeschlagen wurde, den Regeln der Eremiten und Anachoreten oder gar derjenigen der Zisterzienser folgte, sondern die des hl. Augustinus zur Grundlage des gemeinsamen Lebens machte.[35]

Man täuscht sich, wenn man, wie es üblich ist, daraus schließt, Norbert sei nun zu einem Ordensstifter geworden, der, als er seine *forma vitae* gefunden habe, mit der *discretio* eines Benedikt für die Eintracht unter seinen Söhnen sorgte, wie Franziskus auf allen Eigenwillen verzichtete, um seine *societas* kraftvoll und integer in den Dienst der Kirche zu stellen, oder seinem Orden wie Dominikus eine wohlüberlegte Organisation gab. Norbert blieb auch nach der Gründung von Prémontré der selbstbewußte Einzelne, für den Formen und Institutionen, zumindest zu diesem

---

32 MGH SS XII, 658-659. Ebd. X, 512. Anselm v. Havelberg, Dialogi, PL 188, 1155. *J. F. Hinnebusch,* The Historia Occidentalis of Jacques de Vitry. A Critical Edition (Spicilegium Friburgense 17) Freiburg i. d. Schweiz 1972, 133.

33 Vita A, 673-674. Vgl. dazu Norbert von Xanten (wie Anm. 22) 35-67, 69-157, 159-184.

34 MGH SS XII, 659.

35 Vita A, 670.

Zeitpunkt, „een secundair belang" hatten, wie es 1974 von dem Prämonstratenser L. C. van Dijck formuliert wurde.[36] Er blieb der individualistische Wanderprediger, der es seinen Söhnen zur Pflicht machte, in Weltabgeschiedenheit ein strenges Büßerleben zu führen, selbst aber hinauszog, um nach dem Befehl und Vorbild Christi zu predigen und Menschen für das Reich Gottes und den Orden zu gewinnen. Solche Eigenwilligkeit war für die junge Gemeinschaft mehr als belastend. Sie führte sie schließlich in eine kaum zu bewältigende Existenzkrise, als sich Norbert, der so spektakulär auf weltliche Herrschaft und kirchliches Amt verzichtet hatte und vom reichen Weltmann zum nackten Nachfolger Christi geworden war, 1126 zum Erzbischof von Magdeburg erheben ließ und damit eines der bedeutendsten Reichsämter übernahm.[37] Die Reaktion auf diese Entscheidung läßt Enttäuschung und Ratlosigkeit erkennen. Bei den Prämonstratensern von Cappenberg war die Rede vom Pomp, von dem Norbert sich habe beeindrucken lassen, andere erklärten sogar, sie wollten nicht mehr Norbertiner heißen, nachdem ihr Ordensstifter vom Eremiten zum Kurialen, vom Verächter dieser Welt zu einem ihrer großen Akteure geworden sei, wie es noch in dem um 1150 geschriebenen Dialog zwischen einem Cluniazenser und einem Zisterzienser heißt.[38]

Norbert zog nach seiner Wahl barfuß in Magdeburg ein, um allen deutlich zu machen, an wem man ihn und seine Amtsführung zu messen habe. Er blieb mit anderen Worten auch in Magdeburg der *vir Dei*, der vom Ideal des evangelischen Lebens geprägt war, durch seine Jünger das Magdeburger Stift Unser Lieben Frauen reformierte und sich bemühte, auch anderswo Niederlassungen seines Ordens zu errichten. Man könnte also sagen, er sei auch als Erzbischof Ordensmann geblieben und habe durch seinen Weggang von Frankreich nach Magdeburg dem Orden eine Expansion ermöglicht, die ihm sonst versagt geblieben wäre.[39] Der schon bald zwischen den älteren Klöstern im Westen und den jüngeren im Osten aufbrechende Streit und die von Norbert selbst ermöglichte Sonderstellung der sächsischen Klöster, die am Ende dazu führte, daß sich die westlichen und östlichen Prämonstratenser so weit voneinander entfernten als seien sie Angehörige verschiedener Orden, läßt

---

36 *L. C. van Dijck*, Norbert van Gennep en de „Ordo Canonicus". Evangelisch leven tussen restauratie en vernieuwing, Ons geestelijk Erf 48 (1974) 407. Vgl. auch: *S. Weinfurter*, Norbert von Xanten — Ordensstifter und „Eigenkirchenherr", Archiv für Kulturgeschichte 59 (1977) 66-98.

37 Über die Umstände seiner Wahl: *Bernhardi*, 83-93, *Grauwen*, Norbertus, 142-157, und *G. Hertel*, Norberts Wahl zum Erzbischof von Magdeburg, Geschichtsblätter für Stadt und Land Magdeburg 10 (1875) 391-404.

38 Vita Godefridi, MGH SS XII, 525: *Post annum vero revocatus* (Gottfried) *ad patrem Norbertum, iam archiepiscopum Magdeburgensem, cum seculi pompam vel strepitum sancti viri aegre ferret aspectus . . . lenta coepit pulsari aegritudine, acceptaque benedictione patris Norberti ad Elofstadense declinavit coenobium.* Dialogus inter cluniacensem monachum et cisterciensem, in: *R. B. C. Huygens* (Hg.), Le moine Idung et ses deux ouvrages: „Argumentum super quatuor questionibus" et „Dialogus duorum monachorum" (Biblioteca degli Studi Medievali 11) Spoleto 1980, 141: *Norbertini ideo forsan nolunt dici, quia auctor eorum dominus Norbertus dicitur apostasse, factus de nudipede ascensore asini bene calceatus et bene vestitus ascensor faleratus equi, de eremita curialis, de magno contemptore mundi magnus actor causarum mundi.* Vgl. auch: Arno v. Reichersberg, Scutum canonicorum regularium, PL 194, 1519.

39 Neben Claude und der in Anm. 36 genannten Literatur immer noch: *F. Winter*, Die Prämonstratenser des zwölften Jahrhunderts und ihre Bedeutung für das nordöstliche Deutschland. Ein Beitrag zur Geschichte der Christianisierung und Germanisierung des Wendenlandes, Berlin 1865.

freilich erkennen, daß für Norbert ein Orden im gängigen Sinne des Wortes nicht das Ziel seines Wirkens war. So läßt denn ein Blick in die frühen Quellen, besonders in die Urkunden, Annalen, Chroniken und Nekrologien, erkennen, daß er sich nie als Urheber, als *fundator,* einer eigenen, ganz auf sich zugeschnittenen geistlichen Gemeinschaft verstand. Er sah sich lediglich als der Erneuerer und Wiederhersteller einer geistlichen Lebensform, die bis in die Frühzeit der Kirche, bis auf die Urgemeinde zu Jerusalem, zurückging und durch Augustinus ihre Form gefunden hatte.[40] Nicht Norbert, sondern Augustinus war der eigentliche Urheber und Gründer jener Lebensform, zu der er und seine Jünger sich bekannten. Von ihm und nicht von Norbert stammte seine Regel, ihn und nicht Norbert feierten die ersten Prämonstratenser als ihren Vater und ihr Vorbild.[41] Es ist daher auch kein Zufall, daß sich Norbert auf der ältesten uns überlieferten Darstellung demütig vor Augustinus verneigt und von ihm die Regel entgegennimmt.[42] Wo immer Norbert für die Erneuerung des geistlichen Lebens tätig war, ob im nordfranzösischen Prémontré, im westfälischen Cappenberg oder im Magdeburger Stift, es ging ihm nicht um seinen Orden, sondern um die durch Augustinus geregelte und geordnete Lebensform der Apostel. Wenn es dennoch zu einem Prämonstratenserorden kam und dieser, stark vom Vorbild der Zisterzienser beeinflußt, einen eher monastischen als kanonikalen Charakter annahm,[43] sich für Liturgie und Ordensleben entsprechende Ordnungen gab,[44] bald auch Erwerbsformen und Wirtschaftsweisen entwickelte, die denjenigen anderer Orden, aber nicht unbedingt Norberts ursprünglichen Vorstellungen entsprachen,[45] dann war das nicht primär seine Sache, sondern die seiner Schüler, von denen Hugo von Fosses, der ehemalige Kaplan des Bischofs von Laon und frühe Gefährte Norberts, der bedeutendste war.

40 Vgl. die in Anm. 41 genannte Literatur.

41 Über die Bedeutung Augustins für Norbert und die Prämonstratenser: *A. K. Huber,* Das Fortleben des hl. Augustinus bei den Prämonstratensern, in: Augustinus. Bij het zestiende eeuwfeest van zijn geboorte, 354-1954, Averbode 1954. *U. E. Geniets,* Het augustinisme in de orde van prémontré (XI$^{de}$ – XII$^{de}$ eeuw), in: gedenkboek orde van prémontré 1121-1971, Averbode 1971, 79-84.

42 Vgl. die in Anm. 36 genannte Literatur.

43 Über den Einfluß des Zisterzienserordens und seiner Verfassung auf die Prämonstratenser vgl. *K. Elm,* Die Stellung des Zisterzienserordens in der Geschichte des Ordenswesens, in: *Ders.* und *P. Joerissen* (Hgg.), Die Zisterzienser. Ordensleben zwischen Ideal und Wirklichkeit. Eine Ausstellung des Landschaftsverbandes Rheinland, Rheinisches Museumsamt, Brauweiler. Aachen, Krönungssaal des Rathauses 3. Juli bis 28. September 1980 (Schriften des Rheinischen Museumsamtes 10) Bonn 1980, 31-40 und die dort angegebene Literatur.

44 Vgl. u. a.: *P. Lefèvre,* La liturgie de Prémontré. Histoire, formulaire, chant et ceremonial (Bibliotheca Analectorum Praemonstratensium 1) Löwen 1957. *Ders.* und *W. M. Grauwen,* Les status de Prémontré au milieu du XII$^e$ siècle. Introduction, texte et tables (Ebd. 12) Averbode 1978.

45 *G. Despy,* Les richesses de la terre: Cîteaux et Prémontré devant une économie de profit aux XII$^e$ – XIII$^e$ siècles, in: Problèmes d'histoire du christianisme 5 (1974) 58-80. *D. Barthélemy,* Monachisme et aristocratie au XII$^e$ siècle: Les Bénédictines de Nogent-sous-Coucy face à la concurrence et à l'exemple de Prémontré, in: Sous la règle de Saint Benoit. Structures monastiques et sociétés en France du moyen âge à l'époque moderne (École pratique des Hautes Études, IV$^e$ Section V, 47) Genf 1982, 185-198. *D. Lohrmann,* Die Wirtschaftshöfe der Prämonstratenser im hohen und späten Mittelalter, in: Die Grundherrschaft im späten Mittelalter I, hg. v. *H. Patze* (Vorträge und Forschungen 27) Sigmaringen 1983, 205-240. *Ders.,* Kirchengut im nördlichen Frankreich (Pariser Historische Studien 20) Bonn 1983, 209-226.

Norbert, der, als er von Nordfrankreich nach Osten aufbrach, ganz offenbar ein hohes Kirchenamt anstrebte und nicht daran dachte, je wieder die Leitung Prémontrés und seiner Tochterklöster zu übernehmen,[46] empfand das auf Anstoß der päpstlichen Kurie übernommene Amt eines Erzbischofs als die Erfüllung seines Lebens und die eigentliche ihm gestellte Aufgabe. Man kann darüber diskutieren, ob es Ehrgeiz, Gehorsam oder der Wille zur Ausbreitung seines Ordens war, der ihn anders als etwa Bernhard von Clairvaux ein solches Amt bereitwillig annehmen ließ. Sicher ist jedoch, daß er sich bei seiner Ausübung von einer Richtschnur leiten ließ, die Innozenz II. 1131 bei der Bestätigung der Übertragung des Marienstiftes an die Jünger Norberts mit dem Bild des guten Hirten und des getreuen Landmanns umschrieb, der die Herde bewacht bzw. den Acker von Unkraut befreit.[47] In der Folge hat Norbert mit erstaunlicher Konsequenz die mit diesem Amt verbundenen Aufgaben zu erfüllen versucht, indem er die städtischen Stifte zu reformieren, die Priesterehe zu unterdrücken und entfremdete Kirchengüter zurückzugewinnen begann, wobei er sich den hohen Klerus, die niedere Geistlichkeit, den Adel und die Bürgerschaft zu Feinden machte. Sie betrieben seine Absetzung, schickten gedungene Mörder aus, ihn umzubringen, und gaben erst angesichts von Exkommunikationsdrohungen ihre feindselige Haltung auf, ohne jedoch den Erzbischof je als ihren Hirten zu verehren oder gar zu lieben. Nicht viel anders versah er seine Aufgabe in dem zwischen Elbe und Oder gelegenen Sprengel seiner Diözese. Anders als man von dem Wanderprediger und Verkünder des Evangeliums erwarten sollte, war ihm nicht zuerst daran gelegen, die heidnischen Slawen für den Glauben zu gewinnen, er drängte statt dessen auf Unterwerfung und Abhängigkeit, was zu dem schwerwiegenden Vorwurf Anlaß gegeben hat, Norbert habe trotz einer der Ausbreitung des Christentums günstigen Lage versagt und der Mission schweren Schaden zugefügt.[48] Daß es ihm zunächst um die Sicherung der Rechte des Erzstuhls und erst dann um das Heil der Seelen ging, wird deutlich, wenn man sich vor Augen führt, wie konsequent er das Ziel ansteuerte, alle Slawenländer mit Ausnahme Böhmens und der zu Bremen gehörenden Gebiete seiner Metropolitangewalt zu unterwerfen und die von Polen und Bamberg ausgehende Mission in seinem Sprengel zu unterbinden. Er knüpfte damit an die ottonische Tradition seines Bistums an, forderte aber den Erzbischof von Gnesen in die Schranken, wenn er sich Ende des Jahres 1131 von Innozenz II. unter anderem die Rechte auf das schon

---

46 De miraculis s. Mariae Laudunensis, MG H SS XII, 660: *Eodem vero anno* (1126) ... *praediseit ... se per visum cognovisse, quod ipso anno futurus esset episcopus; sed nesciebat, cuius urbis vel provinciae.* Vita A, 693: *Non enim sperabat ad commanendum ad eos ultra se reversum.*

47 Innozenz II., 2. 4. 1131, *F. Israel* u. *W. Möllenberg* (Hgg.), Urkundenbuch des Erzstifts Magdeburg I, 937-1192 (Geschichtsquellen der Provinz Sachsen und des Freistaats Anhalt NR 18) Magdeburg 1937 (= UB Erzstift) Nr. 225, S. 282: *Fidelis agricola agrum vel vineam a patre familias sibi comissam spinis et succrescentibus malis radicitus amputatis cultiorem et cum ampliori fructu assignare domino suo consuevit ... sicut bonus pastor supra gregem tuum diligenter invigila.*

48 *Claude*, 23-25.

länger zwischen Magdeburg und Gnesen umstrittene Bistum Posen zusprechen ließ.[49]

Es gelang Norbert weder den Widerstand des geistlichen noch des weltlichen Magdeburg zu brechen. Die Ausdehnung seiner Metropolitangewalt nach Osten blieb trotz aller päpstlichen Unterstützung ein Anspruch, der nie realisiert wurde. Als sich eine Annäherung zwischen Bischof, Stadt und Klerus abzeichnete und die Möglichkeit für eine Mission des Landes zwischen Elbe und Oder eröffnete, brach der Erzbischof auf, um König Lothar nach Rom zu begleiten, wo dieser die Kaiserkrone zu erlangen hoffte. Als er von Rom nach Magdeburg zurückkehrte, trug er den Keim des Todes, wahrscheinlich die Malaria,[50] bereits in sich.

Das von Norbert reformierte und mit Männern seines Vertrauens besetzte Stift Unser Lieben Frauen in Magdeburg wurde bald ein Mittelpunkt für die Ausbreitung des Ordens. Die Voraussetzung für die Gründung von Gottesgnaden, wohl auch für Stade, Veßra sowie für die Umwandlung von Pöhlde aus einem Benediktinerkloster in ein Prämonstratenserstift wurden noch von Norbert geschaffen. Wenn es nicht dabei blieb, wenn die Prämonstratenser diesseits und jenseits der Elbe eine ganze Fülle von Stiften errichten und reformieren konnten, wenn schon bald die Domstifte von Brandenburg, Havelberg und Ratzeburg in ihre Hand kamen, war das nicht mehr das Verdienst Norberts, sondern seiner Jünger, von denen Anselm, Wigger und Evermod die bekanntesten sind. Ihnen lag weniger daran, die ottonische Reichs- und Missionspolitik aufzugreifen, wie es Norbert versucht hatte, sie begannen vielmehr, das Land zwischen Oder und Elbe geistlich zu durchdringen, und halfen so mit, ihm das Gesicht zu geben, das es bis in unsere Tage trägt.[51]

Als Norbert 1132 als einziger deutsche Erzbischof neben Adalbert von Bremen mit Lothar von Würzburg nach Rom aufbrach, im Juni 1133 in Vertretung des Kölner Erzbischofs das Amt des Erzkanzlers für Italien übernahm und in Rom maßgeblich die Verhandlungen zwischen Lothar und Papst Innozenz II. bestimmte, erreichte eine Entwicklung ihren Höhepunkt, die bereits in seiner Jugend begonnen hatte. Nach der spektakulären Umkehr, nach Wanderpredigt und Klostergründung war aus

---

49 Innozenz II., Nov.-Dez. 1131, UB Erzstift I, Nr. 227, S. 285. *H. Beumann*, Das päpstliche Schisma von 1130, Lothar III. und die Metropolitanrechte von Magdeburg und Hamburg-Bremen in Polen und Dänemark, in: Deutsche Ostsiedlung in Mittelalter und Neuzeit (Studien zum Deutschtum im Osten 8) Köln/Wien 1971. *J. Petersohn*, Der südliche Ostseeraum im kirchlich-politischen Kräftespiel des Reichs, Polens und Dänemarks vom 10. bis 13. Jahrhundert. Mission, Kirchenorganisation, Kulturpolitik (Ostmitteleuropa in Vergangenheit und Gegenwart 17) Köln/Wien 1979. *F. Escher*, Zur politischen Geschichte der Slaven zwischen Elbe und Oder vom 10. bis zum 12. Jahrhundert, in: Slawen und Deutsche zwischen Elbe und Oder. Vor 1000 Jahren: Der Slawenaufstand von 983. Ausstellung des Museums für Vor- und Frühgeschichte Preußischer Kulturbesitz, des Landesamtes für Boden- und Denkmalpflege und der Arbeitsgemeinschaft „Germania Slavica" der Freien Universität Berlin, Berlin 1983, 7-24.

50 So *Grauwen*, Norbertus, 625-630.

51 *W. Berges*, Reform und Ostmission im 12. Jahrhundert, Wichmann-Jahrbuch 9/10 (1955/56) 31-44. Vgl. auch: *E. Demm*, Reformmönchtum und Slawenmission im 12. Jahrhundert. Wertsoziologisch-geistesgeschichtliche Untersuchungen zu den Viten Bischof Ottos von Bamberg (Historische Studien 419) Lübeck/Hamburg 1970. Dazu: *J. Petersohn*, Probleme der Ottoviten und ihrer Interpretation, Deutsches Archiv 27 (1971) 314-372. *D. Kurze*, Slawisches Heidentum und christliche Kirche zwischen Elbe und Oder (10.-12. Jahrhundert), in: Slawen und Deutsche zwischen Elbe und Oder, 48-68.

Norbert das geworden, was Vater und Mutter geträumt hatten: ein Großer unter den Großen. Es ist hier nicht erforderlich, die Wege und Stationen zu beschreiben, die ihn Schritt für Schritt in den Kreis der mächtigen Kirchenfürsten des Reichs, der französischen und italienischen Bischöfe und römischen Kardinäle führten, bei denen er sich als Gleicher unter Gleichen fühlen konnte, mit denen er gemeinsam im Schisma von 1130 Innozenz II. auf den Papststuhl verhalf und als deren Exponent er 1133 eine maßgebende Rolle bei den Gesprächen mit den Gesandten des Gegenpapstes Anaklet und den Verhandlungen zwischen Lothar und Innozenz II. spielte.[52] Wenn es hier darum geht, zu untersuchen, wo denn der Schwerpunkt seines Wirkens lag und was von ihm über den Tag hinaus Bestand hatte, muß auch nach dem Sinn und Zweck seines Engagements für Reich und Kirche gefragt werden. Eine erste Antwort auf diese Frage wurde im Juni 1133 gegeben, der für Norbert den Höhepunkt seiner Karriere brachte. Am 4. 6. 1133 unterstellte Innozenz II. in dem sog. Polenprivileg dem Erzbischof von Magdeburg alle jenseits von Saale, Elbe und Oder gelegenen Bistümer. Damit sollte kein neues Recht geschaffen und keine neuen Rechte verliehen werden. Nach den Worten Norberts tat der Papst nichts anderes, als daß er Rechte wiederherstellte, die *ex antiqua institutione* der Kirche von Magdeburg zustanden und die auf niemand anderen zurückgingen als auf Kaiser Otto, den *piissimus Augustus*, wie der Papst ihn aufgrund einer offenbar von Norbert vorbereiteten Supplik nennt.[53] Die Wiederherstellung der Rechte Magdeburgs als Metropolitankirche und die Anknüpfung an die Politik Ottos des Großen, der aus Magdeburg ein neues Aachen, wenn nicht gar ein neues Konstantinopel hatte machen wollen,[54] wäre den Vorgängern und Nachfolgern Norberts versagt geblieben. Als Innozenz II. 1133 dieses Privileg verlieh, verschwieg er nicht, warum er dies tat. Es war der Dank für die *fides* und *constantia*, mit denen sich Norbert vor aller Welt, *non tantum vicinis, sed*

---

52 Über den Kreis, dem Norbert zuzurechnen ist: *H. W. Klewitz,* Das Ende des Reformpapsttums, Deutsches Archiv 3 (1939) 372-412. Auch in: Reformpapsttum und Kardinalskolleg, Darmstadt 1957, 209-259. *F.-J. Schmale,* Studien zum Schisma des Jahres 1130 (Forschungen zur kirchlichen Rechtsgeschichte und zum Kirchenrecht 3) Köln/Graz 1961. *W. Maleczek,* Das Kardinalskollegium unter Innozenz II. und Anaklet II. Archivum Historiae Pontificae 19 (1981) 27-78. *H. Grotz,* Kriterien auf dem Prüfstand: Bernhard von Clairvaux angesichts zweier kanonisch strittiger Wahlen, in: Aus Kirche und Reich. Studien zu Theologie, Politik und Recht im Mittelalter. Festschrift für Friedrich Kempf, hg. v. *H. Mordek,* Sigmaringen 1983, 237-263. *T. Reuter,* Zur Anerkennung Papst Innozenz II. Eine neue Quelle, Deutsches Archiv 39 (1983) 395-416.

53 Innozenz IV, 4. 6. 1133, UB Erzstift I, Nr. 239, S. 289. Über das Polenprivileg neben der in Anm. 49 genannten Literatur: *W. M. Grauwen,* Het Polenprivilege van Norbertus, 4 juni 1133, Analecta Praemonstratensia 48 (1972) 223-231. *M. Banaszak,* Das Problem der kirchlichen Abhängigkeit Poznans von Magdeburg in der polnischen Geschichtsschreibung, in: Beiträge zur Geschichte des Erzbistums Magdeburg, hg. v. *F. Schrader,* Leipzig 1968, 214-228.

54 Aus der umfangreichen Literatur zur Entstehung und Frühgeschichte des Erzbistums Magdeburg hier nur: *A. Brackmann,* Die Ostpolitik Ottos des Großen, Historische Zeitschrift 133 (1926) 236-256. *Ders.,* Magdeburg als Hauptstadt des deutschen Ostens im frühen Mittelalter, Leipzig 1937, sowie *W. Ullmann,* Magdeburg. Das Konstantinopel des Nordens. Aspekte von Kaiser- und Papstpolitik bei der Gründung des Magdeburger Erzbistums 968, Jahrbuch für die Geschichte Mittel- und Ostdeutschlands 21 (1972) 1-44. Zum Grundsätzlichen: *O. Engels,* Mission und Friede an der Reichsgrenze im Hochmittelalter, in: Aus Kirche und Reich. Studien zu Theologie, Politik und Recht im Mittelalter. Festschrift für Friedrich Kempf, hg. v. *H. Mordek,* Sigmaringen 1983, 201-224.

*etiam remotis nationibus,* für ihn und seine Sache eingesetzt hatte.[55]
Es wurde bereits gesagt, daß Norberts Lebenszeit nicht ausreiche und die nach dem Tode Ottos des Großen eingetretenen politischen Veränderungen es nicht zuließen, die päpstlichen Privilegien zu nutzen und den alten Rang Magdeburgs wiederherzustellen. Aber dennoch, der Einsatz für das Reich und für den Papst war auch für Magdeburg nicht so bedeutungslos, wie es auf den ersten Blick scheinen mag. Der Papst, der Norbert Ende 1131 in einer zu Auxerre ausgestellten Urkunde mit denselben Worten gelobt hatte, mit denen er Bernhards von Clairvaux Einsatz für ihn und die Kirche pries,[56] hatte Norbert ermöglicht, zum ersten Mal nach Jahrhunderten Mageburg wieder in Kontakt mit der großen Politik zu bringen. „Die Zeit der Provinzialisierung, in der das Erzbistum zur Bedeutungslosigkeit herabgesunken war, fand mit Norberts Amtsantritt ein Ende." Er band stärker als dies zuvor der Fall gewesen war, die Suffraganbischöfe an seinen Erzsitz, gab ihm neue Bedeutung und schuf, wie einer seiner modernen Biographen sagt, die Grundlagen, auf denen nicht nur die von ihm berufenen Ordensleute, sondern auch seine Nachfolger im Amte des Erzbischofs Magdeburg zu neuer Blüte führen konnten.[57]
Schwieriger ist die Frage zu beantworten, welche Bedeutung Norberts politische Tätigkeit für Reich und Kirche im allgemeinen gehabt hat. Die Antwort ist nicht erschöpfend, wenn man ihn allein als den Parteigänger der Gregorianer feiert, der mit demselben Nachdruck, mit dem er die Welt verließ, das Evangelium predigte und seine Diözese zu reformieren suchte, für Innozenz II. als den gottgewollten Papst eintrat und die Rechte von Papsttum und Kirche gegen Kaiser und Reich durchsetzte. Bedeutender und wichtiger war vielmehr der andere Norbert, der Mann, der die radikale Wanderpredigt aufgab, um zum Klostergründer zu werden, der das Leben seiner Jünger nicht um jeden Preis gleichartig gestaltete, sondern den Bedürfnissen von Zeit und Ort anpaßte, der in Magdeburg nach anfänglicher Härte zum Einlenken bereit war und schließlich half, aus den Königsjahren Lothars „echte Friedensjahre zwischen regnum und sacerdotium" zu machen, und so dazu beitrug, die Wunden zu heilen und die Gegensätze zu beseitigen, die der Investiturstreit hinterlassen hatte.[58]

---

55 Vgl. Anm. 53 und die in Anm. 52 genannte Literatur.
56 Vgl. Anm. 49.
57 *Claude,* 36.
58 *M. L. Crone,* Untersuchungen zur Reichskirchenpolitik Lothars III. (1125-1137) zwischen reichskirchlicher Tradition und Reformkurie (Europäische Hochschulschriften III: Geschichte und ihre Hilfswissenschaften 170) Frankfurt/Bern 1982, 257. *Bernheim,* Norbert von Prémontré, 16: „In der Politik wußte er dieselbe Richtung echter tatkräftiger Frömmigkeit zur Geltung zu bringen, welche ... der Regierung Lothars jene wohltuende Signatur weiser Mäßigung gegeben hat." Ähnlich, wenn auch mit anderer Begründung: *Grauwen,* Norbertus, 641-645, *F. Petit,* Saint Norbert et les institutions de l'Église carolingienne, Analecta Praemonstratensia 42 (1966) 27, und *van Dijk* (wie Anm. 35) 407.

## II.

Bei einem Mann, dessen Wirken so vielfältig war und dessen Gesichter so zahlreich sind, ist es schwer, das zu beschreiben, was ihn zum *vir incomparabilis,* zu einer eigenständigen und unverwechselbaren Persönlichkeit, gemacht hat.[59] Die Beschreibung einer Persönlichkeit ist auch dann schon schwer genug, wenn wir über Herkunft und Jugend, Bildung und Entwicklung besser unterrichtet sind, als dies bei Norbert der Fall ist. Sie ist besonders schwierig bei einem Ordensstifter und Erzbischof des Mittelalters. Nicht allein, weil die Quellen weniger hergeben, als wir zur Beschreibung einer Persönlichkeit glauben wissen zu müssen. Die eigentliche Schwierigkeit liegt in der Art und Sehweise der Quellen. Daß wir über ihre Verfasserschaft und gegenseitige Abhängigkeit, trotz des vielen Scharfsinns, der auf ihre Klärung verwandt wurde, bis heute nichts Sicheres sagen können, ist schlimm genug.[60] Was uns den Zugang zu Norbert erschwert, ist jedoch nicht dieses oft erörterte Problem. Was stärker ins Gewicht fällt, ist die Tatsache, daß die Quellen Norbert mit anderen Augen sehen und unter anderen Gesichtspunkten darstellen wollen, als wir das tun. Für sie ist Norbert nicht das Individuum im modernen Sinne, sondern der Heilige, der Ordensstifter und Bischof.[61] Was sie wollen, ist eine Darstellung, die ihn als solchen darstellt, die beweist, daß er die mit diesen Funktionen verbundenen Aufgaben in vorbildlicher Weise erfüllt hat. Sie wollen nicht die Neugierde von Historikern befriedigen, sondern die Gläubigen, die Ordensleute und Priester zur Nachfolge auffordern und ihnen eine Richtschnur geben, die ähnliche Bedeutung hat wie Regeln und Konstitutionen. Um dieses Zieles willen legen sie ihren Schriften Darstellungsmuster zugrunde, die sich nicht allein an den großen Heiligenviten und Legenden des Mittelalters, den Viten des hl. Antonius oder des hl. Martinus, sondern auch an den Evangelien orientieren. Norbert wird zum *alter Christus,* der aus königlichem Geschlecht stammt, Vater und Mutter verläßt, dem Volke predigt, den Teufel austreibt, die Lahmen gehend macht, die Toten erweckt und schließlich den Seinen nach dem Tode erscheint, um sie zu trösten und zu ermahnen.[62]

Wer die Quellen liest, ohne zu wissen, was sie sagen wollen und was sie verschweigen müssen, um ihren Zweck zu erfüllen, wird weder ihnen noch dem Heiligen gerecht. Falsch wird das Urteil und irreführend die Darstellung aber auch dann, wenn man die Fakten ohne Bezug auf Zeit und Umstände als gegeben hinnimmt und aus ihnen Schlüsse auf die Persönlichkeit und Bedeutung des Heiligen glaubt ziehen zu können. Dann muß Norbert zu einem ganz außergewöhnlichen Rebellen werden, der sich in einmaliger Weise gegen Herkommen und Autorität wendet. Dann bleibt nichts anderes übrig, als ihn zu einem heroischen Streiter gegen Dämonen und Teufel zu machen, in ihm den Verteidiger der Rechtgläubigkeit zu verehren und von ihm zu

---

59 Eb. Konrad, 4. 3. 1135, UB Erzstift I, Nr. 237, S. 296.
60 Vgl. Norbert v. Xanten, 15-33.
61 Zur Theologie der Viten vgl. u. a.: *V. Fumagalli,* Note sulle „Vitae" di Norberto di Xanten, Aevum 39 (1965) 348-356.
62 Über Gestaltungsprinzipien und Funktion des hagiographischen Schrifttums allgemein: *R. Aigrain,* L'Hagiographie. Les Sources, les méthodes, son histoire, Poitiers 1953. *P. Brown,* The Cult of Saints. Its Rise and Function in Latin Christianity (The Haskell Lectures on History of Religions 2) Chicago 1981.

sagen, er sei nicht nur einer der großen Erneuerer der Christenheit, sondern habe auch jenseits der Elbe als bedeutender Missionar den Glauben verbreitet.[63] Wenn man das, was Norbert wollte und erreichte, richtig sehen und gerecht beurteilen will, muß man wissen, daß das, was er wollte und tat, andere schon vor ihm getan hatten oder gleichzeitig mit ihm begannen.

Der Rückzug aus der Welt in die Wüste, die Hochschätzung von Askese und Anachorese, die Bereitschaft zur persönlichen und gemeinsamen Armut, der aktive Einsatz für die Reform der Kirche waren schon vor Norbert in Italien zu beobachten.[64] Bald machten sie sich auch in West- und Mitteleuropa, im Kernraum der mittelalterlichen Christenheit, bemerkbar. Zur selben Zeit, als Norbert sein Leben änderte, verließ der Reimser Scholaster Bruno von Köln seine Bischofsstadt, die ihm als ein neues Babylon erschien, um im italienischen Kalabrien und in der französischen Dauphiné ein Eremitenleben zu führen, aus dem schließlich der Kartäuserorden hervorging. Nur drei Jahre früher hatte sich der junge burgundische Adlige Bernhard einer Gruppe von Reformmönchen angeschlossen, die in Armut, Entsagung und Arbeit das alte Mönchsideal neu zu beleben versuchten. Es waren freilich nicht nur Kanoniker und Mönche, die neue Wege suchten; zahlreiche Laien, Adlige und Nichtadlige, Männer und Frauen, wurden in ähnlicher Weise von einer Unruhe erfaßt,[65] die sie in oft hektischer Weise, auf weiten Reisen und in abruptem Wechsel von einem Extrem zum anderen den Weg zur Vollkommenheit suchen ließ. Wie weit sie sich dabei vom traditionellen Ordensleben entfernten, ja mit den Konventionen ihrer Zeit brachen, wird besonders in Frankreich deutlich, wo sich im apostolischen Wanderpredigertum die Extreme weltabgeschiedener Askese und schweifender Wanderpredigt gelegentlich in dramatischer Weise berührten. In rauhem Gewand aus ungefärbter Wolle, ohne Schuhe und Besitz zogen nicht allein Norbert, sondern zahlreiche Zeitgenossen von einem Ort zum andern, um die Gläubigen zur Befolgung des Evangeliums aufzurufen.[66] Sie forderten nicht nur die Bekehrung des einzelnen,

---

63 Vgl. z. B.: *Santa Dino*, La spiritualità di S. Norberto da Xanten, Analecta Praemonstratensia 34 (1958) 219-242.

64 Grundlegend: *H. Grundmann*, Religiöse Bewegungen im Mittelalter (Historische Studien 267) Berlin 1935, ND Darmstadt 1970. *M. D. Chenu*, Moines, clercs, laïcs au carrefour de la vie évangélique (XII$^e$ siècle), Revue d'histoire ecclésiastique 49 (1954) 59-89. *M. H. Vicaire*, L'imitation des apôtres. Moines, chanoines et mendicants IV$^e$-XIII$^e$ siècles, Paris 1963, sowie: L'Eremitismo in Occidente nei secoli XI e XII. Atti della seconda Settimana internazionale di studio, Mendola, 30 agosto-6 settembre 1962. Miscellanea del Centro di Studi Medioevali IV (Pubblicazioni dell'Università Cattolica del Sacro Cuore III,4) Mailand 1965. Il Monachesimo e la Riforma ecclesiastica (1049-1122). Atti della quarta Settimana internazionale di studio, Mendola, 23-29 agosto 1968 (Ebd. VI, ebd. III, 7) Mailand 1971.

65 *H. Grundmann*, Adelsbekehrungen im Hochmittelalter, Conversi und Nutriti im Kloster, in: Adel und Kirche. Gerd Tellenbach zum 65. Geburtstag dargebracht, hg. v. *J. Fleckenstein* u. *K. Schmid*, Freiburg/Basel/Wien 1968, 325-345. Jetzt auch: *Ders.*, Ausgewählte Aufsätze 1 (Schriften der Monumenta Germaniae Historica 25,1) Stuttgart 1976, 125-149. *J. Ehlers*, Adelige Stiftung und persönliche Konversion. Zur Geschichte früher Prämonstratenserkonvente, in: Geschichte und Verfassungsgefüge. Frankfurter Festgabe für W. Schlesinger (Frankfurter Historische Abhandlungen 5) Wiesbaden 1973, 32-55.

66 Neben *Walter*, Die ersten Wanderprediger, u. a.: *E. Werner*, Pauperes Christi. Studien zu sozialreligiösen Bewegungen im Zeitalter des Reformpapsttums, Leipzig 1956. *L. Milis*, Ermites et chanoines réguliers aux XII$^e$ siècle, Cahiers de civilisation médiévale 22 (1979) 39-80. *J. J. van Moolenbroek*, Vrijwillige Armen als Vredestichters. Rondtrekkende predikers in westelijk Frankrijk (begin twaalfde eeuw), in: Kerk en Vrede in oudheid en middeleeuwen. Studies door

sondern übten auch heftige Kritik an der Kirche, deren Priester und Mönche ihnen zu weit entfernt waren vom Vorbild Christi und der Apostel. Südfrankreich und Aquitanien, die Picardie und das Artois, das Limousin, aber auch das Rheinland, die ihm benachbarten Diözesen Lüttich, Cambrai, Laon sowie Therouanne und Tournai wurden so zu einem neuen Judäa und Galiläa.[67]

Man hat schon früh erkannt, daß diese Jünger Christi nicht mehr als Ordensleute im traditionellen Sinne zu klassifizieren sind, ja daß man ihnen nicht einmal mit den Kategorien „Rechtgläubige" und „Ketzer" gerecht werden kann.[68] Eines traf jedoch für alle zu, für die Eremiten, Wanderprediger, Mönche und auch für die vielen Ketzer des 12. und 13. Jahrhunderts, der Wille nämlich zur Nachfolge Christi, für die die Zeit schlagwortartig die alte Formulierung gebrauchte: *nudus Christum nudum sequi*.[69] Es ist auf mancherlei Weise versucht worden, dieses Phänomen zu erklären. Man mag es als Reaktion auf das sich in einer Krise befindliche ältere Mönchtum deuten, das Ganze als eine Begleiterscheinung der gregorianischen Kirchenreform verstehen oder als Ausdruck politischer, sozialer und ökonomischer Veränderungen begreifen.[70] Eines läßt sich bei allen Unterschieden in der Beurteilung nicht übersehen. Es handelt sich um eine tiefgehende Erneuerung, die nicht nur Norbert von Xanten, sondern viele seiner Zeitgenossen veranlaßte, neue Wege zu gehen und eine an die christliche Frühzeit erinnernde Bereitschaft an den Tag zu legen, die Forderungen des Evangeliums in ihrer ganzen Konkretheit zu befolgen.

Wenn Norbert nicht Wanderprediger blieb, sondern nur für ganz kurze Zeit diese Rolle spielte und schon 1121 zum Erneuerer des „augustinischen" Kanonikertums wurde, dann stand er auch damit nicht allein. Die Zahl jener Bischöfe und Kanoniker, Priester und Laien, Männer und Frauen, die sich seit der Mitte des 11. Jahrhunderts bemühten, die *vita canonica* und damit das evangelische Leben im Klerus zu erneuern, ist Legion. Die auf sie zurückgehenden Reformstifte, Reformkreise, Reformkongregationen und Kanonikerorden sind so zahlreich, daß hier auch nur eine Erwähnung unmöglich ist. Mit seinen Reformbemühungen stand Norbert in der Tat nicht allein, auch wenn man ihm mit den Zeitgenossen bescheinigen muß, daß sein aus der Kanonikerreform hervorgegangener Orden der mächtigste und beständigste war.[71]

---

historici van de Vrije Universiteit te Amsterdam bijeengebracht ter gelegenheid van het eerste eeuwfeest (1880-1980) onder redactie van *L. de Blois* en *A. H. Bredero*, Kampen 1980, 123-140.

67 *L. Raison* und *R. Niderst*, Le mouvement érémitique dans l'Ouest de la France à la fin du XIe siècle et au début du XIIe, Annales de Bretagne 54 (1947) 26-42. *G. G. Meersseman*, Eremitismo e predicazione itinerante dei secoli XI e XII, in: L'Eremitismo, 164-179. *J. Becquet*, L'érémitisme clérical et laïc dans l'Ouest de la France, ebd., 182-204. *C. Dereine*, Les prédicateurs „apostoliques" dans les diocèses de Thérouanne, Tournai et Cambrai-Arras durant les années 1075-1125, Analecta Praemonstratensia 59 (1983) 171-189. *W. M. Grauwen*, Gaufried, bisschop van Chartres (1116-1149), vriend van Norbert en van de „Wanderprediger", Analecta Praemonstratensia 58 (1982) 161-209.

68 Vgl. dazu u. a. *J. B. Russel*, Dissent and Reform in the early Middle Ages, Berkeley/Los Angeles 1956. *M. Lambert*, Medieval Heresy. Popular Movements from Bogomil to Hus, London 1977.

69 *R. Grégoire*, L'adage „Nudus nudum Christum sequi", in: Studi storici in onore di O. Bertolini, Pisa 1975, I, 395-409.

70 Vgl. *Elm* (wie Anm. 43).

71 *K. Bosl*, Regularkanoniker (Augustinerchorherren) und Seelsorge in Kirche und Gesellschaft des europäischen 12. Jahrhunderts (Bayer. Akademie der Wiss., Phil.-Hist. Kl., NF 86),

Norbert, der Erzbischof von Magdeburg und Fürst des deutschen Reiches! Von Bruno von Köln bis Nikolaus von Kues haben zahlreiche aus dem Rheinland stammende oder im Rheinland wirkende Kardinäle und Bischöfe in Wort und Tat für Kirche und Reich gewirkt und sich für ihr Zusammenwirken eingesetzt, da sie der Meinung waren, sie gehörten heilsgeschichtlich zusammen und ohne ihr Zusammenwirken würde die Weltordnung zusammenbrechen.

Wenn wir die Persönlichkeit Norberts erfassen und das Eigenständige an ihr ausmachen wollen, kann sich unsere Frage nur darauf richten, wie er die ihm als Ordensstifter und Erzbischof gestellten Aufgaben erfüllt und auf welche Weise er sich in dem durch Evangelium, Tradition, Kirchenrecht und Kirchenpolitik vorgegebenen Rahmen bewegt hat.

Die jüngeren, auf sorgfältiger Auswertung der Quellen beruhenden Urteile über die Person Norberts gehen weit auseinander. Wo die einen in ihm Heiligkeit sehen, brandmarken die anderen Scheinheiligkeit. Wenn auf der einen Seite die Sorge für das Reich und die Kirche, für die eigene Seele und die der anderen als das eigentliche Motiv seines Handelns gelten, geht man auf der anderen davon aus, er habe sich in all seinen Aktionen nur von Ehrgeiz leiten lassen. Hier ist von charmanter Großzügigkeit, von literarischer Kultur, von einer fast unglaublichen Faszinationskraft auf die Mitmenschen die Rede, dort erscheint Norbert als rücksichtsloser Hierarch, der für Freundschaft und Familienbande kein Verständnis aufbrachte, wenn es um die Durchsetzung seiner Ziele ging.[72] Trotz solcher Divergenzen sind sich alle Beurteiler darin einig, daß Norbert nicht so war, wie ihn die angeblich älteste Darstellung, das Fresko in der Sakristei der Badia SS. Severo e Martirio in Orvieto, und nach ihm viele andere Gemälde und Statuen darstellen: nämlich der sanftmütige, gottergebene, weltabgewandte Ordensmann von eher weiblichem als männlichem Charakter, der in seiner Zelle der Beschauung lebte und die Entrückung suchte.

Der schlanke, hochgewachsene Mann aus dem Rheinland mit rötlichem Teint, dessen Schädel mit den gut erhaltenen kräftigen Zähnen ein energisches Gesicht vermuten läßt, war von ausgesprochen männlich-aristokratischem Charakter.[73] Er nahm die Strapazen weiter Reisen auf sich und erbleichte nicht einmal in Todesgefahr, wie die Quellen bewundernd feststellen.[74] Er konnte großzügig und charmant sein, wenn es ihm paßte. Konsequent und durchsetzungsfähig bis zur evidenten Ungerechtigkeit — man warf ihm in Magedburg vor, er wolle zugleich Richter und Ankläger sein —

---

München 1979. Dazu: *S. Weinfurter*, Bemerkungen und Corrigenda zu Karl Bosls „Regularkanoniker und Seelsorge", Archiv für Kulturgeschichte 62/63 (1980/81) 381-395. Vgl. auch: La vita comune del clero nei secoli XI e XII. Atti della Settimana di studio, Mendola, Settembre 1959. Miscellanea del Centro di Studi Medioevali III (Pubblicazioni dell'Università Cattolica del Sacro Cuore III, 3) Mailand 1962. Zum Stellenwert Prémontrés und der Prämonstratenser in der kanonikalen Bewegung: *J. Chatillon*, La crise de l'Église aux XI$^e$ et XII$^e$ siècles et les origines des grandes fédérations canoniales, Revue d'histoire de la spiritualité 53 (1977) 3-45.

72 Vgl. vor allem die von hagiographischer Topik freien Charakterisierungen von *Bernhardi, Bernheim, Bauermann, Claude, Grauwen* und *Crone* sowie von *A. Hauck*, Kirchengeschichte Deutschlands IV, ND Berlin 1954, 369-375.

73 Vgl. Vita A, 671. Vita B, 1257. Abbildungen der in Prag aufbewahrten Reliquien in: Analecta Praemonstratensia 3 (1927) 336ff.

74 Vita B, 1335: *hunc* (purpureum) *quippe colorem in ipso mortis periculo tenuerat, et hoc testabantur, qui cum eo extiterant, quod non vidit eum quisquam vel ad modicum pallescere.*

erwies er sich, wenn er es für notwendig hielt.⁷⁵ Überzeugt von sich, seiner Stellung und der Notwendigkeit seines Werkes war er bereit, in die Arena zu treten, zu streiten und zu werben, mit dem Wort, mit Macht und Geld. Der *filius S. Victoris*, der auf einem Boden aufgewachsen war, den das Blut der zu Märtyrern gewordenen Legionäre getränkt hatte, der Ritterheilige verehrte und von den trojanischen „Gründern" Xantens gewußt haben muß,⁷⁶ fühlte sich „nicht zum Ratgeber, sondern zum Befehlshaber" berufen. Er legte einen Stolz an den Tag, der ihn selbst gegenüber dem Kaiser so auftreten ließ, daß man sagen konnte, dieser habe ihm in den „kirchenpolitischen Angelegenheiten" die Führung überlassen müssen. In der Tat trat er ja auch für Kaiser und Reich, für den als rechtmäßig angesehenen Papst, für seine Brüder im Bischofsamt und seine Söhne im Orden mit allem Nachdruck ein, bis an die Grenzen seiner Kraft. Mit Diplomatie, mit Drohungen, gelegentlich wohl auch mit einem „bis zum Fanatismus starren Rechtsbewußtsein" wandte er sich gegen seine Gegner.⁷⁷ Nicht umsonst verglich ihn Anaklet, der Gegenpapst, am 29. 8. 1130 halb bewundernd, halb herabsetzend mit einem *canis impudentissimus*, einem unverschämten Hund.⁷⁸ Auch andere, die ihm weniger feindlich gesinnt waren als dieser Papst, haben ihm Stolz und Starrköpfigkeit vorgehalten, Widersprüche in seinem Handeln aufgedeckt, ja von Scheinheiligkeit und unchristlichem Egoismus gesprochen. Selbst viele seiner Söhne vermochten ihm nicht zu folgen, als er den Erzbischofsstuhl von Magdeburg bestieg und Einheit und Existenz des Ordens wegen eigener Ziele gefährdete.⁷⁹

Norbert hatte 1115 ein Bekehrungserlebnis, das ihn drei Jahre später Heimat und vertraute Umwelt aufgeben ließ, er starb 1134 fern von seiner Heimat in Magdeburg. In einer Spanne von weniger als 20 Jahren vollzog sich also sein erstaunliches Leben, wurden Entscheidungen getroffen und Maßnahmen ergriffen, die von Bedeutung nicht nur für ihn, sondern auch für Kirche und Reich waren. Unter denen, die sich mit Norbert und seinem Charakter beschäftigt haben, gibt es kaum jemanden, der nicht betont, daß dieses Leben ein Fragment war, daß wir über Unternehmen urteilen, die begonnen, aber nicht vollendet werden konnten. Auch Norbert war sich bewußt, daß er vieles angefangen und nur weniges vollendet hatte. In seinen letzten Lebensjahren soll er bedauert haben, daß er das nicht getan habe, woran er andere wie

---

75 Vita A, 700: *Se ipsum, prout dignitas officii pati poterat, tam minoribus quam maioribus affabilem exhibens.* Anaklet II., 18. 5. 1130, UB Erzstift I, Nr. 220, S. 277: *teque accusatorem simul et iudicem — quod omnino rationi et iustitiae adversatur — apertius intelligeret* (Attius archidiaconus Magdeburgensis). Zum Hintergrund vgl. *G. Wentz* und *B. Schwineköper*, Das Erzbistum Magdeburg I, 1: Das Domstift St. Moritz in Magdeburg (Germania Sacra I, 4,1) Berlin/New York 1972, 179-180.

76 *F. W. Oediger*, Monasterium beati Victoris Christi martyris. Zur Frühgeschichte des Xantener Stiftskapitels (vor 1300), in: *H. Borger* und *W. Oediger* (Hgg.), Beiträge zur Frühgeschichte des Xantener Viktorstiftes (Rheinische Ausgrabungen 6) Düsseldorf 1969, 207 bis 271. Jetzt auch in: *Ders.*, Vom Leben am Niederrhein. Aufsätze aus dem Bereich des alten Erzbistums Köln, Düsseldorf 1973, 117-185. Zum Komplex „Troja": *E. Gerritz*, Troia sive Xantum, phil. Diss. Freiburg 1964.

77 *Bauermann*, 23-24.

78 Anaklet II., 29. 8. 1130, UB Erzstift I, Nr. 221, S. 278: *miramur amplius, quomodo tam religiosus princeps* (Lothar) *patiatur te contra apostolatus nostri apicem velut canem impudentissimum oblatrare.*

79 Vgl. Anm. 38.

Bischof Otto von Bamberg gehindert hatte, nämlich das Wort Gottes an der Ostgrenze des Reiches zu predigen und die Slawen für das Christentum und das Reich zu gewinnen.[80]

Auch wenn es schwer ist, Norbert und seinen Intentionen gerecht zu werden, muß festgehalten werden, daß er ein Mann voller Widersprüche und Spannungen war, die dadurch nicht geringer wurden, daß er mit seiner Energie in allem, was er tat, bis ins Extrem ging. Auch wenn man dort, wo man früher Erfolge für Kirche, Reich und Orden sah, heute zurückhaltender glaubt urteilen zu müssen, wenn man statt seiner die Jünger preist, Hugo von Fosses, der dem Prämonstratenserorden seine Gestalt gab, und Anselm von Havelberg, der mit anderen Prämonstratensern die Slawenmission mit größerem Erfolg als sein Lehrer betrieb, bedeutet dies nicht, daß Norbert uns ferner gerückt ist. Wenn er in einem kurzen Leben seine körperlichen und geistigen Möglichkeiten bis aufs Äußerste anspannte, Wege ging, auf denen ihm schwer zu folgen war, wenn er das andere begann, bevor das eine vollendet war, wenn er scheiterte und versagte, dann rückt er Menschen, die ihr Christentum nicht mehr nach den Normen und Formen des Mittelalters ausrichten, sondern in einer säkularisierten Welt gestalten und bewähren müssen, nur noch näher.

Damit ist nicht nur angedeutet, was ein Norbertgedenken heute bedeuten könnte, sondern auch die Frage gestellt, was Norbert in den 850 Jahren nach seinem Tode bedeutet hat, wie er sich unseren Vorfahren darstellte, wieweit sie seinem Vorbild folgten. Dies in seiner ganzen Breite zu untersuchen, wäre ein Werk, das längere Vorbereitungszeit und intensiveres Quellenstudium voraussetzte. Hier wollen wir uns lediglich darauf beschränken, zu untersuchen, wie sich Nachleben und Verehrung des hl. Norbert dort gestaltete, wo die Schwerpunkte seines Wirkens lagen, in seinem Orden, an seinem Bischofssitz und in seiner rheinischen Heimat.

## III.

Als Norbert nach monatelangem Siechtum am 6. Juni 1134 gestorben war, gedachte man seiner in vielen Kathedralkirchen und Klöstern des Reiches und der benachbarten Territorien, indem man für sein Seelenheil betete. In den jeweiligen Nekrologien ist von ihm als Erzbischof von Magdeburg, gelegentlich auch als *fundator ordinis Praemonstratensis* die Rede.[81] Die Prämonstratenser, die beiden Viten, die *Additamenta Cappenbergensium* und der Gründungsbericht von Gottesgnaden, aber auch Hermann von Tournai und Laurenz von Lüttich begnügten sich nicht mit so kargen Epitheta.[82] Ähnlich wie die ältesten Darstellungen Norberts, die Zeichnung im Schäftlarner Codex (12. Jh.) und das Fresco in der Sakristei der Badia von Orvieto (14. Jh.), die ihn mit Augustinus darstellen und sein Haupt mit dem Heiligenschein umgeben, lassen sie ihn mit den Ordensgründern und Mönchsvätern, mit den Chören

---

80 XIV Gesta Archiepiscoporum Magdeburgensium, MGH SS XIV, 414: ... *mors immatura superveniens haec sicut pleraque eius coepta adnihilavit.* Vgl. jedoch *Bernheim*, 488: Daß er bei längerem Leben für die Mission etwas Erhebliches geleistet haben würde, ist bei seinem unduldsamen Charakter sehr zu bezweifeln.

81 Eine Zusammenstellung von Nekrologeinträgen bei *Valvekens* (wie Anm. 84) 17-20, und *Grauwen*, Norbertus, 632-633. Vgl. auch *W. M. Grauwen*, Lijst van oorkonden waarin Norbertus wordt genoemd, Analecta Praemonstratensia 51 (1971) 139-182.

82 Vgl. Norbert v. Xanten, (wie Anm. 22) 15-23.

der Engel und den Scharen der Heiligen im Himmel die Anschauung Gottes genießen. Sie wissen von dem Wohlgeruch, der seinem Leichnam auch in der Sommerhitze des Jahres 1134 entströmte, ja berichten von wunderbaren Erscheinungen, in denen er *in veste candida et pulchra effigie, ranum olivae tenens in manu* seine Söhne vom Himmel aus über seine Glückseligkeit unterrichtete und sie zu Friede und Eintracht ermahnte.[83]

Trotz der Stil und Inhalt der älteren Quellen in starkem Maße bestimmenden Bemühungen, die *Sanctitas* des Verstorbenen zu dokumentieren und so zu seiner offiziellen Kanonisierung beizutragen, kam es, anders als es die ältere Prämonstratenserliteratur wissen will,[84] weder im 12. noch im 13. Jahrhundert zur Heiligsprechung Norberts von Xanten. Man hat sich immer wieder gefragt, warum Bernhard von Clairvaux bereits 1174, also nur wenig mehr als zwei Jahrzehnte nach seinem Tod, heiliggesprochen wurde,[85] warum schon in kurzer Zeit Franz und Dominikus zur Ehre der Altäre gelangten,[86] im Falle Norberts hingegen Jahrhunderte vergehen mußten, bis ihm ähnliches zuteil wurde. Man kann darauf hinweisen, daß Norbert dieses Schicksal mit Romuald, Bruno von Köln und anderen Ordensstiftern und Ordensleuten seiner Zeit teilen mußte, ja daß es der apostolischen Spiritualität des Prämonstratenserordens wie der anderen Reformorden des 12. Jahrhunderts mehr entsprochen habe, auf die Gnade des Herrn als auf die Fürsprache der Heiligen zu vertrauen.[87] Überzeugen kann dies jedoch nicht. Auch wenn das Kanonisationsverfahren im 12. Jahrhundert noch nicht so detailliert geregelt war wie gegenwärtig,[88] war es damals wie heute ausgemacht, daß eine Heiligsprechung erfolgte, wenn es die Verdienste des Verstorbenen nahelegten, kirchenpolitische Erwägungen sie als opportun erscheinen ließen und interessierte Gruppen und Persönlichkeiten sie mit Nachdruck forderten.[89] Man kann nur vermuten, daß diese Voraussetzungen im Falle Norberts nicht gegeben waren. Es mag sein, daß man nicht in der Lage war, in dem radikalen Wanderprediger, dem von seinen Söhnen nicht immer verstandenen

---

83 Vgl. neben der von *Stahlheber*, Norbert von Xanten, 217-243, genannten Literatur: *R. Ruf*, Die Handschriften des Klosters Schäftlarn, in: 1200 Jahre Kloster Schäftlarn 762-1962 (Beiträge zur altbayerischen Kirchengeschichte 22,3) München 1962, 78-81. *H. Binder*, Bibliotheca Weissenauensis, in: Weißenau in Geschichte und Gegenwart. Festschrift zur 700-Jahr-Feier der Übergabe der Heilig-Blut-Reliquie durch Rudolf von Habsburg an die Prämonstratenserabtei Weissenau, Sigmaringen 1981. Über die Darstellung in der Sakristei von SS. Severo e Martirio in Orvieto: *L. Fiocca*, Chiesa ed abbazia di SS. Severo e Martirio, Bollettino d'Arte 9 (1915) 195 bis 208. Vita B, 1340-1342. MGH SS XII, 704-706.

84 *E. Valvekens*, La „Canonisation" de Saint Norbert en 1582, Analecta Praemonstratensia 10 (1934) 14-17.

85 *A. H. Bredero*, La Canonisation de Saint Bernard et sa „Vita" sous un nouvel aspect, Cîteaux 25 (1974) 185-198. Ders., The Canonization of Saint Bernard, in: Saint Bernard. Studies Commemorating the Eight Century of his Canonization, Kalamazoo 1977, 63-99.

86 Vgl. *Elm* (wie Anm. 2).

87 Vgl. dazu die Ausführungen von *V. de Buck*, Commentarius praevius de cultu ... Sanctorum Praemonstratensium, in: AASS Oct. I, Brüssel 1864, 720-728.

88 *R. Klauser*, Zur Entwicklung des Heiligsprechungsverfahrens bis zum 13. Jahrhundert, Zeitschrift der Savignystiftung für Rechtsgeschichte, Kan. Abt. 40 (1954) 85-101.

89 *M. Schwarz*, Heiligsprechung im 12. Jahrhundert und die Beweggründe ihrer Urheber, Archiv für Kulturgeschichte 39 (1957) 43-62. *P. Delooz*, Pour une étude sociologique de la sainteté canonisée dans l'Église catholique, Archives de sociologie des religions 13 (1962) 17-43. Ders., Sociologie et canonisation, Lüttich/Den Haag 1969.

Ordensstifter und dem an den Auseinandersetzungen von Päpsten und Kaisern, von Papst und Gegenpapst beteiligten Kirchenfürsten das Bild zu erkennen, das man sich damals von einem Heiligen machte.[90] Es ist denkbar, daß vom Orden, erst recht aber von Magdeburg, keine entsprechend starken Initiativen ausgingen, ja man darf sogar voraussetzen, daß an der Kurie wegen der Vielzahl der Kanonisationsbemühungen Bedenken gegen weitere Heiligsprechungen bestanden. Aber wie dem auch immer sei, die Prämonstratenser konnten auf vielfältige Weise ihres Ordensstifters gedenken und in Annalen und Chroniken, in Prosa und Vers, in Gemälden und Statuten auf seine Verdienste und sein heiligmäßiges Leben hinweisen.[91] Offiziell mußten sie jedoch auf seine Verehrung verzichten. Es blieb ihnen, wie das ihre Ordinaria, Sacramentalia, Missalia, Breviere und Kalendarien zeigen,[92] versagt, ihn an seinem Todestag als Heiligen zu verehren. Sie konnten nicht mehr, als seiner fürbittend gedenken.[93]

Der Verzicht auf die Kanonisation wurde im 16. Jahrhundert als Zurücksetzung der Prämonstratenser hinter die durch heilige Stifter ausgezeichneten Orden empfunden. Er stand offenbar nicht mehr im Einklang mit dem Geist der Zeit und noch weniger mit dem Selbstbewußtsein des Ordens. Nach den halbherzigen Reformversuchen des Spätmittelalters setzte in ihm zu Beginn des 16. Jahrhunderts zunächst in England und Ungarn, dann in Spanien, Lothringen, in den Niederlanden und in Deutschland eine energische Erneuerung ein. Auch wenn es nicht gelang, die Ordenseinheit zu behaupten, vielmehr autonome Reformkongregationen entstanden, war man sich unter den Ordensleuten nicht nur im Willen zur Erneuerung der Disziplin und Liturgie, sondern auch in dem Bestreben einig, dem Ordensvater eine angemessene Verehrung zuteil werden zu lassen.[94] Mit Nachdruck bemühte sich daher der 1573 zum Ordensgeneral gewählte Jean Despruets,[95] den im gleichen Jahr von dem Löwener Theologieprofessor Johannes Molanus geäußerten Vorwurf, der Orden habe es aus Trägheit unterlassen, sich in Rom um die Kanonisation zu bemühen,[96] zu

90 Grundsätzliches: *A. Vauchez*, La Sainteté en Occident aux derniers siècles du Moyen Age (Bibliothèque des Écoles Françaises d'Athène et de Rome 241) Rom 1981.

91 Neben dem Beitrag von *Stahlheber* (wie Anm. 22) 217-243, die Repertorien von *Goovaerts, Lienhardt, Le Paige, van Waefelgehm* und *Backmund*.

92 Vgl. Anm. 44.

93 *V. Leroquais*, Les bréviaires manuscrits des Bibliothèques publiques de France, Paris 1934, I, 277-278; IV, 163. *Ders.*, Les Sacramentaires et les missels manuscrits des Bibliothèques publiques de France, Paris 1924, II, 14-15; 121; III, 268.

94 Neben dem Beitrag von *Valvekens* (wie Anm. 84) vor allem: *F. Petit*, La dévotion à St. Norbert au XVIIe et au XVIIIe siècles, Analecta Praemonstratensia 49 (1973) 198-217. Zur Ordensreform neben dem Überblick von *B. Grassl*, Der Praemonstratenserorden, Tongerlo 1934, die von *J.-B Valvekens* im Dizionario degli Istituti di Perfezione VII, 740, zusammengetragene Literatur. Besonders: *N. Weyns*, La réforme des Prémontrés aux XVe et XVIIe siècles, Analecta Praemonstratensia 46 (1970) 5-51.

95 Neben *Valvekens*, La „canonisation", und *Petit*, La dévotion, vgl. *J.-B. Valvekens*, Documenta quaedam de habitudine Abbatis Generalis Despruets (+ 1596) ad Congregationem Praemonstratensium Hispanorum, Analecta Praemonstratensia 43 (1967) 226-271.

96 *J. Molanus*, Indiculus Sanctorum Belgii, Löwen 1568, 56. Über Molanus und seine Bedeutung für die Norbertverehrung: *F.-X. De Ram*, Les Quatorze livres sur l'Histoire de la ville de Louvain du docteur et professor en théologie Jean Molanus (Publ. de la Commision royale d' histoire) Brüssel 1861, I, V-XCIX. *P. Crosjean*, Sur les éditions de l'Usuard de Jean Molanus, Analecta Bollandiana 70 (1952) 327-333.

entkräften. In seinem Vorhaben von den niederländischen Mitbrüdern Ambrosius Loots und Anton van Rode bestärkt, machte er sich 1578 daran, das zu erreichen, was dem 1541 vom Generalkapitel beauftragten Abt von Saint-Paul in Verdun, Nicolas Psaume, nicht gelungen war, nämlich eine Heiligsprechung, die seiner Meinung nach nur das bestätigen konnte, was bereits unter Innozenz III. vollzogen worden war. Mit Hilfe des Procurator Generalis der spanischen Reformkongregation, Hieronymus de Villaluenga, und des Protektors der Prämonstratenser, des Papstneffen Kardinal Philipp Buoncompagni, konnte er 1583 Gregor XIII. eine entsprechende Supplik vorlegen, woraufhin dieser mit Breve vom 28. 7. 1582 dem Prämonstratenserorden erlaubte, Norbert in das Ordensmartyrologium aufzunehmen und ihn am 6. Juni als heiligen Bischof und Bekenner zu feiern.[97] Die zunächst auf den Orden beschränkte, nach Erweiterungen und Präzisierungen durch Clemens VIII. und Paul V. 1621 von Gregor XV. auf die ganze Kirche ausgedehnte Verehrung Norberts erfuhr freilich erst 1626 ihren Höhepunkt, als nämlich die Reliquien des Heiligen aus der Kirche des Magdeburger Stiftes Unser Lieben Frauen, wo sie 1134 beigesetzt worden waren, nach Böhmen überführt, in der Abtei Strahov in einen kostbaren Schrein gelegt und in einer im Lauf der Zeit immer prächtiger ausgestatteten Seitenkapelle der Verehrung des gläubigen Volkes zugänglich gemacht wurden.[98]
Der Gedanke, die Überreste Norberts aus der dem neuen Glauben zugewandten Bischofsstadt an der Elbe in die Obhut seiner dem alten Glauben treu gebliebenen Söhne zu überführen, war ungefähr gleichzeitig mit dem Plan aufgekommen, seine Heiligsprechung zu betreiben. Wohl auf Anregung des Steinfelder Abtes Jakob Panhausen, der mit den wenigen im alten Glauben verharrenden Stiftsherren Unser Lieben Frauen zu Magdeburg in Kontakt stand und ihnen durch Entsendung von Ordensleuten half,[99] ihre Position zu behaupten, unternahmen schon 1588 der reformeifrige, später zum Erzbischof von Prag erhobene Strahover Abt Johannes Lohelius in Übereinstimmung mit dem Generalabt Jean Despruets am Kaiserhof und in Magdeburg entsprechende Versuche.[100] Als diese ergebnislos blieben, wandte sich Despruets 1596 an Dionys Feiten, den Abt von St. Michael in Antwerpen, der sich – auch diesmal vergebens – der Hilfe der Erzherzöge Albert und Isabella, der Unterstützung zahlreicher Mitbrüder sowie der Beziehungen eines im niederländischen Exil lebenden Magdeburger Dompropstes aus dem Hause Hohenzollern bediente.[101] Erst dem Nachfolger des Lohelius, dem aus dem Rheinland stammenden Strahover Abt Kaspar von Questenberg, gelang es nach vergeblichen Anläufen im vorhergehenden Frühjahr in der Nacht vom 3. auf den 4. Dezember 1626, die Gebeine Norberts zu erheben und in aller Eile von Magdeburg zunächst in das böhmische Prämonstratenserinnenkloster Doxan und von dort aus nach Prag zu bringen. Die Translation, über deren Vorgeschichte und Verlauf uns die zeitgenössi-

---

97 Text u. a. in: *Hugo*, 441-443.

98 Vgl. dazu *C. Straka*, Historica evolutio atque exornatio sepulcri S. P. Norberti in aedibus Strahoviensibus, Pragae, Analecta Praemonstratensia 3 (1927) 336-346.

99 *J.-B. Valvekens*, Jacobus Panhausen, abbas Steinfeldensis, Analecta Praemonstratensia 54 (1978) 99-104.

100 *K. Pichert*, Johannes Lohelius. Sein Leben und seine Tätigkeit im Prämonstratenserorden und als Erzbischof von Prag, Analecta Praemonstratensia 3 (1927) 125-140, 264-283, 404-422.

101 *P. Lefèvre*, Une tentative de transférer en Belgique le corps de S. Norbert (1613-1626), Analecta Praemonstratensia 26 (1950) 113-126.

schen Quellen aufs genaueste unterrichten,[102] war nur möglich, weil die politische Situation, die Siege Tillys und Wallensteins über den Administrator von Magdeburg und seine dänischen Verbündeten, dies erlaubte und die Autorität Kaiser Ferdinands II. den Bemühungen der böhmischen Prämonstratenser den nötigen Nachdruck verlieh.

Die Intensität, mit der man sich Ende des 16. und zu Beginn des 17. Jahrhunderts im Rheinland, in Böhmen und den südlichen Niederlanden um die Kanonisation Norberts und die Überführung seiner Gebeine bemühte, erst recht aber der Enthusiasmus, mit dem man ihn in Prag feierte, zum Patron Böhmens und der Niederlande erhob, hatten nicht nur ordensinterne Gründe. Nach dem Sieg über die aufständischen Böhmen und in der Auseinandersetzung mit den abgefallenen Niederländern wollten die Kirche und das Haus Habsburg Norbert von Xanten in einer Mischung von religiöser Überzeugung und politischer Propaganda zum Vorkämpfer der Rechtgläubigkeit machen und in seinem Triumph den Triumph des Glaubens feiern.[103] Die seither publizierten literarischen Lobpreisungen und nicht minder die vielen künstlerischen Darstellungen präsentieren denn auch ein Bild des Heiligen, das weniger den historischen Tatsachen als vielmehr den für die Hagiographie des 16. und 17. Jahrhunderts maßgebenden Anforderungen der Gegenreformation entspricht: Norbert erscheint keineswegs als der arme und nackte Wanderprediger, der Kritiker an der Lebensweise der Kanoniker, der umstrittene Vermittler zwischen Kaiser und Papst, erst recht nicht als der vor den widersprüchlichen Forderungen des Evangeliums stehende Christ, sondern als ein mit den Insignien des Ordensstifters und Erzbischofs geschmückter Prälat, der den Teufel austreibt, zu dessen Füßen sich die überwundenen Ketzer krümmen und auf dessen Wort und Weisung hin die Gläubigen demutsvoll die Eucharistie verehren.[104] Die Verehrung des hl. Norbert, die sich, glaubt man den gängigen Legendensammlungen und Heiligendarstellungen,[105] bis heute auf den in der Gegenreformation eingeschlagenen Bahnen bewegt, war mit einer Blüte der Norberthistoriographie verbunden. Neben den erbaulichen Enkomien erschienen nämlich im 17. Jahrhundert zahlreiche historische Werke über das Leben Norberts,[106] von denen die des J.-Chr. van der Sterre besondere Erwähnung verdienen.[107] Bis zum Ende des Ancien régime waren es neben den

---

102 Die 1627 in Prag erschienene Narratio translati e Saxonia in Boemiam sacri corporis beatissimi viri S. Norberti referentibus Fratribus Monasterii Strahoviensis wurde in den 1. Juniband der AASS aufgenommen. Siehe auch: *D. Papebroch*, Ad Acta Vitae et Translationis Commentarius Praevius, in: AASS Jun. I, Antwerpen 1695, 809-820. Nützlich die Quellenhinweise in: *E. Neubauer*, Die Fortführung der Gebeine des heiligen Erzbischofs Norbert aus Magdeburg im Jahre 1626, Geschichtsblätter für Stadt und Land Magdeburg 25 (1890) 15-46.

103 Ein Überblick über die entsprechende Literatur bei: *C. Straka*, Litteratura de translatione S. P. Norberti A. 1627 eiusque Jubilaeis, Analecta Praemonstratensi 3 (1927) 333-335.

104 *R. De Maio*, L'ideale eroico nei processi di canonizzazione della controriforma, Ricerche di storia sociale e religiosa 2 (1972) 139-160. In diesem Zusammenhang vgl. auch *H. Fros*, Culte des Saints et Sentiment National. Quelques aspects du problème, Analecta Bollandiana 100 (1982) 729-735.

105 Vgl. z. B. die in der Literaturliste genannten Artikel von *Farmer, Holweck, Melchers* u. a.

106 Vgl. die in der Liste aufgeführten Repertorien, besonders *Goovaerts*.

107 *N. J. Weyns*, Jean-Chrysostôme van der Sterre, abbé de Saint-Michel d'Anvers, Analecta Praemonstratensia 48 (1972) 94-123.

großen Hagiographen, für die die Bollandisten stehen mögen,[108] in erster Linie die Söhne des hl. Norbert, die oft mit mehr Eifer als Kritik, aber immer mit Fleiß, die Quellen zu seinem Leben sammelten und edierten sowie in Einzeldarstellungen und Sammelwerken seine Bedeutung für Kirche und Orden hinstellten.

Was im 16. und 17. Jahrhundert geschah, wiederholte sich im 19. Jahrhundert. Als sich der Orden, dessen zahlreiche Abteien infolge der josephinischen Klosterpolitik, der Französischen Revolution und der sich bis 1835 hinziehenden Säkularisationsmaßnahmen bis auf neun im Gebiet der österreichisch-ungarischen Monarchie gelegene Häuser der Aufhebung anheimgefallen waren, neu belebte und von den belgisch-niederländischen Abteien Averbode, Grimbergen, Park, Postel, Tongerlo und Berne sowie den französischen Klöstern Frigolet und Mondaye eine bald auch auf andere Länder übergreifende Restauration des prämonstratensischen Ordenslebens ausging, die mit der am 17. 3. 1869 erfolgten Erhebung des damaligen Abtes von Strahov, Hieronymus von Zeidler, zum Generalabt ihren vorläufigen Höhepunkt erreichte, war damit nicht nur die Erneuerung der prämonstratensischen Spiritualität und Liturgie, sondern auch eine Intensivierung der Geschichtsforschung verbunden.[109] Die Annales Norbertines (1863-92), die von 1905-1919 als Analectes de l'ordre de Prémontré fortgesetzte Bibliothèque Norbertine (1899-1905), erst recht aber die von den belgisch-niederländischen Prämonstratensern, genauer von der Commissio Historica Ordinis Praemonstratensis, herausgegebenen Analecta Praemonstratensia sind dafür ein aufschlußreicher Indikator. In ihnen haben die Forschungen von Gelehrten wie den verstorbenen Prämonstratensern P. Lefèvre, J.B. Valvekens und A. Žák, aber auch der noch lebenden und der nachwachsenden Forschergeneration des Ordens ihren Niederschlag gefunden. Aus den Literaturlisten und Jahreschroniken wird aber auch deutlich, wieviel die neuere Norbertusforschung den Gelehrten außerhalb des Ordens verdankt: der durch Namen wie Bernhardi, Bernheim, Brackmann, Giesebrecht, Kehr und Schlesinger gekennzeichneten Erforschung der Reichsgeschichte, der von Bauermann, Bormann, Claude, Hertel, Möllenberg, Neubauer, Schrader, Schwineköper, Wentz und anderen betriebenen Magedburger Stadt- und Kirchengeschichte und nicht zuletzt der von K. Bosl, P. Classen, Ch. Dereine, J.C. Dickinson, H. Grundmann, G. Schreiber und C. Violante initiierten und von ihren Schülern weitergeführten Beschäftigung mit der hochmittelalterlichen Kanonikerreform und den sie begleitenden religiösen und geistigen Bewegungen.

In Magdeburg war den Erzbischöfen und dem Domstift St. Moritz die Memoria des Erzbischofs, dem Kloster Unser Lieben Frau die des geistlichen Vaters und Ordensstifters aufgetragen. Es klingt daher nicht unwahrscheinlich, wenn es in der Vita A heißt, es sei zwischen den *canonici maioris ecclesiae* und den *frates ecclesiae beatae Marie* zu einer Auseinandersetzung darüber gekommen, wo der am 6. Juni 1134 verstorbene Erzbischof beigesetzt werden solle.[110] Nachdem der Streit von Kaiser Lothar zugunsten des Klosters entschieden worden sein soll, wurde er wie schon

---

108 *P. Lefèvre*, Trois lettres du bollandiste Papebroch, adressés á l'abbaye d'Averbode en 1694, Analecta Praemonstratensia 42 (1966) 117-131.

109 Über die Forschungstätigkeit der Prämonstratenser zuletzt u.a.: *J.-B. Valvekens*, Le Centre d'Études et de Recherches Prémontrées (C.E.R.P.), Analecta Praemonstratensia 54 (1978) 86-99.

110 Vita A, 703.

seine beiden Vorgänger Werner (1063-1073) und Heinrich (1102-1107) in der Kirche Unser Lieben Frau beigesetzt und am 11. Juni vor dem Kreuzaltar zur Ruhe gelegt.[111] Bischof und Domkapitel bewahrten das Gedächtnis an Norbert so, wie das für einen Erzbischof üblich war. Seine Nachfolger bezeichneten ihn als ihren *venerabilis predecessor pie memorie*.[112] Man trug seinen Namen in das Nekrolog ein[113], er wurde in die Bischofsliste aufgenommen[114], die Historiker hielten die wichtigsten Ereignisse aus seinem Leben und seiner Regierungszeit fest[115], einer seiner Nachfolger, Erzbischof Wichmann, stiftete 1184 eine Memorie, die seither am Jahrestag seines Todes in St. Marien begangen wurde.[116] Nur gelegentlich wird gesagt, daß es sich bei Norbert um mehr handelt als um einen der Erzbischöfe von Magdeburg. Man fügte seinem Namen den Hinweis auf die Gründung des Prämonstratenserordens und die in Magdeburg unternommenen Reformen hinzu. Bei der Bestätigung des Besitzes des Stiftes Gottesgnaden durch Erzbischof Konrad von Querfurt fiel am 4. 3. 1135 sogar das Wort von Norbert als dem *magnus et incomparabilis vir,* das in den sechziger Jahren des gleichen Jahrhunderts von Erzbischof Wichmann wiederholt wurde.[117] Mehr geschah, soweit wir aufgrund der uns zugänglichen Quellen sagen können[118],

111 Vita B, 1339-1340, *F. Wiggert,* Über die Begräbnisse der Erzbischöfe im Dom zu Magdeburg, Geschichtsblätter für Stadt und Land Magdeburg 2 (1867) 190-208. *G. Hertel,* Über den Tod und die Begräbnisse der Magdeburgischen Erzbischöfe, Ebd. 37 (1902) 163-176.

112 Eb. Konrad, 1135, UB Erzstift I, Nr. 238, S. 299: *pie memorie predecessoris mei Norberti, huius sancte Magdeburgensis ecclesie archiepiscopi.* Ders., 29. 6. 1136, Ebd., Nr. 240. S. 301: *predecessoris mei felicis memorie Norberti archiepiscopi ..* Ders., 1. 1. 1140, Ebd., Nr. 247, S. 310: *pie memorie predecessoris mei Norberti, huius sancte Magdeburgensis ecclesie archiepiscopi.* Eb. Friedrich I., 8. 8. 1147, UB Erzstift, Nr. 264, S. 333: *venerabilis Norbertus, predecessor noster, Magdeburgensis ecclesie archiepiscopus.* Eb. Friedrich III., 8. 1. 1461, UB Kloster U.L.F., Nr. 292, S. 278: *Pie memorie Norbertus archiepiscopus, predecessor noster.*

113 *F. Winter* (Hg.), Necrologium der Magdeburger Erzbischöfe, Mitteilungen aus dem Gebiet historisch-antiquarischer Forschungen 10 (1864) 266.

114 *W. H. Strevesdorf,* Primas Magdeburgensis seu series archiepiscoporum Magdeburgensium ..., Köln 1633. Eigentliche Beschreibung der weltberühmten Domkirche zu Magdeburg samt einem Catalog aller Erzbischöfe aufgesetzt von einem Liebhaber der Antiquität, Magdeburg 1671. Über die ungedruckten Bischofslisten von *Stockhausen, Kinderling* und *Wiggert* vgl.: *Wentz* und *Schwineköper,* 4.

115 Gesta Archiepiscoporum Magdeburgensium, MGH SS XIV, 414-415. Annales Magdeburgenses, MGH SS XVI, 184. Analista Saxo, MGH SS VI, 769. *K. Janicke,* (Hg.), Die Magdeburger Schöppenchronik, in: Die Chroniken der niedersächsischen Städte. Magdeburg I (Die Chroniken der deutschen Städte vom 14. bis ins 16. Jahrhundert 7) Leipzig 1869, 112-113, 215. Vgl. auch: *E. Kessel,* Die Magdeburger Geschichtsschreibung im Mittelalter bis zum Ausgang des 12. Jahrhunderts, Sachsen und Anhalt 7 (1931) 109-184.

116 Eb. Wichmann 1184, *G. Hertel,* Urkundenbuch des Klosters Unser Lieben Frauen zu Magdeburg (Geschichtsquellen der Provinz Sachsen 10) Halle 1878 (= UB Kloster U.L.F.) Nr. 60, S. 54: *Statuimus itaque, ut duo hec talenta ad refectionem fratrum in anniversario venerabilis Norberti archiepiscopi erogentur, X vero solidi ad missam defunctorum ea die in sacrificio offerantur. Dantur enim eadem die de promtuario fratrum ad elimosinam pauperum MCC panes et CCCC casei et carata cerevisie.*

117 Eb. Konrad, 4. 3. 1135, UB Erzstift I, Nr. 237, S. 296: *venerabilis archiepiscopi Norberti, magni et incomparabilis viri . . .* Eb. Wichmann, 1160-66, Ebd., Nr. 323, S. 418: *locum a magno et incomparabili viro predecessore nostro archiepiscopo Norberto fundatum.*

118 *B. Schwineköper,* Gesamtübersicht über die Bestände des Landeshauptarchivs Magdeburg I (Quellen zur Geschichte Sachsen-Anhalts 1) Halle 1954, 7ff. Wieviel schlechter die Überlieferung des Klosters Unser Lieben Frauen ist, wird deutlich aus: *Hertel* (wie Anm. 120). *A. Stara,*

nicht. Mehr konnte auch nicht geschehen, denn die kultische Verehrung, die Errichtung von Statuen, Altären oder gar Kapellen, die Erhebung von Reliquien und die Einrichtung von Patrozinien setzten die Heiligsprechung voraus, die zu einem Zeitpunkt erfolgte, als man am Dom des hl. Mauritius darauf wenig oder gar keinen Wert mehr legte.[119]

Im Kloster Unser Lieben Frauen unterlag man den gleichen Einschränkungen wie am Dom.[120] Das hinderte Propst und Kapitel nicht daran, nach Kräften deutlich zu machen, *qualiter prefata ecclesia Sancte Marie tam jugiter quam preclare pre ceteris sit dotata ac profulgeat corpore reverendissimi patris Norberti, qui ibidem memoriter tumba requiescit,* wie es 1308 der Bischof von Brandenburg, Friedrich von Plötzke, formulierte.[121] Das Kapitel von St. Marien beging am 6. Juni mit einer *missa defunctorum* das Totengedächtnis. Bei dieser Gelegenheit, *in anniversario clare felicisque recordationis domini Norberti,* versammelten sich die Chorherren von St. Marien, seit dem Ausgang des 13. Jahrhunderts in jedem dritten Jahr auch die Prälaten der zur sächsischen Zirkarie gehörenden Klöster, am Grabe Norberts.[122] Wie von Erzbischof Wichmann 1184 vorgeschrieben, wurden den Armen anläßlich des Gedächtnisses nicht weniger als 1200 Brote, 400 Käse und entsprechende Mengen Bier gereicht. Wenn die Chorherren *post aliquod annos* die Gebeine vom ursprünglichen Ort auf den Chor transferierten, *ut sine oblivione memoriae commendaretur,*

---

Eine bisher unveröffentlichte Papsturkunde für U.L.F. von 1192, Geschichtsblätter für Stadt und Land Magdeburg 51/52 (1916/17) 212-216. *K. Dolista,* Die Triennal- und Annualkapitel der sächsischen Zirkarie des Praemonstratenserordens, Analecta Praemonstratensia 50 (1974) 70-111. *Ders.,* Praemonstratensia aus Magdeburg im Kloster Strahov (Prag), in: Secundum Regulam vivere. Festschrift für P. Norbert Backmund O. Praem. hg. v. *G. Melville,* Windberg 1978, 361-368.

119 *G. Sello,* Calendarium Magdeburgense et Brandenburgense, Geschichtsblätter für Stadt und Land Magdeburg 26 (1891) 182-200. *B. Opfermann,* Das Magdeburger Missale des Spätmittelalters, in: Beiträge zur Geschichte des Erzbistums, hg. v. *F. Schrader* (Studien zur Katholischen Bistums- und Klostergeschichte 11) Leipzig 1968, 276-289. *E. Schubert,* Der Magdeburger Dom, Wien/Köln 1977.

120 Über die Literatur zur Geschichte des Klosters unterrichten: *E. Neubauer,* Bibliographie zur Geschichte des Klosters U.L. Frauen, in: Das Kloster Unser Lieben Frauen zu Magdeburg in Vergangenheit und Gegenwart. Festschrift zur Feier des 900jährigen Bestehens, Magdeburg 1920, 266-278. *K. Weidel* und *H. Kunze,* Das Kloster Unser Lieben Frauen in Magdeburg (Germania Sacra B, 1) Augsburg 1925. *H.J. Mrusek,* Magdeburg, Leipzig 1959, und *Claude II,* 345-371. Für die Geschichte des Kapitels ist in erster Linie heranzuziehen: *A. Bormann* und *G. Hertel,* Geschichte des Klosters U.L. Frauen zu Magdeburg, Magdeburg 1885.

121 B. Friedrich von Brandenburg, 19. 2. 1308, UB Kloster U.L.F., Nr. 173, S. 159: *Considerantes, qualiter prefata ecclesia sancte Marie tam iugiter quam preclare pre ceteris sit dotata ac prefulgeat corpore reverendissimi patris Norberti, qui ibidem memoriter tumba requiescit, attendentesque, quomodo nostra ecclesia cum similibus salutiferis gaudet et fulcitur edictis Norbertinis, cupientes nunc opportuno tempore predictam ecclesiam beate Marie aliquo speciali salutare, ad honorem dei patris omnipotentis et ad laudem alme virginis Marie . . .*

122 Nicolaus, Propst von U.L.F., 5. 6. 1295, UB Kloster U.L.F., Nr. 159, S. 143: *nobis in unum convenientibus in anniversario clare felicisque recordationis domini Norberti, quondam Magdeburgensis archiepiscopi . . . Item statuimus, quod nos prelati omnes et singuli de triennio in triennium in anniversario domini Norberti archiepiscopi supradicti venire debemus Magdeburg ad capitulum propriis in personis.* Vgl. auch: Heinrich, Propst von U.L.F., 6. die, quo patris Norberti exequias pergimus. Über die sächsische Zirkarie neben *Backmund,* Monasticon, 281-324: *K. Dolista,* Die Triennal- und Annualkapitel der sächsischen Zirkarie des Prämonstratenserordens, Analecta Praemonstratensia 50 (1974) 70-111.

könnte dies, wie einige Autoren meinen, ein Hinweis darauf sein, daß sie sich damals um die Kanonisierung des Erzbischofs der heiligen Kirche von Magdeburg, des Institutors des Prämonstratenserordens und Restaurators ihres Klosters, wie Norbert auf der Grabplatte genannt wird, bemüht haben.[123]

Die unmittelbar nach dem Tode Norberts in Unser Lieben Frauen einsetzende Verehrung erwuchs nicht nur aus der Dankbarkeit und Pietät, die die Söhne ihrem Vater schuldeten. Sie hatte auch politische Gründe. Das Stift machte auf diese Weise aller Welt, vor allem aber Prémotré und den ihm zugewandten Klöstern, seinen schon zu Zeiten Norberts erhobenen Anspruch deutlich, eine Kirche mit besonderer Beziehung zum Ordensvater zu sein, von der als der *prima et principalis ecclesia* alle anderen in den Diözesen Magdeburg, Brandenburg, Havelberg, Halberstadt, Kammin, Bremen und Mainz, ja selbst in Rom gegründeten Stifte abhängig seien und sich gemeinsam mit ihm der Exemtion *ab ordine Premonstratensi* erfreuen könnten.[124]

Daß die Sonderstellung des Stiftes, die Insignien des Propstes, die zum Teil auf Norbert zurückgehenden Besonderheiten in Kleidung und Liturgie, die auch nach den mit Prémontré geschlossenen Kompromissen behauptete Autonomie vom Mutterhaus, nicht allein auf die Gründung durch Norbert, sondern auch auf den Besitz seiner Reliquien zurückgeführt wurden, zeigte sich 1446, als Johannes Busch im Auftrag Erzbischof Friedrichs III. die Reform des Stiftes in Angriff nahm. Als Erzbischof und Domkapitel ihn aufforderten, selbst dessen Leitung zu übernehmen und es in ein Augustinerkloster umzuwandeln, lehnte er dies ab, da nach seiner Meinung in einem Kloster, in dessen Kirche die Gebeine Norberts *in sarcophago marmoreo* ruhten, nur Prämonstratenser ihr Ordensleben führen könnten.[125]

Wegen der Reliquien des Ordensstifters, dessen alljährliches Gedächtnis das 1504 in St. Marien gedruckte Brevier im Gegensatz zu dem in Prémontré benutzten ausdrücklich vorsieht,[126] nahmen es 1590 zwei Steinfelder Kanoniker auf sich, nach Magdeburg zu gehen und in dem weitgehend evangelisch gewordenen Stift[127] den katholisch gebliebenen, aus Knechtsteden stammenden Propst zu unterstützen. Das

---

123 Vgl. Anm. 84.

124 Wie Anm. 122.

125 *K. Grube* (Hg.), Johannes Busch, Liber de reformatione monasteriorum (Geschichtsquellen der Provinz Sachsen 19) Halle 1886, 505, 507: *Monasterium beate Marie Virginis ordinis premonstratensis in civitate Magdeburgensi satis est solenne, presertim propter venerabilem patrem Norbertum, ordinis illius institutorem et fundatorem, qui archiepiscopus fuit circa finem vite sue diocesis Magdeburgensis et in sarcophago marmoreo elevato in choro ibidem conditus iacet . . . Ego autem eis in hoc non consensi propter ordinis sui fundatorem patrem Norbertum ibi in choro sub sarcofago elevato quiescentem, ne alterius ordinis fratres locum patris eorum possiderent.* Vgl. auch: *N. Backmund*, Spätmittelalterliche Reformbestrebungen im Praemonstratenserorden, Analecta Praemonstratensia 56 (1980) 194-204.

126 Breviarum secundum ordinem Praemonstratensem, Magdeburgi in monasterio S. Mariae Virginis, 1504. Vgl. Anm. 22.

127 *F. Schrader* (Hg.), Reformation und katholische Klöster. Beiträge zur Reformation und Geschichte der klösterlichen Restbestände in den ehemaligen Bistümern Magdeburg und Halberstadt (Studien zur katholischen Bistums- und Klostergeschichte 13) Leipzig 1970. *Ders.*, Die Visitationen der katholischen Klöster im Erzbistum Magdeburg durch die evangelischen Landesherren 1561-1651 (Ebd. 18) Leipzig 1978. Über die Reformation und ihre allgemeinen Folgen für das geistliche Leben in Magdeburg: *D. Ch. Brandt*, The City of Magdeburg before and after the Reformation: A Study in the Progress of historical Change, University of Washington Ph. D. 1975.

*Augustinus übergibt Norbert seine Regel. Chronik des Prämonstratenserklosters Schäftlarn (Bayer. Staatsbibliothek München, Clm 17144)*

*Grabplatte der Abtei Nikolaus 1322-1344, Marienfeld*

Grab auf dem Chor und die durch einen Spalt von außen sichtbaren Reliquien gaben ihnen den Mut, trotz Verboten und Anfeindungen in dem *ordinis . . . praecipuum et quidem fundatoris Norberti SS. cineribus clarum Phronthisterium* auszuhalten. Als der letzte der beiden den Mut verlor und in die Heimat zurückkehren wollte, meinte er, dies nur mit den Reliquien Norberts, *collectis et assumptis patris nostri Norberti ossibus vel exuviis,* tun zu können.[128]

Als der Gedanke der Reliquientranslation zu Beginn des 17. Jahrhunderts in die Tat umgesetzt werden sollte, zeigte sich, daß die Beziehungen der Magdeburger zu ihrem 13. Erzbischof enger waren, als man vermuten sollte. Nicht nur das Volk, das wegen des Verlustes der Reliquien um die Sicherheit der Stadt bangte und mit einem Aufstand drohte,[129] auch Rat und Geistlichkeit, an ihrer Spitze die Stiftsherren von Unser Lieben Frauen und ihr Prokurator, suchten durch offene Weigerung und bewußte Verschleppung, die Auslieferung der Reliquien zu verhindern. Auch nachdem sich diese angesichts der politischen und militärischen Überlegenheit der Kaiserlichen nicht hatte verhindern lassen, versuchten der gelehrte Propst Philipp Müller und sein Mitstreiter Kaspar Sagittarius, Samuel Walter, Johann Christian Schneider, Friedrich Büttner und Johann Christoph Olearius sich und die Magdeburger davon zu überzeugen, es seien gar nicht die sterblichen Überreste Norberts, sondern diejenigen seines ebenfalls in Unser Lieben Frauen beigesetzten Vorgängers Heinrich gewesen, die 1626 nach Prag überführt wurden.[130] Das Engagement, mit

---

128 G. *Hertel,* Regesten und Urkunden zur Geschichte des Klosters U. L. F. in Magdeburg und zur Geschichte der Gegenreformation im Magdeburgischen, Geschichtsblätter für Stadt und Land Magdeburg 21 (1886) 306-328, 363-402. Theodor Kessel aus Steinfeld, 8. 9. 1600, *Hertel,* Ebd., Nr. 33, S. 375: *Et quia nulla spes monasterii mei effulget, quod ex animo scribo, collectis et assumptis patris nostri Norberti ossibus vel exuviis ad domestica fidei amatores ulterius in orientem ibo . . . Nam pro ordine sanctissimo loco hoc nostro haud infimo, quod potui, feci vitamque et fortunam exposui.* Hertel, Ebd., Nr. 10, S. 310: *Ad occidentem autem sacrosancti, Divi scilicet Norberti hic quondam Archiepiscopi et Primogenitoris nostri, cineres cubant, qui Sarcophago reconditus in purpureis adhuc Pontificalibus per rimam . . . integer conspicitur.* Der Abt von Ammensleben und der Propst von St. Agnes an den Abt von Steinfeld, 30. 9. 1546, Hertel, Ebd., Nr. 16, S. 316: *Ordinis vestri praecipuum et quidem fundatoris Norbertii SS. cineribus clarum Phronthisterium in Magdeburg.*

129 *Neubauer* (wie Anm. 102) 18-23. *Bormann* und *Hertel* (wie Anm. 120) 155-170.

130 E. A. *Schubart,* Historiam Norberti archiepiscopi Magdeburgensis Praemonstratensis ordinis conditoris publico examini exponunt praeses Caspar Sagittarius D. Histor. Prof. publ. respondens Elias Andreas Schubartus, Hallensis, Philos., et SS. Theol. Stud., Jena 1683. S. *Walther,* Norbertum male consecratum coli, facetae vindictae loco FF. Strahoviensibus in urbe Praga, qui Magdeburgenses vocaverant Tanchelinianos, aperit S. W., Magdeburg 1728, F. *Büttner,* Pseudo-Norbertus, ex narratione Pragensi translati e Saxonia in Boioemiam corporis Norberti archiepiscopi Magdeburgensis Germaniae primatis conditoris et patriarchae ordinis Praemonstratensis, detectus et sub praesidio Barthol. Christ. Richardi, bibliothecarii in Acad. Sal. Duc. Saxonici, publice excussus, Jena 1709. *J. C. Olearius,* Dissertatio epistolica ad virum excellentissimum Dn. Christoph. Krausium, Med. Doct. Halae Magdeb. et Polyhist. celeberrimum, nec non Templi ibidem Primarii B. Mar. Virg. Octo-Virum Spectatissimum, qua numus argenteus, in memoriam Norberti, Archiep. quondam Magdeburgici, Germaniae Primatis atque Ord. Praemonstrat. Fundatoris, fama undique conspicui, Pragam Magdeburgo translati, cussus, una cum adjecta numismatis Icone illustratur, Arnstadt 1704. Vgl. auch die Erwiderung des Strahover Abtes *M. A. Hermann:* Epistola Antonii Viri Domini ad Liberium Cepolarem pro veritate translatarum Parthenopoli Pragam S. Norberti, archiepiscopi Magdeburgensi, reliquiarum exarata contra Pseudo-Norbertum a Franc. Bultnero, Prag 1711. *Ders.,* Der von Magdeburg in die königliche Haubt-Stadt Prag auff den Berg Sion übertragene heilige Norbertus, Prag 1727.

dem dies nach all den Schrecken und Veränderungen, die Stadt und Stift in der Zwischenzeit heimgesucht hatten, geschah, läßt sich nicht nur durch Pietät, erst recht nicht aus Rechthaberei erklären. Auch wenn die gelehrten Autoren beredt darauf hinweisen, sie wollten lediglich nach dem Brauch der Alten die Ruhe des Toten sichern und hätten als gute Lutheraner nichts mit der Heiligenverehrung im Sinn, spürt man bei der Lektüre der sich in ihrer Argumentation oft wiederholenden Texte, wie sich die Autoren durch die Gestalt Norberts angezogen fühlten. Am deutlichsten brachte dies der aus Sangerhausen stammende Jenenser Theologe Johann Christian Schneider zum Ausdruck. In einer im Herbst 1683 unter dem Vorsitz Philipp Müllers, des streitbaren Propstes von Unser Lieben Frauen, in der Universität Jena vorgetragene Replik auf den Translationsbericht der Prager Prämonstratenser erklärte er es nicht nur zur Pflicht der Magdeburger Stiftsherren, das, was Norbert begonnen habe, zu erhalten, sondern ihm auch in seiner Treue zum Evangelium und dem Eifer bei seiner Verkündigung zu folgen.[131] Was schon 1591 in der am Feste Mariä Verkündigung von dem Domprediger Siegfried Sacke in Unser Lieben Frauen gehaltenen ersten evangelischen Predigt angeklungen war,[132] was den Propst Malsius 1650 veranlaßte, sich auf einem in den renovierten Turmknopf der Kirche eingeschlossenen Pergament mit Worten Norberts gegen die Schädiger des Klosters zu wenden,[133] blieb auch für die Zukunft bestimmend. Die Mitglieder des Stiftes und später die Vorsteher und Lehrer des 1702 in St. Marien eingerichteten Pädagogiums, unter ihnen die Pröpste und Lehrer Botterweck, Opfergelt, Ebeling, Rötger, Winter, Borman und Hertel,[134] aber auch die nicht durch solche institutionellen Bande mit Norbert und der prämonstratensischen Vergangenheit verknüpften Magdeburger

---

131 *J. C. Schneider*, Vindiciae Norbertinae sive ostensio summaria de Norberti archiepiscopi Magdeburgensis et primatis Germaniae reliquiis e coenobio B. Virginis Magdeburgicae templo Pragam in Strahoviense FF. Praemonstratensium monasterium nunquam translatis, cum responsione brevi ad libellos Strahoviensium FF. subsidiarios de translatione et cultu reliquiarum, veritatis et pietatis causa edita et in Academia Jenensi ad D.XIIX. Octobris anno LXXXIII. praeside Philippo Müllero, D.P.P. praepos. ac praelat. Magdeburg. ad publicum examen proposita a M. Christiano Schneidero, Sangerhusan. Duringo, SS. Theol. studioso, Jena 1683: *Elucet enim ex historia zelus viri mirificus Verbum Dei praedicandi, conversationis tam operosae et splendidi finis decorus ac inter tot vices rerum ipsius fidei . . . hoc vicissim, quod Norbertus recte et praeclare cepisse ac effectum dedisse dici potest, diligenter servare nitemur.* *J. Vulpius*, Magnificentia Parthenipolitana, das ist der uralten Welt-berühmten Haupt- und Handel-Stadt Magdeburg sonderbare Herrlichkeit. Nach ihrer alten und jetzigen Beschaffenheit, Landesherren, Freyheiten und Gerechtigkeiten, alter und neuen Geschichten, Denkwürdigkeiten, Belager- und Eroberungen, insonderheit der An. 1631 den 10. Mai erfolgten jämmerlichen Zerstörung, aus vielen bewährten Historicis, Chronicken und gewissen Urkunden vorgestellt, Magdeburg 1702, 330-418. *J. G. Leuckfeld*, Antiquitates Praemonstratenses oder historische Nachricht von zweyen ehemals berühmten Praemonstratenser-Clöstern S. Marien in Magdeburg und Gottes-Gnade bey Calbe. Worinnen von dero Ordens-Stifter Norberto und seinem dasigen Begräbnisse, wie auch von ihren Fundationen, Güthern, Privilegien, Pröbsten, u.s.w. aus guten Urkunden und Schriften gehandelt . . ., Leipzig/Magdeburg 1721.

132 *Bormann* und *Hertel*, 147.

133 Dies., 207: *S. Norbertus in fundatione huius monasterii his usus est verbis: Anathema, Maranatha, usque ad diem domini, si quis hinc aliquid abstulerit.* Vgl. Norbert, 29. 10. 1129, UB Kloster U. L. F., Nr. 3, S. 4.

134 Einen Überblick über diese Literatur gibt: *E. Neubauer*, Bibliographie zur Geschichte des Klosters U. L. Frauen, Geschichtsblätter für Stadt und Land Magdeburg 49/50 (1914/15) 170-180.

Geschichtsfreunde und Historiker befleißigten und befleißigen sich auch heute noch dem Orden und seinem *fundator* gegenüber eines Wohlwollens, das nur gelegentlich durch kritische Äußerungen gestört wird, die an jenen Widerstand erinnern, den der Magdeburger Adel und Klerus im 12. Jahrhundert gegen die Maßnahmen Norberts geleistet haben.[135]

Weniger aus wissenschaftlichen als vielmehr aus existenziellen Gründen wandte sich die nach der Reform zunächst um das katholisch gebliebene Zisterzienserinnenkloster St. Agnes gescharte katholische Gemeinde Magdeburgs Norbert von Xanten zu. Die nur zum geringen Teil aus der Stadt und ihrem Umland stammenden Katholiken sahen in ihm ähnlich wie in der großen Mystikerin Mechthild von Magdeburg eine Gestalt, die es ihnen ermöglichte, Anschluß an die vorreformatorische Geschichte ihrer Heimat zu gewinnen.[136] Was im 17. und 18. Jahrhundert begann und im 19. Jahrhundert, als die Magdeburger Katholiken inzwischen einige Jahrzehnte im Besitz der Klosterkirche Unser Lieben Frauen waren, zunahm, erreichte in unserer Zeit einen Höhepunkt. Nicht nur einzelne Kirchen und kirchliche Anstalten wie das Magdeburger Studienhaus für Spätberufene, sondern das ganze bischöfliche Amt Magdeburg wurde am 24. 11. 1981 auf Bitten des in diesem Teil der Erzdiözese Paderborn amtierenden Bischofs Johannes Braun von Papst Johannes Paul II. unter den Schutz des hl. Norbert gestellt.[137] Daß die von dem Präfekten der Kongregation für die Sakramente und den Gottesdienst bei dieser Gelegenheit gemachte Feststellung, *Sanctum Norbertum episcopum circumscriptionis Magdeburgensis haberi et esse patronum apud Deum*, nicht nur eine Angelegenheit von historischem Interesse ist, beweisen nicht nur die starke Beteiligung der Gläubigen an den in den letzten Jahren zu seinen Ehren in Magdeburg veranstalteten Feierlichkeiten[138] und der ausdrückliche Bezug auf Norbert und das Norbertleben bei der Gestaltung des Chorgestühls von St. Sebastian, der heutigen Bischofskirche von Mageburg.[139]

Norbert, dessen Enttäuschung über die Reformunwilligkeit der Xantener Kanoniker

---

135 Vgl. *Bernheim, Bernhardi, Bauermann, Schwineköper* und *Möllenberg*, aber auch die den Konflikt zwischen Norbert als Stadtherrn und der „kommunalen Bewegung" betonende marxistische Forschung: *H. Asmus* (Hg.), Geschichte der Stadt Magdeburg, Berlin 1975, 37. *E. Ulitz*, Der Beginn der kommunalen Bewegung in Magdeburg. Zur Rolle des Begründers der Prämonstratenser, Norbert von Xanten, als Stadtherr von Magdeburg, Wissenschaftliche Zeitschrift der Pädagogischen Hochschule „Karl Liebknecht", Potsdam 1976, 215-221.

136 *Th. Ulrich*, Der Katholizismus in Magdeburg vom Ausgang der Reformation bis in das zweite Jahrzehnt des 19. Jahrhunderts, Geschichtsblätter für Stadt und Land Magdeburg 72/73 (1937/38) 54-117. *R. Joppen*, Das Erzbischöfliche Kommissariat Magdeburg. Geschichte und Rechtsstellung bis zur Eingliederung in den Diözesanverband Paderborn 1-10 (Studien zur katholischen Bistums- und Klostergeschichte 7, 10, 12, 13, 19, 21) Leipzig 1965ff.

137 Die entsprechenden Schreiben in *J. Braun*, Erhebung des heiligen Norbert zum Patron von Magdeburg anläßlich des 400. Jahrestages seiner Heiligsprechung am 5. Juni 1982, in: Heiliger Norbert von Magdeburg. Festschrift zur Erhebung des heiligen Norbert zum Patron von Magdeburg aus Anlaß der 400. Wiederkehr des Jahres seiner Heiligsprechung, Magdeburg 1982, 6-13.

138 *L. Horstkötter*, Die Erhebung des heiligen Norbert zum Patron des Bischöflichen Amtes Magdeburg durch Papst Johannes Paul II., Analecta Praemonstratensia 58 (1982) 324-331.

139 Fotos der von den Gebrüdern Winkelmann (Möhnesee/Gümme) im Jahre 1982 hergestellten Holztafeln in St. Sebastian, die von *F. Muessling* gemacht wurden, liegen in einer vom Bischöflichen Amt Magdeburg 1982 für den innerkirchlichen Gebrauch herausgegebenen Bildmappe „Die Holztafeln am Chorgestühl in St. Sebastian in Magdeburg" vor.

noch in der *Vita B* nachklingt, wenn in ihr von dem Propheten die Rede ist, der in seinem Vaterland nichts gilt,[140] hat nach dem Aufbruch im Jahre 1118 die Verbindung mit dem Viktorstift und die Verehrung seiner Patrone nicht aufgegeben. Er stattete 1121 Prémontré und Floreffe mit Reliquien von Märtyrern der Thebäischen Legion aus, die er in Köln erworben hatte.[141] Er tat mit großer Wahrscheinlichkeit das gleiche in Magdeburg, wo er das Stift Unser Lieben Frauen, vielleicht auch den Dom, mit Reliquien aus seiner Heimat beschenkte.[142] Als das Stift Gottesgnaden gegründet wurde, begnügte er sich nicht damit, es dem Patronat der Märtyrer zu unterstellen.[143] Er übertrug Reliquien des hl. Viktor, den der Gründungsbericht *patronus suus* nennt, von Xanten in das von Otto von Röblingen gegründete Stift an der Saale.[144] Gleichzeitig schrieb er den dort Gott dienenden Brüdern neben dem *Usus* der Magdeburger Domkirche den *tenor cantandi* vor, wie er ihn *apud Xantum* gelernt hatte.[145]

Auch das Viktorstift konnte dem in wenigen Jahren vom Subdiakon zum Erzbischof gewordenen Mitbruder seine Anerkennung nicht versagen. 1128 weihte Norbert, der bei dieser Gelegenheit nicht nur als *archiepiscopus Magdeburgensis*, sondern auch als *huius ecclesiae canonicus* bezeichnet wird, auf Bitten des damals mit dem Bann belegten Kölner Erzbischofs den neuerbauten Teil der Stiftskirche.[146] Man nahm auch von seinem Tod Kenntnis und trug bald nach seinem Ableben den *Obitus Norberti Magdeburgensis archiepiscopi et fratris nostri* in das Totenbuch ein.[147] Seither war jedoch von ihm so gut wie gar nicht mehr die Rede. Gewiß hat man es im Stift nicht vergessen, daß ein Xantener Kanoniker Erzbischof und Ordensstifter gewor-

---

140 Vita B, 1264.

141 Zur Auffindung von Reliquien der Märtyrer der Thebäischen Legion, u. a. von Mauritius und Gereon, und ihrer Transferierung nach Floreffe und Prémontré, über die u. a. die Vita A, 682-683, berichtet vgl. *W. M. Grauwen*, Norbert et les débuts de l'abbaye de Floreffe, Analecta Praemonstratensia 51 (1974) 11-13. Über weitere quellenmäßig allerdings weniger gut geschilderte Zeugnisse der Verehrung Norberts für die Märtyrer der Thebäischen Legion: *H. Engelskirchen*, Nova Norbertina. Neue Forschungsergebnisse über Norbert von Xanten, Ebd. 22-23 (1946-47) 132-140; 24 (1948) 158-161; 25 (1949) 103-107, 196-198. *Ders.,* Die Xantener Gereonskapelle in den Sümpfen, Annalen des historischen Vereins für den Niederrhein 162 (1960), 197-204. Vgl. auch: *J. G. Deckers,* St. Gereon in Köln – Ausgrabungen 1978-1979. Neue Befunde zu Gestalt und Funktion des spätantiken Zentralbaus, Jahrbücher für Antike und Christentum 25 (1982) 102-131.

142 Reliquien des hl. Gereon befanden sich nach *Bormann* und *Hertel*, 136, noch nach der Reformation im Stift U. L. F. *Wentz* und *Schwineköper*, 222-240, unterrichten über die Reliquien der Thebäer (u. a. Viktors) im Mageburger Dom. Auf die politische Bedeutung der so zustande gekommenen Verbindung des hl. Mauritius mit seinen im Rheinland zu Märtyrern gewordenen „Untergebenen" macht *Claude,* 389, aufmerksam.

143 Vgl. die Literatur über Gottesgnaden in *N. Backmund,* Monasticon Praemonstratense I, 2, ²Berlin/New York 1983, 285-286.

144 Fundatio monasterii Gratia Dei, MGH SS XX, 687: *Venerabilis archiepiscopus beati Victoris reliquias, cum patronus suus esset, de Xanto secum transportaverat eiusque sanctissimam memoriam cum ratione patrocinii tum etiam sociorum Thebee legionis honorari volebat.*

145 MGH SS XX, 688: *ut . . . tenorem autem cantandi et in horis canonicis iuxta consuetudinem maioris ecclesie in Magdeborch et secularium clericorum, secundum quam ipse primum apud Xantum informatus erat, observarent.*

146 *F. W. Oediger* (Hg.), Das älteste Totenbuch des Stiftes Xanten (Die Stiftskirche des hl. Viktor zu Xanten II, 4) Kevelaer 1963, 59.

147 Ebd., 46.

den war. So unterließ es der Dechant Arnold Heymerick nicht, auf den Gründer des Prämonstratenserordens, *quidam sancte Xantensis ecclesie quondam canonicus*, hinzuweisen, als er 1476 in einem Schreiben an seinen in Köln studierenden Neffen die Orden der Kirche und ihre Gründer Revue passieren ließ.[148] Eine offizielle Kenntnisnahme oder gar sanktionierte Verehrung kam jedoch nicht zustande: „Vor dem Jahre 1614, also auf ein Jahr genau 500 Jahre nach Norberts *conversio* im Jahre 1115, wird in den so reichen Quellen zur Geschichte des Stiftes Xanten St. Norberts überhaupt nicht gedacht."[149] 1614 bekundete der damalige Dechant, Lubbert von Hatzfeld, seine Absicht, am Todestag Norberts eine Memorie zu Ehren des nunmehr Kanonisierten zu stiften;[150] wohl zur gleichen Zeit begann man, wenn auch nur in bescheidener Form, mit der liturgischen Verehrung.[151] Schneller reagierten die Stiftsherrn auf die Translation der Norbertreliquien von Magdeburg nach Prag. Ähnlich wie die Prämonstratenser von Prémontré, Antwerpen und Steinfeld erbaten der Dechant Caspar von Ulft und der Propst Johann von Sternenberg 1627 vom Abt des Klosters Strahov eine Reliquie.[152] Gleichzeitig setzten Bemühungen ein, in Xanten die Orte und Gegenstände auszumachen, die für Norberts Leben bedeutsam gewesen waren: das angebliche Geburtshaus auf der Marsstraße, die Norbertzelle unterhalb der Michaelskapelle am Südeingang der Immunität und den Kelch, den Norbert 1118 den Kanonikern hinterlassen haben soll.[153]

---

148 *Ders.* (Hg.), Schriften des Arnold Heymerick (Publikationen der Gesellschaft für rheinische Geschichtskunde 49) Köln 1939, 34. Vgl. auch: *H. Engelskirchen*, Ein Xantener Dechant über den hl. Norbert, Analecta Praemonstratensia 27 (1951) 111-112.

149 *C. Wilkes*, Studien zur Topographie der Xantener Immunität, Annalen des Historischen Vereins für den Niederrhein 151/152 (1952) 83.

150 Xantener Kapitelsprotokolle zum 16. 5. 1614: Item noch syn Erwurden to kennen geven, dat hiebevorn allhier ein canonicus gewesen, Noerbertus genoempt, wilch canonisirt worden, und bedacht, in eius memoriam to stiften van 50 goltgulden heuftsummen ... (*Wilkes*, Topographie, 86).

151 Das vor 1473 entstandene Diurnale Sanctense iuxta ritum proprium (Stifts- und Pfarrarchiv Xanten, H 33) enthält auf der letzten Seite Nachträge von verschiedenen jüngeren Händen u. a. *De s. Norberto*. Das Directorium seu ordo recitandi ... ecclesia ss. Victoris sociorumque martyrum Xantis pro a.d. 1797 (HSTA Düsseldorf) führt das Fest *Norberti Ep. dupl. cum Oct.* auf: *F. W. Oediger* (Hg.), Der älteste Ordinarius des Stiftes Xanten (Die Stiftskirche des hl. Viktor zu Xanten II/4) Kevelaer 1963.

152 Korrespondenz des Propstes Johann von Sternenberg gen. v. Düsseldorf mit dem Dechanten Caspar v. Ulft (8. 10. u. 28. 10. 1629) im Stifts- und Pfarrarchiv Xanten (vgl. *Wilkes*, Topographie, 86). *T. Paas*, Reliquien des heiligen Norbert in der Abtei Steinfeld, Analecta Praemonstratensia 5 (1929) 66-70.

153 Über die entsprechenden Hinweise in der älteren Literatur, d. h. bei *D. Papebroch, Chr. van der Sterre, H. Ewich, F. J. Pels, J. P. Spenrath, J. Mooren* und *St. Beissel*, unterrichten: *H. Engelskirchen*, Nova Norbertina. Neue Forschungsergebnisse über Norbert von Xanten, Analecta Praemonstratensia 22/23 (1946/47) 135-136; *Ders.*, St. Norbert Xantens Sohn. Eine Notiz zur Frage des Geburtsortes, in: Bote für Stadt und Land, 15. IX. 1964, und *A. Alders*, 900 Jahre Norbert von Xanten. Wo wurde Norbert geboren?, Xanten 1979. Über die Norbertzelle: *St. Beissel*, Die Bauführung des Mittelalters. Studie über die Stiftskirche des hl. Viktors zu Xanten, ²Freiburg 1889, I, 168. *H. Engelskirchen*, St. Norbert und die camera castitatis in Xanten, Analecta Praemonstratensia 30 (1954) 127-129; 31 (1955) 159-160. *Ders.*, Nova Norbertina, 138-140. *Wilkes*, Topographie, 83-84. *W. Bader*, Der Dom zu Xanten 1 (Xantener Domblätter 8) Kevelaer 1978, 117-125. Dort auch die ältere Literatur. Nach *Papebroch*, AASS Jun. I, 822, befand sich noch 1695 in Xanten, im Besitz der St.-Peter-Vikarie, ein Kelch, den Norbert 1118 den Mitbrüdern an St. Viktor zurückgelassen haben soll.

Was für die Verehrung gilt, trifft auch für die regionale Geschichtsforschung zu. W. Bader, W. Classen, H. Engelskirchen, F. W. Oediger und C. Wilkes haben sich ähnlich wie die älteren an der Geschichte Xantens interessierten Historiker mit Norbert nur insoweit beschäftigt, als sich dazu die Notwendigkeit aus der Geschichte des Stiftes und seiner Kirche ergab.[154] Allgemeines Interesse erregte lediglich die seit dem 17. Jahrhundert in der Literatur wiederholt diskutierte Frage, wo Norbert denn geboren sei, in Gennep am Ufer der Maas oder in Xanten am Niederrhein. Diese bei dem gegenwärtigen Stand der Überlieferung nicht eindeutig zu beantwortende Frage, mit der sich bis auf den heutigen Tag die niederrheinische und limburgische Lokalhistorie herumschlägt,[155] erlangte im 19. Jahrhundert überregionale Bedeutung. Als infolge des wachsenden Nationalismus unter den katholischen Völkern Europas ein Wettstreit darüber begann, wem denn die Kirche die meisten Heiligen und Ordensstifter zu verdanken habe, konnte man sich im deutschen Katholizismus nicht genug tun, auf Norbert als den neben Bruno von Köln bedeutendsten deutschen Ordensstifter hinzuweisen, während die holländischen und belgischen Historiker mit nicht geringerem Eifer betonten, der mit der deutschen Geschichte so eng verbundene Norbert sei ein Sohn der Niederlande gewesen, und die Franzosen ihn der nicht geringen Zahl der aus ihrer Nation stammenden Heiligen und Ordensstifter zurechneten.[156]

Zu einer wirklichen Besinnung auf Norbert und seine Bedeutung kam es in Xanten erst in der Zeit zwischen den beiden Weltkriegen. Nachdem das Kaiserreich zusammengebrochen war, wandte man sich wie anderswo so auch am Niederrhein dem hier in vielen Zeugen lebendigen Mittelalter, seinem geistigen Gehalt und seinen führenden Gestalten zu. So wurde unmittelbar nach dem Kriege auf Betreiben eines privaten Mäzens an der Michaelskapelle, dort wo der „Neubekehrte" sein Büßerleben begonnen haben soll, eine mittelalterlichen Bischofsstatuen nachempfundene Halbfigur Norberts angebracht. Als 1934 das Gedächtnis an den vor 800 Jahren Gestorbenen gefeiert wurde, zeigte sich die Ambivalenz dieser Hinwendung zum Mittelalter. Während der kostbare 1933/34 angefertigte Silberschrein, der zur Aufnahme einer schon 1921 von Prag nach Xanten transferierten Reliquie bestimmt war, Norbert noch als *Ligamen inter Ecclesiam et Germaniae Imperatorem* feierte und so die Hoffnung auf ein Zusammenwirken von Kirche und Staat zum Ausdruck brachte, waren die hauptsächlich von Propst Köster und Kaplan Welzel angeregten, in Anwesenheit des Bischofs von Münster, Clemens August Graf von Galen, begangenen Jubiläumsfeiern bereits Ausdruck eines vom Geist der Jugendbewegung geprägten Widerstandes:[157] eine Dialektik, zu der es nicht nur in Xanten kam,

---

154 Vgl. Norbert von Xanten (wie Anm. 22) 57-67.

155 Vgl. *T. W. J. Driessen*, Gennep, geboorteplaats van St.-Norbertus, De Maasgouw 78 (1959) 101-104. Ders. und *M. P. J. van den Brand*, 1000 Jaar Gennep, Nimwegen 1975. W. M. Grauwen, Norbert en Gennep, Analecta Praemonstratensia 42 (1966) 132-133. Ders., De geschiedenis van Gennep en de afstamming van Norbertus, Ebd. 53 (1977) 80-85. Ders., Norbertus, 32, und die im Beitrag von *Alders* (wie Anm. 22) genannte Literatur.

156 Über die „nationale Vereinnahmung" Norberts: *Elm*, Norbert von Xanten, 163.

157 *A. Welzel*, Norbert von Xanten, Junge Front, 10. VI. 1934. *H. Hambüchen*, Der hl. Norbert. Zu seinem 800. Todestag am 6. Juni 1934, Der Feuerreiter, 9. V. 1934. *NN.*, Ein rheinischer Graf und Heiliger, Weltwarte, Juniheft 1934. Über Propst F. Köster und seine Rolle in den Jahren 1933/34 vgl.: *H. van Bebber*, Aus der „Chronik für die St. Victorpfarre in Xanten" von Propst Friedrich Köster (†), in: Studien zur Geschichte der Stadt Xanten 1228-1978.

sondern die auch dort zutage trat, wo man Norbert zugleich als heiligen deutschen Staatsmann und Vorbild für „Gottesfreunde" feierte.[158]
Der nach der Zerstörung des Krieges betriebene Wiederaufbau des Domes und die von W. Bader erneut in Angriff genommene archäologische Untersuchung seiner Frühgeschichte führten zur verstärkten Besinnung auf die Märtyrer aus der Römerzeit, mit der man das Gedächtnis an die vom Niederrhein stammenden Opfer des Nationalsozialismus zu verbinden suchte. Trotz dieses Rückgriffs auf die Tradition des Stiftes ließ man auch den *filius S. Victoris* nicht aus dem Auge. Man verzichtete zwar auf die Restaurierung der im Krieg beschädigten Statue, verschaffte ihm dafür aber den Zugang zum Dom, der ihm, sieht man von der Reliquientranslation ab, bis dahin versagt geblieben war. Zwei Glasfenster im südlichen Seitenschiff sowie ein Hochchorfenster stellen ihn und Szenen aus seinem Leben entsprechend der im 16. u. 17. Jahrhundert ausgebildeten Ikonographie dar. Auch die lokale Norbertforschung begann sich wieder mit ihren alten Fragen zu regen, wohingegen die Norbertverehrung durch die Lehrer und Schüler eines 1949/50 eingerichteten Internates für vertriebene Jugendliche, die in Norbert den Heiligen sahen, der durch sein Wirken den Westen und Osten Deutschlands miteinander verband, einen neuen Zug erhielt. Die Xantener haben wie die Magdeburger zu Beginn dieses Jahrzehnts die Geburt und die Heiligsprechung Norberts gefeiert. In diesem Jahr begehen sie mit noch größerer Feierlichkeit das Gedächtnis seines Todes. Sie schmücken Dom und Stadt mit neuen Zeichen der Erinnerung an den Heiligen „van onzen stam"[159], den sie besser zu begreifen versuchen als ihre Vorfahren. Die kirchlichen Feiern stehen unter der im Alten Testament erhobenen Forderung nach Umkehr und Erneuerung. Ob solche persönliche Begegnung zu einer dauernden, im kollektiven Bewußtsein verankerten Norbertverehrung führt oder überhaupt führen kann, ist eine Frage, die sich nicht nur der Mittelalterhistoriker stellt. Die Antwort wäre gegeben und der Beweis für eine solche Rezeption geliefert, wenn in Zukunft neben den weit ins Mittelalter zurückgehenden Viktor- und Helenenbruderschaften[160] auch Norbertbrüder das bunte Bild der Prozessionen bereichern und auf den herbstlichen Schützenfesten ihr Königspaar feiern würden: Was freilich jeder, der die Xantener und die Stärke der ihr Leben und Denken prägenden Traditionen kennt, für eine höchst seltsame Vorstellung halten muß.

---

Festschrift zum 750jährigen Stadtjubiläum, Köln 1978, 173-186. Dieses und anderes ist zu der Darstellung von *J. Rosen*, Xanten zwischen 1928 und dem Untergang der mittelalterlich geprägten Stadt Anfang 1945, Ebd. 129-154, nachzutragen.

158 D. *Ulmer-Stichel,* Norbert von Xanten. Ein heiliger deutscher Staatsmann, Bonn 1940. A. *Riss,* Norbert von Xanten (Lebensschule für Gottesfreunde 26) Meitingen bei Augsburg 1938.

159 L. *Horstkötter,* Die Feier des 900. Geburtsfestes des heiligen Norbert in Deutschland im Jahre 1980, Analecta Praemonstratensia 57 (1981) 81-100. *Ders.,* Norbert-Patrozinien und Stätten besonderer Norbert-Verehrung in Deutschland. Ein Beitrag zum 400. Gedenktag der Heiligsprechung Norberts durch Papst Gregor VIII. am 28. Juli 1582, Analecta Praemonstratensia 58 (1982) 5-54.

160 W. *Holland,* Die Bruderschaften der Stadt Xanten, in: 700 Jahre Stadt Xanten. Ein Heimatbuch zur Erinnerung an das 700jährige Bestehen der Stadt, Xanten 1928, 120-128.

## IV.

Bernhard von Clairvaux und Norbert von Xanten waren, um den am Anfang dieses Beitrages begonnenen Vergleich wieder aufzunehmen, bei allem, was sie verband, im Grunde genommen Verkörperungen von Gegensätzen. Der burgundische Adelige, der 1115 zum Abt von Clairvaux gewählt worden war und zeit seines Lebens kein anderes Amt ausübte, wird nicht zu Unrecht wegen seiner Geistesschärfe, seiner intellektuellen Beweglichkeit und seines literarischen Geschmacks als Verkörperung französischer Geistigkeit gepriesen. Norbert, der vom Kritiker an Kirche und Klerus zum Erzbischof und Reichsfürsten geworden war, stand in seinem Willen zur Tat, seiner Bereitschaft zum Einsatz und dem gelegentlich rücksichtslosen Umgang mit Menschen dem nahe, was man mit den Deutschen in Zusammenhang zu bringen pflegt. Der eine fühlte sich, um den Vergleich mit mittelalterlichen Kategorien fortzusetzen, als ein Sohn Benedikts, dem nicht die Werke der Maria, sondern der Martha erstrebenswert waren. Norbert war ganz der Sohn des hl. Augustinus. Wie dieser wollte er nach dem Bruch mit der Welt die *vita activa* und die *vita contemplativa* verbinden, zugleich kontemplativ lebender Asket und aktiv wirkender Priester sein, den Forderungen des Evangeliums folgen, aber auch *satis episcopaliter* die Menschen zum Heile führen, den Klerus formen und die Rechte der Kirche durchsetzen.

Dies zu vereinen ist Augustinus nur mit Mühe gelungen. Die Reichsbischöfe des frühen Mittelalters haben eine solche Synthese nur in Ausnahmefällen angestrebt. Wenn es Norbert in seinem kurzen Leben nicht möglich war, zugleich Herr und Knecht zu sein, dem Evangelium und der Welt gerecht zu werden, das Wort Gottes zu verkünden und die Herrschaft der Kirche zu festigen, dann lag das nicht allein an ihm und seinem Charakter. Es waren seine Zeit und die sie bestimmenden Strukturen und Konstellationen, die letzten Endes den Ausgleich dieser Gegensätze unmöglich machten. Ihn im öffentlichen oder auch nur persönlichen Leben zu erreichen, ging über Norberts Kraft, wäre auch über die Kräfte anderer Heiliger gegangen. Er konnte nur Vorläufer sein, der anderen den Weg bereitete. Er war der Herold der Armut von Franziskus, stellte früher als Dominikus Predigt und Seelsorge in den Mittelpunkt seines Lebens, erinnert in seinem Kampf für die Rechte der Kirche und des Papsttums an Ignatius von Loyola. Sie alle beschränkten sich in ihrer Zielsetzung. Franz ging es um das Leben nach dem Evangelium, Dominikus konzentrierte sich auf Predigt, Seelsorge und Ordensorganisation, Ignatius empfand sich als Streiter für Papst, Kirche und Rechtgläubigkeit. Mehr haben sie nicht gewollt, mehr hätten auch sie nicht leisten können.

Während Franziskus, Dominikus und Ignatius schon bald heiliggesprochen wurden und nicht nur bei Italienern und Spaniern als große Heilige gelten, ist Norbert zwar nicht dem Vergessen anheimgefallen, aber dennoch bis heute dem gläubigen Volk, selbst in seiner Heimat, fremder geblieben als die drei anderen Ordensgründer. Auch das liegt nicht allein an seiner Person, sondern hat mit der Tatsache zu tun, daß Norbert ein deutscher Heiliger ist. Im Westen des Reiches geboren, in Nordfrankreich zum Ordensstifter geworden, an der Grenze zwischen Deutschen und Slawen zum Erzbischof bestellt, am Kaiserhof und an der päpstlichen Kurie für Reich und Kirche tätig, war er nirgendwo ganz zu Hause, durchmaß er den ganzen Schauplatz der deutschen Geschichte. Selbst das Schicksal seiner Reliquien ist ohne sie, d. h. ohne die Spannungen der Konfessionen und den Widerstreit zwischen dem protestantischen Norden und dem katholischen Süden, nicht zu verstehen. Kein Wunder, daß ihm die Rhein- und Niederländer, die Katholiken Mitteldeutschlands, die Böhmen und Franzosen für sich in Anspruch nehmen und einmal Xanten, dann Gennep, schließlich Magdeburg oder Prémontré seinem Namen hinzufügen. Es verwundert auch nicht, daß man Norbert im Zeitalter der Reformation und Gegenreformation einerseits als Verkünder des Evangeliums schätzte und andererseits als den über Ketzerei und Irrglauben triumphierenden Heiligen der Eucharistie verehrte, daß man im evangelisch gewordenen Norden auf seine Fürsprache verzichtete und seine Heiligkeit im katholisch gebliebenen Süden und Westen mit barocker Fülle feierte. Als man sich im 19. Jahrhundert, im Kampf um die nationale Einheit, stärker als zuvor auf die eigene Geschichte besann, blieb auch die Beurteilung Norberts davon nicht unberührt. Während die Großdeutschen die Tätigkeit des Erzbischofs von Magdeburg als Beitrag zur Stärkung des Reiches würdigten, tadelten die Kleindeutschen seinen Einsatz im Dienste Heinrichs V. und Lothars III. als Unterstützung einer für die deutsche Geschichte verderblichen Italienpolitik, was freilich viele Katholiken nicht hinderte, unter dem Eindruck des Kulturkampfes in ihm die glückliche Verbindung von katholischer Glaubensüberzeugung und politischer Loyalität zu bewundern. Nachdem man sich in den Dreißiger Jahren durch Norbert sowohl im Widerstand gegen den Unrechtsstaat als auch in der Bereitschaft zum Dienst für Kirche und Reich hatte bestätigen lassen, stellten sich nach den katastrophalen Veränderungen, die Nationalsozialismus und Weltkrieg in Deutschland und Europa herbeigeführt haben, nicht nur diejenigen, die im Zusammenwirken der Nationen die Rettung Europas sahen, sondern auch viele derjenigen, die vom Osten in den Westen gekommen sind oder in einer nicht mehr nur konfessionell bedingten Diaspora ihren Glauben zu bekennen haben, unter den Schutz des Heiligen, der ihnen und ihren Anliegen nicht fernsteht. Die Verehrung, die dem hl. Norbert in seinem Orden entgegengebracht wird, mag andere Akzente tragen als die hier gesetzten. Die Niederländer und Böhmen, die Franzosen, Spanier und Italiener können den Heiligen aus anderen, jeweils verschiedenen Blickwinkeln sehen. Wenn die Deutschen im Westen und Osten, im Süden und Norden des hl. Norbert in gläubiger Verehrung oder aus historischem Interesse auf ihre Weise gedacht haben und gedenken, dann tun sie dies, weil sie ihn nur so sehen und verehren können, wie es ihnen ihre Geschichte, die er wie kaum ein anderer Heiliger des Mittelalters aktiv mitgestaltet hat, nahelegt.

# Literatur

Die folgende Liste enthält nur einige jüngere Monographien und Aufsätze, die sich ausschließlich oder ausführlich mit Norbert, seiner Person und Verehrung, beschäftigen. Ein umfassender Überblick kann mit Hilfe der Repertorien von *G. Lienhardt, J. Le Paige, L. Goovaerts, R. van Waefelghem* und *N. Backmund,* der Literaturberichte von *O. Mannl* und *C. Stracka,* dem Literaturverzeichnis der Norbertmonographie von *W. M. Grauwen* und den Beiträgen von *J.-B. Valvekens* zur Bibliotheca Sanctorum, zum Dictionnaire de Spiritualité und zum Dizionario degli Istituti di Perfezione gewonnen werden. Über die neueste Literatur unterrichtet der Rezensions- und Berichtteil der Analecta Praemonstratensia.

*Alders, A.,* Das Leben des hl. Norbert, Xanten 1981.
*André, J.,* Prince du Nord. Vie de Saint Norbert. Fondateur des Prémontrés. Archevêque de Magdebourg, Frigolet 1953.
*Backmund, N.,* Die mittelalterlichen Geschichtsschreiber des Prämonstratenserordens (Bibliotheca Analectorum Praemonstratensium 10) Averbode 1972.
*Bauermann, J.,* Erzbischof Norbert von Magdeburg, Sachsen und Anhalt 11 (1935) 1-25. Jetzt auch in: *Ders.,* Von der Elbe bis zum Rhein. Aus der Landesgeschichte Ostsachsens und Westfalens. Gesammelte Studien (Neue Münstersche Beiträge zur Geschichtsforschung 11) Münster 1968, 95-112.
*Bernhardi, W.,* Lothar von Supplinburg (Jahrbücher der Deutschen Geschichte 15) Berlin 1879, ND Berlin 1975.
*Ders.,* Norbert, in: Allgemeine Deutsche Biographie XXIV, Leipzig 1887.
*Bernheim, E.,* Norbert von Prémontré und Magdeburg, Historische Zeitschrift 35 (1876) 1-16.
The Book of Saints. A Dictionary of Servants of God canonized by the Catholic Church: extracted from the Roman and other Martyrologies compiled by the Benedictine Monks of St. Augustine's Abbey Ramsgate, [4]London 1947.
Bornheim gen. Schilling, W., Die Familienbeziehungen des heiligen Norbert. Heribertiner und Norbertiner, Jahrbuch für Westdeutsche Landesgeschichte 4 (1978) 37-60.
*Brandl, B.,* Zum 800jährigen Todestag des hl. Norbert, des Gründers des Prämonstratenserordens, Marienbad 1934.
*Claude, D.,* Geschichte des Erzbistums Magdeburg bis in das 12. Jahrhundert (Mitteldeutsche Forschungen 67, II) Köln/Wien 1975.
*Crone, M. L.,* Untersuchungen zur Reichskirchenpolitik Lothars III. (1125-1137) zwischen reichskirchlicher Tradition und Reformkurie (Europäische Hochschulschriften III: Geschichte und ihre Hilfswissenschaften 170) Frankfurt/Bern 1982.
*Dino, S.,* La spiritualità di S. Norberto da Xanten, Analecta Praemonstratensia 34 (1958) 219-242; 35 (1959) 198-226.
*Dies.,* La Personalità umana e spirituale di S. Norberto da Xanten, in: gedenkboek orde van prémontré 1121-1971, Averbode 1971, 41-51.
*Elm, K.,* Norbert von Xanten. Adeliger, Ordensstifter und Kirchenfürst, in: Christi Liebe ist stärker. 86. Deutscher Katholikentag vom 4. Juni bis 8. Juni 1980 in Berlin, hg. v. Zentralkomitee der Deutschen Katholiken, Paderborn 1980, 542-554. Auch in: *Greschat, M.* (Hg.), Gestalten der Kirchengeschichte 3: Mittelalter I, Stuttgart 1983, 161-172.
*Farmer, D. H.,* The Oxford Dictionary of Saints, [2]Oxford 1979.
*Goovaerts, L.,* Ecrivains, artistes et savants de l'Ordre de Prémontré. Dictionnaire bio-bibliographique, 4 vols., Brüssel 1899-1920.
*Goßens, B.,* Norbert v. Xanten. Stifter des Prämonstratenserordens (Kleine Lebensbilder 17) Freiburg i. d. Schweiz/Konstanz/München 1938.
*Grauwen, W. M.,* Norbert von Magdeburg, in: Die Heiligen in ihrer Zeit, hg. v. P. Manns, II, Mainz 1966, 32-34.
*Ders.,* Norbert van Maagdenburg (Gennep, Xanten), in: Nationaal Biografisch Woordenboek, III, Brüssel 1968, 412-421.
*Ders.,* Norbert von Xanten, in: Die Heiligen. Alle Biographien zum Regionalkalender für das deutsche Sprachgebiet, hg. v. P. Manns, Mainz 1975, 360-362.
*Ders.,* Norbertus. Aartsbisschop van Maagdenburg (1126-1134). (Verhandelingen van de Kon. Academie voor Wetenschappen, Letteren en Schone Kunsten van België. Kl. d. Lett, XL, Nr. 86) Brüssel 1978.
*Ders.,* Het leven van heer Norbert, aartsbisschop van Maagdenburg. Vila A vertaald en van aantekeningen worzien (Bibliotheca Analectorum Praemonstratensium 15) Averbode 1984.

*Hauck, A.,* Kirchengeschichte Deutschlands IV, Leipzig 1913, ND Berlin 1954, 369-375.
*Holweck, F. G.,* A. Biographical Dictionary of the Saints. With an Introduction on Hagiology, St. Louis/London 1924.
*Hoppe, W.,* Norbert, in: Biographisches Wörterbuch zur deutschen Geschichte, München 1952.
*Horstkötter, L.,* Der hl. Norbert und die Prämonstratenser, [5]Duisburg 1981.
*Hugo, C. L.,* La vie de S. Norbert. Archevêque de Magdeburg et Fondateur de l'Ordre des Chanoines Prémontréz. Avec des notes pour l'éclaircissement de son histoire et celle du douzième siècle, Luxemburg 1704.
*Le Paige, J.* (Hg.), Bibliotheca Praemonstratensis Ordinis, Paris 1633.
*Lienhardt, G.,* Spiritus literarius Norbertinus a scabiosis Casimiri Oudini calumniis vindicatus seu sylloge viros ex ordine Praemonstratensi, scriptis et doctrina celebres, necnon eorumdem vitae, res gestas, opera . . ., Augsburg 1771.
*Madelaine, G.,* Vie illustrée de Saint Norbert, Paris 1900.
*Ders.,* Histoire de Saint Norbert. Fondateur de l'ordre de Prémontré, archevêque de Magdebourg, Lille 1886,[2]Tongerlo 1928.
*Maire, E.,* Saint Norbert (1082-1134), (Les Saints) Paris [3]1922.
O. *Mannl,* Zur Literatur über den heiligen Norbert, Literarischer Handweiser zunächst für alle Katholiken deutscher Zunge 19 (1890) 297-304, und Analecta Praemonstratensia 35 (1959) 5-14.
*Melchers, E.* und *H.,* Das große Buch der Heiligen. Geschichte und Legende im Jahreslauf, München 1978, 345-348.
*Meyer von Knonau, G.,* Jahrbücher des Deutschen Reiches unter Heinrich IV. und Heinrich V. (Jahrbücher der Deutschen Geschichte 14, 6-7) Leipzig 1907-09.
*Petit, Fr.,* La Spiritualité des Prémontrés aux XIIe et XIIIe siècles (Etudes de théologie et d'histoire de la spiritualité 10) Paris 1947.
*Ders.,* Comment nous connaissons saint Norbert, Analecta Praemonstratensia 36 (1960) 236-246.
*Ders.,* Norbert et l'origine des Prémontrés, Paris 1981.
*Philippen, A.,* Der H. Norbert und der Prämonstratenser Orden, Averbode 1913.
*Promnitz, E.,* Der heilige Norbert, der Stifter des Praemonstratenserordens, Prag 1929.
*Riss, A.,* Norbert von Xanten (Lebensschule der Gottesfreunde 26) Meitingen bei Augsburg [2]1938.
*Romain, W. P.,* Saint Norbert. Un Européen, Lyon/Paris 1960.
*Schnitzler, T.,* Die Heiligen im Jahr des Herrn. Ihre Feste und Gedenktage, Freiburg/Basel/Wien 1982, 191-192.
*Stráka, C.,* Litteratura de translatione S. P. Norberti a. 1627 eiusque iubilaeis, Analecta Praemonstratensia 3 (1927) 333-335.
*Tenckhoff, A.,* Der Heilige Norbert. Ein Lebensbild aus dem 12. Jahrhundert für die reifere Jugend nach den Quellen erzählt, Münster 1865.
*Toepfer, B.,* Norbert von Xanten, in: Biographisches Lexikon zur deutschen Geschichte, Berlin 1967.
*Thurston, H.* und *Attwater, D.,* Butler's Lives of the Saints, London 1956.
*Ulmer-Stichel, D.,* Norbert von Xanten. Ein heiliger deutscher Staatsmann, Bonn 1940.
*Valvekens, P. E.,* Norbert van Gennep (Heiligen van onzen stam) Brügge [2]1944.
*Valvekens, J.-B.,* Norberto, fondatore dell' Ordine Premonstratense, arcivescovo di Magdeburgo, in: Bibliotheca Sanctorum IX, Rom 1967, 1050-1068.
*Ders.,* Saint Norbert, in: Dictionnaire de Spiritualité, Ascétique et Mystique, Doctrine et Histoire XI, Paris 1982, 412-424.
*Ders.,* Premonstratensi, in: Dizionario degli Istituti de Perfezione VII, Rom 1983.

*Van den Elsen, G.,* Beknopte Levensgeschiedenis van de H. Norbertus, Averbode 1890.

*Van Waefelghem, R.,* Répertoire des sources imprimées et manuscrites relatives à l'histoire et à la liturgie des monastères de l'ordre de Prémontré, Brüssel 1930.

Vies des Saints et des Bienheureux selon l'Ordre du Calendrier avec l'Histoire des Fétes par les RR.PP. Bénédictins de Paris. Tome VI: Juin, Paris 1948, 108-117.

*Walter, J. von,* Die ersten Wanderprediger Frankreichs. Studien zur Geschichte des Mönchtums, 2 Bde., Leipzig 1906.

*Weinfuter, St.,* Norbert von Xanten. Ordensstifter und „Eigenkirchenherr", Archiv für Kulturgeschichte 59 (1977) 66-98.

*Worell, S. A.,* Der heilige Norbert, Prediger, Stifter des Prämonstratenser-Ordens und Erzbischof von Magdeburg, Wien 1977.

*Zák, A.,* Der Heilige Norbert, Herr von Gennep, Stifter des Prämonstratenserordens und Erzbischof von Magdeburg. Ein Lebensbild, Wien 1900.

*Ders.,* Der heilige Norbert. Ein Lebensbild nach der Kirchen- und Profangeschichte (Kleine historische Monographien hg. v. *N. Hovorka,* 21-22) Wien 1930.

# Das männliche und weibliche Zisterziensertum in Westfalen von den Anfängen bis zur Reformation*

## I.

Im Jahre 1098 verließen Abt Robert, Prior Alberich und mit ihnen 21 Konventualen das 1075 in der Diözese Langres gegründete Kloster Molesme, um in *Cistercium*, an abgelegener Stelle südlich von Dijon, ein Kloster zu gründen. In ihm sollte die *rectitudo regulae* herrschen, was bedeutet, daß man die Benediktinerregel in ihrer ursprünglichen Reinheit, ohne die Modifikationen, die die in der Zwischenzeit aufgestellten monastischen *consuetudines* vorsahen, befolgen wollte. Der Wille, der Regel des Mönchsvaters besser als bisher gerecht zu werden oder gar durch die *vita eremitica* zu einem höheren Grad an Vollkommenheit zu gelangen, als es das Leben der Mönche und Kanoniker erlaubte, war am Ende des 11. und zu Beginn des 12. Jahrhunderts nichts Außergewöhnliches. Chorherren und Mönche, Priester und Laien, von denen Norbert von Xanten, Bruno von Köln und Stephan von Muret die bekanntesten sind, gaben ihr bisheriges Leben auf, um in gelegentlich hektischer, manchmal an die Aventiurelust ihrer adeligen Zeitgenossen erinnernder Experimentierfreude den richtigen Weg zur *perfectio* zu suchen. Für Robert von Molesme und seine Gefährten war die Gründung von Cîteaux nicht der erste Schritt auf diesem Weg. Der um 1028 in der Champagne geborene Sproß einer adeligen Familie war nach dem Eintritt in das Kloster Montier-la-Celle bei Troyes Prior in Saint-Ayoul zu Provins und Abt von Saint-Michel-de-Tonnerre gewesen. Er hatte dieses Amt 1074 aufgegeben, um zusammen mit einigen Gefährten in den Wäldern von Collan als Eremit zu leben, machte jedoch schon 1075 aus der dort entstandenen Eremitengemeinschaft einen stark von Cluny geprägten Mönchskonvent: Molesme, das er schließlich mit gleichgesinnten Brüdern nach heftigen, zur Aufhebung des gemeinsamen Lebens führenden Auseinandersetzungen verließ, um in Cîteaux die geistliche Lebensform zu realisieren, die sich dort nicht hatte durchsetzen lassen. Wenn ihm selbst die Erreichung dieses Zieles versagt blieb, war das nicht, wie man vermuten könnte, eine Folge seiner Unbeständigkeit: eine 1099 von dem päpstlichen Legaten, Erzbischof Hugo von Lyon, auf Veranlassung Urbans II. nach Port d'Anselle einberufene Synode schickte ihn zu seinen über den Auszug ihres Vaters empörten Söhnen nach Molesme zurück, wo er noch bis 1111 als Abt regierte und von ferne das Schicksal des Reformkonventes verfolgen konnte.

Nicht die sich aus einer mehr oder minder legitimen Sezession ergebende Gründung, sondern die beständige Lebenskraft und weltweite Wirkung des *novum monasterium* sind das eigentlich Außergewöhnliche an der Frühgeschichte Cîteaux' und des nach ihm benannten Ordens. Wenn das in der Einöde entstandene Kloster schon wenige Jahrzehnte nach seiner Gründung in La Ferté (1113), Pontigny (1114), Clairvaux (1115) und Morimond (1115) bedeutende Tochterklöster, die sogannten Primarabteien, errichten und bis zur Mitte des 12. Jahrhunderts mit weit über 300 Abteien ein so dichtes Klosternetz über Europa spannen konnte, daß Zeitgenossen wie Ordericus

---

* In: G. Jászai (Hg.), Das monastische Westfalen – Klöster und Stifte 800-1800, Münster 1982, 45-59.

Vitalis von einem wahren Wunder sprachen, muß man sich fragen, was zu dieser massiven Ausweitung des hochmittelalterlichen Ordenswesens geführt hat. Sieht man von den günstigen politischen, sozialen und ökonomischen Voraussetzungen ab, die das als Aufbruchsepoche bezeichnete 12. Jahrhundert für die Expansion eines in seiner Lebensführung überzeugenden und in seinen Aktionen zielgerichtet vorgehenden Klosterverbandes bot, und läßt man die Tatsache beiseite, daß die ersten Zisterzienser nicht nur die Unterstützung von Päpsten, Bischöfen und Adel fanden, sondern mit Alberich und Stephan Harding, den Gefährten Roberts, über Gründergestalten von hohem geistigen Format und großem organisatorischen Talent verfügten, dann waren es in erster Linie das monastische Konzept und die zu seiner Durchführung ins Leben gerufenen Institutionen, die die Ausbreitung des *Ordo Cisterciensis* ermöglichten und ihn zum Vorbild für zahlreiche andere religiöse Gemeinschaften werden ließen.

Charakteristisch für dieses Konzept ist eine Übereinstimmung von Ziel und Methode, Spiritualität und Organisation, die nach Ansicht des englischen Chronisten Wilhelm von Malmsbury in der durch Vernunft und göttliche Autorität bestimmten Benediktinerregel wurzelt, tatsächlich jedoch in erster Linie geprägt wurde durch die Denk- und Anschauungsformen des eigenen Jahrhunderts, das die Anfänge der Scholastik, die Entstehung der Universitäten, den Ausbau der staatlichen Institutionen und die Geburt einer in ihrer Kühnheit bisher unerhörten Sakralarchitektur erlebte.

Die Zurückführung des Mönchtums auf seine Substanz, nämlich in rigoroser Entsagung und strenger Weltabgeschiedenheit durch Versenkung und Gebet zugleich Gott und der eigenen Heiligung zu dienen, ließ die ersten Zisterzienser im Widerspruch zum zeitgenössischen, vornehmlich von Cluny repräsentierten Mönchtum auf jegliche *superfluitas* und *curiositas* verzichten und deren materielle Basis, kirchliche Benefizien, grundherrliche Güter und Rechte, als illegitim zurückweisen. An ihre Stelle setzten sie mit innerer Notwendigkeit eine Selbstversorgungswirtschaft auf agrarischer und gewerblicher Basis, die den Klöstern ihre Subsistenz sicherte, sie aus der Verflechtung mit der Welt befreite, vor äußerer Abhängigkeit bewahrte und ihren Bewohnern weitgehende Selbstbestimmung gewährleistete, jedoch die von der Benediktinerregel geforderte, bei den Mönchen schon längst in Vergessenheit geratene Handarbeit, den *labor manuum,* zu einer Notwendigkeit werden ließ. Wenn die körperliche Arbeit schon von Anfang an zur Pflicht weniger der Mönche als vielmehr der Laienbrüder und Lohnarbeiter, der *conversi* und *mercenarii,* gemacht wurde und diese in den Grangien, den auswärtigen Klosterhöfen, nicht aber im Kloster ihren eigentlichen Lebensraum und ihr besonderes Arbeitsfeld zu sehen hatten, war dies keineswegs eine Inkonsequenz oder gar eine bloße Widerspiegelung der für die hochmittelalterliche Gesellschaft charakteristischen Ständeordnung: der um *oratio* und *lectio* zentrierte Dienst der Mönche verlangte auch in seiner gegenüber Cluny reduzierten Form die Kraft und Zeit eines ganzen Mannes.

Die Zisterzienser haben sich wie kein anderer monastischer Verband vor ihnen bemüht, ihrem Konzept allgemeingültige Verbindlichkeit zu sichern. Sie entwickelten zu diesem Zweck in ihrer *Charta caritatis* eine homogene, auf dem Generalkapitel, der jährlich wiederkehrenden Versammlung der Äbte in Cîteaux, der Filiation, der Zuordnung der Abteien zu ihrem jeweiligen Mutterkloster, und der Visitation der Töchter durch den Abt des Mutterhauses beruhende Verfassung, die genossenschaftliche und hierarchische, zentralistische und föderalistische Elemente in fast klassischer Einfachheit verbindet und dadurch sowohl die Einheit des Ordens sichert als auch eine ausreichende Selbständigkeit der Abteien garantiert, was dem Leben der Zisterzienser seinen unverwechselbaren Charakter gab.

Die Geschichte des Zisterzienserordens läßt sich von zahlreichen Aspekten her verfolgen. Zu den interessantesten gehört die Frage, wie sich denn das Zisterziensertum — die zunächst in Molesme und Cîteaux tastend erprobten, von Männern wie Bernhard von Clairvaux, Wilhelm von St.-Thierry und Isaac von Stella vertieften, in den *Instituta generalis capituli*, den verschiedenen Fassungen des *Exordium* und der *Charta caritatis*, in den *Usus* und *Constitutiones*, aber auch in Briefen, Traktaten und Schriftkommentaren formulierten monastischen Prinzipien — unter den Bedingungen von Zeit und Raum verwirklichen ließ, unter denen die Zisterzienser im 12. und 13. Jahrhundert wie allenthalben in Europa, so auch in Westfalen heimisch wurden.

## II.

Die Zisterzienser kamen aus Gründen, die möglicherweise mit dem Investiturstreit zusammenhängen, erst in den zwanziger Jahren des 12. Jahrhunderts nach Deutschland. 1123 wurde in Kamp am Niederrhein das erste deutsche Zisterzienserkloster als dritte der insgesamt 82 Töchter der Primarabtei Morimond gegründet. Die älteste Zisterzienserniederlassung Westfalens, die mit dem Titel *Sancta Maria Virgo Gloriosa* ausgezeichnete Abtei Hardehausen, kam dadurch zustande, daß sich am 28. Mai 1140 Mönche aus Kamp im oberwaldischen Teil des Hochstiftes Paderborn niederließen. Als Tochter Hardehausens entstand 1185 das Kloster Marienfeld, *Campus S. Mariae*, östlich von Warendorf, ihm folgte 1196 bzw. 1199 die im heutigen Kreis Brilon gelegene, nach zisterziensischem Brauch ebenfalls Maria geweihte Abtei Bredelar, in der Mönche aus Hardehausen Prämonstratenserinnen ablösten, die hier 1170 auf Veranlassung Erzbischof Philipps von Köln mit ihrem Ordensleben begonnen hatten. Eine 1205 auf dem Generalkapitel in Cîteaux vorgetragene Bitte Bischof Bernhards II. von Paderborn, in seiner Diözese weitere Zisterzen gründen zu dürfen, führte zu keinem Ergebnis. Sieht man von dem 1243 von Hardehauser Mönchen in Steinbeck a. d. Luhe gegründeten, 1251 nach Scharnebeck in der Nähe von Lüneburg verlegten Kloster Marienflies ab, blieb also das älteste westfälische Zisterzienserkloster ohne weitere Tochter- und Enkelklöster, so daß man die Präsenz der Zisterzienser in Westfalen, die erst im 15. Jahrhundert durch den Ordenswechsel der bisherigen Wilhelmitenklöster Groß- und Klein-Burlo verstärkt wurde, im Vergleich mit dem benachbarten Rheinland, mit Hessen und Niedersachsen als bescheiden und ihre Dynamik als gering bezeichnen muß. Wie Kamp, dessen erste Bewohner auf Bitten des Kölner Erzbischofs Friedrich I. aus Morimond an den Niederrhein gekommen waren, gingen auch die Klöster Hardehausen, Marienfeld und Bredelar auf die Initiative von Bischöfen zurück. In Hardehausen waren es der Paderborner Bischof Bernhard I. von Oesede, in Marienfeld Bischof Hermann II. von Münster und in dem zur Diözese Paderborn gehörenden Bredelar der Grund- und Lehnsherr Erzbischof Adolf II. von Köln, die Mönche aus Kamp bzw. Hardehausen zur Neugründung herbeiholten. Was Hardehausen und Marienfeld angeht, ging die Anteilnahme der Bischöfe so weit über die für den zuständigen Ordinarius übliche Beteiligung am Gründungsvorgang hinaus, daß man sie mit Recht als Gründer bzw. Mitgründer der genannten Klöster bezeichnen kann. Bischof Bernhard I. von Paderborn, den die Hardehauser Mönche als ihren *fundator* und *pater* verehrten, übertrug der *novella plantatio*, wie aus der am 5. Mai 1155 in feierlicher Form ausgestellten Gründungsurkunde hervorgeht, als Grundstock den zum bischöflichen Tafelgut gehörenden *locus Hersuithehusen*, den er zwischen 1140 und 1155 durch Ablösungen, Tausch und Kauf von Gütern und Rechten im Umkreis von Hardehausen, besonders im Raum um Scherfede, erweiterte. Der Anteil Bischof Hermanns II. von Münster an der Grundausstattung Marienfelds bestand neben mehreren Zehntschenkungen aus den Höfen und Kapellen in Wadenhart und Isselhorst. Erzbischof Adolf II. von Köln bestätigte den 1196 nach Bredelar gekommenen Hardehauser Mönchen das bereits von seinem Vorgänger Philipp von Heinsberg den Prämonstratenserinnen geschenkte *patrimonium, quod dicitur Bredela*, das weitgehend mit der Flur Bredelar identisch war.

Neben den Bischöfen war es der Adel, der in Hardehausen, stärker noch in Bredelar und Marienfeld, die Voraussetzungen für das Ordensleben der Zisterzienser schuf. In Hardehausen ergänzten mehrere Paderborner Ministerialen die umfangreichen Traditionen des Bischofs. In Bredelar waren es die schon an der Gründung des Prämonstratenserinnenklosters beteiligten und als seine Vögte tätigen Herren von Padberg, die durch die Schenkung von Höfen und Gütern in *Grimmelinchusen* und *Swithevinhusen* das ursprüngliche Patrimonium erweiterten. Anders als in Hardehausen und in Bredelar war in Marienfeld der Anteil des Adels, nämlich der Grafen und Edelherren Widukind von Rheda, Bernhard II. von Lippe, Lüdiger II. von Wöltingerode-Wohldenberg und der Brüder Widukind, Hermann, Volkwin und Heinrich von Schwalenberg, keineswegs nur eine Ergänzung der bischöflichen Dotation. Er stellte vielmehr die für die Gründung nötige Voraussetzung dar. Widukind von Rheda erwarb mit Unterstützung Bernhards von Lippe und Lüdigers von Wohldenberg und durch Tausch mit dem Stift Freckenhorst das Klosterareal in der Bauerschaft Hundingen, das er gemeinsam mit den übrigen Stiftern um Kirchen, Höfe und Landhufen in Rheda, Harsewinkel, Selhorst, Gronhorst und Stapelage erweiterte.


Als Motiv für ihre Bemühungen um die Ansiedlung der Zisterzienser geben die geistlichen und weltlichen Stifter den Willen an, das Lob Gottes zu mehren – *pro laude Domini amplianda* – und für das eigene Seelenheil zu sorgen – *pro animarum suarum remedio*. So allgemein diese Wendungen klingen mögen, man kann sicher sein, daß hier gemeint ist, was gesagt wird. Die Bischöfe Bernhard von Paderborn und Hermann von Münster ließen sich in Hardehausen bzw. Marienfeld beisetzen. Widukind von Rheda und Gottschalk von Padberg machten ihre Gründungen zu einer Art Grablege für ihre Familien und stehen an der Spitze einer ganzen Reihe westfälischer Adeliger, die bei den Zisterziensern ihre *sepultura* fanden oder von ihnen in das *consortium fraternitatis* aufgenommen wurden. Daß sich ihr Einsatz *pro laude Domini amplianda* nicht nur auf die Förderung dieser und anderer Klöster beschränkte, bewiesen Bernhard II. von Lippe und Widukind von Rheda. Der eine wurde nach einem bewegten Leben Abt von Dünaburg und später Bischof von Semgallen, der andere beabsichtigte, nach der Rückkehr vom Kreuzzug, den er im Gefolge Friedrichs I. unternahm, Mönch in Marienfeld zu werden. Die Überzeugung vom geistlichen Nutzen ihrer Stiftung schließt nicht aus, daß Bischöfe und Adel mit

Johann Körbecke, *Darstellung Jesu im Tempel*. Hochaltar der Klosterkirche zu Marienfeld, Münster 1457 (Westf. Landesmuseum für Kunst und Kulturgeschichte, Münster)

Hermann tom Ring, Hl. Wilhelm von Malavalle, Lazarusaltar im Dom zu Münster, 1546

ihrem Einsatz *pro religione ecclesiastica . . . dilatanda* auch handfeste wirtschaftliche und politische Ziele verfolgten. Bei den Bischöfen von Paderborn und Münster war zweifellos die Absicht mit im Spiel, die Grenzzonen ihrer Sprengel durch die Zisterzienser wirtschaftlich zu erschließen und politisch zu sichern. Erzbischof Adolf von Köln bediente sich der Klostergründung ganz offenbar zur Stärkung seiner Herzogsgewalt in Westfalen. Die Wünsche der Gründer, aber auch die Lage und der Erschließungsgrad ihrer Traditionen waren so, daß sie der Intention der Zisterzienser entsprachen, nämlich möglichst weit weg von der *saecularium hominum habitatio* zu leben sowie Unterhalt und Unabhängigkeit durch den *labor manuum*, den *cultus terrarum* und das *nutrimentum pecorum*, durch Handarbeit, Ackerbau und Viehzucht also, zu sichern, wie es die sogenannten *Capitula*, die ersten Statuten von Cîteaux, vorsahen. In der Tat haben sich denn auch die Zisterzienser von Hardehausen, Marienfeld und Bredelar bis ins Spätmittelalter um die Melioration ihres ländlichen Besitzes bemüht. Der Hadebrachtshof bei Kassel, Marienrode bei Fritzlar und der Ausbau des ursprünglich domkapitularischen Gutes bei Scherfede durch Hardehausen, der Klosterbesitz Marienfelds in dem bis dahin wirtschaftlich wenig genutzten Heidesandgebiet zwischen Harsewinkel und Isselhorst sowie in Stapelage am Rande der unfruchtbaren Senne und schließlich die Bredelaer Höfe in Esbike, Upsprunge und Mershof sind dafür ähnlich überzeugende Beweise wie das allen drei Klöstern gemeinsame Bemühen um Befreiung neuerworbener Besitzungen vom Neubruchzehnten. Es wäre jedoch völlig verkehrt, wollte man behaupten, die Zisterzienser hätten allein durch „Rodungs- und Kulturarbeit" ihren ursprünglich bescheidenen, überdies noch weit verstreuten Besitz zu den Grundherrschaften ausgebaut, von denen man sagen kann, daß sie am Ende des Mittelalters zu den bedeutendsten in den Bistümern Paderborn und Münster gehörten. Die vorliegenden Untersuchungen über Besitzerwerb und Wirtschaftsweise der westfälischen Zisterzienser lassen vielmehr erkennen, daß die seit dem 12. Jahrhundert systematisch betriebene Arrondierung und Konsolidierung durch Schenkungen, vornehmlich aber durch Tausch, Kauf und Verpfändung zustande kamen und nicht zuletzt dadurch möglich wurden, daß sich der Adel und ältere, weniger erfolgreich wirtschaftende geistliche Korporationen, wie etwa das Kloster Corvey, gezwungen sahen, umfangreiche Besitzungen zu veräußern. Was in diesen Besitzkomplexen zusammengefaßt wurde, waren auch keineswegs nur jene Äcker, Wiesen und Weinberge, auf die sich die Zisterzienser nach Aussage ihrer ältesten Quellen allein beschränken wollten. Schon im Gründungsjahrhundert nahmen die westfälischen Zisterzienser auch *ecclesiae, altaria, sepulturae, decimae alieni laboris vel nutrimenti, villae, villani, terrarum census, furnorum et molendinorum reditus et caetera his similia* entgegen, die ihre von Molesme nach Cîteaux gekommenen Väter unter Hinweis auf Leben und Regel des hl. Benedikt zurückgewiesen hatten.

Die Struktur eines Besitzes, der in zunehmendem Maße neben Äckern, Wiesen, Gärten und Höfen auch Zehnten und Renten sowie Einkünfte aus Salinen, Mühlen-, Krug-, Jagd- und Fischgerechtsame und andere Herrschaftsrechte umfaßte, blieb nicht ohne Konsequenzen für die Arbeits- und Wirtschaftsweise der Klöster. Die Zisterzienser, denen man nicht zu Unrecht eine besondere Fähigkeit zur „rechnerischen Erfassung der jeweiligen wirtschaftlichen Situation und ihrer kalkulatorischen Auswertung" nachgerühmt hat, organisierten ihre Eigenwirtschaft entsprechend den örtlichen Bedingungen in der Weise, daß sie sich in Bredelar mit seiner waldreichen Umgebung auf die Holzwirtschaft konzentrierten, in den Klöstern Hardehausen und

Marienfeld jedoch das Hauptgewicht auf Schweinemast bzw. Schafzucht legten. Folgenreicher als diese Spezialisierung war der zunehmende Rückgang des Anteiles der produktiven Eigenleistung innerhalb der sich schon früh als „gemischte Wirtschaft" profilierenden Klosterbetriebe. Seit dem Ausgang des 13. Jahrhunderts verstärkte sich in ihnen wie allenthalben in den Klöstern des Ordens zunehmend die Tendenz, Ländereien, ja selbst Klosterhöfe zu verpachten oder zu verkaufen, was bedeutete, daß die auf dem *labor manuum* beruhende „Rodungs- und Kulturarbeit" auch dann, wenn man noch länger eine beschränkte Eigenwirtschaft im unmittelbaren Klosterbereich weiterführte, einer wirtschaftlich weitgehend passiven Lebensweise wich, die in erster Linie durch Einkünfte, Renten und den Ertrag von Finanzoperationen ermöglicht wurde.

Diese stetige, durch die wirtschaftlichen Depressionen des späten Mittelalters eher geförderte als gebremste Entwicklung ließ die Substanz dessen, was das zisterziensische Mönchtum ausmacht, keineswegs unberührt. Sie verdrängte nicht nur den ursprünglichen Puritanismus, sie veränderte auch die innere Struktur der Mönchsgemeinschaft und führte eine tiefgreifende Veränderung ihres Verhältnisses zur Umwelt herbei. Wie die Vollmönche, die ja schon in der Frühzeit nur geringen Anteil an der auf Handarbeit beruhenden Eigenwirtschaft des Klosters hatten, distanzierten sich in zunehmendem Maße auch die zur Arbeit bestimmten Konversen zugunsten von Leitungsfunktionen von der eigentlich produktiven Tätigkeit. Das hatte zur Folge, daß ihre Zahl immer mehr zusammenschmolz und die ursprüngliche Zweiteilung der Konvente nicht nur ihren Sinn verlor, sondern auch fast ganz aufgehoben wurde. Wenn in der Frühzeit des Ordens die Separation von der Stadt, ja von allen menschlichen Ansiedlungen, für die Lebensweise der Zisterzienser konstitutiv gewesen war, so orientierte man sich seit dem Ausgang des 13. Jahrhunderts in zunehmendem Maße auf die Stadt. Das geschah aus dem Bedürfnis, mit den Überschüssen der eigenen Wirtschaft am Grundstücksmarkt partizipieren, Handel und Absatz fördern und die eigenen Interessen in den Zentren der weltlichen und geistlichen Macht vertreten zu können. Die westfälischen Zisterzienser schlossen sich von diesem Trend nicht aus. Seit dem Ausgang des 13. Jahrhunderts erwarben sie Häuser und Höfe in den umliegenden Städten, vor allem aber in den geistlichen Metropolen Münster und Paderborn. Schließlich war die Zahl der städtischen Dependancen und Immobilien so groß, daß neben dem *desertum,* in das sich die Mönche von Hardehausen, Marienfeld und Bredelar im hohen Mittelalter zurückgezogen hatten, auch die Stadt zum Lebensraum der westfälischen Zisterzienser gehörte.


Im 12. und 13. Jahrhundert wurde nicht nur die materielle Basis für das Zisterziensertum in Westfalen gelegt. Auch wenn man nicht der Meinung ist, Charakter und Zielsetzung spezifischen Ordenslebens erfüllten sich ganz nur in der Epoche, in der es sich als Ausdruck der Zeit oder als Antwort auf deren Bedürfnisse ausbildete, ist nicht zu übersehen, daß die westfälischen Zisterzienser bis in die Mitte des 14. Jahrhunderts spirituell einen Höhepunkt ihres Ordenslebens erreichten. In diese Zeit fällt die Errichtung ihrer Kirchen und Klostergebäude, erreicht die Beschäftigung mit Kunst und Wissenschaft einen

Stand, der den Schluß erlaubt, daß auch der Raison d'être ihres Ordenslebens, die möglichst vollkommene Befolgung der Benediktinerregel, entsprochen und darüber hinaus dem zeitlichen und ewigen Heil der Gläubigen gedient wurde.

Die in Bredelar an die Stelle einer ursprünglichen Laurentiuskirche getretene Klosterkirche ist nur noch in Resten erhalten, die Abteikirche von Hardehausen wurde 1812 abgerissen, allein der 1185 in Angriff genommene Marienfelder Kirchenbau ist heute noch in seiner ursprünglichen Substanz, Chor, Querschiff und Langhaus, erhalten. Alle drei Bauten entsprachen, wie Bestand und Quellen erkennen lassen, den Erfordernissen der sich aus Vollmönchen und Konversen zusammensetzenden Klostergemeinschaft, waren jedoch stilistisch in einem unübersehbaren Konservativismus stärker älteren monastischen Bautraditionen und örtlichen Vorbildern verpflichtet als dem eigentlichen, in Burgund entwickelten zisterziensischen Bauschema.

Was das geistige Leben angeht, ist die Überlieferung ebenso ungleich. Wir wissen wenig über Hardehausen und Bredelar, sind hingegen relativ gut über Marienfeld unterrichtet. Das verdanken wir der aus dem 15. Jahrhundert stammenden, an literatur- und kunstgeschichtlich interessanten Notizen reichen Marienfelder Chronik des H. Zoestius, in erster Linie aber dem aus den letzten Jahrzehnten des 12. Jahrhunderts stammenden, jetzt in Berlin aufbewahrten Bibliothekskatalog von Marienfeld.

Die Bibliothek des Klosters enthielt Bibelhandschriften und Bibelkommentare, wichtige Texte aus der Mönchs- und Väterliteratur, aber auch Werke klassischer Autoren und Theologen des frühen Mittelalters. Die geistige Spannweite der Bibliothek und ihrer Benutzer wird jedoch erst dann ganz deutlich, wenn man sich der Sammlung zeitgenössischer Autoren zuwendet. Da stehen neben ordensspezifischen Texten wie dem *Exordium Cisterciense* und Schriften Bernhards von Clairvaux und Aelreds von Rievaulx die Werke solch berühmter Theologen wie Petrus Cantor, Ivo von Chartres, Hugo und Richard von St. Victor und Anselm von Canterbury; ja selbst die gegen die Katharer gerichtete Apologie des Eckbert von Schönau ist vorhanden. Es ist sicher, daß sich zur gleichen Zeit auch in Bredelar und Hardehausen Bibliotheken befanden. Welche wertvollen Handschriften sie enthalten haben mögen, kann man sich vor Augen führen, wenn man an diejenigen denkt, die erhalten geblieben sind: das kostbar illuminierte Evangeliar aus Hardehausen in der Landesbibliothek Kassel und die zusammen mit anderen Bredelarer Handschriften heute in der Landesbibliothek Darmstadt aufbewahrte dreibändige Bibelhandschrift.

Marienfeld konnte den Vorsprung, den es vor Hardehausen und Bredelar schon im Hochmittelalter erreicht hatte, auch in der Folgezeit behaupten. Die über die Zeit geretteten Handschriften, Mönchslisten, Klosterchroniken, erst recht aber die Werke aus der Feder seiner Konventualen lassen erkennen, daß der wissenschaftlichen Blüte im Hochmittelalter eine zweite im 14. und eine dritte im 15. Jahrhundert folgten. Für die Blüte im 14. Jahrhundert sind Leben und Werk des Abtes Wilder (1321-22) charakteristisch. Er studierte, wie auch andere befähigte Novizen des Klosters, nicht weniger als neun Jahre in Paris, teilte sein Wissen nicht nur den Mönchen, sondern in Synodalpredigten auch dem münsterschen Klerus mit, und wurde schließlich, nicht zuletzt wegen seiner Gelehrsamkeit, zum Abt von Morimond gewählt. Unter ihm und seinem länger regierenden Nachfolger Abt Nicolaus (1322-44) traten zahlreiche gelehrte und berühmte Männer in das Kloster ein, um hier von den geistigen Leistungen eines Mitbruders wie Konrad von Essen zu profitieren, der, wie die

Marienfelder Chronik sagt, Vers und Prosa gleichmäßig beherrschte und alle an Bildung überragte. Unter der Leitung des Abtes Siebert (1376-85) begann die „hohe geistige Blüte Marienfelds zu verwelken, weil er und seine Nachfolger keine Novizen mehr nach Paris schickten". Ganz so schlimm scheint der Verzicht auf das Studium in Paris freilich nicht gewesen zu sein, waren es doch in Erfurt, Köln, vor allen Dingen aber in Prag ausgebildete Ordensleute, die die Blüte vorbereiteten, die unter Abt Hermann von Warendorf (1410-1443), ehemals Student in Erfurt und Prag, in Marienfeld einsetzte. Unter den damals in der Abtei tätigen Mönchen steht Hermann Zoestius unter den Gelehrten und Schriftstellern an erster Stelle. Er hatte die Stiftsschule an St. Ludgeri in Münster besucht, in Prag studiert und in St. Ägidii eine Zeitlang das Amt eines Beichtigers wahrgenommen. Ein 1432 gemachter Vorschlag zur Kalenderverbesserung brachte ihm die Berufung ans Baseler Konzil ein, an dem er bis zu seiner Auflösung teilnahm. Hier wurde er ein so leidenschaftlicher Wortführer der konziliaren Partei, daß er in seinen Schriften *De potestate ecclesiae et populi* (1436) und *De vocibus definitivis in conciliis generalibus* (1438) so weit ging, die *plenaria potestas* des Papstes zu verneinen und ihn allein als Verwalter der *ecclesia Christi* gelten zu lassen.

Daß sich die Blüte des Klosters nicht allein in der Förderung solcher Wissenschaftler wie Zoestius und in der Beauftragung solcher Künstler wie Johann Koerbecke, des Meisters des Marienfelder Altares von 1457, erschöpfte, zeigt die Gestalt des Abtes Hermann, dem die Erneuerung des Ordenslebens nicht nur in seinem Konvent, sondern auch in anderen Häusern seines Ordens eine Herzensangelegenheit war.

Bei aller Weltabgewandtheit vollzog sich auch in Westfalen das zisterziensische Ordensleben in der Welt. Die Tätigkeit eines Hermann Zoestius, Handschriften mit historischem und politischem Inhalt wie z. B. das Berliner Manuskript mit den Briefen Innozenz' III. betreffend den Thronstreit zwischen Otto IV. und Philipp von Schwaben, vornehmlich aber die enge Verflechtung mit Adel und Episkopat lassen erkennen, daß die westfälischen Zisterzienser auch ein politischer Faktor waren, über den mehr zu sagen wäre als hier möglich ist. Sie waren darüber hinaus auch Gastgeber und Nothelfer, sie übten — wenn auch nur indirekt — ein gewisses Maß an Seelsorge aus, wobei die *cura monialium,* von der im folgenden die Rede sein soll, nicht die geringste Rolle spielte.

## III.

Der Wille, den Forderungen der Benediktinerregel ohne Einschränkungen zu entsprechen, veranlaßte schon bald auch geistliche Frauen, ihre bisherige Lebensweise aufzugeben und eine neue, am Vorbild Cîteaux orientierte *vita religiosa* zu beginnen. Mit Billigung Stephan Hardings, des dritten Abtes von Cîteaux, verließen sie vor 1120 das Kloster Jully, das dem Abt von Molesme unterstand, um einige Kilometer nordöstlich von Cîteaux, in dem Dorf Tart, ein Kloster zu gründen, das man als das weibliche Gegenstück zum *novum monasterium* bezeichnen kann. 1147 wurde dem Orden mit der Kongregation von Obazine auch das Frauenkloster Coyroux im Bas-Limousin inkorporiert; 40 Jahre später folgte die von König Alfons VIII. von Kastilien gestiftete Abtei Las Huelgas bei Burgos: Zeichen für eine langsame, wenn auch nicht immer problemlose Annäherung der Frauenwelt an das Zisterziensertum, die schließlich dazu führte, daß sich an der Wende vom 12. zum 13.

Jahrhundert fast ein halbes Hundert Frauenklöster dem Zisterzienserorden auf eine nicht immer genau zu definierende Weise angeschlossen hatte. In der ersten Hälfte des 13. Jahrhunderts vermehrte sich diese Zahl in einem solchen Maße, daß Jacob von Vitry die Fülle der Frauenzisterzen mit der Zahl der Sterne am Himmel vergleichen konnte. Die sich zu dieser Zeit aus vielerlei Gründen intensivierende Frauenfrömmigkeit hatte nämlich dazu geführt, daß viele zum Ordensleben drängende Frauen wie bei anderen Männerorden so auch bei den Zisterziensern organisatorischen Anschluß und geistliche Betreuung suchten. Bis zur Mitte des 13. Jahrhunderts waren es im Erzbistum Mainz 33, im Erzbistum Köln 25, im Erzbistum Trier 11 und in den Bistümern Konstanz und Würzburg 10 bzw. 9 Frauengemeinschaften, die sich darum bemühten. In Westfalen, wo sich die Zahl der seit dem 9. Jahrhundert gegründeten Frauenklöster und -stifte in engen Grenzen hielt, schloß man sich von dieser Entwicklung nicht aus. Nachdem es hier in einem ganzen Jahrhundert nicht gelungen war, mehr als 3 Zisterzienserklöster entstehen zu lassen, schossen nun in ein paar Jahrzehnten nicht weniger als 25 Frauenkonvente zisterziensischer Observanz aus dem Boden: eine Fülle, die nach den Zisterziensern kein Orden mehr in Westfalen hervorbringen sollte.

Das weibliche Zisterziensertum etablierte sich in Westfalen zunächst nicht auf dem Lande, sondern in der Stadt. Das erste nachweisbare westfälische Zisterzienserinnenkloster war das St. Ägidii-Kloster in Münster. Es wurde vor 1202 bei der einige Jahrzehnte zuvor gegründeten *ecclesia s. Egidii* errichtet und erfreute sich der besonderen Fürsorge Bischof Hermanns II. von Münster. Geht man davon aus, daß es sich bei der 1209 als *novella congregatio* bezeichneten Frauengemeinschaft von Anfang an um einen Zisterzienserinnenkonvent handelte, kann man den Schluß ziehen, die Gründung sei auf den gleichen Personenkreis zurückzuführen, der die Zisterzienser in Marienfeld heimisch gemacht hatte. Tatsächlich wird das Kloster jedoch erst 1217 ausdrücklich als *monasterium Cisterciensis ordinis* bezeichnet. Auch wenn die Frauen sich erst später als meist angenommen den Zisterziensern zugewandt haben sollten, bleibt unbestritten, daß sie tatkräftig vom Bischof von Münster unterstützt wurden und sowohl mit den Mönchen als auch den Förderern der älteren münsterländischen Zisterzienserabtei in Kontakt standen.

Ungefähr zehn Jahre nach dieser Erwähnung, noch vor dem 6. Januar 1229, begaben sich einige der *dominae* in die benachbarte Bischofsstadt Paderborn. Sie ließen sich dort zunächst in einem Hause vor dem Kasseler Tor nieder, übernahmen dann das 1211 von dem Paderborner Bürger Johann Spilebrot gegründete Johannes-Spital und zogen schließlich, nach 1231, zur Gokirche um, die ihrem Konvent auf Betreiben des Dompropstes Volrad am 31. Januar 1231 inkorporiert worden war. Ihre Niederlassung war nicht ohne die Mitwirkung des zuständigen Bischofs, Bernhards IV., möglich gewesen. Er nahm die grauen Schwestern und die ihnen dienenden Laienbrüder unter seinen Schutz, verlieh ihnen Privilegien und half ihnen bei der Ausstattung ihres Klosters: eine Nähe zwischen Bischof und Zisterziensertum, die der von Bernhard von Oesede mit der Gründung Hardehausens begonnenen Tradition entsprach.

In den zwanziger Jahren kamen Zisterzienserinnen auch in die beiden anderen westfälischen Diözesen, ohne daß es ihnen jedoch gelang − oder sinnvoll erschien −, in den Bischofsstädten selbst Fuß zu fassen. Im Jahre 1227 beurkundete der Mindener

Bischof, Konrad von Rüdenberg, daß er in Levern bei Lübbecke einen Frauenkonvent, der wahrscheinlich aus dem von ihm und seinen Brüdern 1220 dotierten St. Ägidii-Kloster entsandt worden war, die bischöfliche Pfarrkirche übertragen, Vogtfreiheit verliehen und Geistliche wie Laien, u. a. seinen Ministerialen Heinrich von Lahr, zu seiner Förderung veranlaßt habe. In der Diözese Osnabrück waren es das 1246/47 nach Rulle verlegte Kloster Haste und die Abtei Bersenbrück, die als erste der Lebensweise der Zisterzienser folgten. Das in unmittelbarer Nähe der Bischofsstadt gelegene Kloster Haste kam durch eine am 9. September 1230 beurkundete Schenkung des bischöflichen Ministerialen Giselbert von Haste zustande, wahrscheinlich ging jedoch der Anstoß von Bischof Konrad I. von Osnabrück aus. Auch bei der 1231 erfolgten Gründung des Klosters Bersenbrück war Konrad neben dem Adel, den Grafen von Ravensberg, Vechta und Oldenburg, sowie zahlreichen ritterlichen Geschlechtern aktiv beteiligt.

Trotz des frühen Auftretens und der energischen Förderung durch Episkopat, Adel und Ministerialität lag der Schwerpunkt des weiblichen Zisterziensertums zunächst nicht im Kernraum Westfalens, sondern im südwestlichen, zum Einflußbereich des Kölner Erzbischofs gehörenden Landesteil. Hier bildete sich zu Beginn der 30er Jahre eine ganze Gruppe von Zisterzienserinnenklöstern heraus: nach 1230 das Kloster Gevelsberg, vor 1230 der vom niederrheinischen Kloster Hoven aus besiedelte Konvent Fröndenberg und ca. 1235 das Kloster Drolshagen. Der Anlaß für die Gründung dieser und der zwischen 1228 und 1231 im Lippischen bzw. Waldeckischen entstandenen Klöster Burghagen (Falkenhagen) und Netze war nach oft geäußerter Ansicht der berüchtigte Mordanschlag, dem Erzbischof Engelbert von Köln am 7. November 1225 auf dem Gevelsberg zwischen Hagen und Schwelm zum Opfer gefallen war. Um ihre Beteiligung an dieser Tat zu sühnen bzw. das Andenken des ermordeten Kirchenfürsten zu ehren, sollen die Grafen von Altena, Sayn, Tecklenburg und Schwalenberg mit Unterstützung Erzbischof Heinrichs von Molenark und auf Veranlassung des zum Kardinal und päpstlichen Legaten gewordenen Zisterzienserabtes Konrad von Urach die genannten Klöster gegründet und gefördert haben.

Die Gründungswelle der 20er und 30er Jahre setzte sich bis in die Mitte, mit einzelnen Ausläufern sogar bis in die 70er Jahre des 13. Jahrhunderts fort. Am 28. September 1247 gestattete der den religiösen Strömungen seiner Zeit besonders aufgeschlossen gegenüberstehende münstersche Bischof Ludolf von Holte, nachdem er schon 1228 zum *fundator* der später nach Coesfeld verlegten Frauenzisterze Marienborn bei Lippramsdorf geworden war, dem bischöflichen Ministerialen Hartmann seinen bei Warendorf gelegenen Hof Rengering zur Gründung eines *conventus Cisterciensis ordinis feminei sexus* zur Verfügung zu stellen. Einem ähnlichen Zusammenwirken, nämlich demjenigen Bischof Ottos II. und seines Ministerialen Bernhard von Vinnenberg, verdankte auch das Rengering eng benachbarte Kloster Vinnenberg seine Entstehung. Es wurde 1252 von Bernhard auf einem dem Bischof lehnsrührigen Hof gegründet und erhielt von diesem *ad sustentationem* die Kirche in Milte.

In der Diözese Osnabrück waren es nicht in erster Linie Bischof und Ministerialität, sondern der Adel, die Grafen von Tecklenburg, Rietberg und Oldenburg, die die mit der Gründung der Klöster Haste/Rulle und Bersenbrück eingeleitete Ausbreitung fortsetzten und im Tecklenburger Land einen zweiten Schwerpunkt des westfälischen Zisterzienserinnentums entstehen ließen. Graf Otto von Tecklenburg, der sich schon um St. Ägidii verdient gemacht hatte, schenkte am 5. August 1240 den Nonnen des Klosters in Leeden die Kirche in Alswedde und erklärte bei dieser Gelegenheit, das *venerabile coenobium dominarum ordinis Cisterciensis* kurz zuvor gegründet zu haben. Zusammen mit Bischof Engelbert von Osnabrück errichteten seine Standesgenossen, die Oldenburger Grafen Otto und Johann, 1244 auf ihrer *curia* in Menslage das Kloster *S. Maria in Valle Rosarum*, das 1258 nach Börstel verlegt wurde und hier den Namen *Mons S. Mariae* erhielt. Graf Otto von Oldenburg beteiligte sich mit den Grafen Konrad von Rietberg, Otto von Altena, Otto von Ravensberg und Engelbert von der Mark 1256 auch an der Ausstattung des von dem rietbergischen Ministerialen Konrad von Brochterbeck gegründeten Klosters Gravenhorst bei Tecklenburg. Die Oldenburger, Tecklenburger und Ravensberger wurden 1258 erneut tätig, als es darum ging, Zisterzienserinnen aus dem mindischen Leeden, die vergeblich in Rehme an der Weser die Gründung eines Tochterklosters versucht hatten, auf der zum Ravensberger Erbe des Grafen Heinrich von Oldenburg-Wildeshausen gehörenden Talburg Vlotho eine Bleibe zu verschaffen, bis sie 1288 in deren unmittelbarer Umgebung, in einer besseren Lage, ihren endgültigen Ort fanden. Am 21. Oktober 1278 ermöglichte Bischof Konrad von Osnabrück die letzte Zisterziensergründung nicht nur in seiner Diözese, sondern in ganz Westfalen. Er gestattete, ihm lehnsrührige Güter den Nonnen aus Börstel zu übertragen, die in Schale bei Tecklenburg eine *novella plantatio* vorbereiteten. In ähnlicher Weise vollzog sich die weitere Ausbreitung der Zisterzienserinnen auch in der Diözese Paderborn. Hier bestätigte 1243 Bischof Bernhard IV., daß die beiden Vettern Berthold II. und Berthold III., Edelherren von Büren, einen zisterziensischen Frauenkonvent in Büren errichtet *(adunare)* und diesen mit den *ecclesiae utriusque oppidi* sowie einer Kapelle vor der Burg und einer anderen im benachbarten Holthausen ausgestattet hätten. Zwischen 1256 und 1260 verließen sie Büren, um in Holthausen, das ihnen für ihr Klosterleben offenbar geeigneter erschien, ihr endgültiges Kloster zu gründen. Häufiger noch hatten diejenigen Nonnen, die 1246 erstmalig in Brenkhausen bei Höxter nachweisbar sind, den Ort wechseln müssen. Nach einem jüngeren Gründungsbericht sollen sie zu Beginn der 30er Jahre von Abt Hermann von Corvey aus dem Eisenacher Katharinenkloster nach Ottbergen geholt worden sein, das sie nach nur zweijährigem Aufenthalt verließen, um sich in St. Aegidii im Brückenfeld vor Höxter niederzulassen, von wo sie schließlich 1246 *solitudinem congruam ... quaerentes* erneut aufbrachen, um in Brenkhausen, in *Vallis Dei*, das zu finden, was sie so lange gesucht hatten.

Auch die Klostergruppe im kölnischen Westfalen wurde in der zweiten Gründungsphase durch weitere Beitritte vergrößert. Zu Beginn der 40er Jahre entsandte der Konvent von Marienborn in Lippramsdorf, der damals offenbar schon an eine Verlegung dachte, einige seiner Mitglieder nach Welver bei Soest, wo der Edelfreie Walter, Vogt von Soest, ihnen die Kirche sowie Güter innerhalb und außerhalb des Ortes zur Gründung einer Filiale übertrug. Zur gleichen Zeit zogen Nonnen aus Gevelsberg nach Benninghausen bei Lippstadt, um bei der Kirche, die ihnen der Ritter Johann von Erwitte 1240 mit Zustimmung des Erzbischofs von Köln und des Abtes von Rastede geschenkt hatte, ein Kloster zu errichten. Gewissermaßen als Gemeinschaftsleitung einer ganzen Adelsgruppe kam wenig später das Kloster Himmelpforten bei Soest zustande. Gräfin Adelheid von Arnsberg stellte 1246 das am linken Möhneufer in der Pfarrei Bremen gelegene Klosterareal zur Verfügung, Graf Otto von Tecklenburg und Graf Engelbert von der Mark sowie die Edelherren bzw. Ministerialen von Ardey, Rüdenberg, Erwitte und Neheim statteten die junge

Gründung mit Gütern und Rechten aus. Im gleichen Jahr schenkten die Grafen Konrad, Otto, Heinrich und Ludolf von Everstein den *sanctimoniales ordinis grisei* die Pfarrkirche in Wormeln bei Warburg, wozu der Kölner Erzbischof am 21. März 1250 seine Zustimmung gab. Als letztes Zisterzienserinnenkloster im westfälischen Teil der Diözese Köln wurde 1270/71 das Kloster *Curia S. Mariae* von Graf Engelbert von der Mark in unmittelbarer Nähe seines Schlosses zu Hamm gegründet und 1276 mit der dortigen Pfarrkirche ausgestattet. Zu Beginn der 90er Jahre verlegte es Graf Everhard vor die Stadt auf seinen Haupthof Keynttorp, dem es den 1299 erstmalig nachweisbaren Namen Kentrop verdankt. Kentrop war nicht nur dem Alter nach ein Kloster der zweiten Generation, seine erste Äbtissin, die Gräfin Richardis von der Mark, hatte dasselbe Amt zuvor in Fröndenberg inne und betrieb zusammen mit einigen Schwestern aus dem Mutterkloster den Aufbau der märkischen Tochtergründung.

Die Stifter und Förderer der westfälischen Zisterzienserinnenklöster erwarteten von den *abbatissae* und *priorissae*, *dominae* und *conversae* nicht viel anderes als von den Mönchen in Hardehausen, Marienfeld und Bredelaer. Sie sollten Gott loben, die Heiligen verehren, die Sünden der Welt büßen, für das Seelenheil der Stifter beten und sich selbst in Armut, Gehorsam und Keuschheit als wahre *ancillae Christi* bewähren. Es besteht kein Grund anzunehmen, daß sie sich diesem Auftrag, zumindest bis ins späte Mittelalter, bewußt entzogen hätten. Reiche Dotationen, viele Memorienstiftungen und Fraternitäten, zahlreiche Sepulturen, für ihren Gebrauch bearbeitete Texte, für sie bestimmte Predigten und theologische Kommentare, nicht zuletzt auch solche Meisterwerke wie das von ihnen oder für sie geschriebene Graduale des Osnabrücker Domschatzes (Codex Gisle) sind Beweise dafür, daß sie in ihren Kirchen und Klöstern eine *vita religiosa* geführt haben, die sicherlich an Intensität nicht hinter derjenigen ihrer Mitbrüder in den Zisterzen zurückstand.

Was die Art ihres Ordenslebens, genauer ihre Zuordnung zum Zisterzienserorden in organisatorischer und geistlicher Hinsicht angeht, kann man keine bessere Auskunft erteilen, als sie für andere Klöster und Klostergruppen vorliegt. Der Orden, der noch im 12. Jahrhundert gegenüber anschlußwilligen Frauengemeinschaften eine großzügige Haltung eingenommen hatte, sah sich in den ersten Jahrzehnten des 12. Jahrhunderts angesichts einer Fülle von Aufnahmeanträgen zu Restriktionen gezwungen. Das Generalkapitel verbot 1228 generell die Inkorporation von Frauenklöstern, was nach Meinung der Forschung jedoch nichts anderes bedeutete, als daß man die Aufnahme nur solchen Klöstern erlauben wollte, die den Forderungen nach strenger Klausur und regelgerechtem Leben auch tatsächlich entsprechen konnten. Trotz solcher Zurückhaltung war es *de facto* auch weiterhin möglich, in Kleidung und Lebensführung nach Regel und Konstitutionen der Zisterzienser zu leben, ohne dem Orden *de iure* voll anzugehören, und so im eigenen Bewußtsein, aber auch nach Meinung der Gläubigen als Zisterzienserinnen zu gelten.

Zahlreiche der westfälischen Klöster profitierten von der Tatsache, daß das Generalkapitel auch nach dem Inkorporationsverbot von 1228 der Intervention von geistlichen und weltlichen Großen, erst recht aber den Befehlen des Papstes nachgab. Nachdem schon 1235 Kloster Marienborn *ad speciale mandatum domini papae* – so behauptet wenigstens ein jüngeres Kopiar dieses Klosters – inkorporiert worden war, folgten 1244/45 die Klöster Benninghausen, Himmelpforten und Welver, 1257 Rengering und 1277 Kentrop, für die sich einmal der Erzbischof von Köln, dann Papst Alexander IV. und schließlich der Graf von der Mark eingesetzt hatten. Im gleichen Jahrhundert dürften auch andere Klöster wie z. B. Bersenbrück inkorporiert worden sein, obwohl in den Quellen nicht ausdrücklich die Rede davon ist. 1481, zu einem Zeitpunkt also, an dem von einem Andrang inkorporationsbereiter Klöster kaum mehr die Rede sein konnte, wurden schließlich Leeden und Netze *pleno iure* in den Orden aufgenommen. Diesen dem Orden als Vollmitglieder angehörenden und der Paternität von Kamp, Heisterbach bzw. Altenberg unterstellten Häuser standen diejenigen Konvente gegenüber, deren rechtliche Bindung an den Orden nur von Fall zu Fall charakterisiert werden kann. Zu ihnen gehörte ein Kloster wie Leeden, für das 1229 von Papst Gregor IX. – *licet non incorporatum* – eine Bestätigung des *Ordo Cisterciensis* erbeten wurde, und das Paderborner Gokloster, das der Visitation des Ortsbischofs unterstellt blieb. Wie immer das rechtliche Verhältnis zum Orden auch gewesen sein mag, keines der westfälischen Frauenklöster blieb ganz ohne Verbindung mit den Männerklöstern des Ordens in Westfalen, am Niederrhein und in Niedersachsen. Die Visitationen, Reformen und seelsorgerischen Leistungen erfolgten bei den inkorporierten Klöstern offenbar kontinuierlicher und in ständiger Bindung an die ihnen von dem Generalkapitel zugewiesenen Vaterklöster. Häufiger als bei ihnen war der Wechsel hingegen bei den nur locker angeschlossenen Klöstern. Hier visitierten und reformierten in oft schnellem Wechsel Mönche einmal aus Kamp, dann aus Hardehausen oder Bredelar, schließlich aus Marienfeld, Hude, Loccum und Heisterbach. Allen Klöstern war gemeinsam, daß sie nicht allein auf die *cura monialium* der Zisterzienser angewiesen waren. Seit den Anfängen standen ihnen die Pröpste und Pastoren der ihrem Patronat unterstellten bzw. ihren Konventen inkorporierten Kirchen als Seelsorger zur Verfügung. Darüber hinaus suchten sie geistliche Führung dort, wo sie sich ihnen bot: beim Weltklerus, bei Kaplänen der Ritterorden, erst recht aber bei den Bettelmönchen, den Dominikanern in Soest, den Minoriten in Dortmund und den Augustiner-Eremiten in Lippstadt. Solch lockere organisatorische Bindung und solch vielfältige geistliche Betreuung können nicht erwarten lassen, daß sich das Zisterziensertum in den westfälischen Klöstern in seiner reinen Gestalt habe verwirklichen lassen. Aber auch wenn die Bindungen straffer und die Führung einheitlicher gewesen wären, ein Zisterziensertum, wie es die Gründungsväter von Cîteaux angestrebt hatten, war in den weiblichen Klöstern des Ordens nicht zu verwirklichen, ja sollte in ihnen auch nicht verwirklicht werden. Man verzichtete auf den Rückzug ins *desertum,* ohne deswegen jedoch die Stadt aufzusuchen, wählte vielmehr die sichere Kleinstadt, den Flecken, die Burg. Hatten die Männer am Anfang ihre Existenz auf den *labor manuum* gegründet, bemühten sich die Frauen schon *ab initio* um feste Einkünfte, Kirchenpatronate, Mühlen und andere Einkunftsquellen und Gerechtsame, ohne deswegen jedoch gänzlich auf die Handarbeit von *conversae* und *conversi* zu verzichten.

Wenn sich das Zisterziensertum in den westfälischen Frauenklöstern nur unvollkommen realisieren ließ, war dies freilich nicht in erster Linie die Folge der schon von Stephan Harding und Bernhard von Clairvaux geforderten Rücksichtnahme auf die Schwächen des weiblichen Geschlechtes. Die westfälischen Frauenzisterzen waren gegründet worden als Stätten des Gotteslobes, der Buße und der Fürbitte. Sie waren zugleich aber auch Versorgungsstätten für die Töchter der Gründer und Förderer, also in erster Linie für Adel und Ministerialität, die neben den Bischöfen die Voraussetzungen dafür geschaffen hatten, daß in kurzer Zeit so zahlreiche Klöster in Westfalen entstehen konnten. Ihr Stand und ihre Vorstellungen vom standesgemäßen Leben prägten denn auch mindest so stark wie der *Ordo Cisterciensis* das Leben der Klöster: hochadelig wie in Fröndenberg, für Ministerialen geeignet wie Büren und für reiche Bürgertöchter offen wie Himmelpforten.

## IV.

Die Zisterzienser und Zisterzienserinnen Westfalens konnten sich dem Anpassungsdruck, dem ihr Ordensideal unter den Bedingungen von Raum und Zeit unterworfen war, nicht entziehen. Genausowenig blieben sie aber auch von dem wirtschaftlichen Niedergang und dem Verfall des Ordens- und Klosterlebens verschont, die den Zisterzienserorden wie alle anderen geistlichen Korporationen von der Mitte des 14. bis zum Beginn des 16. Jahrhunderts aus Gründen, die hier nicht zu erörtern sind, heimsuchten. In den 40er Jahren des 14. Jahrhunderts hatte der Konvent von Hardehausen Armut und Bedrückung durch adelige Nachbarn zu beklagen, die Zahl seiner Mitglieder zu beschränken und Brüder aus der Schwesterabtei Marienfeld zur Reform herbeizuholen. Ungefähr zur gleichen Zeit erhielt das Kloster Bredelar vom Bischof von Paderborn die ungewöhnliche Erlaubnis, in seiner Diözese betteln zu dürfen und so die offenbar unüberwindlich gewordenen wirtschaftlichen Schwierigkeiten zu beseitigen. Diese Klagen und Bitten nahmen auch im 15. Jahrhundert nicht ab, sie steigerten sich vielmehr in seinem letzten Viertel, als man nämlich in Hardehausen und Bredelar soweit ging, Besitzungen zu verkaufen, um die wirtschaftlichen Verhältnisse zu ordnen und Kriegsschäden zu beseitigen. Es blieb nicht bei wirtschaftlichen Problemen, die Generalkapitel hatten wiederholt den Verfall der Zucht zu beklagen und die mangelnde Bereitschaft, sich an Reformen und Visitationen zu beteiligen, mit Strafe zu ahnden. Als bei den Männern das Ordensleben verfiel, sah es bei den Frauen, die auf deren Führung angewiesen waren, nicht viel besser aus. Wenn man 1491 vom Kloster Leeden sagen mußte, *multum aberraverat ab observantia ordinis*, und der Abt von Kamp 1482 nach der Visitation von Welver zu dem Ergebnis kam, *disciplinae vigor penitus ibi collapsus est, solempnia vota ordinis substancialia in contemptu ducuntur, sancte observancia regule prorsus traditur oblivioni*, dann waren das sicherlich keine allein diese Klöster betreffenden Feststellungen. Zwei der westfälischen Konvente, Vlotho und Falkenhagen, fielen den schlechten Zeitläufen gänzlich zum Opfer. Der eine machte 1430 Brüdern aus Loccum Platz, der andere wurde von der Eversteiner Fehde so in Mitleidenschaft gezogen, daß die geflohenen Nonnen nicht mehr zurückkehrten.

Solche Beobachtungen sollten allerdings nicht zu der Annahme verleiten, das Ordensleben der westfälischen Zisterzienser habe sich seit der Mitte des 14. Jahrhunderts bis zur Reformation in kontinuierlichem Verfall befunden und nirgendswo seien Zeichen der Erneuerung und der Besserung zu erkennen gewesen. In der Abtei Marienfeld entfaltete sich nach dem in der Mitte des 14. Jahrhunderts deutlich spürbaren Niedergang unter Abt Hermann von Warendorf eine Reformtätigkeit, deren Ziel die Chronik mit den Worten *dispersa congregare, ruinosa restaurare et utilia commoda construere* beschreibt. Die Aufgabe, das Verstreute zu sammeln, das Zerstörte wieder aufzubauen und Nützliches zu schaffen, erfüllten

dieser Abt und seine Nachfolger durch die Versöhnung des zerstrittenen Konventes, die Erneuerung des gemeinsamen Lebens, die Vervollständigung der Bibliothek, die Restauration von Abteigebäuden und Klösterhöfen, die künstlerische Ausgestaltung von Kirche und Sakristei und nicht zuletzt durch die Sicherung von Besitz, Rechten und Privilegien. Die Reformbemühungen beschränkten sich nicht auf das eigene Kloster. Sie wurden durch Beichtväter und Visitatoren auf die Klöster Benninghausen, Holthausen, Himmelpforten, Welver, Kentrop und Fröndenberg ausgedehnt. Das geschah nicht überall mit gleichem Erfolg. 1483 stießen die gemeinsam mit dem Abt von Kamp unternommenen Reformbemühungen in Fröndenberg auf den heftigen Widerstand der vornehmen Damen. Zehn Jahre später stand man in Welver *moniales abhorrentes reformationem* gegenüber. Anders sah es in Kentrop aus. Hier gelang es Arnold von Marienfeld unter Mitwirkung des Konventualen Hermann Roden die Klausur wieder einzuführen und ein so vorbildliches Klosterleben zu schaffen, daß bald aus Benninghausen und Himmelpforten, wo die ehemals Kentroper Konventualinnen Anna von Ketteler und Ermengardis von Galen als Äbtissinnen tätig waren, neue Reformzentren wurden. 1466 erhielt der Abt von Marienfeld, wohl auf Grund seiner erfolgreichen Reformbemühungen, vom Generalkapitel den Auftrag, gemeinsam mit dem Abt von Kamp die Reform aller in den kurkölnischen und klevischen Territorien gelegenen Zisterzienserinnenklöster durchzuführen. 1478 baten Generalprior und Generalkapitel die Abtei, Konventualen nach Ungarn zu entsenden und hier *pro reparatione et restauratione ordinis* wirksam zu werden. Der hohe Stand des Ordenslebens in Marienfeld, der eine gewisse Parallele in der gleichzeitigen Blüte der Abtei Kamp findet, erklärt sich in erster Linie aus den vielfältigen Reformanregungen, die Abt Hermann von Warendorf bei seinen Studien in Erfurt, besonders aber bei seinem Aufenthalt in Prag und in den böhmischen Reformklöstern erhalten hatte. Reformbemühungen gingen freilich nicht allein von Marienfeld und Kamp aus. Ausgerechnet in der Mitte des 15. Jahrhunderts, als in Hardehausen und Bredelar sowie in zahlreichen Frauenklöstern das Ordensleben seinen Tiefpunkt erreicht hatte, wurde die Zahl der westfälischen Zisterzienserklöster nach Jahrhunderten der Stagnation um zwei vermehrt. Im Jahre 1448 schlossen sich nämlich dem Orden die Wilhelmitenklöster Groß- und Klein-Burlo an. Der Ordenswechsel war schon seit längerer Zeit vorbereitet worden. Nachdem der Versuch, von den Zisterziensern Unterstützung bei der Reform des eigenen Ordenslebens zu erhalten, mißlungen war, hatten die Wilhelmiten 1444 mit den niederländischen Zisterzienserpriorraten Sibculo, Ijsselstein und Warmond Kontakt aufgenommen, was vier Jahre später zum Anschluß an den Orden führte. Es handelte sich bei den drei genannten Klöstern um den Kern einer niederländischen Reformkongregation, die unter dem Einfluß der *devotia moderna* zu einer Wiederbelebung der ursprünglichen zisterziensischen Ideale zu kommen suchte. Die Vorgeschichte der beiden münsterländischen Klöster und ihre Orientierung auf die Niederlande hielten die neuen Zisterzienserklöster lange auf Distanz zu den alten, durch Geschichte und soziales Umfeld sehr viel anders geprägten Abteien Hardehausen, Bredelar und Marienfeld; ihr Ordenswechsel, vor allem aber die nach ihm in Groß- und Klein-Burlo einsetzende Blüte der *vita religiosa* geben aber dennoch zu erkennen, welche Möglichkeiten auch dem Zisterziensertum verblieben waren, den geistlichen Vorstellungen ihrer Zeit und ihrer Umgebung zu entsprechen.
Den beiden für die Reform des westfälischen Zisterziensertums wichtig gewordenen Reformzentren, dem böhmischen und niederländischen, läßt sich in der Bursfelder

Kongregation ein drittes an die Seite stellen. Der Einfluß der Bursfelder wirkte sich kaum auf die Männerklöster aus, wurde aber um so mehr für die Frauenzisterzen von Bedeutung. Bersenbrück und Rulle wurden von ihnen reformiert, die Konvente in Münster, Paderborn, Vinnenberg und Brenkhausen lösten sich auf ihr Betreiben von den Zisterziensern und wandten sich der Benediktinerkongregation zu, die in ihnen das Ordensleben in einer solch erfolgreichen Weise erneuerte, daß sie selbst wiederum zu Reformzentren für andere westfälische und außerwestfälische Frauenklöster werden konnten.

## V.

Die Reformation hat das westfälische Zisterziensertum nicht unberührt gelassen. Die zu einem großen Teil in evangelisch gewordenen Territorien gelegenen Zisterzienserinnenkonvente wurden von ihr besonders hart betroffen. 1535 wurde Kloster Schale in der Grafschaft Tecklenburg aufgehoben. Im Verlauf des 16. Jahrhunderts schlossen sich die Klöster Leeden, Levern, Fröndenberg, Gevelsberg und Börstel dem neuen Glauben an. Der Glaubenswechsel bedeutete freilich nicht eine totale Veränderung der bisherigen Lebensweise. Die freiweltlichen, den Töchtern des Adels vorbehaltenen Damenstifte evangelischen Bekenntnisses setzten vielmehr eine Entwicklung fort, die sich bereits im 13. Jahrhundert anbahnte und im 14. Jahrhundert deutlich zu erkennen war. Der Verzicht auf die Klausur, die Beibehaltung und der Erwerb von privatem Eigentum, die Vernachlässigung der liturgischen Pflichten, die Aufhebung der *vita communis,* die Ablegung des Schleiers und das Interesse mehr an einem standesgemäßen als an einem regelgerechten Leben wurden so bestimmend, daß aus vielen Klöstern und Konventen das wurde, was man als Stift zu bezeichnen pflegt. In ihrem äußeren Lebenszuschnitt unterschieden sich daher die evangelischen Stifte nicht wesentlich von katholisch gebliebenen Frauenklöstern wie Rulle, Gravenhorst, Kentrop, Welver, Himmelpforten und Holthausen. Die Übereinstimmung war so groß, daß beide Konfessionen zeitweilig oder dauernd in einem Institut nebeneinander bestehen konnten, wie das in den Stiften Gevelsberg, Fröndenberg, Leeden und Bersenbrück vor der Säkularisation der Fall war.

Die in den Diözesen Münster, Paderborn und Köln gelegenen Männerklöster Hardehausen, Marienfeld und Bredelar konnten nicht nur ihre Existenz, sondern auch ihre Ordenszugehörigkeit über das Zeitalter der Glaubensspaltung hinweg behaupten. Freilich hatten auch sie unter den Veränderungen, die die Reformation mit sich brachte, zu leiden. Einzelne Konventualen traten zum neuen Glauben über, die Zahl der zum Klosterleben bereiten jungen Leute ging zurück, die wirtschaftlichen Verhältnisse verschlechterten sich, das geistliche Niveau sank erheblich ab. Als 1573/74 der Generalabt von Cîteaux die westfälischen Klöster seines Ordens visitierte, fand er nicht nur geschrumpfte Konvente vor, sondern auch ein geistliches Leben, das ihn in seiner Primitivität deprimierte, ja erschreckte. Die westfälischen Zisterzienser haben diesen wie andere Tiefpunkte überwunden und in den Jahrhunderten zwischen Reformation und Säkularisation mehr getan, als lediglich ihre Existenz zu behaupten. Die vornehmlich im 17. und 18. Jahrhundert entfaltete Bautätigkeit, der in diesen Jahrhunderten entstandene künstlerische Schmuck ihrer Kirchen und Klöster, nicht zuletzt aber der damals zusammengekommene Reichtum ihrer Bibliotheken sind Anzeichen dafür, daß in Westfalen die Lebenskraft des

Zisterziensertums bei allen Schwankungen, die es erlebte, über das Mittelalter hinaus erhalten geblieben ist. Wenn es schwerfällt, die materiellen Leistungen und geistigen Hervorbringungen, den äußeren und inneren Zustand der Klöster der westfälischen Zisterzienser präzis zu beschreiben, liegt das nicht an einem Mangel an Quellen. In Westfalen hat die Forschung, sieht man einmal von der Beschäftigung mit den evangelischen und simultanen Stiften ab, anders als im Süden ihr Interesse fast ausschließlich auf die mittelalterliche Geschichte des Zisterziensertums beschränkt. Sein Kampf um Selbstbehauptung in der frühen Neuzeit und die noch vor der Säkularisation unternommenen Versuche, sich im Äußeren und Inneren zu erneuern, sind dabei so gut wie ganz in Vergessenheit geraten.

## Literatur

*Bibliographien und Hilfsmittel zur Geschichte des Ordens, einzelner Klöster und Ordensleute:* E. Brouette, A. Dimier, E. Manning, Dictionnaire des auteurs Cisterciens (Documentation Cistercienne 16) Rochefort 1975-1979. — *M. Cocheril,* Dictionnaire des monastères Cisterciens 1 (Ebd. 18) Rochefort 1976. — *F. van der Meer,* Atlas de L'Ordre Cistercien (Paris — Brüssel 1965). Beiträge zur Geschichte des Zisterzienserordens, einzelner Klöster und Ordensleute: Analecta Sacri Ordinis Cisterciensis 1ff. (1945ff.) — Cistercienser-Chronik 1ff. (1889ff.) — Cîteaux in de Nederlanden (Cîteaux-Commentarii Cistercienses) 1ff. (1950ff.) — Collectanea Ordinis Cisterciensium Reformatorum (Collectanea Cisterciensia) 1ff. (1934ff.) — Zisterzienser-Studien 1ff. (1975ff.) — Cistercian Studies 1ff. (1966ff.).

*Über Entstehung, Geschichte und Eigenart des Zisterzienserordens und seines weiblichen Zweiges u. a.:* K. Elm, P. Joerißen, H. J. Roth, (Hrsg.), Die Zisterzienser. Ordensleben zwischen Ideal und Wirklichkeit. Eine Ausstellung des Landschaftsverbandes Rheinland, Rheinisches Museumsamt Brauweiler, Aachen, Krönungssaal des Rathauses 3. Juli — 28. September 1980 (Schriften des Rheinischen Museumsamtes 10) Bonn 1980. — *K. Elm* (Hrsg.), Die Zisterzienser. Ordensleben zwischen Ideal und Wirklichkeit. Ergänzungsband (Schriften des Rheinischen Museumsamtes 18) Köln 1982. — *L. J. Lekai,* The Cistercians, Ideals und Reality (Kent-Ohio 1977). — *A. Schneider, A. Wienand, W. Bickel, E. Coester,* (Hrsg.) Die Cistercienser. Geschichte—Geist—Kunst ($^2$Köln 1981). — *B. Degler-Spengler,* Zisterzienserorden und Frauenklöster. Anmerkungen zur Forschungsproblematik: Die Zisterzienser. Ordensleben zwischen Ideal und Wirklichkeit. Ergänzungsband, 213-220. — *M. Kuhn — Rehfus,* Zisterzienserinnen in Deutschland: Die Zisterzienser. Ordensleben zwischen Ideal und Wirklichkeit, 125-47.

*Quellen und Beiträge zur Geschichte der westfälischen Zisterzienser- und Zisterzienserinnenklöster:* G. Aders, Das Archiv des vormaligen Zisterzienserinnenklosters und späteren Damenstiftes Gevelsberg: Jahrbuch des Vereins für Orts- und Heimatkunde in der Grafschaft Mark 66 (1968) 1-107. — *J. Belonje,* Notizen über das adelige Kloster Fröndenberg: Jahrbuch des Vereins für Orts- und Heimatkunde in der Grafschaft Mark 60 (1958) 1-25. — *A. Bieling,* Geschichte des Cistercienserinnenklosters Gaukirch zu Paderborn während des ersten Jahrhunderts seines Bestehens: WZ 36 (1878) II, 62-112. — *A. Brand,* Die ehemalige Zisterzienser-Abtei Hardehausen. Eine klösterliche Grundherrschaft im Diemellande (1140-1802): Westfalen 13 (1927) 121-33. — *Ders.,* Hardehausen. Vergangenheit und Gegenwart, Paderborn 1953. — *K. Brand,* Wiederentdeckung des Klosters Marienborn bei Haltern: Vestisches Jahrbuch 64 (1962) 5-12. — *D. Brosius,* Zur Geschichte des Klosters

Scharnebeck: Lüneburger Blätter 23 (1977) 243-264. – *H. Budde*, Die Urkunden Hermanns II. von Münster. Eine Diplomatisch-Paläographische Untersuchung: Archiv für Diplomatik 25 (1979) 105-233. – *H. Burgbacher*, Die Säkularisation der Zisterzienser-Abtei Marienfeld in Westfalen 1803 (Diss. phil. Münster) 1922. – *F. Darpe*, Verzeichnis der Güter, Einkünfte und Einnahmen des Ägidii-Klosters, der Kapitel an St. Ludgeri und Martini sowie der St.-Georgs-Kommende in Münster, ferner der Klöster Vinnenberg, Marienfeld und Liesborn (Codex traditionum Westfalicarum V) Münster 1900. – *Ders.*, Güter- u. Einkünfte-Verzeichnisse der Klöster Marienborn und Marienbrink in Coesfeld, des Klosters Varlar sowie der Stifter Asbeck und Nottuln (Codex traditionum Westfalicarum VI) Münster 1907. – *H. Degering*, Der Katalog der Bibliothek des Klosters Marienfeld vom Jahre 1185: Beiträge zum Bibliotheks- und Buchwesen Paul Schwenke zum 20. März 1913 gewidmet (Berlin 1913) 53-64. – *M. Dicks*, Die Abtei Camp am Niederrhein. Geschichte des ersten Cistercienserklosters in Deutschland, 1123-1802 (Kempen 1913). – *A. v. Düring*, Geschichte des Stiftes Börstel: Osnabrücker Mitteilungen 18 (1893) – 20 (1895). – *K. Elm*, Die münsterländischen Klöster Groß-Burlo und Klein-Burlo. Ihre Entstehung, Observanz und Stellung in der nordwesteuropäischen Reformbewegung des 15. Jahrhunderts: Westfälische Forschungen 18 (1965) 23-42. – *Ders.*, Ein Plan des Klosters Groß-Burlo aus dem Jahre 1728: Westfalen 54 (1976) 100-113. – *Ders.*, Westfälisches Zisterziensertum und spätmittelalterliche Reformbewegung: Westfälische Zeitschrift 120 (1978) 9-32. – *G. Fink*, Standesverhältnisse in Frauenklöstern und Stiftern der Diözese Münster und Kloster Herford: WZ 65 (1907) I, 208-10. – *F. J. Gerberding*, Die Urkunden des Klosters Gravenhorst. Wiederentdeckte und erstmalig ausgewertete Zeugnisse des Zisterzienserinnenkonvents: Auf Roter Erde 31 (1975) 25-26, 30-31. – *Ders.*, Die Abtei Marienfeld und Gravenhorst. Mönche aus Marienfeld waren geistliche Berater der Zisterzienserinnen in Gravenhorst: Auf Roter Erde 28 (1972) 43-47. – *G. Große Boymann*, Die Klosterkirche in Börstel (Kreis Bersenbrück) und die einschiffigen Zisterzienserinnenkirchen (Diss. phil. Münster) 1966. – *K. Großmann*, Wann ist das Kloster Segenthal in Vlotho gegründet worden?: Ravensberger Blätter 17 (1958) 232-234. – *P. Günther*, Die Klosterkirche zu Hardehausen. Ein Beitrag zur Cisterciensischen Ordensbauweise während des 12. Jahrhunderts (Diss. TH Stuttgart) 1951. – *M. Gürich*, Propsteihäuser auswärtiger Klöster in Warburg: Die Warte 21 (1960) 83-84. – *J. Hennecke*, Die Geschichte des Klosters Bredelar (o. J.). – *A. Heupel*, Beiträge zur Geschichte der Grundherrschaft der Abtei Bredelar (Münster 1920). – *N. Heutger*, Evangelische und simultane Stifter in Westfalen unter besonderer Berücksichtigung des Stiftes Börstel im Landkreis Bersenbrück (Hildesheim 1968). – *Ders.*, Kloster und Stift Leeden: Jahrbuch des Vereins für Westfälische Kirchengeschichte 59/60 (1966/67) 83-92. – *H. Hölker*, Kreis Warendorf: Die Bau- und Kunstdenkmäler von Westfalen 42 (Münster 1936) 200-85. – *O. zu Hoene*, Die Grundherrschaft des Klosters Bersenbrück. Eine Wirtschafts- und Sozialgeschichte aus dem Osnabrücker Nordland (San Francisco 1968). – *Ders.*, Die Apokalypse aus dem Kloster Bersenbrück. Eine Exegese aus den Jahren um 1300 (San Francisco 1970). – *Ders.*, Kloster Bersenbrück. Das ehemalige adelige Zisterzienserinnen-Kloster St. Marien zu Bersenbrück, 2 Bde. (Osnabrück 1977). – *Th. Hövener*, Beitrag zur Geschichte des Klosters Vinnenberg: Warendorfer Blätter für Heimatpflege und Kultur 7 (1931). – *U. Hoppe*, Die Paderborner Domfreiheit. Untersuchungen zu Topographie, Besitzgeschichte und Funktion (Münstersche Mittelalter-Schriften 23) München 1975, 114-118, 214. – *L. Jüngst*, Tafelgut – Kloster – Jugendhaus. Bilder aus der Geschichte Hardehausens: Hardehausen. Vergangenheit und Gegenwart (Paderborn 1953) 9-27. – *E. Kitttel*, Das Kreuzherrenkloster Falkenhagen: Dona Westfalica. Georg Schreiber zum 80. Geburtstag (Schriften der Hist. Kommission Westfalens 4) Münster 1963, 137-66. – *H. Klueting*, Klosterbibliotheken im Herzogtum Westfalen am Ende des 18. Jahrhunderts. Umfang und Bestände: Zeitschrift für historische Forschung 7 (1980) 77-111. − *W. Kohl,* Urkundenregesten und Einkünfteregister des Aegidii-Klosters (Quellen und Forschungen zur Geschichte der Stadt Münster NF 3) Münster 1966. − *R. Kroos,* Der Codex Gisle I: Forschungsbericht und Datierung: Niederdeutsche Beiträge zur Kunstgeschichte 12 (1973) 117-134. − *W. Krüsselmann,* Pater Peter von Hatzfeld, der letzte Abt von Marienfeld, und die von ihm geführte Chronik des Klosters und des Münsterlandes von 1794 bis 1815: Auf Roter Erde 8 (1932/33) 8-15. − *W. Kuhne,* Die Gründung des Klosters Hardehausen durch Bischof Bernhard I.: Paderbornensis Ecclesia. Beiträge zur Geschichte des Erzbistums Paderborn. Festschrift für Lorenz Kardinal Jaeger zum 80. Geburtstag am 23. 9. 1972 (München-Paderborn-Wien 1972) 111-33. − *Ders.,* Die Zehntscheune des Klosters Hardehausen in Scherfede (Hardehauser Historische Beiträge 6) München-Paderborn-Wien 1978. − *J. Lappe, J. Semmler,* Himmelpforten. Gotteslob durch sieben Jahrhunderte, 1949. − *L. v. Ledebuer,* Necrologium Marienfeldense mit Anmerkungen versehen und mitgetheilt: *W. Dorow,* Museum für Geschichte, Sprache, Kunst und Geographie (Berlin 1827) 123-200. − *P. Leidinger,* Äbtissinnen und Konvente von Himmelpforten im Mittelalter: Soester Zeitschrift 83 (1971) 26-42. − *Ders.,* Die Abtei Himmelpforten zwischen Reformation und Säkularisation: WZ 121 (1971) 283-349. − *J. Linneborn,* Die westfälischen Klöster des Cistercienserordens bis zum 15. Jahrhundert, in: Festgabe enthaltend vornehmlich vorreformationsgeschichtliche Forschungen, Heinrich Finke zum 7. August 1904 gewidmet von seinen Schülern (Münster 1904) 255-352. − *Ders.,* Kleine Beiträge zur Geschichte des Zisterzienserinnenklosters Wormeln bei Warburg im 17. und 18. Jahrhundert: WZ 76 (1918) II 174-217. − *Kl. Löffler,* Stifts- und Klosterbibliotheken des Bistums Münster: Auf Roter Erde 7 (1931/32) 87-88, 8 (1932/33) 5-12. − *Ders.,* Zur Biographie des Hermann Zoestius: Auf Roter Erde 6 (1931/32) 48-61. − *W. Lorenz-Flake,* Kloster Rulle und seine Äbtissinnen (Veröffentlichungen der Arbeitsgemeinschaft für die Geschichte der Gemeinde Wallenhorst und für allgemeine Heimatkunde 4) Osnabrück 1980. − *H. Meyer zu Ermgassen,* Zur älteren Geschichte von Burg und Stadt Vlotho: WZ 114 (1964) 235-42. − *P. Michels, N. Rodenkirchen, Fr. Herberhold,* Kreis Brilon: Bau- und Kunstdenkmäler von Westfalen 45 (Münster 1952) 84-113 (Bredelar). − *E. F. Mooyer,* Verzeichnis der Äbte des Klosters Hardehausen: WZ 17 (1857) 340-44. − *H. Müller,* Säkularisation und Öffentlichkeit am Beispiel Westfalen (Münster 1971). − *J. Niesert,* Über die Gründung des Cistercienser-Nonnenklosters Marienborn und Verlegung desselben nach Coesfeld (Coesfeld 1830). − *H.-H. Nissen,* Die Geschichte des Klosters und Stiftes Leeden (1240-1812): 900 Jahre Leeden 1058-1958, Lengerich 1958, 27-77. − *H. Nordsiek,* Aus der Geschichte des Stiftes Levern: Heimatgeschichtliche Beiträge aus dem Kreis Lübbeke 1 (Minden 1969) 79-110. − *Ders.,* Stift und Kirchspiel Levern im 17. Jahrhundert: Mindener Heimatblätter 32 (1960) 106-20; 33 (1961) 15-22. − *R. Oberschelp,* Zur mittelalterlichen Geschichte des Klosters Holthausen bei Büren: WZ 114 (1964) 219-34. − *Th. Olpp,* Kirche, Kloster und Stift Levern (Minden 1950). − *Ders.,* Die Gründung des Zisterzienserinnen-Klosters Levern 1227: Jahrbücher des Vereins für Westfälische Kirchengeschichte (1950) 7-30. − *P. Pieper,* Westfälische Maler der Spätgotik, 1440-1490: Westfalen 30 (1952) 77-132. − *Ders.,* Meisterwerke der gotischen Malerei Westfalens (Münster 1956). − *H. Placke,* Verfassung und Wirtschaft des Klosters Bersenbrück (Diss. phil. Münster) 1955. − *R. Poppe,* Die Zisterzienserinnen-Kirche in Börstel. Ein Beitrag farbiger Innenraumgestaltung mittelalterlicher Backsteinkirchen (Deutsche Kunst- und Denkmalpflege 2) München-Berlin 1964. − *Dies.,* Mittelalterliche Plastik in Börstel: Niederdeutsche Beiträge zur Kunstgeschichte 5 (1966) 133-45. − *H. Richtering,* Das Archiv des ehemaligen Klosters Drolshagen. Urkunden und Akten nebst einem Anhang ergänzender Archivalien (Landeskundliche Schriftenreihe für das kölnische Sauerland)

Olpe 1969. – *G. v. Roden*, Wirtschaftliche Entwicklung und bäuerliches Recht des Stiftes Fröndenberg an der Ruhr (Münstersche Beiträge zur Geschichtsforschung 3/13) Gütersloh 1936. – *N. Rodenkirchen, G. Pfeiffer*, Kreis Warburg: Bau- und Kunstdenkmäler von Westfalen 44 (Münster 1939) 344-76 (Scherfede, Hardehausen). – *J. Rüther*, Heimatgeschichte des Landkreises Brilon (Münster 1956). – *J. S. Seibertz*, Geschichte der Abtei Bredelar: Historisch-geographisch-statistisch-literarisches Jahrbuch für Westfalen und den Niederrhein 1 (1817) 82-165. – *Ders.*, Güterverzeichnis des Klosters Bredelar 1416: Quellen zur westfälischen Geschichte I (Arnsberg 1857) 146-60. – *J. Sommer*, Johann Koerbecke. Der Meister des Marienfelder Altars von 1457 (Westfalen-Sonderheft 5) Münster 1937. – *F. Schelhasse*, Geschichtliche Nachrichten über Pfarre und Kloster Benninghausen (Paderborn 1902). – *H. Schmidt*, Zur Frühgeschichte des Klosters Rulle: Osnabrücker Mitteilungen 68 (1959) 82-101. – *G. Schnath*, Vom Wesen und Wirken der Zisterzienser in Niedersachsen im 12. Jahrhundert: Niedersächsisches Jahrbuch für Landesgeschichte 35 (1963) 78-97. – *K. Schoene*, Kloster Hardehausen in Westfalen, sein Güterbesitz und seine wirtschafts- und verfassungsgeschichtliche Entwicklung bis zum Ende des 14. Jahrhunderts: Studien und Mitteilungen zur Geschichte des Benediktiner-Ordens und seiner Zweige 35 (1914) 81-106, 216-44. – *A. Schröer*, Die Kirche in Westfalen vor der Reformation. Verfassung und geistliche Kultur, Mißstände und Reformen (Münster 1967) II, 144-67. – *W. Schwarze*, Hardehausen, größter geistlicher Besitz um das Jahr 1350: Die Warte 21 (1960) 38-39. – *H. Stehkämper*, Die reichspolitische Tätigkeit Bischof Hermanns II. von Münster (1174-1203): WZ 106 (1956) 1-78. – *F.-J. Graf Strachwitz*, Kloster Gravenhorst 1256-1808, Ibbenbüren ²1981. – *H. Strenger*, Geschichte des Zisterzienserklosters Marienfeld in Westfalen (Gütersloh 1913). – *C. Thiersch*, Kloster Gravenhorst. Die Beziehungen zu Riesenbeck: Riesenbeck. Aus Vergangenheit und Gegenwart eines münsterländischen Dorfes (Riesenbeck 1962). – *H. Thümmler*, Marienfeld (Große Baudenkmäler 264) München – Berlin 1972. – *J. Tönsmeyer*, Hermann Zoestius von Marienfeld. Ein Vertreter der konziliaren Theorie am Konzil zu Basel: WZ 87 (1930) I, 114-91. – *W. Tröller*, Die Zisterzienserkirche in Marienfeld in Westfalen (Würzburg 1936). – *W. Vahrenhold*, Kloster Marienfeld. Besitz- und Wirtschaftsgeschichte des Klosters Marienfeld in Westfalen (Quellen und Forschungen zur Geschichte der Stadt Warendorf 4) Münster 1966. – *Ch. Verhallen*, Die Abtei Kamp. Das erste deutsche Cistercienserkloster in Vergangenheit und Gegenwart (Köln 1967). – *E. Vogeler*, Das Kloster Welver: Zeitschrift des Vereins für die Geschichte von Soest und der Börde 15 (1896/97). – *Ders.*, Gebräuche des ehemaligen Klosters Welver: ebd. (1822/23) 51-55. – *Ders.*, Necrolog der Abtei Welver: ebd. (1892/93) 18-31. – *W. Werland*, Campus S. Mariae, Marienfelder Chronik. Zur Geschichte der Zisterzienserabtei und der Gemeinde Marienfeld, Marienfeld 1968. – *Ders.* Marienfeld, Vergangenheit und Gegenwart (Marienfeld 1972). – *J. Wigger*, Antiquitates et inscriptiones Campi Sanctae Mariae. Beilagen zum Programm des Warendorfer Gymnasiums (Warendorf 1898). – *J. Wilhelmi*, Das Kloster Holthausen: Die Warte 21 (1960) 113-15. – *W. Wöhlke*, Die Kulturlandschaft des Hardehauser und Dahlheimer Waldes im Mittelalter. Siedlung und Landschaft in Westfalen (Veröffentlichungen der Geographischen Kommission für Westfalen 2) Münster 1957. – *M. Wolf*, Kloster Kentrop: 700 Jahre Stadt Hamm (Hamm 1976) 101-120. – *K. Zuhorn*, Der Gemäldebestand der Abtei Marienfeld bei ihrer Aufhebung: Westfalen 23 (1938) 105-14. – *F. Zurbonsen*, Marienfelder Handschriften: Zeitschrift für Preußische Geschichte und Landeskunde 19 (1882) 522-30. – *Ders.*, Das „Chronicon Campi S. Mariae" in seiner ältesten Gestalt. 1185-1422 (Münsterische Beiträge zur Geschichtsforschung 5) Paderborn 1884. – *Ders.*, Hermannus Zoestius und seine historisch-politischen Schriften. Nach handschriftlichen Quellen des 15. Jahrhunderts: Programm des Gymnasiums zu Warendorf (Warendorf 1884).

Nachtrag: *F. W. Bauks*, Zur evangelischen Kirchengeschichte Fröndenbergs von der Reformation bis 1850: Jahrbuch für Westfälische Kirchengeschichte 74 (1981) 23-41. – *U. Mainzer*, 750 Jahre ehemalige Zisterzienserinnen-Klosterkirche in Fröndenberg. Baugeschichte und Typologie: Der Märker 29 (1980) 188-99. – *F. ühlen*, Die ehemalige Zisterzienser-Klosterkirche Marienfeld: Westfalen 53 (1975) 31-42.– *E. Nolte*, Die Gründung des Klosters Fröndenberg im Spiegel der allgemeinen Geschichte, der Geistes- und der Landesgeschichte: Jahrbuch für Westfälische Kirchengeschichte 74 (1981) 7-22. – *R. Pilkmann*, Das Marienfelder Glossar: Niederdeutsches Wort 16 (1976) 75-107. – *M. Wolf*, Die Vögte von Soest und die Gründung des Klosters Welver: Soester Zeitschrift 90 (1978) 14-30.

*Weitere Quellen- und Literaturangaben zur Geschichte der westfälischen Zisterzienserklöster:* W. *Dersch*, Hessisches Klosterbuch (Veröffentlichungen der Historischen Kommission für Hessen und Waldeck 12) Marburg ²1940. – *K. Honselmann*, Das Klosterwesen im Raume der oberen Weser: Kunst und Kultur im Weserraum 800-1600, I (Münster 1966) 223-34. – *H. Hoogeweg*, Verzeichnis der Stifter und Klöster Niedersachsens vor der Reformation (Hannover-Leipzig 1908). – *H. Richtering*, Stifte und Klöster im Weserraum bis in das 16. Jahrhundert: Ostwestfälisch-Weserländische Forschungen zur Geschichtlichen Landeskunde (Veröffentlichungen des Provinzialinstituts für Westfälische Landes- und Volkskunde I, 15) Münster 1970, 377-412. – *L. Schmitz-Kallenberg*, Monasticon Westfaliae. Verzeichnis der im Gebet der Provinz Westfalen bis zum Jahre 1815 gegründeten Stifte, Klöster und sonstiger Ordensniederlassungen (Münster 1909) – *G. Wrede*, Geschichtliches Ortsverzeichnis des ehemaligen Fürstbistums Osnabrück 1-3 (Veröffentlichungen der Hist. Komm. für Niedersachsen und Bremen XXX, 1-3) Hildesheim 1975-80.

# Westfälisches Zisterziensertum und spätmittelalterliche Reformbewegung*

Die Geschichte religiöser Orden ist heute wie eh und je Gegenstand von Forschung und Lehre. Dennoch findet man in den Vorlesungsverzeichnissen der deutschen Universitäten nur noch selten Ankündigungen von Lehrveranstaltungen zur Geschichte einzelner Orden. Das, was man normalerweise unter Ordensgeschichte versteht, erscheint in ihnen in zunehmendem Maße als Geschichte religiöser oder gar sozial-religiöser Bewegungen. Dabei handelt es sich nicht, wie man meinen könnte, um eine bloße Anpassung an Modeströmungen. Der Wandel in der Terminologie hat vielmehr einen triftigen, schon vor Jahrzehnten formulierten Grund. Als G. Volpe und H. Grundmann 1926 bzw. 1935 in Analogie zur Arbeiter-, Frauen- und Jugendbewegung von Movimenti religiosi bzw. religiösen Bewegungen des Mittelalters zu sprechen begannen, taten sie dies aus der Einsicht, daß die Geschichte der religiösen Orden nicht aus dem allgemeinen Geschichtsablauf herausgelöst und isoliert betrachtet werden dürfe. Sie rückten sie vielmehr in die Nähe der religiösen und sozialen Opposition und bezeichneten beide, Orden und Häresien, als vor der Geschichte gleichwertige Exponenten neuer geistiger und sozialer Strömungen. Aus den Ordensgründern Norbert von Xanten, Vitalis von Savigny und Bernhard von Thiron wurden zusammen mit den häretischen Wanderpredigern Petrus von Bruis und Heinrich von Lausanne Vorkämpfer der an den Fundamenten von Kirche und Gesellschaft rüttelnden Forderung nach Rückkehr zur Vita apostolica, während Franz von Assisi und Petrus Waldes als Verkörperungen einer sich im 12. und 13. Jahrhundert im Gegensatz zur frühen städtischen Wirtschaft und Gesellschaft entwickelnden Armutsbewegung in eine bisher kaum denkbare Nähe gerückt wurden. So fruchtbar diese Konzeption von Genese und Funktion des Ordenswesens auch sein mag, sie tut seiner historischen Wirklichkeit insofern Gewalt an, als sie sie nicht unbeträchtlich verkürzt. Bei ihrer Konzentration auf Entstehung und Frühgeschichte der Orden läßt sie nämlich übersehen, wenn nicht gar vergessen, daß religiöse Orden nie ganz von der Bühne der Geschichte verschwinden, sondern auch dann noch bleiben, wirken und sich verändern, wenn andere geistliche Institutionen schon längst an ihrer Stelle ins Rampenlicht der Aktualität getreten sind und den Anspruch erheben können, die Avantgarde neuer Ideen, Zielsetzungen und Praktiken zu sein.

Der Theorie von den Orden als integralen Bestandteilen umfassender religiöser und sozialer Bewegungen steht eine andere Konzeption gegenüber, die ihre Ursprünge im Selbstverständnis der Orden hat und von den Ordensenzyklopädien des ausgehenden Mittelalters bis zum Handbuch der Orden und Kongregation der katholischen Kirche von M. Heimbucher die Darstellung der mittelalterlichen Ordensgeschichte prägt. Die Orden erscheinen in ihr als selbständige Elemente eines wohlgeordneten Ganzen, in dem sie, nach Regel oder Funktionen klassifiziert, fast beziehungslos nebeneinander stehen und ein von Eigengesetzen bestimmtes Leben führen. Man hat diese statische Konzeption, in der sich die Orden, um es theologisch auszudrücken, als Entfaltungen der sieben Gaben des Hlg. Geistes oder als irdische Realisierung der

---

* In: Westfälische Zeitschrift 128 (1978) 9-32.

vielen Wohnungen im Haus des Herrn darstellen, mit Nachdruck zurückgewiesen und an ihre Stelle die bereits beschriebene Vorstellung von einer alle orthodoxen und heterodoxen Gemeinschaftsbildungen gleichermaßen erfassenden und prägenden Entwicklung gesetzt. In der letzten Zeit nähert sich die Geschichtswissenschaft wieder dem traditionellen Modell von Wesen und Funktion der Orden. Sie beabsichtigt nicht, die Verflochtenheit der Ordensgeschichte mit der allgemeinen Geschichte zu leugnen oder der Vielzahl von geistlichen Orden und Kongregationen undifferenziert jene historische Relevanz zuzuschreiben, die allein solche Orden wie Zisterzienser und Prämonstratenser, Franziskaner und Dominikaner beanspruchen können, bezieht jedoch neben den bedeutenden auch unbedeutende Orden in ihre Betrachtung ein, weil sie die Gesamtheit des Ordenswesens stärker als bisher zu erfassen und als ein eigenes System zu begreifen sucht. Wenn sie darüber hinaus dem Gesamtablauf der jeweiligen „Ordensgeschichten", also nicht nur den Anfängen und Epochen der Größe, ihr Interesse zuwendet, tut sie dies aus der Einsicht, daß die sich über Jahrhunderte hinziehenden Abläufe von Blüte, Verfall und Erneuerung religiöser Orden „Geschichte" in besonders eindrucksvoller Weise manifestieren und wertvolle Paradigmata liefern für die Entwicklung, die Strukturen und das Verhalten anderer menschlicher Gemeinschaften, deren Geschichte sich in weniger überschaubaren Proportionen vollzog oder sehr viel schwerer zu rekonstruieren ist.

Von diesen konträren, sich jedoch keineswegs gegenseitig ausschließenden Ansätzen her ergibt sich die Fragestellung, mit der wir uns unserem engeren Thema zuwenden wollen. Stehen die Reformbemühungen des westfälischen Zisterziensertums in dem großen Zusammenhang, der nach Ansicht vieler Historiker die seit der Mitte des 14. Jahrhunderts in fast allen Orden zu beobachtenden Reform- und Observanzbewegungen mit dem Konziliarismus, dem Nominalismus, dem Humanismus, der Devotio moderna, ja selbst den spätmittelalterlichen Häresien und sozialen Unruhen zu einer einzigen, in der Reformation kulminierenden Bewegung zusammenfaßt, oder wird man ihnen eher gerecht, wenn man sie als eine zwar von außen intensivierte, aber im Grunde genommen doch aus eigenen Kräften vollzogene Rückbesinnung auf die eigentlichen Aufgaben und ursprünglichen Intentionen des Ordens, also als eine Reform im Wortsinne, bezeichnet und aus der Geschichte des Ordens selbst zu verstehen sucht? Der Ausgang unserer Überlegungen wäre vorauszusehen, wenn wir statt der Zisterzienser andere westfälische Ordensleute, etwa die Benediktiner oder Augustiner-Chorherren, zum Objekt unserer Überlegungen gemacht hätten. Die vom Weserraum ausgehende, über Westfalen, Hessen, Thüringen und das Rheinland bis in den Süden und Südwesten des Reiches ausgreifende Erneuerung des benediktinischen Mönchtums in der Bursfelder Kongregation erscheint nicht nur im Hinblick auf die von Subiaco ausgehenden Initiativen, sondern auch, was Zielsetzung und Verfassung angeht, als eine vorwiegend ordensimmanente Erneuerung, die bei allen Anstößen von außen primär durch die damals rund tausendjährige monastische Tradition geprägt war, während umgekehrt die sich von Windesheim über Böddeken bis an den Oberrhein erstreckende Ausbreitung des Augustiner-Chorherrentums und die in Westfalen schon früh heimisch gewordene Vita communis der Fraterherren kaum als Erneuerung eines uralten Augustinertums gewertet werden kann, vielmehr auf den außerhalb des Ordenswesens unter den Laien und Priestern des Ijsseltals entfachten Reformwillen zurückgeführt werden muß, den wir als die Devotio moderna zu bezeichnen pflegen.

Die Reformbemühungen der Zisterzienser in Westfalen sind auch aus anderen

Gründen nicht gut mit denen der Benediktiner und Augustiner vergleichbar. Das beginnt schon mit der Definition dessen, was im Titel des Vortrages mit Absicht etwas vage als westfälisches Zisterziensertum bezeichnet wird. Während sich der Kreis der westfälischen Benediktinerklöster und Chorherrenstifte relativ leicht umschreiben läßt, fällt es nicht ganz leicht, zu definieren, was unter westfälischen Zisterziensern zu verstehen ist. Die Schwierigkeiten sind gering im Hinblick auf die drei westfälischen Tochterabteien von Kamp, das 1140 bzw. 1155 im oberwaldischen Teil des Stiftes Paderborn gegründete Hardehausen, seine 1185 zustande gekommene münsterländische Tochtergründung Marienfeld und das 1196 aus der Umwandlung eines Prämonstratenserinnenklosters entstandene Bredelar im Hoppecketal.[1] Problematisch ist vielmehr die Gruppe von nicht weniger als fünfundzwanzig Zisterzienserinnenklöstern, die im 13. Jahrhundert innerhalb nur weniger Jahrzehnte in Westfalen entstand und zahlenmäßig die drei genannten Männerklöster weit hinter sich läßt. Von ihnen kann nicht einmal im Zeitpunkt ihrer Entstehung, geschweige denn im 15. Jahrhundert, genau gesagt werden, in welcher Weise sie dem Zisterzienserorden verbunden waren, welchen Platz sie in seinem Filiationssystem einnahmen, wie sich ihre Beziehungen zu den westfälischen Abteien des Ordens gestalteten und ob sie nicht stärker auf außerwestfälische Abteien als auf Hardehausen, Marienfeld und Bredelar ausgerichtet waren.[2] Noch problematischer wird es, wenn man sich

---

1 Bibliographische Hinweise zur Geschichte der genannten Abteien u. a. in: *Kl. Honselmann*, Das Klosterwesen im Raume der oberen Weser, in: Kunst und Kultur im Weserraum 800-1000 (Corvey 1966) I, S. 229; Handbuch der Historischen Stätten Deutschlands 3: Nordrhein-Westfalen (Stuttgart 1963) S. 105, 253, 428; *F. van der Meer*, Atlas de l'Ordre Cistercien (Paris-Brüssel 1965) S. 274, 281-82, 287; *H. Richtering*, Stifte und Klöster im Weserraum bis in das 16. Jahrhundert, in: Ostwestfälisch-weserländische Forschungen zur Geschichtlichen Landeskunde = Veröffentlichungen des Provinzialinstituts für Westfälische Landes- und Volkskunde I, 15 (Münster 1970) S. 384, 389, 390; *A. Schneider – A. Wienand – W. Bickel – E. Coester*, Die Cistercienser. Geschichte – Geist – Kunst (Köln 1974) S. 562-63, 572, 588. Hier wurden herangezogen: K. Schoene, Kloster Hardehausen in Westfalen, sein Güterbesitz und seine wirtschafts- und verfassungsgeschichtliche Entwicklung bis zum Ende des 14. Jahrhunderts, Studien und Mitteilungen zur Geschichte des Benediktiner-Ordens und seiner Zweige 35 (1914) S. 81-106, 216-44; *A. Brand*, Die ehemalige Zisterzienser-Abtei Hardehausen. Die klösterliche Grundherrschaft im Diemellande (1140-1802), Westfalen 13 (1927) S. 121-33; Hardehausen. Vergangenheit und Gegenwart (Paderborn 1953); W. *Kuhne*, Die Gründung des Klosters Hardehausen durch Bischof Bernhard I., in: Paderbornensis Ecclesia. Beiträge zur Geschichte des Erzbistums Paderborn. Festschrift für Lorenz Kardinal Jaeger zum 80. Geburtstag am 23. 9. 1972 (München-Paderborn-Wien 1972) S. 111-33; *H. Strenger*, Geschichte des Zisterzienserklosters Marienfeld in Westfalen (Gütersloh 1913); *W. Vahrenhold*, Kloster Marienfeld. Besitz- und Wirtschaftsgeschichte des Zisterzienserklosters Marienfeld in Westfalen (1185-1456) = Quellen und Forschungen zur Geschichte der Stadt Warendorf 4 (Warendorf 1966); *W. Werland*, Campus s. Mariae. Marienfelder Chronik. Zur Geschichte der Zisterzienserabtei und der Gemeinde Marienfeld (Marienfeld 1968); *J. Hennecke*, Die Geschichte des Klosters Bredelar (o. J.); *A. Heupel*, Beiträge zur Geschichte der Grundherrschaft der Zisterzienser-Abtei Bredelar (Diss. phil. et nat. Münster 1921).

2 Über die Zahl der westfälischen Zisterzienserinnenklöster orientiert neben der in Anm. 1 und 3 genannten Literatur: *B. Huemer*, Verzeichnis der deutschen Zisterzienserinnenklöster, Studien und Mitteilungen zur Geschichte des Benediktiner-Ordens und seiner Zweige 37 (1916) S. 1-47. In den letzten Jahren erschienen zur Geschichte der westfälischen Zisterzienserinnen: *R. Oberschelp*, Zur mittelalterlichen Geschichte des Klosters Holthausen bei Büren, WZ 114 (1964) S. 219-34; *G. Aders*, Das Archiv des vormaligen Zisterzienserinnenklosters und späteren Damenstiftes Gevelsberg, Jahrbuch des Vereins für Orts- und Heimatkunde in der Grafschaft Mark 66 (1968) S. 1-107; *O. zu Hoene*, Die Grundherrschaft des Klosters Bersenbrück. Eine Wirtschafts- und Sozialgeschichte aus dem Osnabrücker Nordland (San Francisco 1968);

fragt, ob es denn in Westfalen je zeitlich fixierbare, alle hier gelegenen Niederlassungen des Ordens erfassende Bestrebungen gegeben habe, die es uns erlauben, von einer Reform des westfälischen Zisterzienertums und ihrer Stellung im Rahmen der spätmittelalterlichen Reformbewegung zu sprechen. Die Antwort auf diese Frage, mit der sich schon 1904 J. Linneborn und 1967 A. Schröer beschäftigt haben, führt mitten hinein in unser Thema.[3]

Das Bild, das wir uns von den Zuständen in den westfälischen Zisterzienserabteien am Ende des 14. und während des 15. Jahrhunderts, in einer Zeit also, in der bei den Benediktinern und Augustiner-Chorherren Nordwesteuropas Reformforderungen und Reformbemühungen zur Bildung der Bursfelder Kongregation und des Windesheimer Kapitels führten, machen können, ist nur undeutlich und bruchstückhaft. Es wird auch dann nicht viel klarer und vollständiger, wenn wir neben der bisher ausgewerteten urkundlichen und chronikalen Überlieferung die seit einigen Jahrzehnten im Druck vorliegenden Beschlüsse des Generalkapitels der Zisterzienser hinzuziehen.[4] Beginnen wir mit dem Mutterhaus der westfälischen Zisterzienser, dem paderbornischen Hardehausen. Will man aus der Tatsache, daß sein Abt Hermann 1407 mit Zustimmung des Generalkapitels das bis dahin Riddagshausen unterstehende Zisterzienserinnenkloster Wilhelmshausen (Wahlshausen) bei Kassel zur Reform übernahm,[5] 1411 in Cîteaux als *Collector contributionum* und Mitglied einer Vorbereitungskommission für das bevorstehende, 1414 in Konstanz eröffnete Konzil eingesetzt[6] und schließlich 1422 vom Generalkapitel mit einer tiefgreifenden Reform der in der Trierer Kirchenprovinz gelegenen Männer- und Frauenklöster des Ordens beauftragt wurde,[7] einen Schluß auf den Zustand der Abtei ziehen, dann kann er nur positiv ausfallen. Hardehausen befand sich danach offenbar zu Beginn des 15. Jahrhunderts in einem gewissen Aufschwung. In der letzten Hälfte des vorhergehenden Jahrhunderts hatte es hier weniger erfreulich ausgesehen. In den vierziger Jahren des 14. Jahrhunderts mußte der Konvent wegen seiner Armut und der Bedrückung

---

*H. Richtering,* Das Archiv des ehemaligen Klosters Drolshagen. Urkunden und Akten nebst einem Anhang ergänzender Archivalien = Landeskundliche Schriftenreihe für das kölnische Sauerland (Olpe 1969); *P. Leidinger,* Die Abtei Himmelpforten zwischen Reform und Säkularisation. Zur Verfassungsgeschichte eines westfälischen Zisterzienserinnenklosters, WZ 121 (1971) S. 283-349; *ders.,* Äbtissinnen und Konvent des Klosters Himmelpforten im Mittelalter, Soester Zeitschrift 83 (1971) S. 26-42; *F. J. Gerberding,* Die Urkunden des Klosters Gravenhorst. Wiederentdeckte und erstmalig ausgewertete Zeugnisse des Zisterzienserinnenkonvents, Auf Roter Erde 31 (1975) S. 25-26, 30-31; *M. Wolf,* Kloster Kentrop, in: 750 Jahre Stadt Hamm (Hamm 1976) S. 101-124; *O. zu Hoene,* Kloster Bersenbrück (Osnabrück 1977). Über das Verhältnis zwischen männlichem und weiblichem „Ordenszweig" zuletzt: *L. J. Lekai,* The Cistercians. Ideals and Reality (1977) S. 347-63, 436-37.

3 *J. Linneborn,* Die westfälischen Klöster des Zisterzienserordens bis zum 15. Jahrhundert, in: Festgabe für Heinrich Finke (Münster 1904); *A. Schröer,* Die Kirche in Westfalen vor der Reformation. Verfassung und geistliche Kultur. Mißstände und Reformen (Münster 1967) II, S. 144-167.

4 *J.-M. Canivez,* Statuta Capitulorum Generalium Ordinis Cisterciensis ab anno 1116 ad annum 1786 Tom. I-VIII = Bibliothèque de la Revue d'Histoire ecclésiastique, Fasc. 9-14B (Löwen 1933-41). Im folgenden zitiert: *Canivez* (mit Band- und Seitenzahl).

5 Akad. Bibliothek, Paderborn, AV Codex 113, fol. 68-68a (4. 8. 1407), fol. 68a (7. 11. 1416). Zur Geschichte von Wilhelmshausen: *W. Dersch,* Hessisches Klosterbuch = Veröffentlichungen der Historischen Kommission für Hessen und Waldeck 12 (²Marburg 1940) S. 156.

6 *Canivez,* IV, S. 59, 135.

7 *Ebd.,* IV, S. 245.

durch die adligen Nachbarn die Ordenskonservatoren anrufen,[8] die Zahl seiner Mönche, Konversen und Präbendare limitieren,[9] im folgenden Jahrzehnt Brüder aus der Schwesterabtei Marienfeld zur Reform herbeiholen[10] und 1405 wegen der Paderborner Stiftsfehde zumindest für seine Herden in Borgentreich Schutz suchen.[11] Spätestens am Ende des 15. Jahrhunderts war von dem sich in seinem ersten Viertel vollziehenden Aufschwung so gut wie nichts mehr zu spüren. 1481 mußte Bischof Simon III. von Paderborn der Abtei die Zahlung des Opfergeldes erlassen, um sie nicht noch weiter zu beschweren.[12] Vier Jahre später drang er darauf, den Zustand des Klosters durch eine gründliche Reform zu verbessern.[13] Welch geringen Erfolg er jedoch hatte, zeigen die Beschlüsse des Generalkapitels von 1500. Der Abt von Hardehausen wird in ihnen aufgefordert, so schnell wie möglich seinen Konvent zu reformieren und energisch gegen diejenigen vorzugehen, die sich weiterhin weigerten, ihr bisheriges Leben zu ändern.[14]

Man fühlt sich an den Blinden, der die Blinden führt, erinnert, wenn der Abt eines in solchen Schwierigkeiten befindlichen Klosters 1496 vom Generalkapitel beauftragt wird, die benachbarte Abtei Bredelar nicht nur gegen ihre äußeren Bedränger zu schützen, sondern auch für eine Erneuerung des in seinem geistigen Leben offenbar gänzlich erschlafften Konventes zu sorgen.[15] Daß dieser Auftrag nicht grundlos erteilt worden war, zeigen die Quellen. Die im 13. und 14. Jahrhundert zu nicht unbeträchtlichem Besitz gelangte Abtei[16] bemühte sich in den neunziger Jahren des 15. Jahrhunderts wiederholt darum, durch Verkauf ihrer Güter; u. a. an die systematisch ihren Grundbesitz auf dem Sintfeld erweiternden Chorherren von Dalheim, ihre wirtschaftliche Lage zu verbessern.[17] Da die Verkäufe offenbar nicht ausreichten, um dieses Ziel zu erreichen, mußte Erzbischof Hermann von Köln den

---

8 StA Münster, Kl. Hardehausen, U 535 (25. 2. 1340), U 537 (29. 5. 1340), U 545 (2. 5. 1341). Vgl. dazu: *Schoene*, S. 234-36.

9 *Ebd.*, U 574 (21. 2 1349).

10 *F. Zurbonsen*, Das „Chronicon Campi s. Mariae" in seiner ältesten Gestalt (1185-1422) = Münsterische Beiträge zur Geschichtsforschung 5 (Paderborn 1884) S. 51. Im folgenden zitiert: Chronicon (mit Seitenzahl).

11 Akad. Bibliothek, Paderborn, AV Codex 113, fol. 51a (25. 1. 1405). *L. Jüngst* gibt in dem in die Broschüre Hardehausen. Vergangenheit und Gegenwart (Anm. 1) aufgenommenen Beitrag über Tafelgut – Kloster – Jugendhaus. Bilder aus der Geschichte Hardehausens, S. 17, an, Wilhelm von Berg habe dem Kloster Hardehausen „eine Zufluchtstätte in der Stadt Borgentreich" bewilligt. Die im Kartular von Hardehausen überlieferte Urkunde Wilhelms von Berg läßt jedoch nicht den Schluß zu, der Konvent habe sich in das feste Borgentreich, wo er seit längerem einen Klosterhof besaß, geflüchtet.

12 StA Münster, Kl. Hardehausen, U 784 (13. 12. 1481).

13 Hardehausen, S. 17.

14 *Canivez*, VI, S. 240.

15 *Ebd.*, VI, S. 145-47. Vgl. auch S. 17, 136-37, 140.

16 Zur Besitzgeschichte von Bredelar neben *Hennecke*, S. 20-41, *Heupel*, S. 26-61, und *J. Rüther*, Heimatkunde des Landkreises Brilon (Münster 1956) S. 231-32, immer noch: *J. S. Seibertz*, Güterverzeichnis des Klosters Bredelar 1416, in: Quellen zur westfälischen Geschichte 1 (Arnsberg 1857) S. 146-60.

17 StA Münster, Kl. Bredelar, U 555 (14. 6. 1495), U 561 (18. 5. 1497), U 564 (2. 5. 1498). Vgl. dazu: *W. Wöhlke*, Die Kulturlandschaft des Hardehausener und Dahlheimer Waldes im Mittelalter = Landeskundliche Karten und Hefte. Reihe Siedlung und Landschaft in Westfalen 2 (Münster 1957) und *G. Henkel*, Die Wüstungen des Sintfeldes. Eine historisch-geogra-

Mönchen 1507 gestatten, auf eine für Zisterzienser ziemlich ungewöhnliche Weise an Geld zu kommen, nämlich Almosen zu erbetteln.[18] Der Konvent befand sich am Ende des 15. Jahrhunderts nicht zum ersten Male in einer solch miserablen Situation. Schon in den sechziger Jahren des 15. Jahrhunderts hatte der Abt von Cîteaux das Kloster von allen Abgaben befreit,[19] hatten die Bischöfe von Paderborn und Köln den Brüdern Litterae supplicatoriae ausgestellt, um ihnen in der Not beizustehen, die so groß war, daß sie nicht mehr in der Lage waren das Divinum officium zu feiern und die Hospitalitas auszuüben.[20] Folgt man den Quellen, dann waren die Krisen in den sechziger und neunziger Jahren des 15. Jahrhunderts keine einmaligen Ereignisse, sondern Glieder in einer Kette, deren Anfang bereits in den achtziger Jahren des 14. Jahrhunderts zu suchen ist. Denn schon 1384 hatte der Bischof von Paderborn Bettelbriefe ausgestellt, die es den Zisterziensern in der bereits geschilderten Weise erlauben sollten, ihre wirtschaftlichen Schwierigkeiten zu überwinden.[21] Bei genauerer Betrachtung der urkundlichen Überlieferung erscheint die wirtschaftliche Situation Bredelars jedoch nicht als ganz so prekär, wie es die Bettelbriefe vermuten lassen, wurden doch selbst in den Zeiten größter materieller Not noch Käufe und Verkäufe getätigt.[22] Für das geistliche Leben läßt sich hingegen kein vergleichbares Korrektiv finden, es sei denn, man leitete aus der Tatsache, daß das Generalkapitel dem Abt von Bredelar 1460 den Auftrag erteilte, das Frauenkloster Himmelpforten in der Diözese Köln zu reformieren, die Gewißheit ab, der Reformer hätte auf einem höheren Niveau gestanden als die zu reformierenden Frauen.[23]

Die bisherigen Beobachtungen sind nicht so, daß sie uns berechtigen könnten, von einer Reformbewegung innerhalb des westfälischen Zisterziensertums zu sprechen oder diese sogar daraufhin zu untersuchen, ob sie aus dem Orden selbst hervorging oder von außen angeregt und gefördert wurde. Dieser Eindruck wird modifiziert, wenn man sich der dritten westfälischen Zisterzienserabtei, dem münsterländischen Marienfeld, zuwendet. Hier entfaltete sich unter dem von 1410 bis 1443 regierenden Abt Hermann von Warendorf eine Reformtätigkeit, deren Ziel das Chronicon Campi S. Mariae mit den Worten *dispersa congregare, ruinosa restaurare et utilia commoda construere* beschreibt.[24] Die Aufgabe, das Verstreute zu sammeln, das Zerstörte wieder aufzubauen und Nützliches zu schaffen, erfüllte sich in der Versöhnung des unter den Äbten Johannes IV. (1385-97), Erenfried (1397-1401) und Gerlach (1401-1410) zerstrittenen Konvents, in der Erneuerung der Mensa communis, dem Bezug eines gemeinsamen Dormitoriums, der Vervollständigung der Bibliothek, der Restauration von Abteigebäuden und Klosterhöfen, der künstlerischen Ausgestaltung von Kirche und Sakristei und nicht zuletzt in der Sicherung von Besitz, Rechten

---

phische Untersuchung zur Genese einer alten westfälischen Kulturlandschaft = Studien und Quellen zur westfälischen Geschichte 14 (Paderborn 1973).

18 StA Münster, Inv. A 322, S. 186 nach der fehlenden Urkunde U 566 (1507) aus dem Bestand Kl. Bredelar.
19 Hist. Arch. d. Stadt Köln, Farragines Gelenii, II, 209 (16. 2. 1467). *Canivez*, VI, 140 (1496).
20 Farragines Gelenii, III, 208 (23. 6. 1468). Ebd. III, 207 (27. 9. 1490).
21 StA Münster, Msc. I, 200, pg. 135. Vgl. auch StA Münster, Kl. Bredelar, U 459 (25. 7. 1449).
22 Vgl. die in Anm. 16 genannte Literatur.
23 *Canivez*, V, S. 67.
24 Chronicon, S. 61-62.

und Privilegien gegenüber dem Zugriff der benachbarten geistlichen und weltlichen Herren.[25] Die Reformbemühungen von Abt und Konvent beschränkten sich nicht nur auf die eigene Abtei. Sie wurden durch Beichtväter und Visitatoren auf die westfälischen Zisterzienserinnenklöster ausgedehnt und erfaßten sogar das benachbarte Prämonstratenserstift Clarholz, wo der Marienfelder Prior Johann von Steinheim 1413 mit dem Amt des Propstes die Aufgabe der Reform übernahm.[26] Voraussetzung und Antriebskraft dieser Reform waren die Integrität, Klugheit und Begeisterungsfähigkeit des Abtes Hermann, der die Simplicitas der ersten Zisterzienser erneuerte und sich damit das lobende Epitheton erwarb, ein *virtutum sidus super omnia fidum* zu sein.[27] Das Ziel der Reform, die Erneuerung von Observanz und Liturgie, die Sicherung rechtlicher Ansprüche und die Festigung der materiellen Basis, wurde auch von den Nachfolgern Hermanns von Warendorf, die direkt oder indirekt durch seine Schule gegangenen Äbte Arnold von Bevern (1443-1478), Johann Wineken (1478-1495) und Heinrich Münstermann (1498-1537), angestrebt. Die bauliche Erneuerung und künstlerische Ausschmückung von Kirche und Klostergebäuden, die im Marienfelder Altar des Johann Koerbecke ihr eindrucksvollstes Zeugnis hinterlassen hat, geben zu erkennen, daß sich die Reform am Ende des 15. Jahrhunderts bereits jenem Punkt näherte, an dem die wiedergewonnene Einfachheit in Saturiertheit umzuschlagen und neuer Niedergang zu beginnen drohte.[28] Wie unter Abt Hermann beschränkte sich unter seinen Nachfolgern der Wille zur Erneuerung nicht auf das eigene Kloster und die benachbarten westfälischen Frauenklöster.[29] 1466 erhielt Abt Arnold vom Generalkapitel auf Veranlassung des Erzbischofs von Köln und des Herzogs von Kleve den Auftrag, gemeinsam mit dem Abt von Kamp Reform und Inclusio aller im kurkölnischen und klevischen Territorium

---

25 Zu den verschiedenen Aspekten der Reformtätigkeit neben *Linneborn*, S. 320, *Strenger*, S. 27-28, *Werland*, S. 207-209, und *Vahrenhold*, S. 89, 95, 104: H. *Hölker*, Kreis Warendorf = Die Bau- und Kunstdenkmäler von Westfalen 42 (Münster 1936) S. 200-285; W. *Tröller*, Die Zisterzienserkirche in Marienfeld in Westfalen (Würzburg 1936); H. *Thümmler*, Marienfeld = Große Baudenkmäler 264 (München-Berlin 1972); W. *Werland*, Marienfeld. Vergangenheit und Gegenwart. Zur Weihe der Klosterkirche vor 750 Jahren am 21. Juli 1226 (Marienfeld 1972); F. *Zurbonsen*, Marienfelder Handschriften, Zeitschrift für Preußische Geschichte und Landeskunde 19 (1882) S. 521-31; K. *Löffler*, Stifts- und Klosterbibliotheken des Bistums Münster, Auf Roter Erde 7 (1931/32) S. 87-88, 8 (1932/33) S. 7. Für die älteren Bibliotheksbestände: W. *Diekamp*, Ein Marienfelder Bibliotheksverzeichnis aus dem XIII. Jhdt., WZ 43 (1885) I, S. 161-172.

26 *Strenger*, S. 28, *Werland*, S. 207-208, *Schröer*, II, S. 164-67. R. *Schulze*, Beiträge zur Geschichte des Prämonstratenser-Klosters Klarholz (Kr. Wiedenbrück), 1133-1803, WZ 78 (1920) I, S. 50-53; J. *Meier*, Series Praepositorum Clarholtensium, Analecta Praemonstratensia 46 (1970) S. 341-42.

27 L. *von Ledebuer*, Necrologium Marienfeldense, in: Museum für Geschichte, Sprache, Kunst und Geographie = Denkmaeler alter Sprache und Kunst 2 (Berlin 1827) S. 176. Im folgenden zitiert: Necrologium (mit Seitenzahl).

28 Vgl. neben der in Anm. 25 genannten Literatur: P. *Pieper*, Westfälischer Maler der Spätgotik 1440-1490, Westfalen 30 (1952) S. 84-95; *Ders.*, Meisterwerke der gotischen Malerei Westfalens (Honnef 1956) S. 34-40.

29 StA Münster, Kl. Marienfeld, U 1153a (29. 4. 1488). *Canivez*, V. S. 41, VI, S. 17-18, 240; *Strenger*, S. 28; *Schröer*, II, S. 164-67; *Werland*, S. 209-14; F. J. *Gerberding*, Die Abteien Marienfeld und Gravenhorst. Mönche aus Marienfeld waren geistliche Berater der Zisterzienserinnen in Gravenhorst, Auf Roter Erde 28 (1972) S. 43-47.

gelegenen Zisterzienserinnenklöster durchzuführen.³⁰ 1512 ernannten das Generalkapitel und der Abt von Cîteaux Abt Heinrich zum Visitator nicht nur der westfälischen Zisterzienser, sondern auch auswärtiger Abteien wie Himmerod, Altenberg und Kamp.³¹ Schon 1478 hatten Generalkapitel und Abt von Cîteaux der Abtei eine Aufgabe übertragen, die sich mit den üblichen Reformen und Visitationen nicht vergleichen läßt. Das Kapitel war von König Matthias Corvinus von Ungarn gebeten worden, dem Abt der ungarischen, an der Grenze zur Steiermark liegenden Abtei St. Gotthard *pro reparatione et restauratione ordinis in praefato regno Hungariae* Hilfe zu leisten.³² Das veranlaßte die Kapitelsväter, neben anderen deutschen Abteien auch Marienfeld zu bitten, Konventualen nach Ungarn zu entsenden. Wir wissen nicht, ob tatsächlich Zisterzienser aus Westfalen zu den vielen deutschen Ordensleuten gehörten, die 1480 die Reise nach Ungarn antraten und hier dem Zisterziensertum zu einer neuen, 1526 nach der Schlacht bei Mohács jedoch schon wieder gebrochenen Blüte verhalfen.³³ Uns genügt die Gewißheit, daß das Generalkapitel den Konvent von Marienfeld für eine solche Aufgabe als geeignet angesehen hat.

Stützt man sich auf die Beschlüsse der Generalkapitel und die in den Urkundenbeständen überlieferten Cartae visitationum, dann muß man den Eindruck gewinnen, die im 15. Jahrhundert in Marienfeld zu beobachtende Blüte sei in erster Linie auf die Reformforderungen des Generalkapitels und der Vateräbte von Cîteaux, Morimond und Kamp zurückzuführen, könne also als das Ergebnis einer ordensinternen Kraftanstrengung verstanden werden.³⁴ Es kann in der Tat kein Zweifel daran bestehen, daß die immer wieder ausgesprochenen Ermahnungen der Vorgesetzten in Marienfeld Beachtung fanden. Dafür spricht allein schon die Sorgfalt, mit der im 15. Jahrhundert ein Marienfelder Mönch in einer heute in Berlin aufbewahrten Handschrift Ordensgesetze und Reformstatuten von der Carta caritatis über die Clementinen und die Benedictina bis zu den Generalkapitelsbeschlüssen des 15. Jahrhunderts zusammenstellte und für den Gebrauch der dem Konvent affiliierten Zisterzienserinnen ins Niederdeutsche übersetzte.³⁵

Dennoch wird man kaum erstlich annehmen wollen, die stereotypen, im allgemeinen an alle Mitglieder des Ordens gerichteten Aufforderungen seien es gewesen, die die Geister in Marienfeld geweckt und zur Umkehr veranlaßt hätten. Es kann des weiteren kein Zweifel daran bestehen, daß wie anderswo so auch in Westfalen die geistlichen und weltlichen Landesherren einer Reform der in ihren Territorien

---

30 *Canivez*, V, S. 190.

31 StA Münster, Kl. Marienfeld, U 1228a (12. 10. 1512).

32 *Canivez*, VI, S. 369-72. Über die 1184 als Tochter von Trois-Fontaines gegründete Abtei St. Gotthard (Szent Gotthárd): *Th. Heimb,* Notitia historica de ortu et progressu abbatiae sacri ordinis Cisterciensis B. M. V. ad Gotthardum dictae (Wien 1767); *T. Hümpfner,* Les fils de St.-Bernard en Hongrie (Budapest 1927) S. 25; *B. Vargha,* Hongarije en de Cisterciensers (Nieuwkuijk 1935) S. 7.

33 Darüber zuletzt: *L. J. Lekai,* Medieval Cistercians and their Social Environment. The Case of Hungary, Analecta Cisterciensia 32 (1976) S. 267-77.

34 Vgl. z. B.: StA Münster, Kl. Marienfeld, U 1453a (29. 4. 1488), U 1228a (2. 10. 1512). *Canivez*, V, S. 41, 190; VI, S. 17-18.

35 Staatsbibl. Preußischer Kulturbesitz, Berlin, Ms. Germ. Quart. 1244: Dat boek der privilegyen, vrygheit unde gesette des hilligen Ordens van Cistercien (15. Jh.), fol. 59-156 (Degering, II, 214).

liegenden Abteien nicht im Wege standen.[36] In der vorliegenden Literatur zur Geschichte der westfälischen Zisterzienser ist davon jedoch nur selten die Rede. Die Erneuerung Marienfelds wird, wenn man überhaupt nach ihren Ursachen fragt, in erster Linie mit den Reformbemühungen des Konstanzer und Basler Konzils in Zusammenhang gebracht.[37] Gewiß hat der wohl bekannteste Marienfelder Mönch, der Astrologe und Publizist Hermann Zoestius, an der Basler Kirchenversammlung teilgenommen,[38] darüber hinaus weiß man, daß sich die Marienfelder 1434 ein kurz zuvor von Eugen IV. ausgestelltes Privileg durch die Konzilsväter bestätigen ließen.[39] Das erscheint jedoch als unerheblich, wenn man diese Kontakte mit der regen Konzilstätigkeit anderer Westfalen vergleicht[40] und sich vergegenwärtigt, daß weder von Konstanz noch von Basel Reformanstöße auf den Zisterzienserorden ausgingen, die sich mit denen vergleichen lassen, die die deutschen Benediktiner zur Zeit des Konstanzer Konzils von der in Petershausen tagenden Äbteversammlung erhielten.[41] Ganz verlieren die Argumente für die „heilsame Wirkung der Basler Konzilsversammlung auf das westfälische Zisterziensertum"[42] jedoch ihr Gewicht erst dann, wenn man sich vor Augen führt, daß die Reformaktivitäten Hermanns von Warendorf bereits im Gange waren, als man sich in Konstanz daran machte, die Kirche an Haupt und Gliedern zu reformieren. Wollen wir also nicht davon ausgehen, daß die Reform Marienfelds vornehmlich von der Ordensleitung veranlaßt, in erster Linie durch örtliche Gewalten angeregt oder vom Konstanzer Konzil in die Wege geleitet worden sei, werden wir die entscheidenden Anstöße anderswo suchen müssen. Man findet sie, wenn man sich die Mühe macht, dem Leben und der Ausbildung des Abtes Hermann von Warendorf genauer nachzugehen. Der Abt war anders als die in seiner Schule herangewachsenen Nachfolger Arnold, Johann und Heinrich, kein Sohn des Konventes. Er erhielt seine geistige Prägung vielmehr außerhalb Westfalens, ja außerhalb des Ordens. Wie wir dem Chronicon Campi S. Mariae und der in einer Berliner Handschrift überlieferten Marienfelder Mönchsliste entnehmen können, war Hermann vor seinem Eintritt in den Orden Baccalarius der Theologie in Erfurt, danach Student in Prag und schließlich Gast im böhmischen Zisterzienserkloster

---

36 Vgl. Anm. 12,13.

37 *Strenger*, S. 27, *Schröer*, II, S. 152, *Werland*, S. 207.

38 *J. Tönsmeyer*, Hermann Zoestius von Marienfeld, ein Vertreter der konziliaren Theorie am Konzil zu Basel, WZ 87 (1930) S. 114-91; *K. Löffler*, Zur Biographie des Hermann Zoestius, Auf Roter Erde 6 (1931/32) S. 48-50.

39 StA Münster, Kl. Marienfeld, U 941 (3. 7. 1434).

40 *H. Stutt*, Die nordwestdeutschen Diözesen und das Basler Konzil in den Jahren 1431 bis 1441, Niedersächsisches Jahrbuch 4 (1928) S. 1-97; *R. Bäumer*, Paderborner Theologen und Kanonisten auf den Reformkonzilien des 15. Jahrhunderts, in: Paderbornensis Ecclesia, S. 151-79; *J. Schmitdinger*, Vier ehemalige Paderborner Scholaren als Bischöfe beim Basler Konzil, ebd. S. 181-95.

41 *J. Zeller*, Das Provinzialkapitel im Stift Petershausen im Jahre 1417. Ein Beitrag zur Geschichte der Reformen im Benediktinerorden zur Zeit des Konstanzer Konziles, Studien und Mitteilungen zur Geschichte des Benediktinerordens und seiner Zweige 41 (1921/22) S. 1-73. Zur Teilnahme der Zisterzienser an den Reformkonzilien u. a.: *Canivez*, V, S. 158-60, 209; *J. D. Mansi*, Sacrorum Conciliorum nova et amplissima collectio XXVIII (² Paris 1903) S. 629-32; *M. Lehmann*, Die Mitglieder des Basler Konzils von seinem Anfang bis August 1442 (Diss. theol. Wien 1945) S. 146-59.

42 Zitat: *Tröller*, S. 263. Ähnlich auch *Strenger*, S. 27, und *Werland*, S. 207.

Goldenkron.[43] Das Erfurt, in dem er zusammen mit zahlreichen anderen Westfalen an der Wende vom 14. zum 15. Jahrhundert mit dem Studium begann, war noch nicht jenes Erfurt, in dem die zur Bursfelder Kongregation gehörende Abtei St. Peter wenige Jahrzehnte später Ordnung und Geist des benediktinischen Mönchtums erneuerte.[44] Was damals die Atmosphäre der Stadt bestimmte, war die Entschiedenheit, mit der die ersten Professoren und Studenten der 1397 gegründeten Universität, an ihrer Spitze Hermann Lurcz, Dietrich von Niem, Dietrich Engelhus, Gobelinus Person und Heinrich Toke, für die Reform der Kirche und des Ordenswesens eintraten.[45] Wir wissen, daß ihre Reformvorstellungen einen Studenten tief beeindruckt haben, der sich im Sommersemester 1413 hatte immatrikulieren lassen. Es war dies Johannes Dederoth aus Münden, der später Abt von Klus und Bursfeld wurde und hier die in Erfurt empfangenen Anregungen in einer weit über den Weserraum hinausgreifenden Weise in die Tat umsetzte.[46] Es ist kaum anzunehmen, daß Hermann von Warendorf, der einige Jahre vor Dederoth mit dem Studium begonnen hatte, von den Forderungen und Vorstellungen dieser Männer unberührt blieb. Ein ähnliches Klima wie in Erfurt herrschte auch in Prag, der zweiten Station auf dem Bildungsweg des inzwischen in den Orden eingetretenen Westfalen. Als er hier das in der Bartholomäusgasse gelegene Kolleg der Zisterzienser bezog,[47] lehrte dort sein

43 Chronicon, S. 61, Necrologium, S. 174-77, Staatsbibliothek Preußischer Kulturbesitz, Berlin, Ms. theol. lat. Fol. 169 (*Rose*, II, 212). In den Erfurter Matrikeln fehlt ein entsprechender Eintrag; siehe *A. Heldmann*, Westfälische Studierende zu Erfurt, 1392-1613, WZ 52 (1894) II, S. 79-116, und *O. Schneller*, Westfälische Studierende auf der Universität Erfurt, ebd. 69 (1911) II, S. 347-56. Das Studium in Prag soll nach dem Chronicon durch die Pest, der Aufenthalt in Goldenkron durch den Hussitensturm beendet worden sein. Daraus lassen sich jedoch für eine genaue Datierung keine eindeutigen Schlüsse ziehen, denn die am Anfang des 15. Jahrhunderts in Böhmen nachweisbaren Epidemien wie auch die Verwüstung von Goldenkron durch die Hussiten ereigneten sich erst nach 1411, als Hermann bereits sein Amt in Marienfeld angetreten hatte. Vgl. dazu: *V. Schmidt*, Zur Leidensgeschichte der Cistercienser in den Hussitenkriegen, Cistercienser-Chronik 20 (1908) S. 129-40, und *J.-N. Beraben*, Les hommes et la peste en France et dans les pays européens et méditerranées = Civilisations et Sociétés 35 (Paris-Den Haag 1975) S. 408-9.

44 Vgl. *B. Frank*, Das Erfurter Peterskloster im 15. Jahrhundert. Studien zur Klosterreform und der Bursfelder Union = Veröffentlichungen des Max-Planck-Instituts für Geschichte 34. Studien zur Germania Sacra 11 (Göttingen 1973).

45 *E. Kleineidam*, Universitas Studii Erfordensis. Überblick über die Geschichte der Universität Erfurt im Mittelalter I, 1392-1460 = Erfurter theologische Studien 14 (Erfurt 1964) S. 264-93; *H. R. Abe*, Die Universität in ihren berühmten Persönlichkeiten 1. Mittelalter (1392-1521) in: Beiträge zur Geschichte der Universität Erfurt 4 (Erfurt 1958) S. 17-138.

46 *H. Herbst*, Die Anfänge der Bursfelder Reform, Zeitschrift für niedersächsische Kirchengeschichte 36 (1931) S. 13-30; *Ders.*, Das Benediktinerkloster Klus bei Gandersheim und die Bursfelder Reform = Beiträge zur Kulturgeschichte des Mittelalters und der Renaissance 50 (Leipzig-Berlin 1932).

47 *S. Bredl*, Das Collegium Sancti Bernardi in Prag, Studien und Mitteilungen zur Geschichte des Benediktiner-Ordens und seiner Zweige 13 (1892) S. 493-503; *Th. Scharnagel*, Zisterzienser-Stätten auf Prager Boden, Katholiken-Korrespondenz 30 (1936) S. 147-154; *J. Kadlec*, Řeholní generální studia při Karlové univerzitě v době předhusitské, Acta Universitatis Carolinae. Historia Universitatis Carolinae Pragensis 7 (1966) S. 63-108.
Nach *Tönsmeyer*, S. 116, soll Hermann von Warendorf in die Matrikel der Prager Universität (Monumenta historica Universitatis Pragensis, II, 138) eingetragen worden sein. Ich habe diese Angabe nicht verifizieren können.

Ordensbruder Matthäus Steynhus,[48] der von der Abtei Königsaal abgeordnet worden war, um die Nachfolge des 1399 verstorbenen Magisters Konrad von Ebrach anzutreten, der sich nicht nur als Abt von Morimond für die äußere Erneuerung des Ordens eingesetzt, sondern auch seine innere Regeneration aus dem Geiste einer augustinisch geprägten Theologie betrieben hatte.[49] Man kann sicher sein, daß Hermann in Prag nicht allein durch seinen Lehrer Steynhus beeinflußt wurde. Dafür war das geistige Leben in der Stadt viel zu mannigfaltig: der Frühhumanismus der Augustiner-Eremiten von St. Thomas, die Reformtätigkeit eines Konrad von Waldhaus und schließlich der von Hus gepredigte ekklesiologische Radikalismus, mit dem sich auch Steynhus in öffentlichen Disputationen auseinandergesetzt hatte. Wenn der junge Zisterzienser die Reformforderungen in und um die Prager Universität nicht zur Kenntnis genommen hätte, dann wäre der Aufenthalt in dem südböhmischen Zisterzienserkloster Goldenkron, wohin er mit seinen Prager Mitbrüdern aus Furcht vor einer in Prag drohenden Pest floh, geeignet gewesen, in ihm den Willen zu einem Regel und Konstitutionen entsprechenden Ordensleben zu wecken. Die böhmischen Zisterzienserklöster, Königsaal und Goldenkron an der Spitze, hatten nämlich seit der Mitte des 14. Jahrhunderts eine solche Blüte ihres Ordenslebens erreicht,[50] daß man sie durchaus mit Raudnitz und Kastl, den bekannten monastischen bzw. kanonikalen Reformzentren in Böhmen und der Oberpfalz, vergleichen kann.[51] Wenn man die Eigenart des sich in ihnen entfaltenden geistlichen Lebens charakterisieren will, dann tut man dies am besten mit einem Hinweis auf das sogenannte Malogranatum, jener in Königsaal entstandenen Fundgrube mystischer Theologie,[52] die im 15. Jahrhundert wie in ganz Europa so auch in der mit Westfalen eng verbundenen Abtei Kamp Leser gefunden hat[53] und immer dann genannt wird, wenn man die engen Beziehungen und starken Übereinstimmungen zwischen dem geistigen Aufschwung in Böhmen und der Devotio moderna in den Niederlanden betonen

---

48 *A. Arnold,* Fr. Matthäus Steynhus. Der Cisterzienserprediger auf dem Konstanzer Konzil, Cistercienser-Chronik 48 (1936) S. 226-30; *K. Lauterer,* Matthäus von Königsaal († 1427). Lebenslauf und Schrifttum, ebd. 71 (1964) S. 93-109, 73 (1966) S. 71-75, 74 (1967) S. 129-41, 170-80.

49 *K. Lauterer,* Konrad von Ebrach († 1399). Lebenslauf und Schrifttum, Analecta Cisterciensia 17 (1961) S. 152-314, 18 (1962) S. 60-120, 19 (1963) S. 3-45.

50 *V. Koudelka,* Cisterciáci a Čechy, in: Se znamením kříže (Rom 1967) S. 91-94; *F. Machilek,* Die Zisterzienser in Böhmen und Mähren, Archiv für Kirchengeschichte von Böhmen-Mähren-Schlesien 3 (1975) 185-220. Über Goldenkron zuletzt: *J. Kadlec,* Dějiny kláštera Svaté Koruny (Budweis 1949).

51 *F. Machilek,* Reformorden und Ordensreform in den Böhmischen Ländern vom 10. bis 18. Jahrhundert, in: Bohemia Sacra. Das Christentum in Böhmen 973-1973, hrsg. *F. Seibt* (Düsseldorf 1974) S. 63-80; *ders.,* Die Augustiner-Chorherren in Böhmen und Mähren, Archiv für Kirchengeschichte von Böhmen-Mähren-Schlesien 4 (1976) S. 107-44.

52 Vgl. neben der in Anm. 54 genannten Literatur: *V. Kallab,* Malogranatum a jeho původce, in: Věstník královské české společnosti nauk, Phil.-hist. 4, Prag 1911-12, 1-15. *J. Werlin,* Ein bedeutsames Denkmal der Prager Bibelliteratur aus dem späten Mittelalter, Bohemia-Jahrbuch 5 (1964) S. 53-76; *F. Machilek,* Die Frömmigkeit und die Krise des 14. und 15. Jahrhunderts, Medievalia Bohemica (1971) S. 214-15.

53 *G. Rathgen,* Handschriften der Abtei Camp O. Cist., Zentralblatt für Bibliothekswesen 53 (1936) S. 131.

will.⁵⁴ Beziehungen zwischen Westfalen und Böhmen wurden nicht allein von Hermann von Warendorf hergestellt. Die Marienfelder Mönchsliste aus dem 15. Jahrhundert nennt zwei weitere Konventualen, die in Prag studiert haben, Conradus de Horne und Johannes de Essendia, von denen letzterer ausdrücklich als *quondam professus in Bohemia* bezeichnet wird, was bedeutet, daß er nicht in Westfalen, sondern in Böhmen in den Zisterzienserorden eingetreten war.⁵⁵ Möglicherweise gehörte zu den in Böhmen ausgebildeten Marienfelder Konventualen auch der bereits erwähnte Hermann Zoestius. Nach Ansicht der älteren Forschung soll er in Prag studiert und danach eine Zeitlang als Gast im Kloster Kremsmünster gewesen sein, also ähnlich wie sein Abt die Gelegenheit gehabt haben, in einem der großen Reformzentren des Südostens ein regelgerechtes Ordensleben kennenzulernen.⁵⁶ Mit der Würdigung der Reformfähigkeit in Marienfeld sind wir noch nicht am Ende unserer Bestandsaufnahme angelangt. Wenn man, sicherlich mit Recht, darauf hinweist, auch im 15. Jahrhundert sei unter den Zisterziensern Westfalens der „gute Geist" nicht ausgestorben gewesen, wird als Beweis dafür die Tatsache genannt, daß es hier dem männlichen Zweig nach mehr als zwei Jahrhunderten äußerer Stagnation gelungen sei, drei neue Klöster zu gründen und damit die Zahl der Niederlassungen zu verdoppeln.⁵⁷ Welche Gründungen sind damit gemeint und auf welche Weise kamen sie zustande? Läßt man das Zisterzienserinnenkloster Seligental bei Vlotho, das um 1430 nach dem Auszug seiner Bewohnerinnen in eine Filiale der Abtei Loccum umgewandelt wurde,⁵⁸ außer Betracht, dann handelt es sich bei diesen Neuerwerbungen um nichts anderes als die beiden im 13. bzw. 14. Jahrhundert gegründeten westmünsterländischen Wilhelmitenklöster Groß- und Klein-Burlo, deren Bewohner 1448 ihren bisherigen Orden verließen und in feierlicher Zeremonie das Gewand der Zisterzienser anlegten. Dieser von Papst Nikolaus V. und Bischof Heinrich II. von Münster gebilligte Ordenswechsel, mit dem sich die beiden Klöster der Kamper Filiation anschlossen, war kein unüberlegter Schritt, sondern schon seit längerer Zeit vorbereitet worden. Er beendete jahrelange Auseinandersetzungen, in denen es dem reformeifrigen Prior von Groß-Burlo trotz der Unterstützung durch das Basler Konzil nicht gelungen war, den Widerstand reformwilliger Mitbrüder und Ordensoberer zu überwinden und sein Kloster zur Observanz zurückzuführen. Nachdem ein erster, 1423 unternommener Versuch, von den Zisterziensern Unterstützung zu erhalten, mißlungen war, hatten die reformbereiten Burloer Wilhelmiten 1444 mit den drei niederländischen Zisterzienserprioraten Sibculo, Ijsselstein und Warmond den Kontakt aufgenommen, der vier Jahre später zu ihrem endgültigen

---

54 *H. F. Rosenfeld*, Zu den Anfängen der Devotio moderna, in: Festgabe für Ulrich Pretzel (Berlin 1963) S. 239-256; *J. Schreiber*, Devotio moderna in Böhmen, Bohemia-Jahrbuch 6 (1965) S. 93-122; *L. Mezey*, Die Devotio moderna der Donauländer Böhmen, Österreich, Ungarn, Medievalia Bohemica (1971) S. 117-94; *J. Girke-Schreiber*, Die böhmische Devotio Moderna, in: Bohemia Sacra, S. 81-91.
55 Staatsbibliothek Preußischer Kulturbesitz, Berlin, Ms. theol. lat. fol. 169.
56 *F. Zurbonsen*, Hermannus Zoestius und seine historisch-politischen Schriften. Nach handschriftlichen Quellen des 15. Jahrhunderts, in: Programm des Gymnasiums zu Warendorf (Warendorf 1884); *Tönsmeyer*, S. 117-18.
57 *Schröer*, II, S. 153; *Lekai*, The Cistercians, S. 113-15.
58 *Schmitz-Kallenberg*, S. 69, 78; *Richtering*, S. 405; *Honselmann*, S. 229; Hist. Stätten III, S. 528, 624.

Anschluß an den Zisterzienserorden führte.[59] Es handelte sich bei diesen Klöstern, die Nikolaus V. 1447 als Leuchten eines vorbildlichen Ordenslebens pries,[60] um die Initiatoren einer der ersten spätmittelalterlichen Reformvereinigungen innerhalb des Zisterzienserordens, zu der sie sich 1415 zusammengeschlossen hatten, um ihre Vita regularis aus dem Geiste des ursprünglichen Zisterziensertums zu erneuern.[61] Sie beschlossen die Rückkehr zu Armut in Speise und Kleidung, zur Handarbeit der Mönche, zur Stabilitas loci und Inclusio und wählten nach dem Vorbild Roberts von Molesme nur solche Orte für ihr Klosterleben, die eine Vita eremitica im ursprünglichen Sinne gestatteten. In ihren 1418 vom Generalkapitel gebilligten Konstitutionen wird die durch solche Prinzipien bestimmte Observanz für alle Klöster ihrer Kolligation verbindlich gemacht und gegen verderbliche Einflüsse aus den reformbedürftigen Nachbarklöstern abgeschirmt. Sie lassen zum Amt des Priors nur solche Ordensleute zu, die mindestens drei Jahre der Kolligation angehört haben, und machen die Wahl Außenstehender von der Zustimmung der Mehrheit der Brüder auch der anderen Konvente abhängig. In bewußtem Gegensatz zur üblichen Praxis haben die Prioren auf Sonderrechte zu verzichten, sich vielmehr *in victu, vestitu et aliis observantiis intus et extra* den übrigen Brüdern anzupassen.[62] Die Konstitutionen von 1418 bezeichnen das durch sie regulierte Ordensleben als Erneuerung der ursprünglichen *traditiones et instituta* des Zisterzienserordens, als die reine und echte Erfüllung des Ordensideals. Jean de Martigny, der Abt von Cîteaux, und das Generalkapitel, die den Reformbemühungen der drei Klöster soweit entgegenkamen, daß sie 1417 auch solche Statuten billigten, die nur schwer mit der im Orden geltenden Gesetzgebung in Einklang zu bringen waren, verglichen die drei Konvente mit dem *pusillus grex*, dem der Orden seine Existenz verdankte, und hofften, daß aus ihm eine Erneuerung des Ordens nicht nur in den Niederlanden, sondern auch in ganz Europa hervorgehen werde.[63] Diese Deutung veranlaßt die spärliche Literatur, die bisher von der Kolligation von Sibculo und den ihr angeschlossenen niederländischen, belgischen und rheinischen Häusern Kenntnis genommen hat, dazu, in ihr das Ergebnis einer aus dem Zisterzienserorden selbst, genauer aus der Kamper Filiation,

---

59 *K. Großmann*, Wann ist das Kloster Segenstal in Vlotho gegründet worden? Ravensberger Blätter 53/62 (1953-62) S. 232-34; *ders.*, Geschichte der Stadt Vlotho (Vlotho 1971); *N. Heutger*, Loccum, eine Geschichte des Klosters (Hildesheim 1971) S. 37-38. *K. Elm*, Die münsterländischen Klöster Groß-Burlo und Klein-Burlo. Ihre Entstehung, Observanz und Stellung in der nordwesteuropäischen Reformbewegung des 15. Jahrhunderts, Westfälische Forschungen 18 (1965) S. 23-42; *Ders.*, Ein Plan des Klosters Groß-Burlo aus dem Jahre 1728, Westfalen 54 (1976) S. 100 bis 113. Danach: *Lekai*, The Cistercians, S. 111-15, 417-18.

60 Nikolaus V., 11. 11. 1447, Archiv Schloß Anholt, Kloster Groß-Burlo.

61 Über andere in der Mitte des 15. Jahrhunderts zu beobachtende Reformansätze bzw. Kongregationsbildungen: *M. Colmcille*, Decline and Attempted Reform of the Irish Cistercians (1445-1531), Collectanea Ordinis Cisterciensis Reformatorum 18 (1956) S. 290-305, 19 (1957) S. 146-62, 371-84; *P. Feige*, Filiation und Landeshoheit. Die Entstehung der Zisterzienserkongregationen auf der Iberischen Halbinsel, in: Zisterzienser-Studien I = Studien zur Europäischen Geschichte 11 (Berlin 1975) S. 37-76.

62 *J. Lindeborn*, Historia sive notitia Episcopatus Daventriensis (Köln 1670) S. 402 bis 10. Vgl. auch: Gemeente-Archief Leiden, Klooster Warmond, Inv. 1231 (8. 5. 1423), 1232 (13. 4. 1440), 1233 (5. 5. 1446), 1234 (2. 9. 1447), 1235 (10. 11. 1489), 1238 (13. 9. 1489).

63 Gemeente-Archief Leiden, Kl. Warmond, Inv. 1229.

hervorgegangenen Neubelebung zu sehen.[64] Was es damit wirklich auf sich hatte, erweist sich jedoch bald, wenn man der Entstehung der drei ersten Konvente der Reformvereinigung nachgeht.

Das in der Nähe von Ijsselstein bei Utrecht gelegene Kloster Mariënberg war 1394 von Arnold von Egmont und Ijsselstein gegründet und von der Abtei Kamp mit zwölf Konventualen besiedelt worden, nachdem 1342 der Versuch, hier einen Konvent aus Mönchen der fränkischen Abtei Ebrach zu errichten, gescheitert war.[65] Eine ähnliche Vorgeschichte hatte das Kloster Mariënhaven bei Warmond in der Nähe von Leiden. 1386 hatte Albrecht von Bayern dem Abt Wilhelm von Kamp einen hier gelegenen Hof zur Errichtung eines Klosters geschenkt, das dem Gedächtnis seiner verstorbenen Gattin Margaretha gewidmet sein sollte. Der Abt von Kamp kam dem Wunsch entgegen und schickte acht Konventualen nach Warmond. Sie zeigten sich jedoch der ihnen gestellten Aufgabe nicht gewachsen und kehrten an den Niederrhein zurück, so daß Ordensleute aus dem gerade erst gegründeten Kloster in Ijsselstein das von ihnen begonnene Werk fortsetzen mußten.[66]

Daß man sich in der letzten Hälfte des 14. Jahrhunderts bei der Neugründung von Klöstern nach Kamp an das Mutterkloster der deutschen Zisterzienser wendete, hatte gute Gründe. Die niederrheinische Abtei befand sich damals nämlich in einem so guten Zustand, daß sie nicht nur die Fürsorge für die schon bestehenden rheinischen und westfälischen Klöster des Ordens intensivieren, sondern neben den beiden genannten noch ein weiteres Kloster in den Niederlanden, Mariënkroon bei Heusden, gründen konnte. Dieser äußeren Aktivität entsprach eine tiefgreifende Erneuerung des geistlichen Lebens der zu einer »Hochburg klösterlicher Reformeifers« gewordenen Abtei.[67] Fragt man nach den Ursachen dieses Wandels, der sich in der

---

64 *J. Lindeborn*, 388ff. (die bisher ausführlichste Darstellung); *M. Moll*, Kerkgeschiedenis van Nederland voor de hervorming (Utrecht 1867) II, 2, S. 191-97; *U. Berlière*, Benedictiner- und Cistercienser-Reformen in Belgien vor dem Trienter Concil, Studien und Mitteilungen aus dem Benedictiner- und dem Cistercienser-Orden 8 (1887) S. 317-27, 532-50; *A. Nyssen*, Über einige Cistercienser-Klöster in den Niederlanden vor der Reformation, Cistercienser-Chronik (1914) S. 147-54; *G. Müller*, Vom Cistercienser-Orden III: Vom Ende des großen Schisma 1417 bis zum Jahre 1450, Cistercienser-Chronik 38 (1926) S. 136; *M. Schoengen*, Overijssel tot de 17ᵉ eeuw in staatskundig en godsdienstig opzicht, in: Overijssel (Deventer 1931) S. 524-27; *D. Eichler*, Die Kongregation des Zisterzienserordens. Ursprung der Zisterzienserkongregationen und ihr Verhältnis zur Verfassung und zum Generalkapitel des Ordens, Studien und Mitteilungen zur Geschichte des Benediktiner-Ordens und seiner Zweige 49 (1931) S. 56, Anm. 1; *St. Axters*, Geschiedenis van de Vroomheid in de Nederlanden III: De moderne Devotie 1380-1550 (Antwerpen 1956) S. 261; *R. R. Post*, Kerkgeschiedenis van Nederland in de Middeleeuwen (Utrecht-Antwerpen 1957) II, S. 144-46.

65 *W. Stooker*, Het Cistercienserklooster »Onze Lieve Vrouwenberg« te Ijsselstein, Jaarboekje Oud-Utrecht (1938) S. 168-77.

66 *J. W. L. Smit*, Bijdragen tot de geschiedenis van het klooster Marienhaven te Warmond, Bijdragen voor de geschiedenis van het bisdom Haarlem 1 (1872/73); *J. C. Overwoorde*, Het Cistercienserklooster Marienhaven te Warmond, ebd. 33 (1910/11/12) S. 1-59; *M. C. H. Machai*, Warmond vorheen en thans (Leiden 1927-31); *W. J. van Varik*, Oud-Teylingen, Jaarboekje voor Geschiedenis en Oudheidskunde van Leiden 32 (1940) S. 196-98; *A. Fockema*, Warmond, ebd. 41 (1949) S. 69.

67 *M. Dicks*, Die Abtei Kamp am Niederrhein. Geschichte des ersten Cistersienserklosters in Deutschland 1223-1802 (Kempen 1913) S. 293-313, 574; *Ch. Verhallen*, Die Abtei Kamp. Das erste deutsche Cistercienserkloster in Vergangenheit und Gegenwart (Köln 1967). Zitat: *H. Mosler*, Das Camper Reliquienverzeichnis von 1472, Annalen des Historischen Vereins für den Niederrhein 168/69 (1967) S. 60. Über Mariënkroon zuletzt: *H. van Bavel*, Stichting en status

Amtszeit der Äbte Wilhelm I. und Wilhelm II. vollzog, dann wird man aus dem Bereich des Zisterziensertums hinaus in das Zentrum jener Reformbewegung geführt, die seit der zweiten Hälfte des 14. Jahrhunderts Nordwesteuropa prägte. Ähnlich wie die Kartause Monnikhusen stand die Abtei Kamp in dieser Zeit in einem lebhaften Austausch mit devoten Kreisen in Deventer, Zwolle und Kampen, der seinen eindrucksvollen Niederschlag in jenen Briefen fand, in denen Geert Groote den Abt zur Erneuerung seines Konventes und zur Aufnahme geeigneter Novizen aufforderte.[68] Die sich aufdrängende Vermutung, Reform und Ordenswechsel der beiden münsterländischen Klöster seien letzten Endes auf Geert Groote und seinen Kreis zurückgegangen, wird zur Gewißheit, wenn man sich Entstehung und Vorgeschichte desjenigen Klosters zuwendet, das der Kolligation den Namen gab. Das Kloster Galilea in Sibculo bei Hardenberg in Overijssel verdankt seine Existenz einem Priester namens Johannes Clemmen, der in den ersten Jahren des 15. Jahrhunderts mit einigen Gefährten auf grundlosen Wegen, Nahrung und Werkzeug auf dem Rücken schleppend, in das unzugängliche Moorgebiet zwischen Almelo und Hardenberg vorgedrungen war, um hier ein Kloster zu gründen.[69] Die »vergadering van guden Menschen«, wie sie der Gründungsbericht nennt, gehörte keinem approbierten Orden an. Art und Umstände der Niederlassung, die bis ins Detail derjenigen der fast zur gleichen Zeit in der Nachbarschaft errichteten Klöster von Albergen und Frenswegen entsprachen,[70] machen es wahrscheinlich, daß es sich bei diesen guten Menschen, die nach dem Gebote Gottes leben und mit der eigenen Hände Arbeit ihr Brot verdienen wollten, um eine den Fraterherren nahestehende Gemeinschaft handelte. Dies wird betätigt, wenn man sich der Person des Mannes zuwendet, der die *pauperes et simplices fratres* unterstützte und 1405 zum Anschluß an das reformierte Chorherrentum veranlaßte. Es handelte sich bei ihm um niemand anderen als um Johannes Wael, den Prior des Augustinerklosters Bethlehem in Zwolle, der zum Kreis um Florenz Radewijn gehörte und in der ersten Hälfte des 15. Jahrhunderts in den Niederlanden, am Niederrhein und in Westfalen, besonders in Neuss und Böddeken, zu einem so wirkungsvollen Vorkämpfer der Windesheimer

van de Heusdense cistercienzerkloosters Nieuw-Mariendaal, Mariënkroon en Mariëndonk, Archief voor de geschiedenis van de Katholieke Kerk in Nederland 15 (1973) S. 201-34.

68 *A. Hyma*, Drie-en-twintig brieven van Geert Groote, Archief voor de Geschiedenis van het Aartsbisdom Utrecht 53 (1929) S. 19-24; *W. Mulder*, Gerardi Magni epistolae (Antwerpen 1933) S. 48-49, 145, 161-69; *Th. P. van Zijl*, Gerard Groote. Ascetic and Reformer (1340-1384) = The Catholic University of America. Studies in Mediaeval History NS XVIII (Washington 1963) S. 219; *G. Epiney-Burgard*, Gerard Grote (1340-1384) et les débuts de la Devotion moderne = Veröffentlichungen des Instituts für europäische Geschichte Mainz 54 (Wiesbaden 1970) S. 113, 208, 214-16.

69 Ein zeitgenössischer Gründungsbericht in *Lindeborn*, S. 397-400. Zur weiteren Geschichte des Klosters: *J. Reitsma*, Drie hoofstukken uit de geschiedenis van het Overijsselsche klooster Sibkeloo, in: Historische Avonden I (Groningen 1896) S. 178-85; *A. E. Rientjes*, Eenige medelingen omtrent het klooster Sibculo, Verslagen en medelingen der vereeniging tot beoefening van Overijsselsch recht en geschiedenis 46 (1929) XXX-XXXVII; *J. van Staten*, De Prioren van Sibculo, Cîteaux in de Nederlanden 3 (1952) S. 181-86.

70 *G. J. M. Kuiper*, Huis en Klooster St. Antonius te Albergen (Utrecht 1959). Für Frenswegen: *W. Kohl – E. Persoons – A. G. Weiler*, Monasticon Windeshemense 2: Deutsches Sprachgebiet = Archief- en Bibliotheekwezen in België, Extranummer 16 (Brüssel 1977) S. 141-52.

Kongregation wurde,[71] daß ihn Johannes Busch als einen ihrer *magni patres* bezeichnen konnte.[72] Der Einfluß dieses Mannes und die Zugehörigkeit zum reformierten Chorherrentum Windesheimer Prägung blieben auch dann noch wirksam, als der Konvent von Sibculo 1412 die Observanz wechselte und sich dem Zisterzienserorden anschloß. Er prägte auch die Konstitutionen von 1418, die unübersehbare Elemente der Zisterziensergewohnheiten mit denen der Kartäuserkonstitutionen und der Statuten von Windesheim verbinden und so ein Abbild jener Kräfte darstellen, die seit Mitte des 14. Jahrhunderts die Erneuerung des Ordenswesens in Nordwesteuropa anstrebten. Dieser Eindruck verfestigt sich bei der Auswertung der Memorienbücher der zur Kolligation gehörenden Zisterzienserklöster Warmond und Klein-Burlo, von denen letzteres erst vor kurzem wieder ans Tageslicht gekommen ist.[73] Der in ihnen erfaßte Personenkreis entspricht in seiner sozialen und regionalen Zusammensetzung weitgehend demjenigen, den wir in und um den westfälischen und niederländischen Häusern der Fraterherren, Windesheimer, Karthäuser und observanten Mendikanten finden. Nur in ganz wenigen Fällen überschneidet er sich mit jenen Familien von Ministeralen und Edelfreien, die seit dem 12. Jahrhundert mit Hardehausen, Marienfeld und Bredelar sowie den im 13. Jahrhundert entstandenen Zisterzienserinnenklöstern verbunden waren;[74] was bestätigt, daß es sich bei der aus dem Geist der Devotio moderna erfolgten Erneuerung um einen Vorgang handelt, der nicht ohne weiteres mit der auf südostdeutsche Anregungen zurückgehenden Reform Marienfelds gleichgesetzt werden kann.

Den beiden für die Reform des westfälischen Zisterziensertums wichtig gewordenen Reformzentren im Südosten und Nordwesten des Reiches läßt sich in der Bursfelder Kongregation ein drittes, unmittelbar benachbartes an die Seite stellen. Der Einfluß der Bursfelder wirkte sich nur indirekt auf die Männerklöster aus, wurde aber um so mehr für die Frauenklöster von Bedeutung. Als es ihnen darum ging, das Ordensleben im strengen Sinne wiederherzustellen oder gar erst einzuführen, wandte man sich in der zweiten Hälfte des 15. und am Beginn des 16. Jahrhunderts in einigen dieser Klöster nicht an die Äbte und Konvente der westfälischen Zisterzienserabteien, sondern an die Benediktiner der Bursfelder Kongregation. Der vom Weserraum ausgehende Sog des reformierten Benediktinertums war schließlich so stark, daß sich drei von den fünf mit den Benediktinern in Kontakt gekommenen westfälischen Zisterzienserinnenklöstern, nämlich St. Ägidii in Münster, St. Ulrich bei der

71 *J. G. R. Acquoy*, Het Klooster te Windesheim en zijn invloed (Utrecht 1880) III, S. 89, 96, 59; *Kohl – Persoons – Weiler*, S. 67, 310.

72 *K. Grube* (Hrsg.), Des Augustinerpropstes Johannes Busch »Chronicon Windeshemense« und »Liber de reformatione monasteriorum« = Geschichtsquellen der Provinz Sachsen 19 (Halle 1886), S. 355, vgl. auch S. 273, 294, 348, 356-57, 489.

73 Gemeente Archief Leiden, Kl. Warmond, In. 1243: Necrologium van het Kloooster Warmond (15.-16. Jhdt.). Auszüge in: Overwoorde, S. 201-08. Auf das in Privatbesitz befindliche Memorienbuch von Klein-Burlo hat mich Herr Dr. K.-H. Kirchhoff, Münster, freundlicherweise aufmerksam gemacht. Ich habe mir durch Herrn Prof. Dr. W. Kohl, Münster, vermittelten Abzug des im StA Münster (Nr. 30/77) aufbewahrten Filmes benutzt.

74 Vgl. neben *Kuhne*, S. 122-28, *Schoene*, S. 98-100, *Hennecke*, S. 20-41, *Werland*, S. 127-28 und *Vahrenhold*, S. 139-204, die Necrologien von Marienfeld (Anm. 27) und Kentrup (Staatsbibliothek Preußischer Kulturbesitz, Berlin, lat. Quart. 297, fol. 9-39) sowie *H. J. Wigger*, Antiquitates et inscriptiones Campi Sanctae Mariae. Beilage zum Programm des Warendorfer Gymnasiums (Warendorf 1898) und *G. Fink*, Standesverhältnisse in Frauenklöstern und Stiften der Diözese Münster und Kloster Herford, WZ 65 (1907) I, S. 208-10.

Gokirche in Paderborn und Marienberg in Vinnenberg, in den sechziger Jahren des 15. bzw. zu Beginn des 16. Jahrhunderts der Bursfelder Kongregation anschlossen und nach ihrer Erneuerung selbst zu „Ausstrahlungszentren" für die Reform in den verweltlichten westfälischen und außerwestfälischen Frauenklöstern des Benediktinerordens wurden.[75]

Nach diesem kurzen Überblick über die Reformbemühungen der westfälischen Zisterzienser scheint die Antwort auf unsere anfangs gestellte Frage klar zu sein. Das westfälische Zisterziensertum fand nur in beschränktem Maße aus eigenen Kräften den Weg zu einer Erneuerung. Die von außen, von den Universitäten, den südöstlichen und nordwestlichen Reformkreisen, von Benediktinern, Windesheimern und Fraterherren, ausgehenden Anregungen waren offenbar stärker als die eigene Regenerationskraft. Ja, sie waren so mächtig, daß sie die Geschlossenheit des im Hochmittelalter von Kamp über Hardehausen nach Westfalen gekommenen Zisterziensertums aufhoben und neben der älteren eine jüngere Klostergruppe etablierten, die sich in Verfassung und Observanz so von ihr unterschied, wie das sonst nur zwischen Observanten und Nichtobservanten in den Bettelorden der Fall war. So bestimmt formuliert ist das Ergebnis unserer Überlegungen jedoch zu einseitig, als daß es uns befriedigen könnte. Es wird den westfälischen Ordensleuten, die sich wie Hermann von Hardehausen und Hermann von Warendorf um ein geregeltes Ordensleben bemühten, in ihrer Eigenständigkeit nicht ganz gerecht. Es unterschätzt den Erneuerungswillen der westfälischen Zisterzienserinnen, der nicht nur in den zur Bursfelder Kongregation übergetretenen Klöstern, sondern auch in jenen Abteien zu beobachten ist, die im Orden verbleiben.[76] Es läßt die Tatsache außer acht, daß sich seit den zwanziger Jahren des 15. Jahrhunderts in den friesischen Zisterzienserabteien unter Abt Johann Boyng von Menterna eine Erneuerung vollzog, die auf dem Wege über die Kolligation von Sibculo, Warmond und Ijsselstein auch zur Wiederbelebung des westfälischen Zisterziensertums beitrug.[77] Es sieht schließlich gänzlich an einer Gestalt vorbei, die durch ihr bloßes Nachwirken Reformwillen und Reformziel in und außerhalb des Zisterzienserordens weckte und beeinflußte. Ich meine Bernhard von Clairvaux, der im 15. Jahrhundert nicht nur in seinem eigenen Orden, sondern auch in vielen anderen Reformzentren, besonders in der Windesheimer Kongregation und bei den Fraterherren, so präsent war, daß ein pro domo argumentierender Zisterzienser die äußeren Einflüsse auf das westfälische Zisterziensertum als Ergebnis einer alle Orden beeinflussenden Bernhardusrenaissance bezeichnen und so seine Erneuerung letzten Endes auf den *pusillus grex* der Mönche von Molesme und Cîteaux zurückführen könnte.[78]

---

75 Neben *Linneborn*, S. 324-28, *Schröer*, II, S. 133-34: *Ph. Hofmeister*, Liste der Nonnenklöster der Bursfelder Kongregation, Studien und Mitteilungen zur Geschichte des Benediktinerordens und seiner Zweige 53 (1935) S. 79, 87, 91, 93.

76 Vgl. z. B.: StA Münster, Kl. Benninghausen, U 410 (8. 11. 1509), U 411 (3. 4. 1510), U 420 (22. 11. 1513), U 421 (2. 1. 1514). Ebd., Kl. Gravenhorst, U 156 (10. 11. 1484).

77 Vgl. neben *Axters*, III, S. 259-60 und *Post*, Kerkgeschiedenis, II, S. 145-45 zuletzt: *A. Willebrands*, De S. Benedictus Abdij te Menterwold, Cîteaux in de Nederlande 7 (1956) S. 214-23; *M. M. de Bakker*, De abdij Marienkamp te Assen (Assen 1959).

78 *H. Gleumes*, Die Stellung G. Groote's und der Windesheimer zum Zisterzienserorden, Zeitschrift für Askese und Mystik 10 (1935) S. 35-89; *ders.*, Gerhard Groote und die Windesheimer als Verehrer des hl. Bernhard von Clairvaux, ebd., S. 90-112; *E. Mikkers*, Sint Bernardus en de Moderne Devotie, Cîteaux in de Nederlanden 10 (1953) S. 149-86.

Trotz solcher Einschränkungen kommen wir nicht daran vorbei, zum Schluß noch eine Frage aufzuwerfen. Warum verhielt sich, so müssen wir fragen, das westfälische Zisterziensertum, ja der Zisterzienserorden ganz allgemein, in der spätmittelalterlichen Reformbewegung nur mehr oder minder rezeptiv? Warum konnten seine ältesten Reformkongregationen nicht mehr als regionale Bedeutung erlangen? Bestand in ihm, wie gelegentlich unterstellt wird, keine Notwendigkeit für eine Reform? War der Zisterzienserorden im Verlauf des 14. Jahrhunderts stärker als andere Orden in Verfall geraten, so daß ihm die Kraft zur Wiederbelebung fehlte? Stellten sich seine Wirtschaftsweise und Verfassung als weniger anpassungsfähig heraus als diejenigen anderer Orden? Es ist schwer, Antworten auf diese Fragen zu geben, will man sich nicht auf die üblichen Allgemeinplätze beschränken, wonach das Erlöschen der wirtschaftlichen Spannkraft, das Nachlassen der Zucht, offener Aufruhr und stetige Zwietracht, also die Symptome des Verfalls, als seine Ursachen angesehen und dem das ganze Jahrhundert erfüllenden Reformwillen das Verdienst an seiner Überwindung zugeschrieben wird.[79] Um eine überzeugendere Erklärung für die Art zu geben, mit der die Zisterzienser auf die fast alle Orden in der Mitte des 14. Jahrhunderts erfassende Krise reagierten, muß man den Ursachen und Erscheinungsformen des Verfalls das Instrumentarium entgegenhalten, mit dem der Orden ihnen hätte begegnen können. Die wichtigsten kirchenpolitischen Ursachen für den Niedergang von Kirche und Ordenswesen, das avignonesische Exil der Päpste und das ihm folgende Schisma, trafen den Zisterzienserorden stärker als andere Orden. Entsprechend den Vorschriften der Carta caritatis straff nach Filiationsverbänden organisiert, mußte der Zerfall der Christenheit in mehrere Oböedienzen seine Organisation erschüttern und damit seine Reaktionsfähigkeit in einem Maße mindern, das für die locker organisierten älteren Orden ebenso wenig zutraf wie für die Bettelorden, deren Provinzen weitaus weniger internationalen Charakter trugen als die zisterziensischen Filiationen.[80]

Eine ähnlich dekompositorische Wirkung übten auch jene weltlichen Herren aus, die den geschlossenen Territorialstaat und möglichst vollständige Landesherrschaft anstrebten. Das gilt nicht nur für die Monarchien Englands und Frankreichs sowie die bedeutenderen der deutschen Landesherren, sie machte sich auch in jenen kleineren weltlichen und geistlichen Territorien Westfalens bemerkbar, deren Herren und Hirten im 12. und 13. Jahrhundert die Niederlassungen der Zisterzienser gefördert hatten, im ausgehenden Mittelalter in ihnen jedoch weniger Schützlinge als vielmehr Untertanen sahen.[81] Die Paradoxie, daß ursprüngliche Positiva, die straffe zentralisti-

---

79 *K. Elm*, Verfall und Erneuerung des Ordenswesens im Spätmittelalter. Forschungsergebnisse und Forschungsprobleme, in: Veröffentlichungen des Max-Planck-Instituts für Geschichte 68 = Studien zur Germania Sacra 14 (Göttingen 1980) 188-238.

80 *Fr. P. Bliemetzrieder*, Der Zisterzienserorden im großen abendländischen Schisma, Studien und Mitteilungen aus dem Benedictiner- und dem Cistercienser-Orden 25 (1904) S. 62-82; *E. Ortved*, Von Generalkapiteln auf dem Festlande außerhalb Cîteaux während des großen Schismas, Cistercienser-Chronik 38 (1926) S. 279-82; *R. Graham*, The Great Schism and the English Monasteries of the Cistercian Order, The English Historical Review 44 (1929) S. 373-82; *B. Grießer*, Statuten von Generalkapiteln außerhalb Cîteaux: Wien 1393 und Heilbronn 1398, Cistercienser-Chronik 62 (1955) S. 65-83; *E. Krausen*, Generalkapitel außerhalb Cîteaux während des großen Schismas, ebd. 63 (1956) S. 7-11; *H. Tüchle*, Generalkapitel außerhalb Cîteaux im großen Schisma, ebd. 64 (1957) S. 21-22.

81 Vgl. z. B.: *D. S. Buczek*, Medieval Taxation: the French Crown, the Papacy and the

sche Organisation und die enge Verbindung mit Adel und Episkopat, unter veränderten Bedingungen zum Verfall beitrugen, wiederholte sich, wenn man die Reaktion der Zisterzienser auf die sich seit der Mitte des 14. Jahrhunderts wandelnden geistigen, gesellschaftlichen und ökonomischen Verhältnisse betrachtet. Die großen sowohl durch Eigenwirtschaft als auch Erwerbspolitik zustande gekommenen Grundherrschaften, die Basis und Ergebnis eines monastischen Lebens waren, in dem sich Kontemplation und Gottesdienst mit agrarischer Tätigkeit zu einer Einheit verbanden,[82] wurden stärker als andere klösterliche Wirtschafts- und Erwerbsformen von der ganz Europa umfassenden Regression in Mitleidenschaft gezogen. Wie die meisten der auf agrarischer Grundlage beruhenden geistlichen und weltlichen Institutionen wurden auch die Zisterzienser in einer Weise getroffen, die zur beschleunigten Auflösung ihrer Grundherrschaften führte, sie zum Verkauf an besser wirtschaftende Gemeinschaften veranlaßte, ja gelegentlich zu Almosensammlern machte. Die Fixierung auf die agrarische Lebensweise, so gelobt und erfolgreich sie bis zur Mitte des 14. Jahrhunderts gewesen war, bedeutete freilich nicht nur in ökonomischer Hinsicht eine Gefährdung. Sie schnitt die Zisterzienser auch von den Entwicklungen ab, die andere Orden, besonders die Bettelorden, erst zu voller Entfaltung brachten. Während die Mendikanten in den Städten ihren festen Platz hatten, auf dem Felde der Seelsorge ernteten und aktiv die Wissenschaft betrieben, gerieten die Zisterzienser so sehr ins Hintertreffen, daß sie nur mit Neidgefühlen die Attraktion der jüngeren Orden beobachten konnten. Wir wissen, daß die Mönche auf die veränderten Konstellationen zu reagieren versuchten. Sie verschafften sich mit ihren Stadthöfen den Zugang zu Stadt und Märkten,[83] errichteten in den Universitätsstädten Studienhäuser und waren bemüht, Mitglieder ihres Ordens auf Lehrstühle zu

Cistercian Order, Analecta Cisterciensia 25 (1969) S. 42-106; *L. A. Desmond,* The Statute of Carlisle and the Cistercians 1298-1364, in: Studies in Medieval Cistercian History (Spencer, Mass. 1971) S. 127-43; *K. Schreiner,* Altwürttembergische Klöster im Spannungsfeld landesherrlicher Territorialpolitik, Blätter für Deutsche Landesgeschichte 109 (1973) S. 196-245; *W. Ribbe,* Zur Ordenspolitik der Askanier. Zisterzienser und Landesherrschaft im Elbe-Oder-Raum, in: Zisterzienser-Studien 1 = Studien zur europäischen Geschichte 12 (Berlin 1975) S. 77-96. Für Westfalen: *Schoene,* S. 104-105, 234-36; *Hennecke,* S. 15, 33, 47; *Strenger,* S. 28, und *Vahrenhold,* S. 50-51,57.

82 Bedeutung und Ausmaß der Rodungs- und Kolonisationstätigkeit der Zisterzienser sowie ihrer Eigenwirtschaft ist in den letzten Jahren intensiv diskutiert worden: *H. Wiswe,* Grangien niedersächsischer Zisterzienserklöster. Entstehung und Bewirtschaftung spätmittelalterlich-frühneuzeitlicher landwirtschaftlicher Großbetriebe, Braunschweigisches Jahrbuch 34 (1953) S. 5-134; *S. Epperlein,* Gründungsmythos deutscher Zisterzienserklöster westlich und östlich der Elbe im hohen Mittelalter und der Bericht des Leubuser Mönches im 14. Jahrhundert, Jahrbuch für Wirtschaftsgeschichte 8 (1967) S. 303-35; *R. Roehl,* Plan and Reality in a Medieval Monastic Economy: The Cistercians, Studies in Medieval and Renaissance History 9 (1972) S. 83-113. Daß in Westfalen nur in beschränktem Maße von einer in Eigenwirtschaft betriebenen Rodungstätigkeit die Rede sein kann, ist schon in der älteren Literatur betont worden (*Schoene,* S. 216-17, 223-25, *Kühne,* S. 121, *Hennecke,* S. 20-40, *Heupel,* S. 61-80, *Strenger,* S. 2-3, 10-11, 18, *Vahrenhold,* S. 35, 37-38, 54-55, 126-27). Dadurch wird jedoch der hier angesprochene agrarische Lebensstil nicht in Frage gestellt.

83 *R. A. Donkin,* The Urban Property of the Cistercians in Medieval England, Analecta Cisterciensia 15 (1959) S. 104-31; *Ders.,* The Market and Friars of Medieval England, Cistercienser-Chronik 69 (1962) S. 1-14. Über Stadthöfe allgemein: *W. Schich,* Die Stadthöfe der fränkischen Zisterzienserklöster in Würzburg. Von den Anfängen bis zum 14. Jahrhundert, in: Zisterzienser-Studien III = Studien zur europäischen Geschichte 13 (Berlin 1976) S. 45-94. Zu den Stadthöfen der westfälischen Abteien: *Braun,* S. 129, *Schoene,* S. 239-41, *Strenger,* S. 14

bringen.⁸⁴ Obwohl diese Maßnahmen im 14. und auch noch im 15. Jahrhundert eine gewissen Blüte des Ordenslebens herbeiführten, reichten sie nicht aus, den Orden zu erneuern und ihn aus jenen Zwängen zu befreien, die die Zeit mit sich brachte. Die Einsicht, daß die Gefährdung des Ordens ihre Ursachen auch in allgemeinen Erscheinungen und strukturellen Bedingungen hatte, also nicht allein auf die Unachtsamkeit der Superioren und die Schwäche der Ordensleute zurückgeführt werden kann, ist nicht neu. In der Substanz findet sie sich schon bei dem Marienfelder Abt Lubbert von Boderike (1294-1321), der kurz vor seinem Tode Einheit und geistiges Leben seines Konventes nicht so sehr durch die Schwäche der Mönche als vielmehr durch Neid und Zwänge der Umwelt, der *natio perversa*, gefährdet sah.⁸⁵ Angesichts eines solchen Befundes liegt der Schluß nahe, daß die Realisierung eines für Individuen und Gesellschaft sinnvollen Ordenslebens nicht allein durch die Einhaltung der hergebrachten Verpflichtungen erfolgen konnte, vielmehr tiefgreifende Veränderungen erfordert hätte: Umgestaltung der Ordensorganisation, Verzicht auf umfangreichen Besitz, Rückkehr zur Handarbeit, persönliche Armut und Hinwendung zu einem anderen gesellschaftlichen Milieu — durch Maßnahmen also, wie sie die Konstitutionen der Kolligation von Sibculo durchzusetzen versuchten. Wenn die Zisterzienser von Sibculo, Ijsselstein und Warmond zwar in den Niederlanden und am Niederrhein Erfolg hatten, in Westfalen jedoch nicht mehr als die beiden ehemaligen Wilhelmitenklöster für sich zu gewinnen vermochten, kann man dies leicht monieren. Hält man sich jedoch vor Augen, daß die Bewohner von Hardehausen, Marienfeld und Bredelar, erst recht aber diejenigen der westfälischen Zisterzienserinnenklöster, nicht auf wilder Wurzel mit einem neuen Ordensleben beginnen konnten, vielmehr ein jahrhundertealtes Erbe zu verwalten hatten, dann wird das Urteil über die schwachen, mehr reaktiven als aktiven Reformbemühungen des

und *Vahrenhold*, S. 89-104. G. *Despy*, Les richesses de la terre: Cîteaux et Prémontré devant l'économie de profit aus XIIᵉ et XIIIᵉ siècles, Problèmes d'histoire du Christianisme 5 (1974/75) 58-80.

84 S. *Roisin*, Réflexions sur la culture intellectuelle en nos abbayes cisterciennes médiévales, in: Miscellanea historica in honorem Leonis van der Essen (Brüssel-Paris 1947) I, S. 254-56; C. H. *Talbot*, English Cistercians and Universities, Studia Monastica 4 (1962) S. 197-220; A. *von Iterson*, Les Cisterciens et l'université de Louvain, Cîteaux 21 (1970) S. 135-77; L. J. *Lekai*, Introduction à l'étude des Collèges cisterciens en France avant la Révolution, Analecta Cisterciensia 25 (1969) S. 141-79; ders., The Cistercian College of Sénanque in Avignon, 1496-1795, Cîteaux 22 (1971) S. 40-47; ders., The Cistercian College of Saint Bernard in Paris in the Fifteenth Century, Cistercian Studies 6 (1971) S. 172-79; *Ph. Dautrey*, Croissance et adaption chez les Cisterciens au treizieme siècle. Les débuts du Collège des Bernardins de Paris, Analecta Cisterciensia 32 (1978) S. 122-211. Über die in unserem Zusammenhang wichtigen deutschen Studienhäuser der Zisterzienser unterrichtet die mir nicht zugängliche ungedruckte Dissertation von *J. M. Grothe*, Cistercians and Higher Education in the Late Middle Ages, with a Special Reference to Heidelberg. The Catholic University of Amerika, Dept. of History (Washington, D. C., 1976). Bis zu ihrem Erscheinen vgl. neben der in Anm. 47 genannten Literatur u. a.: *A. Dietrich*, Studium und Studierende des Zisterzienserordens in Leipzig, Cistercienser-Chronik 26 (1914) S. 289-310 und *A. Arnold*, Gründungsversuche eines Studienkollegs und Studierende des Cistercienser-Ordens in Köln, Cistercienser-Chronik 49 (1937) S. 65-72. Bis zum vollständigen Erscheinen des bisher nur in einer ersten Lieferung (A-G) vorliegenden Dictionnaire des auteurs cisterciens = Documentation Cistercienne 16 (Rochefort 1975) ist für die wissenschaftlich tätigen Zisterzienser auf allgemeine Hilfsmittel zurückzugreifen wie das Dictionnaire de Théologie Catholique II/2, 2538-50 oder: *P. Glorieux*, Répertoire des maîtres en théologie de Paris au XIIIᵉ siècle (Paris 1934) II, S. 249-66. Vgl. auch: *Lekai*, The Cistercians, S. 424-27.

85 Chronicon, S. 41.

älteren westfälischen Zisterziensertums verständnisvoller ausfallen, milder sicherlich als das des französischen Visitators, des Abtes Nikolaus Boucherat von Cîteaux, der die westfälischen Mönche 1574 als zwar gutwillige, aber aller Zucht und aller geistigen Interessen bare Menschen bezeichnete und für den Niedergang ihrer Häuser ausschließlich ihren mangelnden Reformwillen verantwortlich machte.[86]

Wir sind mit der Behandlung unseres eigentlichen Themas an ein Ende gekommen. Nach der notgedrungen nur flüchtigen Musterung der Reformbemühungen der spätmittelalterlichen westfälischen Zisterzienser gilt es nun, auch die eingangs angestellten Erörterungen zum Abschluß zu bringen. Es hat sich am Beispiel des westfälischen Zisterziensertums gezeigt, daß die Einbettung der Orden in den Fluß der Ereignisse und Ideen nicht auf den Zeitpunkt ihrer Entstehung und Frühgeschichte beschränkt war. Auch in ihrer Spätzeit lebten sie nicht isoliert, sondern in gegenseitiger Verflechtung, waren auch in unbedeutenden Orden und abgelegenen Konventen der Geist der Zeit, der Zwang zur Anpassung und der Wille zur Erneuerung so stark, daß man die Geschichte ihrer Reform nur dann verstehen kann, wenn man sie in den allgemeinen Geschichtsablauf einordnet. Ein anderes ist freilich ebenso deutlich geworden. Die Orden waren im Spätmittelalter in ihrer Spiritualität, in ihrem Eigenbewußtsein, in ihrer Organisationsform und Wirtschaftsweise durch ihre Gründer, ihre Intention und Geschichte so weit festgelegt, daß sie auf die sie gleichermaßen betreffenden Herausforderungen und Veränderungen keineswegs kollektiv und in einer Weise zu reagieren vermochten, die wir im Nachhinein als adäquat bezeichnen würden. Man mag die besonders bei den Zisterziensern zu beobachtende Zurückhaltung und Reaktionsunfähigkeit als Immobilismus bezeichnen und damit negativ werten. Bei einer objektiven Würdigung kommt man jedoch zu dem Ergebnis, daß eine weitgehende Anpassung an die „Forderungen der Zeit", erst recht aber eine Reform um den Preis der Aufgabe des eigenen Charakters, keineswegs wünschenswert gewesen wäre,[87] da sie das in Jahrhunderten gewachsene System des mittelalterlichen Ordenswesens in Gefahr gebracht und die Kirche um eines ihrer Schmuckstücke beraubt hätte, deren sie sich mit Recht immer wieder rühmt.[88]

---

86 *W. E. Schwarz*, Die Akten der Visitation des Bistums Münster aus der Zeit Johannes von Hoya (1571-1573) = Die Geschichtsquellen des Bistums Münster 7 (Münster 1913) S. 131, Anm. 1.

87 Über dieses Problem findet gegenwärtig unter den Ordensleuten eine lebhafte Diskussion statt. Vgl. u. a.: *J. D'Arc*, Les religieuses dans l'Eglise et dans le monde actuel (Paris 1964); *J. Leclercq*, La vie contemplative et le monachisme d'après Vatican II, Gregorianum 47 (1966), S. 495-516; *F. Vandenbroucke*, Moines: Pourquoi? (Paris 1967).

88 *A. Piel*, Les Moines dans l'Eglise. Textes des Souverains Pontifes = Tradition et spiritualité 3 (Paris 1964).

# Die münsterländischen Klöster Groß-Burlo und Klein-Burlo[*]
## Ihre Entstehung, Observanz und Stellung in der nordwesteuropäischen Reformbewegung des 15. Jahrhunderts

Die Geschichte des Klosters Groß-Burlo bei Borken und seiner Tochtergründung Klein-Burlo bei Darfeld im Kreise Coesfeld hat seit dem 18. Jahrhundert das Interesse der Lokalgeschichtsschreibung des westlichen Münsterlandes gefunden. Als erster wandte sich ihr der gelehrte Vredener Stiftscholaster Jodocus Hermann Nünning in seiner materialreichen „Mimigardia Sacra" zu.[1] Ihm folgten ein Jahrhundert später der letzte Prior von Burlo, Johannes Zumbusch, der Vikar Grimmelt aus dem benachbarten Südlohn und der erste nach der Aufhebung des Klosters mit der Seelsorge in Burlo beauftragte Weltgeistliche, Anton Schmidt. In den letzten Jahrzehnten schlossen sich diesen historisch interessierten Geistlichen der Redakteur Ferdinand Schmidt und der Leiter der 1921 in Groß-Burlo errichteten Schule der Hünfelder Oblaten, P. Eugen Breitenstein, an[2] — um nur einige der mit der Geschichte beider Klöster intensiver beschäftigten Autoren zu nennen.[3] Ihre meist ungedruckt gebliebenen oder an entlegener Stelle erschienenen Beiträge verdanken

---

[*] In: Westfälische Forschungen 18 (1965) 23-42.

[1] *J. H. Nünning*, Mimigardia Sacra, MS Archiv von und zur Mühlen, Haus Offer genannt Ruhr.

[2] *J. Zumbusch*, Kurze Geschichte des Klosters Burlo, MS Fürstl. Salm-Salmsches Archiv, Schloß Anholt; *Grimmelt*, Geschichte des ehemaligen Klosters Groß-Burlo. Nach einem alten Manuskript aus dem Archiv des Schlosses Gemen (1883), Beiträge zur Heimatkunde des Kreises Borken 1 (1906-11) 70-72, 76, 79-80, 82-87, 99-100, 103-104; *A. Schmidt*, Chronik des Klosters Burlo, MS Fürstl. Salm-Salmsches Archiv, Schloß Anholt; *F. Schmidt*, Aus der Geschichte des Kloster Burlo, Unsere Heimat. Beiträge zur Geschichte des Münsterlandes und der Nachbargebiete 3 (1928) 63-64, 76-77, 84-84, 92-95; Geschichte des Kreises Borken. Der Heimat gewidmet von der Lehrerschaft des Kreises Borken unter besonderer Mitwirkung von *F. Schmidt*, Dortmund o. J., 40-44; *E. Breitenstein*, Abriß der Geschichte des Klosters Mariengarden in Burlo (1220-1931), Sonderdruck aus der „Borkener Zeitung", 1932-33.

[3] Vgl. auch: *C. Jungelinus*, Notitia abbatiarum Ordinis Cisterciensis, Köln 1640, II, 56; *L. Janauschek*, Originum Cisterciensium Tomus I, Wien 1877, 277; *O. Frhr. v. Grote*, Lexikon deutscher Stifter, Klöster und Ordenshäuser, Osterwiek 1881, 193; *A. Tibus*, Gründungsgeschichte der Stifter, Pfarrkirchen, Klöster und Kapellen im Bereiche des alten Bisthums Münster mit Ausschluß des ehem. friesischen Theils, Münster 1885, I, 1055; *L. Schmitz-Kallenberg*, Monasticon Westfaliae, Münster 1909, 14-15; *M. Dicks*, Die Abtei Camp am Niederrhein. Geschichte des ersten Cistercienserklosters in Deutschland, Kempen 1913, 360-61; *U. Chevalier*, Répertoire des sources historiques du Moyen Age. Topo-bibl. II, Montbéliard 1908, 1603; *H. Schneider*, Die Ortschaften der Provinz Westfalen bis zum Jahre 1300 nach urkundlichen Zeugnissen und geschichtlichen Nachrichten, Münstersche Beiträge zur Geschichtsforschung III, 12, Münster 1936, 28; *M. Hartig*, Art.: Burlo, Lexikon für Theologie und Kirche II, Freiburg 1931, c. 646-47; *L. H. Cottineau*, Répertoire topo-bibliographique des abbayes et prieurés, Mâcon 1939, 1349, 1522; *H. Börsting-A. Schröer*, Handbuch des Bistums Münster, ²Münster 1946, I, 186-87; *F. v. Klocke-J. Bauermann*, Groß-Burlo, Darfeld, in: Handbuch der historischen Stätten Deutschlands III: Nordrhein-Westfalen, Stuttgart 1963, 237, 134-35; s. auch Anm. 48.

ihr Entstehen heimatkundlichem Interesse oder persönlichen Bindungen an das Schicksal der beiden Klöster. Sie konzentrieren sich daher in erster Linie auf die Darstellung der örtlichen Verhältnisse, d. h. auf die Beschreibung der Lage, des Besitzes und der personellen Zusammensetzung der Konvente. Über den lokalen Bereich hinausgehende Fragen, wie z. B. nach der Ordenszugehörigkeit der Klöster, der Art ihrer Observanz und der Stellung innerhalb der Geschichte ihres Ordens, werden gar nicht erst gestellt oder nur unzulänglich und irreführend beantwortet. Auch die weiteren Kreisen bekannt gewordenen Beiträge zur Geschichte Groß- und Klein-Burlos, die Archivübersichten von L. Schmitz-Kallenberg,[4] die von F. Darpe herausgegebenen Güter- und Einkünfteverzeichnisse[5] und schließlich die von A. Ludorff, W. Rave und St. Selhorst veröffentlichten Inventare der Bau- und Kunstdenkmäler[6] gehen auf diese Fragen nicht ausführlich ein. Sie lassen zwar die wirtschaftliche Bedeutung der Klöster, speziell für die Melioration des Moor- und Heidegebietes entlang der heutigen deutsch-niederländischen Grenze, erkennen, ermöglichen auch eine Einschätzung ihres nicht sehr bedeutenden Beitrages zur Kunstgeschichte Westfalens, tragen jedoch ihrer ganzen Anlage entsprechend nur wenig zur Kenntnis des in ihnen geführten monastischen Lebens bei. Bei diesem Mangel an einer ordensgeschichtlich befriedigenden Darstellung der Geschichte der Klöster Groß- und Klein-Burlo liegt es nahe, neben den Anfängen wenigstens für die Zeit von der Gründung bis zu dem 1448 erfolgten Übertritt in den Zisterzienserorden die Eigenart des in beiden Klöstern geführten Ordenslebens darzustellen und die Reformbestrebungen zu kennzeichnen, die im 15. Jahrhundert in Groß-Burlo und in Klein-Burlo zu einem Ordenswechsel führten.

# I

Die Geschichte des Klosters Groß-Burlo begann am 28. 7. 1245, als der Bischof von Münster, Ludolf von Holte, den von ihm als „fratres heremite" bezeichneten Wilhelmiten gestattete, sich in der Bauernschaft Burlo niederzulassen und hier ihrem Wunsch gemäß die „divina officia" zu vollziehen.[7] Der „locus desertus", an dem sie sich niederließen, war kein von religiösem Leben völlig unberührter Ort. Die Wilhelmiten übernahmen vielmehr ein verlassenes Oratorium, das von einem Priester namens Siegfried errichtet worden war. Bischof Dietrich von Isenburg hatte 1220

---

4 *L. Schmitz-Kallenberg*, Inventare der nichtstaatlichen Archive der Provinz Westfalen I, 2: Kreis Borken, Münster 1901, 11, 25-28; *Ders.*, ebd. I, 3: Kreis Coesfeld, Münster 1904, 53-54; *Ders.*, ebd., Beiband I, 1: Urkunden des fürstlich Salm-Salmschen Archives in Anholt, Münster 1902 (= UGB); *Ders.*, ebd. Beiband I, 2: Urkunden des fürstl. Salm-Horstmarschen Archives in Coesfeld und der herzoglich Croyschen Domänenadministration in Dülmen, Münster 1904, 43-45 (= UKB).

5 *Fr. Darpe*, Codex Traditionum Westphalicarum (= CTW) VII: Die Stifter Langenhorst, Metelen, Borghorst, die Klöster Groß-Burlo und Klein-Burlo, Münster 1914, 133-207.

6 *A. Ludorff* u. a., Die Bau- und Kunstdenkmäler von Westfalen, Bd. 36: Kreis Coesfeld, Münster 1913, 65-66; *W. Rave-St. Selhorst* u. a., ebd., Bd. 46: Kreis Borken, Münster 1954, 197-210. Zur Profanarchitektur von Groß-Burlo: *K. E. Mummenhof*, Die Profanbaukunst im Oberstift Münster von 1450 bis 1650, Westfalen, Sonderheft 15, Münster 1961, 177.

7 *R. Wilmans* (Hrsg.), Westfälisches Urkunden-Buch, III, 1-2, Münster 1859-61, S. 909, nr. 1733 (= WUB); UGB, 214,5.

dem gelegentlich auch als „capella" bezeichneten Gotteshaus, das auf von den „liberi homines" der Bauernschaft bereitgestellten Grund errichtet worden war, Zehntfreiheit für die ihm zugehörigen Äcker, das Begräbnisrecht für die Bewohner der in seinem Umkreis befindlichen Häuser und Freiheit von der Jurisdiktion der umliegenden Kirchen verliehen.[8] Diese Rechte waren 1242 durch Bischof Ludolf erweitert worden, indem er der Kirche 14 benachbarte, jedoch bis dahin zur Pfarre Borken gehörende Häuser zuteilte,[9] deren Bewohner — was bei der Weitmaschigkeit der bereits im 8. und 9. Jahrhundert ausgebildeten westfälischen Pfarrorganisation nicht ungewöhnlich war[10] — wegen der weiten Entfernung von der zuständigen Pfarrkirche nur selten in den Genuß seelsorgerischer Betreuung kamen. Schon bald nach dieser Erweiterung seines Seelsorgebezirkes soll der Priester Siegfried, der nach einer jüngeren Überlieferung bis 1220 Kanoniker am Dom zu Münster gewesen war,[11] die über zwanzig Jahre lang ausgeübte Seelsorge aufgegeben haben, weil ihm trotz der Vergrößerung seines Sprengels die „loci paupertas et diffamia" zu beschwerlich geworden waren.[12]

Ungefähr zur gleichen Zeit als Siegfried der Tradition nach sein Amt niederlegte, sahen sich die Bewohnerinnen des Zisterzienserinnenklosters Marienborn wahrscheinlich wegen der Unwirtlichkeit der Gegend, möglicherweise aber auch wegen kriegerischer Unruhen, gezwungen, ihr 1230 mit Unterstützung Bischof Ludolfs bei Lippramsdorf errichtetes Kloster zu verlassen und in Coesfeld, wo sie 1244 nachweisbar sind, Unterkunft zu suchen.[13] In dieser schwierigen Lage soll ihnen der Bischof zu helfen versucht haben, indem er ihnen das verlassene Oratorium in Burlo schenkte, damit sie sich dort niederließen oder eine Tochtergründung errichteten.[14]

---

8 WUB III, 869, 1708; UGB, 214,1.

9 WUB III, 216-17, 402; UGB, 214,3.

10 *A. K. Hömberg,* Studien zur Entstehung der mittelalterlichen Kirchenorganisation in Westfalen, Westfälische Forschungen 6 (1943/52) 46-108.

11 *J. H. Nünning,* Mimigardia Sacra II, nach einer Mitteilung des 1718-48 amtierenden Priors von Groß-Burlo, Jakob Spöde (Breitenstein, 2). In der von *H. Thiekötter,* Die ständische Zusammensetzung des Münsterschen Domkapitels im Mittelalter. Münstersche Beiträge zur Geschichtsforschung III, 5, Münster 1933, 12-39, aufgestellten Domherrenliste findet sich der Name Siegfried nicht.

12 Name und Zeitpunkt der Resignation des Priester Siegfried sind urkundlich nicht belegt. Sie werden in dem aus dem 16. Jahrhundert (ca. 1538) stammenden Kopiar des Klosters Groß-Burlo (Fürstl. Salm-Salmsches Archiv, Schloß Anholt, Groß-Burlo, fol. 1) erstmalig erwähnt. Vgl. WUB III, 896-97, 883-84.

13 WUB III, 151, 177; 219, 406; 228, 415. *J. Niesert,* Über die Gründung des Cistercienser-Nonnenklosters Marienborn und Verlegung desselben nach Coesfeld, Coesfeld 1830; *J. Linneborn,* Festgabe H. Finke, Münster 1904, 289-90; *F. Darpe,* CTW VI: Die Klöster Marienborn und Marienbrink in Coesfeld, Kloster Varlar, die Stifter Asbeck und Nottuln, Münster 1907, 1-11; *K. Brand,* Wiederentdeckung des Klosters Marienborn bei Haltern, Vestisches Jahrbuch 64 (1962) 5-12. Zu der in der genannten Literatur aufgeworfenen Frage nach den Gründen für die Klosterverlegung vgl. *S. Reicke,* Zum Rechtsvorgang der Klosterverlegung im Mittelalter, Festgabe U. Stutz, Stuttgart 1938, 53ff.; *R. A. Donkin,* The Site Change of Mediaeval Cistercian Monasteries, Geography 45 (1959) 251-58; *E. G. Krenig,* Mittelalterliche Frauenklöster nach den Konstitutionen von Citeaux unter besonderer Berücksichtigung fränkischer Nonnenkonvente, Analecta Sacri Ordinis Cisterciensis 10 (1954) 87ff.

14 Der in der Literatur zur Geschichte Groß-Burlos fast allgemein (*L. Schmitz-Kallenberg,* 14; *F. Schmidt,* 64; *E. Breitenstein,* 2) angenommene Zusammenhang zwischen der Übersiedlung der Nonnen nach Coesfeld und dem nur aus einer Urkunde vom 26. 7. 1245 (WUB III, 909,

Wie aus der Überlieferung mit Sicherheit hervorgeht, taten die Nonnen jedoch weder das eine noch das andere. Sie verkauften vielmehr das Oratorium mit seinen Pertinenzien an den kölnischen Ministerialen Gottfried von Oer und ließen sich statt in Burlo in dem sicheren Coesfeld nieder, wo ihr Kloster als das „adelige Stift" bis ins 19. Jahrhundert Bestand hatte. Die von ihnen veräußerte Kirche blieb nur kurze Zeit im Besitz Gottfrieds von Oer. Zusammen mit den Zisterzienserinnen, die sich nicht aller Rechte an ihr begeben hatten, übertrug er sie den Wilhelmiten zur Errichtung eines Klosters,[15] wozu der Bischof von Münster[16] und kurz zuvor der Archidiakon Hermann von Borken[17] seine Zustimmung erteilt hatten. Die eigentlich treibende Kraft bei dieser Übertragung war nicht Gottfried selbst, sondern Menricus, der Propst des Frauenklosters Fröndenberg, der die Aufmerksamkeit des Ritters und der kirchlichen Würdenträger auf die Wilhelmiten gelenkt und die mit ihrer Niederlassung verbundenen Rechtsgeschäfte betrieben hatte.[18]

Über die Motive, die Menricus von Fröndenberg und Gottfried von Oer im Einverständnis mit den Nonnen von Marienborn und dem Bischof von Münster zu den Gründern des Wilhelmitenklosters Groß-Burlo werden ließen, kann man nur Vermutungen anstellen, da sich die zeitgenössische Überlieferung über beide Personen fast völlig ausschweigt. Nur der von D. Papebroch im 18. Jahrhundert nach einer von C. Jongelinus entdeckten Fröndenberger Handschrift herausgegebene legendäre Bericht über die Gründung des Klosters Fröndenberg[19] weiß, daß der erste von ihnen, der von R. Wilmans als ein für die Kirchengeschichte Westfalens bedeutsamer Mann bezeichnete Propst Menricus,[20] Kanoniker in Lübeck war, bevor er diese Pfründe aufgab, um sich, wie es seine Geschwister schon eher getan hatten, nach Westfalen zurückzuziehen und hier als „canonico-anachoreta"[21] ein weltabgewandtes Leben zu führen. Erst im Laufe der Zeit soll er Gläubige um sich gesammelt haben, so daß aus seiner bei Menden gelegenen Klause mit Hilfe des Kölner Erzbischofs Heinrich von Molenark und des Grafen Otto von der Mark das Kloster Fröndenberg hervorgehen konnte, als dessen Propst er zweifelsfrei nachzuweisen

---

1734; UGB, 214,4) bekannten Erwerb Burlos kann nicht mehr als Wahrscheinlichkeit beanspruchen. Ihm widerspricht ein jüngerer Vermerk auf der Urkunde Ludolfs vom 28. 7. 1245 (Anm. 7), nach dem die Kirche in Burlo den Zisterzienserinnen bereits 1230 übertragen wurde. Wenn dies tatsächlich der Fall gewesen sein sollte, müßte sich allerdings unter den frühen Urkunden Marienborns zumindestens ein Hinweis auf diesen nicht unbedeutenden Teil seiner Erstausstattung finden lassen. Da dies nicht so ist (vgl. auch *Fr. Darpe*, CTW VI, 1-4 und *S. Berg*, Die grundherrlichen Verhältnisse des Klosters Marienborn in Coesfeld, Marburg 1913) kann man, wenn auch mit Vorsicht, an der bisherigen Auffassung festhalten.

15 WUB III, 909, 1734; UGB, 214,4.
16 WUB III, 909, 1733; UGB, 214,5.
17 WUB III, 910, 1735; UGB, 214,6.
18 WUB III, 909, 1734; UGB, 214,4.
19 *D. Papebroch* (Hrsg.), De bb. Bertholdo et Menrico, AASS Jun. IV, Antwerpen 1707, 59-63; *W. Teschenmacher*, Annales Cliviae, Juliae, Montium, Marcae, Westphaliae, Ravensbergiae et Zuphanae, ²Frankfurt und Leipzig 1721, 253; *J. Linneborn*, 264-65, Anm. 6.
20 WUB III, 897, Anm. 1.
21 *W. Teschenmacher*, 253.

ist.²² Was immer man auch von der Zuverlässigkeit dieses Berichtes halten mag, festzuhalten ist, daß es sich hier um einen Mann handelt, der nicht allein das in der ersten Hälfte des 13. Jahrhunderts in Westfalen auffällig starke Anwachsen von Frauenklöstern förderte, sondern auch an der im 13. Jahrhundert speziell in kanonikalen Kreisen noch immer starken Hinwendung zur eremitischen Askese Anteil gehabt haben dürfte. Gottfried von Oer scheint in einem gewissen Maße dieses doppelte eng miteinander verbundene Interesse des Propstes geteilt zu haben. Er hatte, wie Menricus und übrigens auch Bischof Ludolf, Anteil an der Niederlassung von Zisterzienser- und Prämonstratenserinnen in Westfalen und war durch persönliche Kenntnis mit der ausgesprochen eremitisch orientierten Form mittelalterlicher Frauenfrömmigkeit, dem traditionsreichen Inklusentum, vertraut.²³ In seiner Herrschaft, der „Villa Hore", lebte nämlich eine Inkluse, die „soror Conegunde", die bei ihm nicht ganz ohne Einfluß und Ansehen gewesen sein kann, da interessanterweise in ihrer Klause am 28. 7. 1245 die Übertragung des Burloer Oratoriums an die Wilhelmiten beurkundet wurde.²⁴

Diese Offenheit für neue monastische Gemeinschaftsbildungen und das im 13. Jahrhundert auch anderswo in Westfalen herrschende Verständnis für ein weltabgewandtes Leben²⁵ sind keine völlig ausreichenden Begründungen für die Förderung, die die ersten Bewohner des Klosters Burlo bei dem erwähnten Personenkreis fanden. Persönliche, dynastische oder politische Beziehungen, von denen wir heute nichts mehr wissen, mögen bei der Niederlassung der Wilhelmiten in Groß-Burlo eine ebenso große Rolle gespielt haben. Auf jeden Fall läßt die angedeutete religiöse Einstellung verständlich werden, warum der Bischof, der Ritter und Propst einen damals noch vollkommen unbekannten Orden protegierten, der – wie im folgenden gezeigt werden soll – aus dem Willen zu strenger Askese und fast vollständiger Anachorese hervorgegangen war.

## II.

Die sich in Burlo niederlassenden Wilhelmiten waren nicht, wie z. B. E. Breitenstein in seinem auf gründlichem Studium der archivalischen Überlieferung beider Klöster basierenden Abriß der Geschichte Burlos annimmt, Mitglieder der in der ersten Hälfte des 12. Jahrhunderts von Wilhelm von Vercelli in Süditalien gegründeten

---

22 WUB III, 909, 1734; UGB, 214, 4. Zur Geschichte Fröndenbergs vgl. die Literatur in: *H. Thümmler* u. a.: Bau- und Kunstdenkmäler von Westfalen, Bd. 47: Kreis Unna, Münster 1959, 116ff.
23 WUB VII, 1277, 270a; 123, 294; 1282-83; 419a; 228, 517. Vgl. auch: *J. Menke*, Die Geschichte des Reichshofes Oer von seinen Anfängen bis zur Bauernbefreiung, Vestische Zeitschrift 43 (1936) 32.
24 WUB III, 909, 1734; UGB, 214,4.
25 Vgl. *A. K. Hömberg*, Unbekannte Klausen und Klöster in Westfalen. Ergänzungen zum Monasticon Westfaliae. Dona Westfalica. Georg Schreiber zum 80. Geburtstage dargebracht von der Historischen Kommission Westfalens. Schriften der Historischen Kommission Westfalens 4, Münster 1963, 102-127.

Kongregation von Montevergine.²⁶ Der Orden, dem sie angehörten, entstand zwar auch in Italien und verehrte ebenfalls einen heiligen Wilhelm als Patron, bewahrte jedoch anders als die Eremiten von Montevergine, die eine Benediktinerkongregation bildeten, seine Selbständigkeit und beschränkte sich nicht wie die genannte Kongregation auf Italien, sondern breitete sich im 13. Jahrhundert in den Niederlanden, in Belgien, Frankreich, Deutschland, Böhmen und Ungarn aus.²⁷ Seine ersten Mitglieder vereinigten sich in der zweiten Hälfte des 13. Jahrhunderts in Malavalle, einem steinigen und wasserarmen Gebirgstal oberhalb von Castiglione della Pescaia in der Diözese Grosseto, am Grabe eines 1157 verstorbenen Eremiten namens Wilhelm, der aus einer adeligen Familie des Poitou stammend sich hier nach Pilgerfahrten ins Heilige Land, nach Compostela, zum Monte Gargano und nach Rom niedergelassen hatte, um in Schweigen, Gebet und Kasteiungen eine Schuld zu büßen, über deren Art und Ausmaß die Quellen die Aussage verweigern. Er war gestorben, ohne einen Orden gegründet zu haben, und hatte seinem Schüler Albert, dem Gefährten seiner letzten Tage, nicht mehr als ein bescheidenes Eremitorium und das Vorbild eines entsagungsvollen Lebens hinterlassen.²⁸

Der Ruf der Heiligkeit des Einsiedlers von Malavalle, den Alexander III. durch das Zugeständnis eines zunächst auf die Diözese Grosseto beschränkten Kultes bestätigte,²⁹ war so stark, daß sich schon bald unter der Leitung Alberts eine Eremitengemeinschaft zusammenfand, die in fast dauerndem Schweigen, in Fasten, Wachen und Gebet lebte und um das Grab des Eremiten gelegene Hütten bewohnte.³⁰ Ihnen schlossen sich noch im 12. Jahrhundert andere toskanische Eremitengemeinschaften an, die ebenfalls nach den strengen Forderungen der „regula S. Guilelmi" lebten, ohne jedoch durch sehr viel stärkere Bande als die gemeinsame asketische Observanz mit dem Mutterhaus verbunden zu sein.

Aus diesem lockeren Verband eremitisch lebender Gruppen wäre wahrscheinlich nie ein Orden geworden, wenn nicht die Kurie selbst eingegriffen hätte. Gregor IX. legte

---

26 E. *Breitenstein*, 2.

27 Zur Geschichte des Wilhelmitenordens: G. C. A. *Juten,* De Orde van den H. Guilelmus in Noord- en Zuid-Nederland, Analectes pour servir à l'histoire de la Belgique 32 (1906) 45-66; L. *Crick,* Bijdragen tot de Geschiedenis der Wilhelmieten in België, Bijdragen tot de Geschiedenis 30 (1939) 155-200; K. *Elm*, Beiträge zur Geschichte des Wilhelmitenordens, Münstersche Forschungen 14, Köln-Graz 1962; *Ders.,* Zisterzienser und Wilhelmiten. Ein Beitrag zur Wirkungsgeschichte der Zisterzienserkonstitutionen, Cîteaux 15 (1964) 97-124, 177-209. *E. de Palma,* Intorno alla leggenda „De vita et obitu S. Guilielmi confessoris et heremite", Irpinia 4 (1932) 51-75, 131-52, 341-64, 494-523; G. *Mongelli,* Legenda de vita et obitu S. Guilielmi confessoris et heremite, Samnium 33 (1960) 144-76; 34 (1961) 70-119; G. *Mongelli* (Hrsg.), Abbazia di Montevergine. Regesto delle pergamene I-VI, Pubblicazioni degli Archivi di Stato 25, 27, 28, 32-34, Rom 1956-58, unterrichten über W. v. Montevergine und die Kongr. v. Montevergine.

28 Wilhelmsviten u. a. in: Lectionarium officii capellae papalis, Bibl. Nat., Paris, MS lat. 755, fol. 172-73ᵛ (13. Jh.); *G. de Waha,* Explanatio Vitae S. Guilelmi Magni . . . , Lüttich 1963; Vita S. Guilielmi eremitae a Theobaldo exornata, AASS Febr. II, Antwerpen 1658, 450-472.

29 Innozenz III., 8. 5. 1202, Bibl. Munc., Cambrai, MS 1124, fol. 196ᵛ; *F. Kehr,* Italia Pontificia III, Berlin 1908, 261.

30 Prolog der Ordenskonstitutionen (Bibl. Mazarine, Paris, MS 1770, fol. 2ᵛ): Nostri maiores omni tempore tam estatis quam hyemis exceptis dominicis diebus ieiunabant, paupere et modico victu contenti, domi nudipedes, foris calciati incedebant, ne iustitiam suam coram hominibus facere viderentur, in cellis solitarii in heremo cum summo et continuo silentio habitantes, die noctuque divine contemplationi vacando celestem vitam agebant.

ihnen nahe, ihre bisherige Observanz mit der Benediktinerregel und den Zisterzienserkonstitutionen zu vertauschen, um dadurch den „rigor pristinus" zu mildern und die Wiederbelebung des italienischen Benediktinertums betreiben zu können.[31] Die Intentionen des schon bald verstorbenen Papstes ließen sich jedoch nur in Ansätzen realisieren. Erst 1244, unter seinem Nachfolger Innozenz IV., änderte sich die Situation der Wilhelmiten plötzlich und tiefgehend. Nach einem Jahrhundert der Stagnation und lokaler Beschränktheit brachen sie in diesem Jahr aus ihren toskanischen Eremitorien auf, um jenseits der Alpen in kurzer Zeit eine solche Fülle von Klöstern zu gründen, daß sie bald gezwungen waren, ihren bis dahin auf die Toscana beschränkten Orden in drei Provinzen, Toscana, Alamania und Francia, einzuteilen.[32] Im gleichen Jahrzehnt setzte auch der Ausbau der Ordensorganisation ein. Die Wilhelmiten wählten einen Generalprior,[33] hielten Generalkapitel ab[34] und beschlossen Konstitutionen, die neben der Benediktinerregel zur Richtschnur ihres Ordenslebens wurden.[35] Ihr ältester, wahrscheinlich noch auf Gregors Verfassungsänderung zurückgehender Teil, der das innere Leben der Klöster ordnende und den Ablauf der Liturgie festlegende „Liber ordinarius" war nichts anderes als der fast unveränderte „Liber Usuum" der Zisterzienser, während sich ihr jüngerer im wesentlichen nach 1251 beschlossener Bestandteil, der die äußere Organisation, die Funktion der Ämter und Institutionen festlegt, auf die Dominikanerkonstitutionen stützte. Sowohl der ältere monastische als auch der jüngere mendikantisch beeinflußte Teil der Konstitutionen schränken die ursprünglich streng eremitisch orientierte Lebensweise der einstmals „in cellis solitarii in heremo ... habitantes" ein, so daß es sich in der Mitte des 13. Jahrhunderts bei den Wilhelmiten ihrer Verfassung nach nicht mehr um eine Gemeinschaft eremitisch lebender Ordensleute, sondern um einen monastischen, teilweise mendikantisch beeinflußten Orden mit grundsätzlich konventionell zönobitären Konventualleben handelte.

Auf die naheliegende Frage, warum die Ordensleute 1244/45 so plötzlich die Alpen überschritten und die Verfassung ihres Ordens änderten, kommt man einer Antwort näher, wenn man nicht nur die zeitliche Koinzidenz ihres Aufbruches mit der Übersiedlung Innozenz' IV. nach Lyon beachtet, sondern auch die von ihm dem Orden in den vierziger und fünfziger Jahren des 13. Jahrhunderts verliehenen Privilegien mit in Betracht zieht. Vor allem das mehrfach zugestandene Recht,

---

31 Die Annahme der Benediktinerregel muß zwischen dem 28. 9. 1237 (Bulle Gregors IX., Archivio Capitolare, Siena) und dem 11. 8. 1238 (Bulle Gregors IX., *L. Fumi*, Codice diplomatico della Città di Orvieto, Florenz 1884, 159, nr. 237) erfolgt sein. Die Begründung für den Ordenswechsel findet sich im Prolog der Konstitutionen (s. Anm. 30).

32 Vgl. *K. Elm*, Beiträge zur Geschichte des Wilhelmitenorden, 34ff. und die dort herangezogenen Quellen.

33 Innozenz IV., 31. 3. 1249, *E. Poncelet*, Le monastère de Bernardfagne, Bulletin de la Société de l'Art et d'Histoire du Diocèse de Liège 13 (1903) 210.

34 Innozenz IV., 30. 12. 1250, *É. Berger*, Les Registres d'Innocent IV. Bibl. des Écoles Franç. d'Athènes et de Rome, Paris 1885-1921, II, 163, nr. 4937.

35 Von den zahlreichen Handschriften der Wilhelmitenkonstitutionen sei hier nur die vollständigste und zuverlässigste, MS 1770 der Bibl. Mazarine in Paris, erwähnt. Über Überlieferung, Aufbau und Entwicklung der Konstitutionen ausführlicher: *K. Elm*, Zisterzienser und Wilhelmiten (vgl. Anm. 27).

Seelsorgeaufgaben wahrzunehmen,[36] sich im Gebiet Interdizierter niederzulassen und deren Unterstützung genießen zu dürfen,[37] machen deutlich, daß es Papst und Kurie darum ging, den zur Blüte gebrachten Orden in den Dienst der Seelsorge zu stellen und in ihm einen Bundesgenossen gegen den kaiserlichen Widersacher, gegen den alle Kräfte der Kirche und ihrer Orden mobilisiert wurden, zu gewinnen. Diese Pläne ließen sich jedoch nicht in dem von der Kurie erwarteten Ausmaße verwirklichen, da das Schwergewicht der eremitischen Anfänge zu groß und das Vorbild des in der „eremus" büßenden Patrons zu verpflichtend waren, um den Orden zu einer tiefgreifenden Änderung seiner Spiritualität, d. h. zu intensiver Seelsorge und kirchenpolitischer Aktivität zu veranlassen. Seine 1245 einsetzende Expansion, die in den fünfziger Jahren ihren Höhepunkt erreichte, erstreckte sich daher auch nicht in erster Linie auf die Städte oder dichter besiedelten Landstriche, sondern auf die unfruchtbaren, von den Fluten gefährdeten Küstensäume der Nordsee, die abgelegenen Waldtäler der Ardennen, des Schwarz- und Böhmerwaldes, die großen Forsten des Elsasses, Thüringens und der Pfalz sowie die noch nicht erschlossenen Gebiete Pommerns, Brandenburgs, Böhmens und Ungarns, wo noch relativ leicht Grund und Boden zu erwerben, in harter Arbeit Fruchtbarkeit zu schaffen und Einsamkeit zu finden war.

Als schließlich 1256 Papst Alexander IV. und der von ihm beauftragte Kardinal Richard Annibaldi sie in einem erneuten Anlauf für den Dienst in der Seelsorge gewinnen und mit anderen italienischen Eremitengemeinschaften in einem am Vorbild der Dominikaner orientierten Orden vereinigt zur Übersiedlung in die Städte veranlassen wollten, stießen auch sie auf Widerstand. Es gelang den Wilhelmiten noch im gleichen Jahr, ihre bei den Unionsverhandlungen in Rom gemachte Zusage rückgängig zu machen und schließlich nach einer zehnjährigen Auseinandersetzung, während der einige ost- und süddeutsche, böhmische und ungarische Klöster an den neu gebildeten Orden der Augustiner-Eremiten verlorengingen, ihre Selbständigkeit als „ordo eremiticus" zu behaupten.[38]

Die Bemühungen, den aus dem 12. Jahrhundert stammenden Orden dem jüngeren Typ der mendikantischen Seelsorgeorden anzupassen, blieben trotz des beharrlichen und im Grunde erfolgreichen Widerstandes der Wilhelmiten nicht ohne Wirkung auf den Charakter des Ordens. Neben den monastisch-eremitisch orientierten Häusern, deren von Gebet, Kontemplation und Handarbeit bestimmtes Leben sich am Rande der Öffentlichkeit in meist abgelegenen Gebieten vollzog, entstanden in der Mitte des 13. Jahrhunderts auch in Städten und in der Nähe städtischer Siedlungen Wilhelmitenklöster, deren Bewohner ihr Ordensleben zwar nicht völlig von Seelsorge, Bettel, Studium und kirchenpolitischer Aktivität bestimmen ließen, aber doch die in ihrem Orden verliehenen Seelsorgerechte wahrnahmen, durch den Bettel ihre Einkünfte vermehrten und den Versuch machten, sich dem Studium und der Wissenschaft zu

---

36 Innozenz IV., 6. 10. 1250 u. a.: *H. Hefele*, Freiburger Urkundenbuch, Freiburg 1940, III, 29, nr. 36.

37 Innozenz IV., 6. 10. 1250, u. a.: *F. Ketner*, Oorkondenboek van het Sticht Utrecht tot 1301, Den Haag 1949, III, 112, nr. 1330 (Vidimeus).

38 Zur Inkorporation der Wilhelmiten in den Augustiner-Eremitenorden: *A. de Meijer–R. Kuiter*, Licet Ecclesiae Catholicae, Augustiniana 6 (1956) 9-36; *K. Elm*, Die Bulle „Ea quae iudicio" Clemens' IV. vom 30. 8. 1266. Vorgeschichte, Überlieferung, Text und Bedeutung, Augustiniana 14 (1964) 500-522, 15 (1965) 54-67, 493-520.

widmen, so daß sich der Wilhelmitenorden im 13. Jahrhundert trotz aller durch seine Geschichte bedingten Orientierung auf die „vita eremitica" in einem noch uneindeutigen Zustand und als offen für z. T. gegensätzliche Entwicklungen darstellte.

## III.

Die 1245 in Burlo angesiedelten Wilhelmiten gehörten zu den ersten außerhalb Italiens auftretenden Mitgliedern ihres Ordens. Als sie sich in Westfalen niederließen, besaßen sie nördlich der Alpen nur das Kloster „Porta Coeli" in Baseldonck bei 's-Hertogenbosch, das kurz vorher aus einem älteren Eremitorium hervorgegangen war.[39] Die Wahl Burlos, das der Bischof in seiner Bestätigungsurkunde ausdrücklich als einen „locus desertus" bezeichnete,[40] läßt keinen Zweifel daran, daß es sich bei den in Brabant und Westfalen auftretenden Ordensleuten um eine noch durchaus konservative Gruppe handelte, der es nicht darum ging, im Sinne der Kurie durch das Wort auf die Gläubigen zu wirken, sondern ungestört und weltabgewandt Gott zu dienen und sich selbst zu heiligen. An diesem, durch die Ortswahl ausgesprochenen Votum für die „vita eremitica" hielten die Burloer Wilhelmiten auch fest, als ihnen 1256 die Union mit den Augustiner-Eremiten, d. h. in ihrem Fall die Vereinigung mit den sich eben erst bei Marienthal niederlassenden Augustiner-Eremiten der Toskana, drohte.[41] Von ihm ließen sie sich auch in den folgenden Jahrhunderten ihrer Zugehörigkeit zum Wilhelmitenorden trotz aller gegenläufigen Tendenzen nicht abbringen, wie die Art ihres Erwerbs, ihres geistlichen Lebens und ihrer seelsorgerischen Tätigkeit erkennen läßt.

Der benachbarte Adel, namentlich die Herren von Bermentfelde, Gemen, Telgte und Lohn sowie die Grafen von Geldern und Dalen schenkten dem ursprünglich nur spärlich ausgestatteten Konvent schon bald nach seiner Errichtung Grundstücke und Güter, Renten und Zehnten in den Pfarreien Borken, Rhede, Lohn, Heiden, Südlohn und Winterswijk. Sie legten damit den Grund für einen Besitzstand, der seit dem 14. Jahrhundert zunehmend auch durch Schenkungen bürgerlicher Kreise, z. B. aus Borken, Bocholt und Groenlo, erweitert und von den Mönchen selbst durch Kauf und Tausch abgerundet und ergänzt wurde.[42] Unter den Schenkungen des 14. Jahrhunderts war die am 25. 11. 1351 erfolgte Übertragung des Schulzenhofes in Eggerode sowie vier anderer in Eggerode und Darfeld gelegener Güter die bedeutendste.[43] Die Donatoren, der aus einer Horstmarer Burgmannsfamilie stammende Konrad Strick und seine Gattin Haseke, beabsichtigten nicht, mit dieser Schenkung

---

39 *M. Schoengen*, Monasticon Batavum III, Amsterdam 1942, 64; *K. Elm*, Beiträge zur Geschichte des Wilhelmitenordens, 57-58. Die Wilhelmiten kamen nicht aus „Siberkelo in den spanischen Niederlanden", wie es bei *E. Breitenstein*, 2-3, und ähnlich bei *Börsting-Schröer*, 186-7, heißt. Die Angabe von *Grotes*, 193, und *F. v. Landsberg-Velen*, Geschichte der Herrschaft Gemen..., WZ 28 (1869), 135, Burlo sei 1245 von Zisterziensern gegründet worden, ist ebenso unzutreffend.

40 WUB III, 909, 1733; UGB, 214,5; WUB III, 896, 1708 UGB, 214,1.

41 Vgl. die in diesem Zusammenhang am 22. 12. 1256 und 28. 5. 1258 vidimierten Bullen Alexanders IV. vom 22. 8. und 10. 7. 1256, in denen die Union mit den Augustiner-Eremiten rückgängig gemacht und der Übergang zur Augustinerregel untersagt wurde: WUB V, 265, 573, 574; UGB, 215, 11, 13; 12,14.

42 *Fr. Darpe*, CTW VI, 135-151. Zur Ergänzung: UGB, 215-37 (bis 1399).

43 UKB, 286, 4.

den Besitz Burlos zu erweitern.[44] Sie wollten damit die Grundlage für eine Neugründung schaffen, die tatsächlich am 8. 3. 1361 unter dem Prior Gerhard Boye zustande kam,[45] jedoch erst am 14. 4. 1407 zu einem selbständigen Priorat erhoben wurde[46] und nach Jahren der Entbehrung, die eine aus dem 17. Jahrhundert stammende Chronik des Klosters Klein-Burlo eindringlich schildert,[47] auf dieselbe Weise wie das Mutterhaus zu einem abgerundeten Besitz an Renten und liegenden Gütern in seiner westfälisch-niederländischen Nachbarschaft gelangte.[48] Bei dem Besitzerwerb beider Klöster handelte es sich nicht nur um die Anhäufung einer Gütermasse, die allein durch ihren Ertrag an Renten, Zehnten und anderen Leistungen den Mönchen gestattet hätte, ein materiell gesichertes Leben zu führen. Der am 13. Juli 1253 von Gottfried von Gemen und anderen Markgenossen zugestandene Mitgenuß der öffentlichen Mark,[49] die im Oktober 1267 erfolgte, am 3. März 1268 (1269) vom Bischof Gerhard von Münster bestätigte Schenkung des öden und sumpfigen „Zwollschen Venns"[50] sowie das am 28. Juli 1245 von Bischof Ludolf erteilte,[51] am 31. Juli 1249 von Innozenz IV. dem ganzen Orden gewährte Privileg,[52] von Novalland keinen Zehnt zahlen zu müssen, sind Beweise für das Gegenteil. Aus der Art der Schenkungen und Privilegien geht hervor, daß sich die Wilhelmiten − Mönche und Konversen − zumindest in der ersten Zeit ihrer Niederlassungen der Melioration des Ödlandes widmeten und z. T. von den Erträgen lebten, die sie aus der in eigener Regie betriebenen Landwirtschaft erzielen konnten. Diese dem asketischen Programm der Wilhelmiten am nächsten kommende Erwerbsweise, die wegen der

---

44 Fr. *Darpe*, Geschichte Horstmars, seiner Edelherren und Burgmannen, WZ 40 (1882) 127-28; *H. Börsting*, Geschichte der Stadt Horstmar, ihrer Ritter, Burgmannen, Bürger und Bauern, Münster 1928, 31-33.

45 UKB, 286, 7.

46 Fürstl. Salm-Salmsches Archiv, Schloß Anholt (= Archiv Anholt), Groß-Burlo, 27. 7. 1407. Das bei Kriegsende in Unordnung geratene Archiv befand sich zum Zeitpunkt der Benutzung noch in einem ersten Stadium der Neuordnung. Die Dokumente können daher nicht mehr mit den alten Signaturen, sondern nur nach ihrer chronologischen Ordnung zitiert werden. Eine weitere, die Abtrennung Klein-Burlos betreffende Urkunde befand sich in der Fürstl. Salm-Horstmarschen Kammer zu Coesfeld (Fach XV, Paket 36, nr. 5). Sie gelangte in den Besitz des Geheimrats v. Riese, der 1823 Klein-Burlo erwarb (Inventarium der Arch. des Klosters Klein-Burlo, fol. 165). Über den gegenwärtigen Verbleib ist nichts bekannt.

47 De monasterio minoris Burlo in parrochia Darvelt, in: Collectanea A. Overham. Niedersächs. Staatsarchiv in Wolfenbüttel, VII B Hs 100, Bd. VIII, fol. 37.

48 Fr. *Darpe*, CTW VI, 189-94. Neben der in Anm. 1-3 genannten Literatur: *J. Essing*, Die Geschichte der Pfarrgemeinde Eggerode, Coesfeld 1900; *H. Brockmann*, Die Bauernhöfe der Gemeinden, Stadt und Kirchspiel Billerbeck, Beerlage, Darfeld und Holthausen, Billerbeck 1891; Dr. *Longinus* (Pseudonym für Fr. Westhoff), Führer durch die Baumberge, ²Münster 1907, 13ff.; *B. G. Garwers*, Aus der Chronik der Gemeinde Darfeld, Bigge/Ruhr 1952, Heft 1. Das zweite Heft, in dem die Geschichte des Klosters behandelt werden sollte, ist nicht erschienen; das im Pfarramt Darfeld hinterlegte Manuskript läßt sich nicht mehr auffinden.

49 WUB III, 911, 1738; UGB 215,8. Über die Bedeutung der in der Urkunde zugestandenen Nutzung der „myrica germanica": *A. Schulte*, Vom Grutbiere. Annalen des Hist. Vereins für den Niederrhein 85 (1908) 118ff.; *W. Jappe Alberts*, Die Beziehungen zwischen Geldern und Münster im 14. und 15. Jahrhundert, Westf. Forschungen 9 (1956) 92.

50 WUB III, 411, 797; UGB, 217, 19. WUB III, 434, 831; UGB, 217, 20.

51 WUB III, 909, 1733; UGB, 214, 5.

52 *E. Berger*, II, 61, 4430.

beschränkten Personenzahl und des relativ geringen zusammenhängenden Grundbesitzes nie ein solches Ausmaß erreichte, daß sich aus ihr eine völlig autonome auf Grangien gestützte Klosterwirtschaft, wie sie die am Vorbild der Zisterzienser orientierten Konstitutionen vorsahen, entwickelt hätte, trat in beiden Klöstern wie in fast allen Ordensniederlassungen ähnlicher Herkunft im Laufe der Zeit immer stärker zurück, was nicht hinderte, daß die Klosterherren in späterer Zeit zumindest durch leichte Gartenarbeit der Forderung nach asketisch verstandener Handarbeit zu genügen suchten.

Der auf diese Weise zusammengekommene Besitz, der nicht sehr groß war, aber doch das im Wilhelmitenorden allgemein übliche Maß noch überschritt,[53] bewahrte die kleine, normalerweise zehn Konventualen nicht überschreitende Zahl der Bewohner Burlos[54] vor der für viele andere Klöster des Ordens zwingenden Notwendigkeit, ein weitgespanntes Termineinetz zu unterhalten und umfangreiche Seelsorgpflichten zu übernehmen, so daß sie, durch einigermaßen befriedigende ökonomische Voraussetzungen gesichert, einen relativ eindeutigen und, wie bereits angedeutet, konservativen Lebensstil ausbilden und aufrechterhalten konnten.

Auf dem Gebiet der Seelsorge übernahmen sie bereits 1245 mit dem Oratorium des Siegfrieds die mit diesem verbundene „cura animarum" für die Familien der näheren Umgebung, die sie durch einen ihrer Brüder, der noch im 18. Jahrhundert als der Kurat bezeichnet wurde, ausführen ließen.[55] Eine weitere Inkorporation von Pfarrkirchen und ihre Pastorisierung ist dagegen nicht nachzuweisen, was bei der Lage des Klosters und der kirchlichen Organisation seiner Umgebung nicht überrascht. Die Möglichkeit der Frauenseelsorge und Hospitalfürsorge, die in anderen Häusern des Ordens bereitwillig aufgenommen wurde, scheint auf die Burloer Wilhelmiten keinen Reiz ausgeübt zu haben. Am 28. 12. 1329 suchten sechs miteinander verwandte Bocholter Frauen, die sich zu einer Gemeinschaft in „castitas et continentia" zusammengeschlossen und ihr Haus in Bocholt den Wilhelmiten zur Errichtung eines Hospitals vermacht hatten, bei ihnen Anschluß und seelsorgerische Betreuung.[56] Die Tatsache, daß die Beginengemeinschaft nicht lange bestand und von einem Hospital der Wilhelmiten in Bocholt nichts bekannt ist, mag genügen, um das geringe Interesse der Ordensleute an solchen Formen indirekter Seelsorge zu beweisen.[57] Auch für die Betreuung städtischer Bruderschaften, Zünfte und Gilden,

---

53 Groß-Burlo wird in einer Steuerliste von 1313 (WUB VIII, nr. 794; *A. Tibus*, 152) mit S. Ägidii in Münster, dem Stift Asbeck und dem Kloster Langenhorst gleichgestellt. Über das dabei angewandte Taxierungsverfahren: *U. Herzog*, Untersuchungen zur Geschichte des Domkapitels zu Münster und seines Besitzes im Mittelalter. Veröffentl. des Max-Planck-Institutes für Geschichte VI. Studien zur Germania Sacra 2, Göttingen 1961, 86-88

54 Nach den Ordenskonstitutionen (Bibl. Munc., Cambrai, MS 1124, fol. 255ᵛ) zählte Groß-Burlo zu Beginn des 14. Jahrhunderts 13 Frates. Aus den Urkunden des Klosterarchivs ergibt sich, daß diese Zahl in der Folgezeit meist unterschritten wurde.

55 Vgl. z. B. die aus dem Jahr 1718 stammende Totentafel im Kloster Groß-Burlo. *Breitenstein*, 40; *W. Rave- St. Selhorst*, 208.

56 UGB, 224, 60.

57 Diese Beginengemeinschaft ist sicher nicht, wie es *Fr. Reigers*, Beiträge zur Geschichte der Stadt Bocholt und ihrer Nachbarschaft, Bocholt 1891, 228, für möglich hält, mit dem „luttyken beckinenhues" identisch, aus dem das sog. Schwarze Kloster hervorging. Diese Gemeinschaft entstand schon vor dem 24. 3. 1310 (09), vgl. WUB VIII, 190, 538 und *A. Schmeddinghoff*, Werden und Wachsen der Stadt Bocholt bis 1600, Münsterland 1 (1922) 38.

die in vielen anderen Klöstern des Ordens wahrgenommen wurde, lassen sich keine Hinweise finden, was bei der stadtfernen Lage des Klosters nicht verwundert.[58] Erst 1477, nach dem Übertritt des Klosters in den Zisterzienserorden, errichtete Bischof Heinrich III. von Schwarzenburg in Groß-Burlo eine S. Paulusbruderschaft, bei der es sich jedoch um eine lockere Gebetsgemeinschaft westfälischer Adeliger handelte, nicht aber um eine Bruderschaft städtischen Charakters, die ständiger Betreuung bedurft hätte.[59]

Ähnlich wie zur Seelsorge scheinen die Burloer Wilhelmiten auch gegenüber dem Studium und der wissenschaftlichen Tätigkeit eine nur reservierte Haltung eingenommen zu haben. Der Konvent, dessen Prior 1341 als Definitor auf einem Provinzialkapitel in Walincourt bei Cambrai Maßnahmen unterstützte, die dem 1297 mit Hilfe Bonifaz' VIII. zur Erleichterung der Studien in Paris errichteten Wilhelmitenkloster ein Minimum an Einkünften sichern sollten,[60] scheint selbst nur höchst selten seine Konventualen an die Hochschulen entsandt zu haben, findet sich doch in den zugänglichen Matrikeln der in Frage kommenden Hochschulen nur ein einziger Student aus dem Groß-Burloer Wilhelmitenkloster.[61] Ein intensives Studium und ausgebreitetere Lehre als sie für Geistliche des späten und ausgehenden Mittelalters unerläßlich und für die Ausbildung der im Kloster selbst herangezogenen Novizen notwendig war, wird man daher kaum annehmen dürfen.

Als ihre eigentliche Aufgabe betrachteten die Wilhelmiten in Burlo das Gebet, das sie in Zeiten geregelten Klosterlebens Tag und Nacht nach den strengen und genau geregelten Vorschriften des bereits erwähnten „Liber ordinarius" vollzogen. Für Umfang, Dauer und Verbindlichkeit ihrer Gebetsverpflichtungen, die sie gegenüber dem westfälischen Adel, den Bürgern der benachbarten Städte und den Bauern des Landes eingegangen waren, ist es bezeichnend, daß der 1825 verstorbene letzte Prior von Burlo, Johannes Zumbusch, 451 Anniversarien und Memorien, die dem Hause bei seiner Säkularisation nach einer damals fast sechshundertjährigen Geschichte auferlegt waren, an den mit der Seelsorge in Burlo beauftragten Weltkleriker übertrug, der sie nach Prüfung der Rechtslage auf 88 „Meinungen" reduzieren konnte.[62]

Die von der Liturgie geformte Frömmigkeit der Burloer Wilhelmiten erhielt einen besonderen Akzent durch die Marienverehrung. Menricus hatte an ihre Niederlassung die Hoffnung geknüpft, daß sie in Burlo das Gotteslob „ob reverentiam matris Marie" darbrächten.[63] Er tat dies nicht vergebens. Im 14. Jahrhundert befand sich in der aus dem Oratorium des Siegfried hervorgegangenen Klosterkirche ein wahrscheinlich schon älterer Marienaltar, an dem auf Grund einer Stiftung vom 3. 2. 1398

---

58 1448 residierten in Borken die beiden Brüder Rudolf und Johannes (Arch. Anholt, Groß-Burlo, 18. 3. 1448). Es ist nicht bekannt, daß sie hier seelsorgerische Funktionen ausübten.

59 Arch. Anholt, Groß-Burlo, 29. 7. 1477.

60 Bibl. Mazarine, Paris, MS 544, fol. 132; Bibl. Munc., Cambrai, MS 1124, fol. 254ᵛ-255; Bibl. S. Geneviève, Paris, MS 1255, fol. 173.

61 *H. Keutgen* (Hrsg.), Die Matrikel der Universität Köln 1389-1599. Publ. der Gesellschaft für rheinische Geschichtskunde 8, Bonn 1892, I, 139.

62 *E. Breitenstein*, 42.

63 WUB III, 909, 1734; UGB, 214,4.

an drei Tagen in der Woche eine „missa de b. Virgine gloriosa" gelesen wurde.[64] Wie das Kloster, das in einer Urkunde vom 2. 1. 1290 als „monasterium b. Marie de Burloe" bezeichnet wird,[65] trug auch die Kirche selbst ein Marienpatrozinium. Sie wird am 24. 5. 1297 die „ecclesia b. Marie" genannt,[66] vielleicht wurde schon damals in ihr die in den Himmel aufgefahrene Gottesmutter verehrt, wie es im 18. Jahrhundert der Fall war.[67] Der ebenfalls marianische Verehrung verratende Weihename des Klosters ist schon eher als das Patrozinium der Kirche nachweisbar. Das Kloster wird nämlich am 28. 12. 1329 auf dem ersten überlieferten Abdruck des Konventsiegels, das die Annunziationsszene zeigt, „Hortus b. Mariae Virginis", Mariengarden, genannt,[68] eine Bezeichnung, die also nicht erst 1398[69] oder gar erst bei der Aufnahme des Klosters in den Zisterzienserorden angenommen wurde,[70] sondern sicherlich bis in die Anfänge zurückreicht, wie es ähnlich bei dem Kloster Klein-Burlo der Fall war, das seit seiner Erhebung zum Priorat bezeichnenderweise den Weihenamen „Vinea b. Mariae" trug. Die Marienverehrung der Burloer Wilhelmiten setzte eine schon von dem Priester Siegfried begründete Tradition fort – sein Oratorium wurde 1245 „locus b. Virginis in Buerloe" genannt[71] – und entsprach gleichzeitig einem Brauch des Ordens, der, wie es bei den Orden des 12. und 13. Jahrhunderts nicht selten war, Maria als besondere Patronin verehrte, zahlreiche Klöster nach ihr benannte und ihrem Kult in der Liturgie breiten Raum gewährte, so daß die mit besonderer Feierlichkeit begangenen Marienfeste die örtliche Marienverehrung bereicherten, ohne jedoch aus Burlo einen besonderen Marienwallfahrtsort zu machen, wie es bei zahlreichen anderen Wilhelmitenklöstern der Fall war.

Kontemplation und religiöse Verinnerlichung, die man am ehesten mit der Vorstellung von einem Orden verbindet, dessen Mitglieder sich Eremitenbrüder (Fratres Eremitae Ordinis S. Guilelmi) nannten, standen zweifellos ähnlich wie das Gebet im Mittelpunkt des klösterlichen Lebens. Sie entziehen sich jedoch mehr noch als das Gebet der Feststellbarkeit. Ihnen fehlt, von den im Tagesablauf dem „Silentium" vorbehaltenen Zeiten abgesehen, die institutionelle Form, die das Gebet in der Liturgie gefunden hat, sowie die schriftliche Fixierung, durch die Gebetsverpflichtungen in Urkunden, Memorienbüchern und ähnlichen Dokumenten überliefert wurden. Da die Wilhelmiten generell an schriftstellerischen Begabungen arm waren und keine nennenswerten asketischen Autoren hervorbrachten, bliebe nur die Untersuchung der in ihren Bibliotheken enthaltenen asketischen Literatur anderer Provenienz, um Einblick in die Art zu gewinnen, in der in ihrem Orden die introvertierteste Form religiöser Kultur ausgebildet war.[72] Dieser Weg kann bei

---

64 UGB, 236, 123. Eine ähnliche Stiftung zu Ehren Mariens vom 10. 10. 1391, UGB, 234, 114.
65 WUB III, 930, 1780; UGB, 218,30. Vgl. auch WUB III, 913-14, 1742; UGB, 215, 9.
66 WUB III, 937, 1792; UGB, 219, 35.
67 *E. Breitenstein,* 2
68 Arch. Anholt, Groß-Burlo, an Urk. vom 28. 12. 1329; UGB, 224, 60. Weitere jüngere Siegelabbildungen in *W. Rave – St. Selhorst,* 209 und im Bildarchiv des Landeskonservators in Münster.
69 *E. Breitenstein,* 2; *Fr. Darpe, CTW VII,* 135.
70 *A. Tibus,* 1056; Grimmelt, 71.
71 WUB III, 909, 1734; UGB 214, 4.
72 Die auf dem aus dem Jahr 1728 stammenden Klosterplan (*W. Rave–St. Selhorst,* 197)

einigen französischen und belgischen Klöstern, deren Bibliotheken oder Bibliothekskataloge erhalten blieben, begangen weden; im Falle der Burloer Wilhelmiten ist er versperrt, da die erhaltenen Bestände der Bibliothek Groß-Burlos[73] ähnlich wie die Reste der Bibliothek seiner Tochtergründung Klein-Burlo[74] aus der Zeit stammen, in der die Klöster bereits dem Zisterzienserorden angehörten, die älteren wilhelmitischen Bestände jedoch vernichtet bzw. unauffindbar verstreut sind.[75] Bei diesem Mangel an handgreiflichen Quellen für die Bedeutung des kontemplativen Lebens in den Klöstern Groß- und Klein-Burlo gewinnt die Tatsache, daß einige Burloer Mönche im 15. Jahrhundert, in einer Zeit fortgeschrittener Auflösung der Ordenseinheit und fast völliger Erschlaffung der monastischen Disziplin, die Wiederherstellung eines sinnvollen und geregelten Ordenslebens nur durch Anschluß an die Reformkongregation von Sibculo erreichen zu können glaubten, an Gewicht. Dieser Schritt bedeutete nämlich nicht einfach den Eintritt in den Zisterzienserorden und nicht etwa nur die Unterstellung unter den Abt von Kamp, wie es in der Literatur zur Geschichte beider Klöster dargestellt wird, sondern die Übernahme einer unter den besonderen Bedingungen der niederländischen Reformbewegung des 14. und 15. Jahrhunderts zustandegekommenen Spielart zisterziensischen Lebens, deren Grundzug neben der Armut und dem Gebet in erster Linie die weltabgewandte Beschaulichkeit war.

## IV.

Die den Ordenswechsel der westfälischen Wilhelmiten voraufgehenden Verfallserscheinungen stehen in engem Zusammenhang mit der bereits in der Mitte des 14. Jahrhunderts anhebenden Auflösung der erst kurz zuvor gefestigten Ordenseinheit, die selbst wiederum in der Eigenart und Geschichte des Ordens selbst begründet ist.[76] Das beschauliche, im wesentlichen auf Kirche und Kloster beschränkte Leben der

abgebildete Inselgruppe mit alleinstehenden Hütten, von denen man annehmen darf, daß in ihnen wenigstens zeitweilig eine Art vita solitaria geführt wurde, wird fast allgemein als ältester Bestandteil der Klosteranlage angesehen und als Eigentümlichkeit der Wilhelmiten bezeichnet. Sie ist jedoch keineswegs für diesen Orden charakteristisch. Wahrscheinlich wurde sie erst im Zusammenhang mit der Inclusiobewegung nach der Übernahme des Klosters durch die Zisterzienser angelegt. Über diese für die Ordensgeschichte des 15. Jahrhunderts interessante Erscheinung hoffe ich an anderer Stelle ausführlicher berichten zu können.

73 Die Reste der im 16. Jahrhundert dezimierten Klosterbibliothek (*W. E. Schwarz*, Hrsg., Die Akten der Visitationen des Bistums Münster aus der Zeit Johanns von Hoya (1571/73), Die Geschichtsquellen des Bistums Münster VII, Münster 1913, III) befinden sich größtenteils in der Bibliothek des Schlosses Anholt: *L. Schmitz-Kallenberg*, Inventare der nichtstaatlichen Archive der Provinz Westfalen I, 2: Kreis Borken, Münster 1901, 25-28. Vgl. auch: *M. E. Kronenberg*, Catalogus van de Incunabelen uit de Athenaeum-Bibliotheek te Deventer, Deventer 1917, 82, nr. 183.

74 Pastorat St. Nikomedes, Borghorst. Ein Katalog von 1804: Fürstl. Salm-Horstmarsche Kammer, Coesfeld, Rheingräfl. Kammerrep: Rech. XXIII, Lit. Xd, nr. 11.

75 Aus Groß-Burlo stammten die Codices 5 und 16 der Universitätsbibliothek Münster (*J. Staender*, Chirographorum in Regia Bibliotheca Paulina Monasteriensi Catalogus, Breslau 1889, 2, 39). Es ist nicht mehr festzustellen, ob sie bereits in der wilhelmitischen Periode des Hauses der Klosterbibliothek angehörten.

76 Vgl. zum folgenden Abschnitt: *K. Elm*, Beiträge zur Geschichte des Wilhelmitenordens, 99ff.

Wilhelmiten, das durch den Verzicht auf ausgebreitete Seelsorge und intensives Studium Gemeinschaftsunternehmungen wie die Errichtung und Erhaltung eines Studiensystems, überflüssig machte, ließ eine umfassende Ordensorganisation als unnötig erscheinen. Es förderte die Selbständigkeit der Konvente und schwächte das Gefühl für die Gemeinsamkeit. Diese der Ordensspiritualität immanente Tendenz, die in der Frühzeit des Ordens den Zusammenschluß hinausgeschoben hatte und die Konvente in Zeiten des Nieberganges an den Rand der Anarchie brachte, wurde durch ungünstige geographische Verhältnisse noch verstärkt. Die Expansion in der Mitte des 13. Jahrhunderts hatte das zahlenmäßige Schwergewicht des Ordens von der Toskana nach Nordwesteuropa verlegt und die Ordensleitung in dem abgelegenen Malavalle vor eine Aufgabe gestellt, mit der sie nicht fertig wurde. Bei der weiten Entfernung von der Toskana verbanden sich die fast zur gleichen Zeit entstandenen und eng miteinander verknüpften Häuser der französischen und deutschen Provinz zu einer Interessengemeinschaft, der es im Laufe des 13. und 14. Jahrhunderts gelang, dem Ordensgeneral und der toskanischen Provinz zahlreiche Rechte zu entreißen. Diese durch äußere Bedingungen hervorgerufene Verselbständigung der nördlichen Provinzen wurde durch die weitere Entwicklung der italienischen Ordensprovinz noch verstärkt. Als sich im letzten Viertel des 13. Jahrhunderts im Norden die Ausbreitung verlangsamt hatte, begann in ihr eine Blütezeit. Vor allem unter Honorius IV. vermehrte sich die bis dahin geringe Zahl ihrer Mitglieder beträchtlich. Im Unterschied zu den im 13. Jahrhundert nördlich der Alpen entstandenen Klöstern handelte es sich bei den hinzukommenden Niederlassungen jedoch nicht um Neugründungen, sondern um alte Benediktinerabteien, die dem Orden zur Reform übertragen wurden. Das Gewicht ihrer reichen und alten Tradition hatte nicht nur eine Veränderung der den Wilhelmiten eigentümlichen eremitischen Spiritualität, sondern auch eine schwerwiegende Lähmung ihrer Organisation zur Folge. Die Äbte der inkorporierten Abteien erlangten auf Grund ihrer alten Privilegien eine Sonderstellung, die ihnen nicht nur gestattete, die Macht des Generalpriors einzuschränken, sondern ihn darüberhinaus bei der Ausübung seiner über die Grenzen Italiens hinausgehenden Aufgaben in einem für den Orden abträglichen Sinne zu beeinflussen, was zu einer weiteren Vertiefung der Kluft zwischen den südlichen und nördlichen Klöstern führte. Dem auf vielfältige Weise von den jüngeren nördlichen und den älteren italienischen Klöstern auf ihn ausgeübten Druck vermochte das Ordensoberhaupt nicht standzuhalten. Um 1340 hörten nach einem letzten vergeblichen Versuch, die Ordenseinheit zu erhalten, die gemeinsamen Generalkapitel auf, so daß das Mutterhaus und der hier residierende Generalprior keine Möglichkeit mehr hatten, auf den gesamten Orden Einfluß auszuüben. Gelegentlich tauchte zwar noch im 16. und 17. Jahrhundert nördlich und südlich der Alpen die Bezeichnung Generalprior auf, tatsächlich war aber mit ihr keine Macht über den ganzen Orden verbunden, da die beiden jüngeren Provinzen bereits im 14. Jahrhundert ihre Autonomie rechtlich gesichert hatten, indem sie dem von den Prioren in regelmäßigem Turnus gewählten Provinzialprior die bisher vom Generalprior ausgeübten Rechte übertrugen. Die französische Provinz, der neben den französischen, belgischen und niederländischen Häusern auch die deutschen Klöster Grevenbroich, Düren, Groß- und Klein-Burlo angehörten, versuchte nach der Auflösung der italienischen Provinz im 15. und 16. Jahrhundert und nach der schwerwiegenden Dezimierung der deutschen Provinz durch die Reformation wiederholt die Rolle der Mutterprovinz zu übernehmen und die Einheit des Ordens wiederherzustellen, was jedoch genauso wenig gelang wie die Aufrechterhaltung einer dauernden und wirksamen Kontrolle über die ihr tatsächlich zugehörenden Häuser. Als um die Wende zum 19. Jahrhundert auch ihre letzten von der Reformation und den josephinischen Aufhebungsdekreten verschonten Mitglieder der Französischen Revolution und ihren Folgen zum Opfer fielen, war der endgültige Zerfall erreicht und das Schicksal des Ordens besiegelt.

## V.

Die beiden westfälischen Klöster waren an dem langen Auflösungsprozeß ihres Ordens und seiner französischen Provinz nur relativ kurze Zeit beteiligt. Noch bevor das 1516 zerstörte Kloster Paradies bei Düren aufgehoben[77] und dessen Tochtergründung Grevenbroich 1628 der Filiation der Zisterzienserabtei Kamp inkorporiert wurde,[78] hatten ihre Bewohner den Wilhelmitenorden verlassen und bei den Zisterziensern Anschluß gefunden. Diesem Schritt war eine Periode des Verfalls und eine Zeit mühseliger Reformversuche vorausgegangen, von der der Bischof von Münster, Heinrich II. von Moers, nicht mit Unrecht behauptete, sie sei auf das eben geschilderte Versagen der Ordensleitung zurückzuführen.[79] Der in der Tat nicht nur bei den Wilhelmiten, sondern seit dem 14. Jahrhundert in fast allen Orden zu beobachtende Niedergang hatte um die Wende zum 15. Jahrhundert auch im Kloster Groß-Burlo um sich gegriffen. Die Liturgie wurde nicht mehr regelgerecht vollzogen, die Kleidervorschriften blieben unbeachtet, Sitte und Ordensdisziplin wurden nicht mehr aufrechterhalten und die Besitzsubstanz in erheblichem Umfang angegriffen. Da die Prioren selbst nicht in der Lage waren, dem Verfall entgegenzuwirken, ihn vielmehr durch ihre laxe Amtsführung und wenig vorbildliches Leben beschleunigten, sah sich die französische Provinz gezwungen, auf die in den Konstitutionen vorgesehene Weise in die inneren Verhältnisse des Klosters einzugreifen. Am 17. April 1407 beschloß das im Kloster La Motte bei Lüttich versammelte Provinzialkapitel, das Kloster in Burlo durch die mit umfassenden Vollmachten ausgestatteten Prioren Heinrich von Düren und Hermann von Grevenbroich visitieren und reformieren zu lassen. Die beiden „commissarii" begannen am 26. Juni ihren Versuch, die Burloer „ad regulam S. Benedicti patris nostri et ordinis instituta" zurückzuführen. Ihre entscheidendste Maßnahme bestand in der Verselbständigung des Klosters Klein-Burlo, dem sein liegender Besitz zugesprochen und ein bestimmter Teil der Mobilien, speziell des Kultgerätes, von Groß-Burlo vertraglich zugestanden wurde. Die Erhebung Klein-Burlos zu einem Priorat wird im Visitationsprotokoll von 1407 als ein Beitrag „in augmentum divini cultus" bezeichnet.[80] Wahrscheinlich spielte jedoch auch der Gedanke eine Rolle, daß auf diese Weise sowohl die Konventualen als auch der Besitz Klein-Burlos davor bewahrt würden, in den Sog des Verfalls, von dem das Mutterhaus ergriffen war, einbezogen zu werden. Zur inneren

---

77 *J. K. Blom*, Studien zur Geschichte des ehemaligen Wilhelmitenklosters „Zum Paradies" vor Düren, Annalen des Hist. Vereins f. d. Niederrhein 159 (1957) 48-125.

78 *H. H. Giersberg*, Geschichte der Pfarreien der Erzdiözese Köln: Dekanat Grevenbroich, Köln 1883, 134; *K. Elm*, Zisterzienser und Wilhelmiten, 502-504.

79 Vgl. Anm. 108.

80 Arch. Anholt, Groß-Burlo, 27. 7. 1407 (vgl. Anm. 46).

Sanierung des Klosters diente die in der Visitationsakte von 1407 nicht erwähnte, auf jeden Fall vor 1434 vollzogene Absetzung des Priors Hermann Zevecker.[81] Er wurde vom Provinzialprior seines Amtes enthoben, weil ihm offensichtlich die schlimmsten Verfallserscheinungen zur Last gelegt werden konnten. Die Reformmaßnahmen der Ordensleitung beseitigten die unerträglichsten Verfallssymptome, zu einer tiefgreifenden Reform führten sie jedoch nicht. Den Versuch einer solchen Reform machte erst der vor 1434 gewählte Prior Heinrich Lischop (Lyschop). Die Reaktion auf seine Forderung, zur alten strikten Observanz zurückzukehren, zeigt, wie weit man in Burlo auch nach der Visitation von 1407 und der Absetzung des Priors Hermann von der „primeva institutio" entfernt war. Bis auf einen lehnten es alle Konventualen ab, sich den Reformforderungen ihres Priors zu unterwerfen. Sie zogen es vor, in andere Klöster ihres Ordens umzuziehen oder sich mit Zustimmung des Bischofs an anderen Orten der Diözese Münster niederzulassen. Dem Prior Heinrich Lischop bot der Abzug der Konventualen die Chance, den Konvent von Grund auf neu und nach den ursprünglichen Statuten wiederaufzurichten. Er nützte sie, indem er nur solche Novizen in den Konvent aufnahm, die sich seinen Reformforderungen unterwarfen. Zu einem wirklich ungestörten Wachstum ließen es jedoch die auswärtigen Professen nicht kommen. Sie bereuten schon bald ihre Sezession und forderten, wieder in den Konvent aufgenommen zu werden. Als Lischop jedoch von ihnen verlangte, sich zuvor der Reform zu unterwerfen, begannen sie gegen den Reformator mit solchem Erfolg zu agitieren, daß sie nicht allein die umliegenden Klöster, sondern auch die oberen Ordensinstanzen gegen ihn einnehmen konnten.[82] Gegen die Angriffe der reformunwilligen, von den Ordensoberen gestützten Konventualen suchte Lischop die Unterstützung der damals höchsten kirchlichen Instanz, des seit 1431 tagenden Basler Konzils. Da eine Appellation an den Generalprior des Ordens wegen der geschilderten Auflösung der Ordenseinheit sinnlos gewesen wäre, erhoffte er von hier eine Klärung seiner Lage und Hilfe bei seinen Reformbemühungen. Er fand bei den Konzilvätern und ihrem Präsidenten, dem 1431 von Eugen IV. zum apostolischen Legaten in Deutschland ernannten Kardinaldiakon Giuliano Cesarini ein offenes Ohr. Am 15. bzw. 17. April 1434 beauftragten der Kardinal und die Synode in fast gleichlautenden Bullen den Prior Wilhelm von Windesheim, den ihnen von Lischop vorgetragenen Fall zu prüfen und geeignete Maßnahmen zu treffen.[83] Die Anweisungen, die das Konzil selbst für die Lösung gab – die Reformunwilligen sollten finanziell abgefunden, das Haus vor „molestatores" geschützt werden –, lassen keinen Zweifel daran, auf welche Seite sich das Konzil und der durch zahlreiche persönliche Eingriffe und administrative Maßnahmen um die Klosterreform verdiente Kardinal Cesarini stellten. Lischop hatte jedoch noch lange zu warten, bis ihm die Unterstützung der höchsten kirchlichen Instanz zuteil wurde. Der Prior von

---

81 Nach *E. Breitenstein*, 21, fand die 1434 mehrfach erwähnte (vgl. Anm. 83) Absetzung schon 1407 statt. Das ist zwar urkundlich nicht zu belegen, doch nicht unwahrscheinlich, da die beiden Prioren von Düren bzw. Grevenbroich ausdrücklich vom Provinzial ermächtigt worden waren, eine solche Absetzung vorzunehmen.

82 Vgl. Anm. 83.

83 Arch. Anholt, Groß-Burlo, 15. 4. 1434 (*G. Cesarini*), 17. 4. 1434 (Basler Konzil). Zur Reformtätigkeit des Konzils und seines Präsidenten: *E. Bursche*, Die Reformarbeit des Basler Konzils, Basel 1921; *P. Becker*, Giuliano Cesarini, Kallmünz 1935; *R. Mols*, DHGE 12 (1953) 229-30.

Windesheim führte seine Beauftragung nämlich nicht aus, sondern zögerte sieben Jahre, bis er sich am 22. September 1441, als das Konzil schon beendet war, entschloß, seine Delegation an den schon in der Bulle des Konzils als Subdeputatus bestellten Levoldus Perlin zu übertragen.[84] Der Windesheimer Prior begründete die Übertragung der Delegation mit den „necessariae causae et utilitates ordinis nostri et domorum nostrarum", die ihn daran hinderten bzw. gehindert hätten, seinen Auftrag persönlich auszuführen. Diese Entschuldigung hat sicher eine gewisse Berechtigung, denn in der Tat verlangte die Leitung der wachsenden Windesheimer Kongregation die volle Aufmerksamkeit ihres Priors.[85] Aber andererseits erscheint die Säumigkeit bei der Ausführung eines Auftrages des von den Windesheimern begrüßten Konzils unverständlich,[86] wenn man daran denkt, daß es sich nicht um irgendeinen Prior, sondern um Wilhelm Vornken handelte, der nicht nur im Ruf eines besonders strengen und peinlich geordneten religiösen Lebens stand, sondern immer darauf bedacht war – wie Johannes Busch bezeugt – die „sibi commissa" zu bedenken und auszuführen.[87] Wir müssen also fast annehmen, daß sich der vierte Prior von Windesheim, der sonst so bereit war, auch Klöster, die nicht der Kongregation angehörten und außerhalb der Niederlande lagen, zu reformieren, im Falle der Wilhelmiten für inkompetent hielt oder durch andere Kräfte und Überlegungen an ihrer Reform gehindert wurde. Weniger vieldeutig verhielt sich Levoldus Perlin. Nach seiner aufgrund der „preces primariae" Kaiser Sigismunds erfolgten Einsetzung als Dekan von S. Ludgeri in Münster hatte er schon in zahlreichen Fällen als Beauftragter der Kurie und des Konzils Entscheidungen gefällt und Kompromisse geschlossen, so daß es ihm weder an Erfahrung noch Entschlußkraft mangelte.[88] Bereits eine Woche nach seiner Beauftragung, am 28. 9. 1441, traf er nach Anhörung des Priors von Burlo seine Entscheidung, die eindeutig im Sinne des Reformers ausfiel.[89] Er billigte seine Reformbestrebungen und wandte sich scharf gegen seine Widersacher. Er verbot dem Provinzialprior der französischen Provinz sowie allen anderen Ordensinstanzen, das Burloer Kloster zu belästigen, und untersagte ihnen,

---

84 Arch. Anholt, Groß-Burlo, 22. 9. 1441 (in Urk. des L. Perlin, Dekan v. S. Ludgeri in Münster, vom 28. 9. 1441)

85 *J. G. R. Acquoy*, Het klooster te Windesheim en zijn invloed, Utrecht 1875-1880, II, 106-110. Weitere Lit: *W. Jappe Alberts*, Zur Historiographie der Devotio Moderna und ihrer Erforschung, Westf. Forschungen 11 (1958) 11-67, und in: *F. Petri–W. J. Alberts*, Gemeinsame Probleme deutsch-niederländischer Landes- und Volksforschung, Bijdragen van het Inst. voor Middeleeuwse Gesch. der Rijksunivers. te Utrecht XXXII, Groningen 1962, 144-71.

86 *S. van der Woude* (Hrsg.), Acta Capituli Windeshemensis. Kerkhistorische Studien behorende bij het Nederlands Archief voor Kerkgeschiedenis 6, Den Haag 1953, 26-27, 29-32, 34.

87 *K. Grube* (Hrsg.), Des Augustinerpropstes Johannes Busch „Chronicon Windeshemense" und „Liber de reformatione monasteriorum", Geschichtsquellen der Provinz Sachsen 19, Halle 1886, 137ff., 328ff.; *W. Jappe Alberts-A. L. Hulshoff* (Hrsg.), Het Frensweger Handschrift. Teksten en Dokumenten 1, Groningen 1959, 129ff.

88 Vgl. über seine Tätigkeit im Auftrage des Basler Konzils u. a.: *Fr. Reigers*, Geschichtliche Nachrichten über die Kirche Unserer Lieben Frau ... in Bocholt, Münster 1885, 52; *Ders.*, Der Bocholt-Werther Parrochialstreit und der „Schmale Zoll" in Bocholt nebst einigen Vorbemerkungen über die Herrschaft Werth, WZ 45 (1887) 29ff.; *Fr. Wertebach*, Geschichte des Kollegiatstiftes zum hl. Ludgerus zu Münster, Diss. Münster [1939] 104; *K. A. Fink* (Hrsg.), Repertorium Germanicum IV, 3, Berlin 1958, 2610-11.

89 Arch. Anholt, Groß-Burlo, 28. 9. 1441.

von den in den Konstitutionen des Ordens vorgesehenen Eingriffsrechten Gebrauch zu machen, wenn sich die Provinz nicht selbst der Reform unterwürfe. Kraft seines Amtes ordnete er an, daß diese Entscheidung innerhalb eines bestimmten Zeitraumes an der Kirche des Klosters in Huybergen, dessen Prior Jodocus van Eecheren damals das Amt des Provinzialpriors bekleidete,[90] bekannt gemacht und ihre Mißachtung bestraft werden solle. Die Erwartung, daß sich auch die übrigen Klöster der französischen Provinz der Reform unterwürfen und Burlo auf diese Weise wieder in den Ordensverband zurückkehren könne, erwies sich zunächst als aussichtslos. Obwohl das Basler Konzil drei Ordenspriorem, unter ihnen möglicherweise auch den Prior von Burlo, mit der Reform der in den Diözesen Lüttich und Köln gelegenen Häuser, namentlich Baseldonck, Bernardfagne, Grevenbroich und Düren, beauftragt hatte, zeigte sich hier kein bemerkenswerter Erfolg.[91]

Anders als die deutsche Provinz, in der der Provinzialprior Johannes Wachsmann aus Straßburg im Auftrage des Konzils und mit Unterstützung des Reformabtes von St. Matthias in Trier, Johannes Rode, und des Priors der württembergischen Kartause Christgarten Reformmaßnahmen ergriff,[92] blieb in der französischen Provinz der Zustand vorläufig unverändert. Während z. B. das zur deutschen Provinz gehörende hessische Kloster Witzenhausen sich in der ersten Hälfte des 15. Jahrhunderts als fähig erwies, in der Grafschaft Waldeck das Kloster Freienhagen zu gründen[93] und in Lippe für kurze Zeit das Zisterzienserinnenkloster Lilienthal als weitere westfälische Niederlassung ihres Ordens zu übernehmen,[94] und sich auch unter den thüringisch-sächsischen Klöstern des Ordens Reformbemühungen bemerkbar machten,[95] war hier die Kraft schon länger erlahmt. Daß sich die Mißbräuche eingebürgert hatten und die laxere Observanz als selbstverständlich angesehen wurde, beweist der Ausgang der Reformbemühungen des Aalster Priors Joes van der Haghen. Er wandte sich 1447 nach Rom, um von hier Anweisungen und Legitimation zu erlangen für „een nieuwe reformatie ende maniere van leven". Als er die Reform durchzusetzen und die neue Lebensweise einzuführen versuchte, mußte er jedoch ähnliche Erfahrungen machen wie sein westfälischer Ordensbruder Heinrich Lischop. Die Konventualen rebellierten gegen sein Regiment. Sie stießen damit bei den übrigen Mitgliedern der Provinz keineswegs auf Widerstand, sondern fanden deren Unterstützung gegen die unbe-

---

90 *G. C. A. Juten*, Lijst der Priors van Huybergen, Taxandria. Tijdschrift voor Noordbrabantsche Geschiedenis en Volkskunde 12 (1905) 82.

91 Bibl. Munc., Cambrai, MS 1124, fol. 215, 195$^v$; *J. Haller,* Concilium Basiliense, Basel 1900, III, 443-45.

92 Anm. 91 und *J. Truttmann-A. M. Burg*, L'Ordre des Guillelmites en Alsace, Archives de l'Eglise en Alsace NS 2 (1947/48) 173-204.

93 *W. Dersch*, Hessisches Klosterbuch, ²Kassel 1940, 30; *U. Bockshammer*, Ältere Territorialgeschichte der Grafschaft Waldeck, Schriften des Hessischen Amtes für Geschichtliche Landeskunde 24, Marburg 1958, 79.

94 *H. U. Weiss*, Die Kreuzherren in Westfalen, Diss. Münster 1958, 218-21 und Clairlieu 20-21 (1962-63) 219-222; *E. Kittel*, Das Kreuzherrenkloster Falkenhagen. Dona Westfalica. Georg Schreiber zum 80. Geburtstag dargebracht von der Historischen Kommission Westfalens. Schriften der Historischen Kommission Westfalens 4, Münster 1963, 137-61, bes. 141.

95 *W. Rein*, Der Wilhelmiterorden in den sächs. Ländern, Archiv für sächs. Geschichte 3 (1865) 187-202.

queme Unruhe des Joes van der Haghen.⁹⁶ Der Ausgang seiner Reform war ein Mißerfolg und Erfolg zugleich. Es gelang von Aalster Konventualen 1448 einen neuen, ihnen genehmen Prior zu wählen. 1461 aber zogen Wilhelmiten aus Aalst nach Beveren, um hier mit Zustimmung des Provinzials und der zuständigen kirchlichen Instanzen ein älteres inzwischen verwahrlostes Hospital nach der Regel des Wilhelmitenordens zu übernehmen.⁹⁷ Diese späte Frucht des zunächst mißlungenen Reformunternehmens war um diese Zeit nicht mehr vereinzelt. Bereits um 1451 setzten auch anderswo in der französischen Provinz, z. B. in Walincourt bei Cambrai⁹⁸ und in Düren, Reformbestrebungen ein,⁹⁹ die z. T. durch Nikolaus von Kues und die von ihm beauftragten Kartäuserpriorren von Heerne und Düren gefördert wurden. Gegen Ende des Jahrhunderts war auch in der französischen Provinz wie in den deutschen Klöstern wenigstens das Bemühen um eine Besserung so stark, daß Reformatoren aus den zur französischen Provinz gehörenden niederländischen Klöstern sich des reformbedürftigen Wilhelmitenklosters in Limburg annehmen konnten.¹⁰⁰ Die späte und bald wieder welkende Blüte der französischen Provinz kam für den ersten und gewissermaßen zu frühen Reformversuch des Burloer Klosters zu spät. Die kirchlichen Instanzen hatten hier 1441 den Reformern die bemerkenswerte Chance gegeben, auf sich allein gestellt gegen den Willen und Widerstand ihrer Superioren und Mitbrüder ein neues Ordensleben zu beginnen und durch ihr Beispiel den Orden selbst zu erneuern. Diese Gelegenheit, die aus dem westfälischen Wilhelmitenkloster im engeren Bereich seines Ordens ein zweites Bursfeld hätte werden lassen können, wurde nicht genützt. Die Wilhelmiten von Burlo und ihr Reformprior brachten nicht die Kraft auf, von sich aus und ohne Anlehnung an gleichgesinnte Ordenshäuser die „primeva institutio" ihres Ordens wiederherzustellen. Sie suchten stattdessen anderswo Unterstützung und Führung. Bereits vor 1423, also über zehn Jahre vor ihrer Appellation an das Basler Konzil, hatten sie diesen Weg zu einer Reform zu gehen versucht. 1423 nämlich beauftragte das Generalkapitel des Zisterzienserordens die Äbte von Marienfeld und Menterna sowie den Prior von Sibculo, den Antrag der Wilhelmiten von Burlo, die in den Zisterzienserorden aufgenommen werden wollten, zu prüfen und ihre Inkorporation so schnell wie möglich zu vollziehen, damit dem neu aufgenommenen Kloster die Privilegien und Rechte des Zisterzienserordens übertragen werden könnten.¹⁰¹ Dieser Auftrag wurde zunächst nicht ausgeführt. Die Wilhelmiten von Burlo

---

96 *P. van Nuffel*, De Sterheeren van Aalst, Merchtem 1926, 10ff.; *Pr. Janssens*, Die Wilhelmieten te Aalst, Het Land van Aalst 13 (1961) 7-8.

97 *R. Pijpers*, Geschiedkundige Schetsen uit Beveren Waas: Het Wilhelmietenklooster te Beveren, Beveren 1911, 8; *Pr. Janssens*, Die Wilhelmiten te Beveren-Waas, Annalen van den Oudheidkundigen Kring van het Land van Waas 64 (1961) 261-64.

98 Bibl. Munc., Cambrai, MS 1283, fol. 2.

99 Bibl. Mazarine, Paris, MS 544, fol. 133.

100 *H. Otto*, Die St. Annakirche zu Limburg als Wilhelmiten- und Hospitalkirche, Limburg 1918, 25-26; *W. H. Struck* (Hrsg.), Das St. Georgstift, die Klöster, das Hospital und die Kapellen in Limburg a. d. Lahn, Quellen zur Geschichte der Klöster und Stifte im Gebiet der mittleren Lahn bis zum Ausgang des Mittelalters I., Veröffentl. der Hist. Kommission für Nassau 12, Wiesbaden 1956, 639-50; Ders., Nassauische Annalen 74 (1963) 248-249.

101 *J. M. Canivez* (Hrsg.), Statuta Capitulorum Generalium Ordinis Cisterciensis, Löwen 1936, IV, 265; *Fr. Winter*, Die Cistezienser des nordöstlichen Deutschland, Gotha 1871, III, 86.

verzichteten darauf, sich — wie es ihnen das Generalkapitel nahegelegt hatte — einen Vaterabt auszusuchen und Zisterzienser zu werden. Alle drei in diesem Zusammenhang genannten Klöster, Marienfeld,[102] Menterna[103] und Sibculo,[104] waren zu Beginn des 15. Jahrhunderts nach Zeiten des Niederganges durch tüchtige und strenge Äbte zu observantem Leben zurückgeführt worden, so daß sie die erwünschte Hilfe bei einer Reform hätten leisten können. An ihnen kann der erste Annäherungsversuch zwischen den Wilhelmiten und den Zisterziensern nicht gescheitert sein. Die Gründe dafür müssen anderer Natur gewesen sein, über die man nur Vermutungen anstellen kann. Erfolgreicher war dagegen der zweite Versuch, von den Zisterziensern die Unterstützung zu erhalten, die der eigene Orden und seine Oberen versagten. Am 10. Oktober 1444 erklärten der Prior Heinrich Lischop, der Subprior Wilhelm, der Cellerar Tritus, die Brüder Lambert, Petrus Gobelinus, Adrian, Rudolf und Johann aus Groß-Burlo zusammen mit dem Prior Johannes und dem Frater Arnold als den Vertretern von Klein-Burlo ihren Willen, aus dem Wilhelmitenorden auszutreten und sich dem Zisterzienserorden, genauer der Gemeinschaft der Klöster von Sibculo, Ijsselstein und Warmond, anzuschließen, ihrer Observanz zu folgen und sich ihrer gegenseitigen Visitation zu unterwerfen.[105] Sie begründeten ihren Entschluß damit, daß sie keinen anderen Weg sähen, die von ihnen abgelegten monastischen Gelübde zu erfüllen, da sie in ihrem Orden selbst des „auxilium" und „consilium" entbehrten. Noch bevor sie sich am 27. November noch einmal die formelle Zustimmung der Prioren Nikolaus von Ijsselstein, Johann von Sibculo und Gisbert von Warmond bescheinigen ließen,[106] bemühten sie sich um das Einverständnis der zuständigen kirchlichen Instanzen. In Münster zögerte man nicht, es zum Ausdruck zu bringen. Der Dekan und das Kapitel der Domkirche lobten am 12. 11. 1444 den Entschluß der Wilhelmiten[107] und verurteilten ähnlich wie Bischof Heinrich II. von Moers, der schon am 25. 10. 1444 sein Placet gegeben hatte,[108] die mangelnde Aufsicht der Ordensoberen, die die Schuld trügen, durch ihr schlechtes Beispiel die Sitten in Burlo verdorben zu haben. Die Zustimmung der höchsten Instanz, der Kurie in Rom, ließ jedoch einige Jahre auf sich warten.

Am 11. November 1447 erfolgte sie dann umso nachdrücklicher. In einer an den Abt von Kamp, Heinrich von Kniephausen, gerichteten Bulle billigte Nikolaus den Übertritt und bestätigte damit die von den Burloern in ihrer Supplik geäußerte Ansicht, „quod dicta monasteria ad perfectum religionis statum aliis ac commodioribus et acceptioribus viis, mediis ac modis pertinere non possunt."[109] Er beauftragte

---

102 *Fr. Zurbonsen* (Hrsg.), Das „Chronicon Campi S. Mariae" in der ältesten Gestalt (1185-1422). Münsterische Beiträge zur Geschichtsforschung 5, Paderborn 1884, 61-62; *H. Strenger*, Geschichte des Klosters Marienfeld. Wirtschafts- und rechtsgeschichtliche Studien, Gütersloh 1913, 27ff.

103 *M. Schoengen*, Monasticon Batavum, Amsterdam 1942, III, 82, 115; *A. Willebrands*, De S. Benedictus Abdij te Menterna, Cîteaux in de Nederlanden 7 (1956) 214-223.

104 Vgl. Anm. 115.

105 Arch. Anholt, Groß-Burlo, 10. 10. 1444.

106 Ebd., 27. 11. 1444.

107 Ebd., 12. 11. 1444.

108 Ebd., 25. 10. 1444, über die Reformfreudigkeit Bischof Heinrichs und seines Nachfolgers: *H. Börsting-A. Schröer*, 104-105.

109 Ebd., 11. 11. 1447.

den Abt von Kamp, die Transferierung des Klosters in die Gemeinschaft der drei seiner Filiation angehörenden Klöster vorzunehmen, wenn nötig den bisherigen Prior abzusetzen, das Recht der Visitation wahrzunehmen und die Klöster, die den Status eines Priorates annehmen sollten, an den Rechten und Freiheiten des Zisterzienserordens teilnehmen zu lassen. Nachdem der Abt von Kamp am 25. Februar 1448 den Burloer Wilhelmiten die päpstliche Entscheidung mitgeteilt und sich noch einmal ihrer Entschlossenheit zum Ordenswechsel versichert hatte,[110] bestimmte er am 12. März den Dienstag nach Palmsonntag als den Termin für die endgültige Aufnahme in den Orden.[111] Die Wilhelmiten bereiteten die Übergabe dadurch vor, daß sie die auswärtigen Professen, die beiden in Borken residierenden Brüder Rudolf und Johannes, in das Mutterhaus bestellten und neben anderen Zeugen den Kanoniker Johannes Molner von S. Remigius in Borken und den Propst Gerhard Negheler aus dem Frauenkloster S. Katharina in Doesburg als Notar bzw. Prokurator bestellten. Nachdem am festgesetzten Tage zunächst „in capitulo" das eigentliche, von dem Notar Johann Molner in zwei Notariatsinstrumenten festgehaltene Rechtsgeschäft vollzogen worden war, fand am folgenden Mittwoch „in choro" die feierliche Aufnahme statt. Nachdem noch einmal die Frage gestellt worden war, ob sich jemand der Aufnahme in den Zisterzienserorden widersetze, erklärte der in seine liturgischen Gewänder gekleidete Abt den „Ordo S. Guilelmi" in Groß- und Klein-Burlo für erloschen. Indem er den versammelten Brüdern von Groß- und Klein-Burlo ihr Cingulum, ein Charakteristikum des wilhelmitischen Habits, abnahm, vollzog er die Aufnahme mit dem Hinweis, daß er die Konventualen nun in den Orden aufnähme und sie sich „ad habitum, observanciam, ritus, mores et ceremonias et alia singula monasticam regulam quolibet concernencia" für immer den vereinigten Klöstern von Sibculo, Ijsselstein und Warmond anzupassen hätten.[112]

## VI.

Die Reformvereinigung von Sibculo setzte sich bei der Aufnahme der beiden westfälischen Klöster aus mehreren niederländischen und belgischen Zisterzienserniederlassungen zusammen.[113] Ihren Kern bildeten die bei Utrecht bzw. Leiden

---

110 Ebd., 25. 2. 1448.

111 Ebd., 12. 3. 1448.

112 Ebd., vier Notariatsinstrumente (ein Duplikat) des Kanonikus Johannes Molner vom 18. 3. 1448.

113 Die Reformkolligation und ihre Stellung innerhalb der niederländischen Reformbewegung des 15. Jahrhunderts, über die der Verfasser eine Untersuchung vorbereitet, wird in der kirchengeschichtlichen Literatur nur gelegentlich und höchst summarisch erwähnt, vgl. z. B.: *J. Lindeborn*, Historia sive Notitia Episcopatus Daventriensis, Köln 1670, 388ff. (die bisher ausführlichste Darstellung); *W. Moll*, Kerkgeschiedenis van Nederland voor de hervorming, Utrecht 1867, II, 2, S. 191-97; *M. Schoengen*, Overijssel tot de 17ᵉ eeuw in staatskundig en godsdienstig opzicht, in: Overijssel, Deventer 1931, 524-27; *D. Eichler*, Die Kongregationen des Zisterzienserordens. Ursprung der Zisterzienserkongregationen und ihr Verhältnis zur Verfassung und zum Generalkapitel des Ordens, Studien und Mitteilungen zur Geschichte des Benediktinerordens und seiner Zweige 49 (1931) 56, Anm. 1; *St. Axters*, Geschiedenis van de Vroomheid in de Nederlanden III: De moderne Devotie 1380-1550, Antwerpen 1956, 261; *R. R. Post*, Kerkgeschiedenis van Nederland in de Middeleeuwen, Utrecht-Antwerpen 1957, II, 144-46.

gelegenen Priorate Ijsselstein und Warmond sowie das für die Kolligation namengebende Kloster Sibculo in Overijssel. Während die beiden ersten Klöster auf eine ins 14. Jahrhundert zurückreichende zisterziensische Vergangenheit zurückblicken konnten,[114] handelte es sich bei Sibculo um eine Neugründung des 15. Jahrhunderts, die 1405/06 im unwegsamen Almeloschen Venn aus dem Zusammenschluß einiger „simplices et pauperes fratres" hervorgegangen war, 1407 die Augustinerregel angenommen und 1412 Anschluß an den Zisterzienserorden gefunden hatte, in dem sie drei Jahre später mit den beiden genannten Klöstern eine Visitationsgemeinschaft nach eigenen Statuten mit weitgehender Selbständigkeit bildete.[115] Die Anfänge Sibculos waren bestimmt vom Willen zur Armut, zu regeltreuem Leben und eremitischer Zurückgezogenheit:[116] Intentionen, die auch für die 1415 geschlossene Reformvereinigung bestimmend blieben, wie aus dem 1418 gebilligten und im Laufe des 15. Jahrhunderts wesentlich geänderten Statuten hervorgeht.[117] Sie fordern große Anspruchslosigkeit, die durch die „victus paucitas et vestitus vilitas" zum Ausdruck kommen und im Verzicht auf den Rang einer Abtei dokumentiert werden soll. Der von Liturgie und Handarbeit bestimmte Tages- und Jahresablauf soll mit gewissen Abänderungen nach den Vorschriften des Zisterzienserordens in aller Strenge und Sorgfalt geordnet, die Zurückgezogenheit nicht nur durch die Abgelegenheit der Klöster, sondern vor allem durch in feierlicher Form angenommene Inklusionsvorschriften, die zu lebenslänglichem Aufenthalt im Klosterbereich verpflichten, gesichert werden.[118] Diese durch Beschränkungen bei der Aufnahme von Mitgliedern und der Wahl der Prioren[119] vor dem verderblichen Einfluß des noch nicht reformierten Zisterziensertums abgeschirmte Lebensform, wurde 1417 von Johannes de Martinaco, dem Abt von Cîteaux, als Erneuerung der alten „traditiones et instituta" gefeiert und die Gemeinschaft von Sibculo mit dem „pusillus grex"

114 *J. C. Overwoorde*, Het Cistercienserkloster Marienhaven (Warmond), Bijdragen voor de Geschiedenis van het bisdom Haarlem 33 (1910/11) 1-59; *W. Stooker*, Het Cistercienserklooster „Onze Lieve Vrouweberg" te Ijsselstein, Jaarboekje van „Oud-Utrecht", Vereeniging tot Beoefening en tot Verspreiding van Kennis der Geschiedenis van Utrecht en Omstreken, 1938, 168-77.

115 *A. E. Rientjes*, Eenige mededeelingen omtrent het klooster Sibculo, Verslagen en Mededeelingen der Vereeniging tot Beoefening van Overijsselsch Reg en Geschiedenis 46, II, 22 (1929) XXX-XXXVII; *J. Reitsma*, Twee hoofdstukken uit de geschiedenis van het Overijsselsche klooster Sibkeloo, Historische Avonden I, Groningen 1896, 178-203; *J. van Staten*, De prioren van Sibculo, Cîteaux in de Nederlanden 3 (1952) 181-86.

116 Über die Anfänge Sibculos berichtet eindrucksvoll eines der ersten Mitglieder der Kommunität: *J. Lindeborn*, 397ff.; danach: *H. F. van Heussen*, Historia episcopatuum Foederati Belgii, utpote Metropolitani Ultrajectini II, Antwerpen 1733, 145ff., *H. F. van Heussen-H. van Rijn*, Kerkelijke Historie en Outheden, VI, Leiden 1726, 641ff.

117 *J. Lindeborn*, 402ff.; Auslegungen und Veränderungen im 15. Jahrhundert: Gemeente-Archief Leiden, Kloster Warmond, Inv. 1231: 8. 5. 1423; ebd., Inv. 1232: 13. 4. 1440; ebd., Inv. 1233: 5. 5. 1446; ebd., Inv. 1234: 2. 9. 1447; ebd., Inv. 1235: 10. 11. 1489; ebd., Inv. 1238: 13. 9. 1489.

118 *J. Lindeborn*, 40; Gemeente-Archief Leiden, Kloster Warmond, Inv. 1236: 17. 3. 1462; Inv. 1237: 24. 4. 1488; Dépôt de l'Etat, Antwerpen, Fonds S. Sauveur, Calixt III., 9. 5. 1955; *J. C. Diercxsens*, Antwerpia Christo nascens et crescens seu aucta, Antwerpen 1773, II, 346. Zur Inclusiobewegung: *F. Prims*, De Kloosterslot – beweging in Brabant in de XVᵉ eeuw. Med. van de Koninkl. Akad. van Wetenschappen, Letteren en Schoone Kunsten van België. Lett. VI, 1, Antwerpen 1944.

119 *J. Lindeborn*, 40.

verglichen, der im 11. Jahrhundert unter Robert von Molesme die Keimzelle des Zisterzienserordens gebildet hatte.[120] Dieser für die Mitglieder der Reformvereinigung ehrende Vergleich deutet jedoch nur eine Quelle an, aus der sich die Spiritualität der Reformer speiste. Neben der vor allem in Sibculo erst spät wirksamen zisterziensischen Tradition waren es nämlich vor allem das Vorbild der in den Niederlanden im 14. Jahrhundert auf dem Höhepunkt ihrer Entwicklung stehenden Kartäuser und der auf mannigfache Weise nachweisbare Einfluß der Devotio moderna, die den Anstoß zur Reform gaben und auf die Statuten einwirkten.

Die auf diese, hier nur ganz summarisch dargestellte Weise zustande gekommene Form eines entsagungsbereiten und anachoretisch orientierten Mönchtums stimmte im wesentlichen mit der Lebensweise überein, die die ersten Wilhelmiten drei Jahrhunderte früher in der Toskana geführt hatten. Darüber hinaus entsprach ihre Liturgie und Ordenskleidung fast ganz derjenigen der Wilhelmiten, da diese sich schon im 13. Jahrhundert in Habit und Gewohnheiten den Zisterziensern angepaßt hatten. Der Übergang der westfälischen Wilhelmiten zu den Zisterziensern war daher trotz des damit verbundenen Ordenswechsels kein Bruch mit ihrer Vergangenheit, sondern eine Erneuerung im Geist ihres Patrons, des hl. Wilhelm, und ein Anschluß an die besten Traditionen des Ordens, wie es nicht nur die Ordensleute selbst empfanden,[121] sondern auch Papst Nikolaus V. in seiner Bulle vom 11. 11. 1447 bestätigte.[122]

## VII.

Die Reform der Klöster begann unmittelbar nach ihrer Aufnahme in die Reformvereinigung. In Groß-Burlo wurde sie nicht, wie man erwarten sollte, von ihrem Vorkämpfer, dem Prior Heinrich Lischop, durchgeführt. Er hatte sich bereits beim Beginn der Verhandlungen mit den Prioren der Klöster in Sibculo, Warmond und Ijsselstein die Entscheidung, dem Zisterzienserorden beizutreten oder Wilhelmit zu bleiben, offen gehalten und für beide Fälle außergewöhnliche persönliche Privilegien gefordert.[123] Nach einer Bedenkzeit von ungefähr einem halben Jahr entschloß er sich am 13. 6. 1445 in Doesburg, wo er sich damals aufhielt, auf die Leitung des Klosters zu verzichten und weiterhin Wilhelmit zu bleiben.[124] Als in Groß-Burlo der Ordenswechsel vollzogen wurde, war daher nicht Lischop, sondern sein Nachfolger Lambertus das Haupt der zehn damals den Konvent bildenden Brüder.[125] Aber auch er wurde nicht der erste Zisterzienserprior von Groß-Burlo. Dieses Amt übernahm vielmehr nach dem Ordenswechsel ein Profeß aus Sibculo: Gerlach von Kranenburg, der das Amt sieben Jahre innehatte und später zum Prior seines Mutterhauses gewählt

---

120 Gemeente-Archief Leiden, Kloster Warmond, Inv. 1229: S. 7. 1417. (Insert in Urk. von 1419); *J. Lindeborn*, 399–401.
121 Arch. Anholt, Groß-Burlo, 11. 10. 1444.
122 Ebd., 11. 11. 1447.
123 Ebd., 26. 11. 1444.
124 Ebd., 13. 6. 1445.
125 Ebd., 6. 5. 1445; Notariatsinstrumente vom 18. 3. 1448. Nach der Klostertradition handelte es sich um Lambertus van Oldenzaal, der als solcher auch im Memorienbuch von Warmond erwähnt wird (vgl. Anm. 132).

wurde.[126] Ähnliche personelle Veränderungen wie in Groß-Burlo scheinen auch in Klein-Burlo eingetreten zu sein. Nach einer aus dem 17. Jahrhundert stammenden Priorenliste löste hier der ebenfalls aus Sibculo stammende Hermann von Rees[127] den während der Übergangszeit amtierenden Wilhelmitenprior Johannes ab.[128] Die Zisterzienserquellen, die Chronik des Klosters Klein-Burlo und der Gründungsbericht von Sibculo, stimmen darin überein, daß die beiden aus Sibculo gekommenen Prioren die ehemaligen Wilhelmitenklöster schnell und nachdrücklich reformiert hätten.[129] Der Gründungsbericht von Sibculo nennt Gerlach von Kranenburg einen „alter Bernardus", der es verstanden habe, in einer Zeit „maximorum periculorum et internarum guerrarum" das Kloster „ab ima paupertate ad competentem fratrum provisionem in fervente ordinis nostri disciplina" zu führen,[130] während die Klein-Burloer Chronik in dem Übergang zu den Zisterziensern den Anbruch eines „aureum saeculum" sieht, in dem der „ordo sacer Cisterciensis fulgens sicut stella in medio nebulae caliginem loci pepulit prioris, speciosamque eremi minus celebris faciem, tum fratrum frequentia, tum aedificorum magnificentia, mirum in modum non ita longo temporis successu reddidit locupletavitque".[131]

Bei all ihrem Überschwang enthalten diese Äußerungen doch einen wahren Kern. In der zweiten Hälfte des 15. Jahrhunderts trat tatsächlich in beiden Klöstern eine Wende zum Besseren ein. Die Konventualen schlossen sich mit ihren niederländischen Ordensbrüdern zu Gebetsgemeinschaften zusammen[132] und unterwarfen sich der Visitation und in wichtigen Geschäften auch der Entscheidung des mit ihrer Visitation beauftragten Priors von Sibculo.[133] Sie begannen sowohl in Groß- als auch in Klein-Burlo ihren Besitz zu vermehren,[134] ihre Konvente aufzufüllen[135] und ihre Kirchen und Klostergebäude zu restaurieren bzw. zu erweitern:[136] Zeichen für eine

---

126 So die Totentafel von Burlo (1718); *J. Lindeborn*, 414-15; *J. van Staten*, 184. *Breitenstein*, 40, setzt die Amtszeit Gerlachs im Widerspruch zur urkundlichen Überlieferung (*J. van Doorninck*, Tijdrekenkundig Register op het Oud Provinciaal Archief van Overijssel, Zwolle 1857-75, VI, 342) zwischen 1451 und 1459 an. Zwischen 1448 und 1451 soll ein ebenfalls aus Sibculo stammender Wilhelm Gysberts Prior von Groß-Burlo gewesen sein; urkundliche Belege werden dafür nicht erbracht.

127 Niedersächs. Staatsarchiv in Wolfenbüttel, VII B Hs 100, Bd. VIII, fol. 38.

128 Arch. Anholt, Groß-Burlo, 11. 10. 1444, Notariatsinstrumente vom 18. 3. 1448.

129 Den Angaben der Priorenliste darf — was die Person des ersten Zisterzienserpriors von Klein-Burlo angeht — kaum Glauben geschenkt werden, da Hermann von Rees erst in den letzten Jahren des 15. Jahrhunderts als Prior von Klein-Burlo nachweisbar ist: Fürstl. Salm-Horstmarsche Kammer, Coesfeld, Klein-Burlo, Fach XIII, Paket 4, nr. 8-9 (1499-1500); ebd., Fach XIII, Paket 5, nr. 30a (1499). Bemerkenswert ist, daß 1456 in Klein-Burlo ein Bruder Eberhard das Prioramt innehatte: Arch. Anholt, Groß-Burlo, 12. 5. 1456.

130 *J. Lindeborn*, 414-15.

131 Anm. 47, fol. 37.

132 Das aufschlußreichste Zeugnis dafür ist das aus dem 15. Jahrhundert stammende und bis kurz nach 1537 fortgesetzte Memorienbuch von Kloster Warmond (Gemeente-Archief Leiden, Inv. 1243), es enthält die Namen einer ganzen Anzahl Burloer Mönche und Prioren.

133 Arch. Anholt, Groß-Burlo, 11. 10. 1444; 23. 11. 1449; 12. 5. 1456; vgl. auch Anm. 117.

134 *Fr. Darpe*, CTW VII, 142ff., 190ff.

135 Arch. Anholt, Groß-Burlo, 21. 8. 1475; Anm. 46, 37.

136 Arch. Anholt, Groß-Burlo, 24. 12. 1474; 4. 4. 1475 (Ablässe für die ausgebaute Klosterkirche). Vgl. auch Anm. 6.

Blüte, die allerdings schon ein Jahrhundert später infolge schlechter Verwaltung, mehr aber wegen der für die niederländische Klostervereinigung verhängnisvollen religiösen Spaltung und dem ihr folgenden Achtzigjährigen Krieg wieder zu welken begann.[137]

## VIII.

Der Versuch, die Geschichte der beiden westfälischen Klöster Groß-Burlo und Klein-Burlo in den Zusammenhang der Geschichte ihres Ordens einzuordnen und die ihr Ordensleben bestimmenden Prinzipien zu klären, weist wieder auf die örtlichen Verhältnisse zurück, deren Beschreibung die am Anfang genannten Autoren als ihre Aufgabe angesehen haben. Es zeigt sich nämlich, daß das in beiden Klöstern geführte geistliche Leben und die von ihnen innerhalb des gesamten Ordens eingenommene Stellung nicht allein durch die allgemein verbindliche Observanz und die den Aufbau des Ordens regelnden Bestimmungen der Konstitutionen, sondern in mindestens ebenso großem Maße durch die lokalen Verhältnisse, d. h. durch die geographische Lage und die wirtschaftlichen Bedingungen, geprägt wurden. Die fast menschenleere, heute noch in ihren Überresten urtümliche Heide- und Moorlandschaft in unmittelbarer Nähe Groß-Burlos,[138] die nicht minder einsame, waldreiche Umgebung seiner Tochtergründung und die beiden Klöstern gemeinsame weite Entfernung von Städten, Verkehrs- und Handelswegen ließen es nicht zu, den an sich schon sehr geringen Spielraum, den die Ordenskonstitutionen einer aktiven Lebensweise boten, auszunützen und ähnlich wie die niederrheinischen oder elsässischen Schwesterklöster Anteil an Studium und Seelsorge zu nehmen. Sie veranlaßten vielmehr die Ordensleute zu einer Interpretation ihrer Gewohnheiten, die sie zu Exponenten einer konservativen Haltung und zu Bewahrern älterer, in den meisten anderen Klöstern schon längst verwässerter spiritueller Eigentümlichkeiten ihres Ordens machten. In die gleiche Richtung drängten sie ihre wirtschaftlichen Verhältnisse. Der relativ bescheidene, stark parzellierte Besitz, der keinen Vergleich aushält mit dem unter ganz anderen historischen und gesellschaftlichen Bedingungen zustande gekommenen Grundbesitz der älteren westfälischen Abteien und Stifter, ließ das in normalen Zeiten von Liturgie und Kontemplation bestimmte Leben der Mönche ärmlich und bescheiden, ohne den Glanz imposanter liturgischer Feiern und die Ausstrahlungskraft eines bemerkenswerten geistigen und künstlerischen Lebens verlaufen, um nicht zu sagen, dahindämmern. Andererseits bewahrte er sie vor dem Zwang, wie andere ihrer Ordensbrüder den Unterhalt durch Bettel bestreiten und im Getriebe der Städte ihre eigentliche Berufung verlieren zu müssen, was ihren Pariser

---

137 *J. Janssen* (Hrsg.), Röchell's selbständige Chronik, Die Geschichtsquellen des Bisthums Münster III, Münster 1856, 118; *W. E. Schwarz*, Die Akten der Visitation des Bistums Münster aus der Zeit Johanns von Hoya (1571-73), ebd. VII, Münster 1913, 111 (verhältnismäßig positiv); Arch. des Bischöfl. Generalvikariats, Münster: Spic. XIX (Hs 180) fol. 148 (1590), A 82 (1607). Vgl. *H. Börsting* (Hrsg.), Inventare der nichtstaatl. Archive Westfalens, Beiband III: Inventar des Bischöfl. Diözesanarchivs in Münster, Münster 1937, 143.

138 *P. Hinrichs*, Im Burlo-Vardingholter Venn, Unser Bocholt 9 (1958) 2-11 und Westfälische Heimatblätter 1960.

Ordensbrüdern Rutebeuf schon im 13. Jahrhundert in beißenden Satiren zum Vorwurf machte.[139]

Die selbst strenge klösterliche Observanzen modifizierende Kraft geographischer und wirtschaftlicher Gegebenheiten läßt sich besonders gut am Beispiel der beiden hier behandelten Klöster zeigen, da sie ja nicht nur das Leben der Wilhelmiten, sondern auch das der Zisterzienser und der Trappisten, die im 19. Jahrhundert in Darfeld die Tradition ihrer Vorgänger fortzusetzen versuchten, in egalisierender Weise bestimmte, wobei die starken Übereinstimmungen in der Spiritualität und Verfassung der drei Orden in die gleiche Richtung wirkte. Sie läßt sich aber auch, um von außerwestfälischen Beispielen abzusehen, an zahlreichen anderen Klöstern etwa der eng miteinander verzahnten deutsch-niederländischen Grenzzone zwischen dem alten Herzogtum Kleve und der Grafschaft Bentheim beobachten. Die in diesem Raum am Rande und im Schatten der niederländischen, rheinischen und westfälischen Ballungszentren seit dem 13. Jahrhundert entstandenen Klöster der Kreuzherren, Augustiner-Eremiten, Kartäuser und regulierten Chorherren in Marienfrede,[140] Bentlage,[141] Marienthal,[142] Weddern,[143] Albergen[144] oder Frenswegen[145] entwickelten trotz verschiedener Ordenszugehörigkeit und ungeachtet der zu gewissen Zeiten unterschiedlichen Intensität des geistigen Lebens einen Stil, der sich, was Erwerbsweise, Spiritualität und soziale Wirksamkeit angeht, kaum von dem der Klöster in Groß-Burlo und Klein-Burlo unterschied: den Lebensstil zahlreicher spätmittelalterlicher ländlicher Klein-Klöster, der in seiner Armut, Weltabgewandtheit und geistigen „Simplicitas" den ursprünglichen Intentionen des Mönchtums weit entgegenkam, für schwache oder auch nur durchschnittliche Mönche jedoch in besonderem Maße die Gefahr der Sterilität, der Verflachung und des Verfalls mit sich brachte, so daß sie, durch Kriege und Raubüberfälle besonders oft geschädigt, meist eine schnelle Beute der seit dem 16. Jahrhundert das mittelalterliche Ordenswesen dezimierenden großen geschichtlichen Veränderungen wurden.

139 *E. Faral-J. Bastin*, Oeuvres complètes de Rutebeuf, Paris 1959, I, 333, 329.
140 *R. Haas*, Die Kreuzherren in den Rheinlanden, Rheinisches Archiv. Veröffentlichungen des Instituts für Geschichtliche Landeskunde an der Universität Bonn 23, Bonn 1932, 132-47.
141 *H. U. Weiss*, Die Kreuzherren in Westfalen (Anm. 91); *J. Tönsmeyer*, Die Geschichte des Kreuzherrenklosters Bentlage, in: Das Landesfürstentum Rheina-Wolbeck, Rheine 1962, 56-77.
142 *J. Ramackers*, Marienthal. Des ersten deutschen Augustinerklosters Geschichte und Kunst, Rheinisches Bilderbuch 6, ³Würzburg 1961.
143 *F. Mühlberg*, Über die westfälische Kartause Marienburg in Weddern, Westfalen 29 (1951) 221-233; *G. W. Kreutzer*, Das Karthäuserkloster Marienburg in Weddern, Dülmener Heimatblätter 1960, 4ff.
144 *G. J. Kuiper*, Huis en klooster St. Antonius te Albergen, Nijmegen 1959.
145 Zu Frenswegen vgl. die Lit. in: *B. Nonte*, Untersuchungen über die Handschriften des Augustiner-Chorherren-Stifts Frenswegen bei Nordhorn, Westfälische Forschungen 14 (1961) 134, Anm. 16.

# Ein Plan des Klosters Groß-Burlo aus dem Jahre 1728[*]

Zum wissenschaftlichen Nachlaß des 1753 verstorbenen Vredener Scholasters Jodokus Hermann Nünning gehört eine Federzeichnung, die das nördlich von Borken gelegene Kloster Groß-Burlo darstellt. Die Zeichnung stammt aus dem Jahre 1728 und wurde vom Vater des damals in Burlo amtierenden Priors Christoph Spöde angefertigt.[1] Dieser überließ das 20 x 32 cm große Blatt dem gelehrten Stiftsherrn als Beitrag zur Illustration seiner *Mimigardia Sacra*, einer stoffreichen Geschichte der Bischöfe, Kirchen und Klöster der Diözese Münster, in der Nünning auch das Zisterzienserpriorat in Burlo behandelt. Das umfangreiche, auf mehrere Bände berechnete Werk blieb ungedruckt, so daß die kleine Zeichnung ähnlich wie fast der gesamte Nachlaß Nünnings in Vergessenheit geriet.[2] Erst zwei Jahrhunderte nach dem Tode des westfälischen Polyhistors wurde sie zusammen mit anderen Karten und Zeichnungen aus seinem Besitz auf Veranlassung Th. Rensings photographisch aufgenommen und 1954 von W. Rave und S. Selhorst in dem von ihnen herausgegebenen Band der Bau- und Kunstmäler des Kreises Borken veröffentlicht.[3] Die kolorierte Tuschezeichnung, die den Klosterbereich und seine unmittelbare Umgebung aus der Vogelperspektive zeigt, kann keinen Anspruch auf Perfektion erheben, verrät vielmehr bei der Ausführung mancher Details nur geringe Vertrautheit mit den Regeln perspektivischer Darstellung. Auffällig ist jedoch das Bemühen, die Klosteranlage nach Art eines Planes exakt und in allen Einzelheiten wiederzugeben. Die dabei zu Tage tretende Sorgfalt und die bei der nahen Verwandtschaft mit dem Prior von Burlo zu erwartende Ortskenntnis machen den Zeichner vertrauenswürdig und lassen uns seine kleine Zeichnung als eine zuverlässige Wiedergabe des Klosters Groß-Burlo zu Beginn des 18. Jahrhunderts schätzen. In ihrer Authentizität ist die

---

[*] In: Westfalen. Hefte für Geschichte, Kunst und Volkskunde 54 (1976) 100-113.

[1] Zur Familie Spöde, der auch Bernhard Spöde, der Festungsbaumeister Christoph Bernhards von Galen, angehörte vgl. u. a.: *H. Hüer*, Fürstbischof Christoph Bernhard von Galen und sein Baumeister Peter Pictorius. Westfalen, Sonderheft 3, Münster 1923, S. 9-10, 65.

[2] Der Nachlaß Nünnings befindet sich im Zurmühlenschen Archiv auf Haus Ruhr bei Bösensell. Vf. konnte ihn 1963/64 auf dem Landesamt für Archivpflege in Münster einsehen. Über Nünning: *E. Rassmann*, Nachrichten von dem Leben und den Schriften Münsterländischer Schriftsteller des achtzehnten und neunzehnten Jahrhunderts, Münster 1866, S. 241ff.; *Cl. Laas*, Jodokus Hermann Nünning, der große Geschichtsforscher und Altertumskenner des Münsterlandes. Borkener Heimatkalender 1932, S. 67ff.; *H. Eckelt*, Jodocus Hermann Nünning, der Armenkommissar von Borken. Heimatkalender des Landkreises Borken, Borken 1953, S. 80f.; *E. Kubisch*, Der Herr von Tusculum. Ein lateinisches Poem auf J.H. Nünnings einstigen Landsitz Wickinghoff in Grütlohn bei Borken, Unsere Heimat. Jahrbuch des Landkreises Borken 1961, Borken 1960, S. 33-41.

[3] *W. Rave-S. Selhorst*, Die Bau- und Kunstdenkmäler von Westfalen 46: Kreis Borken, Münster 1954, S. 197ff. Über weitere Zeichnungen aus dem Nachlaß Nünnings: *Th. Rensing*, Zwei ottonische Kunstwerke des Essener Münsterschatzes. Westfalen 40, 1962, S. 44f.; *H. Müller*, Bildnisse des westfälischen Historiographen Jodokus Hermann Nünning. Westfalen 47, 1969, S. 166-69; *Ders.*, Kunst- und Baugeschichtliches aus der Essener Chronik des Jodokus Hermann Nünning. Beiträge zur Geschichte von Stadt und Stift Essen 82, 1966, S. 8ff.

Darstellung der Burloer Klosteranlage, wie bei ihrer erstmaligen Veröffentlichung betont wurde, wichtig als Quelle für die westfälische Bau- und Kunstgeschichte. Darüber hinaus kann sie, was bisher kaum beachtet wurde, als ein spätes Zeugnis für eine Form der *vita mixta,* d.h. der Vereinigung von zönobitärer und eremitischer Lebensweise, gelten, die nicht auf Burlo und das 18. Jahrhundert beschränkt war, sondern weit bis ins Mittelalter zurückreicht und allenthalben in Europa nachweisbar ist.

Der Burloer Klosterbereich ist auf der Zeichnung Spödes mit einem Wassergraben umgeben, der mit einigen Abzweigungen das Klosterareal durchschneidet und sich im Norden zu einem Teich ausweitet. An der Südseite wird er von einer steinernen Brücke überspannt. Man betritt diese Brücke durch einen 1713 errichteten Torbogen

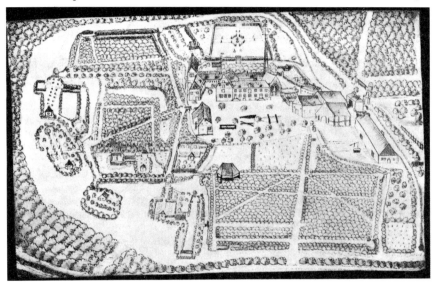

*Kloster Groß-Burlo (1728)*

mit geschwungenem Giebel und gelangt erst auf den Klosterhof, wenn man das Torhaus passiert und Wirtschaftsgebäude wie Pförtnerhaus, Brauhaus, Wäscherei, Ställe und Scheunen hinter sich gelassen hat. Der einzige Zugang zum Kloster kann vom Pförtnerhaus aus leicht kontrolliert werden, so daß der Eintritt in den *Hortus beatae Mariae,* wie das Kloster schon im 14. Jahrhundert genannt wurde, nur den Mitgliedern der Klosterfamilie und willkommenen Besuchern möglich war. Den Kern der Anlage bilden die Klosterkirche und die an ihrer Nordseite liegenden Klostergebäude. Bei der in die südöstliche Ecke des ungefähr rechteckigen Klosterbezirkes gerückten Kirche handelt es sich um den heute noch erhaltenen, von einem sechseckigen Dachreiter gekrönten Bau. Die schlichte einschiffige, gotisch gewölbte Kirche geht in ihrer heutigen Gestalt trotz späterer Zerstörungen und Restaurierungen im wesentlichen auf den Prior Heinrich Vernüddeken zurück, in dessen Amtszeit (1470-84) die Erweiterung eines älteren zu Beginn des 14. Jahrhunderts errichteten Gotteshauses erfolgte. Der Ostteil der am 2. 10. 1474 von dem münsterschen

Weihbischof Johannes Ymminck geweihten Kirche ist Überrest eines älteren Baues, der selbst wiederum ein zwischen 1220 und 1242 entstandenes Oratorium ersetzte. Die der Kirche angeschlossenen, um ein unregelmäßiges *claustrum* liegenden und nach Norden verlängerten zweistöckigen Klostergebäude enthalten die üblichen Gemeinschaftsräume nämlich Kapitelsaal, Refektorium, Dormitorium und Sakristei. Der eigentliche Klosterbau verdankt seine architektonische Geschlossenheit den Erweiterungen und Veränderungen Vernüddekens und seiner Nachfolger, der Prioren Stephan Hüning (1690-1703) und Christoph Spöde (1703-43). In seiner Substanz reicht auch er bis in die zweite Hälfte des 13. Jahrhunderts zurück. Der Westfassade der Klosterkirche und der durch zwei Portale gegliederten äußeren Front des westlichen Klostertraktes ist ein mit Bäumen bepflanzter Klosterhof vorgelagert. Er wird im Norden von einem freistehenden Bau flankiert und auf der gegenüberliegenden Seite durch eine Häusergruppe begrenzt, zu der neben den genannten Wirtschaftsgebäuden auch eine Kapelle gehört, deren Altar 1474 geweiht wurde. Aus der Zeichnung geht hervor, daß es sich bei diesem Binnenhof um den Wirtschaftshof des Klosters handelt, auf dem Konversen, Familiaren und Knechte ihrer Arbeit nachgingen.[4]

Die bisher beschriebenen Teile der Burloer Klosteranlage bieten keine Überraschung. Klosterkirche, Gemeinschaftsräume und Wirtschaftsbereich sind in einer Weise zueinander in Beziehung gesetzt, die nicht ungewöhnlich ist. Es handelt sich dabei um ein Schema, das mit örtlichen und zeitlichen Abweichungen Jahrhunderte hindurch von Mönchen, Kanonikern und Mendikanten ihren Klosteranlagen zugrunde gelegt wurde und bis in die Anfänge von Monte Cassino zurückzuverfolgen ist, so daß man es mit Recht als das Grundschema der abendländischen zönobitären Klosteranlage bezeichnet hat.[5] Eigentümlicheren Charakter hat hingegen der große nördliche Teil des Klosterbezirkes, der von den Hauptgebäuden und Wirtschaftsbetrieben durch Gräben und Zäune getrennt ist. Es handelt sich bei ihm um ein weites Areal aus ländlichen Parkanlagen, bäuerlichen Gemüse- und Obstgärten, Äckern und Waldstücken, dem sich an der Nordseite ein unregelmäßig geformter Teich anschließt, zu dem sich, wie bereits gesagt, der Klostergraben ausweitet. In dem Gewässer befinden sich einige wahrscheinlich künstliche Insel, die nur auf schmalen Stegen zu erreichen sind. Auf ihnen liegen insgesamt sechs pavillonartige Häuschen, die von kleinen, durch Beete und Buschwerk parkartig gegliederten Gärtchen umgeben sind und durch Hecken und Zäune gegen Zugang und Einsicht abgeschirmt

---

4 Vgl. *Rave-Selhorst* (wie Anm. 3), S. 197ff. und *K. E. Mummenhof*, Die Profanbaukunst im Oberstift Münster von 1450 bis 1650. Westfalen, Sonderheft 15, Münster 1961, S. 177ff.

5 *J. Schlosser*, Die abendländische Klosteranlage. Zeitschrift für christliche Kunst 14, 1901; *J. Frendel*, Ursprung und Entwicklung der christlichen Klosteranlage, Diss. Bonn 1927; *W. Braunfels*, Abendländische Klosterbaukunst, Köln 1969. Vgl. auch speziellere Untersuchungen wie: *A. Alinari*, II primitivo monastero di Montecassino. Bullettino dell' Istituto Storico Italiano 47, 1932, S. 51-79; *A. Dehlinger*, Die Ordensgesetzgebung der Benediktiner und ihre Auswirkung auf die Grundrißgestaltung des benediktinischen Klosterbaus in Deutschland, Borna/Leipzig 1936; *M. Eschapasse*, L'architecture Bénédictine en Europe, Paris 1963; *M. A. Dimier*, Architecture et spiritualité Cistercienne. Revue du Moyen Age latin 3, 1947, S. 257-374; *J. Hubert*, La vie commune des clercs et l'archéologie. La vita comune del clero nei secoli XI e XII. Atti della Settimana di studio: Mendola, settembre 1959. Pubbl. dell' Università Cattolica del S. Cuore III, 2. Misc. del Centro di studi medievali III, Mailand 1962, S. 90-116; *G. G. Meersemann*, L'architecture dominicaine du XIII e siècle, legislation et pratique. Archivum Fratrum Praedicatorum 16, 1946, S. 136-190.

werden. Die auf der Zeichnung wie Kinderspielzeug wirkende Inselgruppe erinnert auf den ersten Blick an die im 17. und 18. Jahrhundert zum Programm des fürstlichen Repräsentationsbaus gehörende Eremitage. Da es sich bei Burlo jedoch nicht um ein Schloß, sondern um ein Kloster handelt, wird man trotz dieses Eindrucks in der genannten Anlage nicht in erster Linie eine Variante architektonischer Bukolik sehen dürfen, sie vielmehr mit der eigentlichen Bestimmung des Klosters, der *vita religiosa*, in Zusammenhang bringen müssen. Unter diesem Aspekt erscheinen die Ziergärten und Garteninseln als eine Art Thebäis und die Pavillons als Spielarten jener aus zahlreichen Abbildungen bekannten Eremitorien und Klausen, in die sich von den Anfängen des Mittelalters bis weit in die Neuzeit Männer und Frauen zurückzogen, um allein oder mit wenigen Gefährten nach dem Vorbild der orientalischen Wüstenväter die *vita eremitica* zu führen.[6] Ja, man kann so weit gehen, die auf dem Plan nachweisbare Gruppe von Eremitorien ihrer Struktur nach mit der frühmonastischen Laure in Zusammenhang zu bringen. Das vor allem in Palästina weit verbreitete

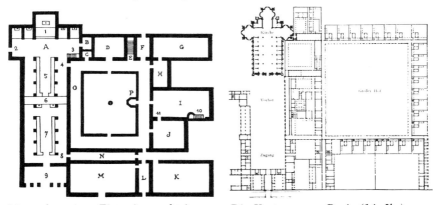

*Normaltyp einer Zisterzienserabtei*    *Die Kartause von Pavia (14. Jh.)*

Nebeneinander mehrerer oft um eine Kapelle gruppierter Eremitenbehausungen ist anders als der quadratisch angeordnete Komplex, der in der Klosteranlage der Zisterzienser zur vollen Entfaltung gebracht wurde, nicht als ein eigentlich abendländischer Typ der Klosteranlage zu bezeichnen. Als gewissermaßen natürliche Siedlungsform einer Eremitengemeinschaft wurde sie vom orientalischen Mönchtum entwickelt und gelangte im 5. und 6. Jahrhundert nach Westen. Hier wurde sie schon bald durch die oben skizzierte Klosteranlage verdrängt.[7] Erst das im 11. und 12. Jahrhundert erfolgte Wiederaufleben der *vita eremitica* verlieh auch der älteren eremitischen Siedlungsform, der sich das östliche Mönchtum kontinuierlicher

---

6 Vgl. z.B.: *R. M. Clay*, The Hermits and Anchorites of England, London 1914; *L. Gougaud*, Ermites et reclus. Etudes sur d'anciennes formes de vie religieuse, Ligugé 1928; *P. Doyère*, Ermites en Occident. Dict. de Spiritualité IV, 1960, c. 953-82; *H. Grundmann*, Deutsche Eremiten, Einsiedler und Klausner im Hochmittelalter (10.-12. Jahrhundert). Archiv für Kulturgeschichte 45, 1963, S. 60-90. Für Westfalen: *K. A. Hömberg*, Unbekannte Klausen und Klöster Westfalens. Dona Westfalica. Georg Schreiber zum 80. Geburtstag dargebracht von der Historischen Kommission Westfalens, Münster 1963, S. 102-27.

7 *S. Vailhé*, Les premiers monastères de Palestine. Bessarione 3, 1897, S. 39-58; 4, 1898, S.334-56; *J. Tixeron*, La vie monastique en Palestine, Lyon 1911; *St. Schiwietz*, Das morgenländische

bedient hatte, neue Aktualität. Die sich in den abendländischen Eremitenorden bei Kamaldulensern, Vallombrosanern und Karmeliten durchsetzende Tendenz, das Eremitenleben des einzelnen in die Ordnung eines von einem Oberen geleiteten und durch minutiös festgelegte Tages- und Jahresordnungen bestimmten Gemeinschaftslebens einzufügen, hatte zur Folge, daß sich die Laure, der Bereich der individuellen Anachorese, mit Einrichtungen für die *vita communis* verband. Es entstand so eine zweiteilige Klosteranlage, die ein zönobitär-eremitisches Leben, eine Art *vita mixta*, ermöglichte.[8] Ihre sublimste und durchdachteste Gestalt fand diese Synthese im Bauprinzip der Kartause, das sich in besonders reiner und monumentaler Form noch heute in der 1396 von Gian Galeazzo Visconti begonnenen Certosa di Pavia präsentiert.[9] Zwei Kreuzganggevierte, das *claustrum minus* mit der *Galilea minor* und das *claustrum maius* mit der *Galilea maior*, sind charakteristische Merkmale dieser Klosteranlage. Das *claustrum minus* und die mit ihm verbundenen Gemeinschaftsräume wie Mönchskirche, Kapitelsaal und Sakristei führen die Tradition des *claustrum* der Mönchsklöster fort, während das *claustrum maius* mit den einzelnen Eremitenhäuschen die Funktion der Laure übernimmt.

Wenn auch die ländliche, improvisiert wirkende Klosteranlage von Burlo mit dem hochentwickelten Schema der Kartause kaum zu vergleichen ist, möchte man sie doch als architektonischen Ausdruck einer Mischform des zönobitischen und eremitischen Lebens in ihre Nähe rücken. Schon bei flüchtigem Zusehen zeigt sich freilich, daß die in ihr mögliche *vita mixta* anders geartet gewesen sein muß als die der Kartäuser. Der Kartäusermönch verbringt sein Leben in einem der um das *claustrum maius* gruppierten Eremitorien. Nur die tägliche Liturgie, die wöchentlichen Beratungen und das gemeinsame Sonntagsmahl führen ihn mit seinen Confratres in Sakristei, Chor und Kapitelsaal zusammen. Dormitorium und Refektorium sind überflüssig und nur für die Laienbrüder erforderlich, die das Postulat der *solitudo* nicht zu erfüllen brauchen.[10] Anders in Burlo. Hier bilden die Gemeinschaftsräume um das *claustrum* eindeutig den Kern der Anlage. Sie stellen ein vollständiges Kloster dar, in dem die *vita communis* im eigentlichen Sinne des Wortes, d. h. *in choro, refectorio et dormitorio*, geführt werden kann. Die im Gegensatz zur Kartause von den Gemein-

Mönchtum 3, Mödling 1938, S. 49ff.; *F. Prinz*, Frühes Mönchtum in Frankreich. Kultur und Gesellschaft in Gallien, den Rheinlanden und Bayern am Beispiel der monastischen Entwicklung (4. bis 8. Jahrhundert), München-Wien 1965, S. 94ff.

8 *B. Quilici*, Giovanni Gualberto e la sua riforma monastica. Archivio Storico Italiano 99, 1941, S. 113-132; 100, 1942, S. 45-99; *C. Roggi*, Vita e costumanze dei Romualdini del Pereo, di Fonte Avellana e di Camaldoli. Benedictina 4, 1950, S. 69-86; *M. della Santa*, Ricerche sull' idea monastica di S. Pier Damiano. Studi e testi Camaldolesi 11, Arezzo 1961, S. 63ff.; *Cl. Tönnesmann*, Zur Lage und Geschichte des ersten Karmelitenklosters am Berge Karmel. Ephemerides Carmeliticae 12, 1961, S. 290-319.

9 *L. Beltrami*, La Certosa di Pavia, storia e descrizione, Mailand 1895; *M. Salmi*, La Certosa di Pavia, Mailand 1925; *O. Lissoni*, La Certosa di Pavia, Mailand 1930. Vgl. auch: *F. Mühlberg*, Zur Klosternlage des Kartäuserordens, Masch. Diss. Köln 1949; *Ders.*, Zur Kenntnis der mittelalterlichen Klosteranlage des Kartäuserordens in Deutschland. Die Klosterbaukunst. Arbeitsber. d. dtsch.-frz. Kunsthistorikertagung, Mainz 1951.

10 *A. Stoelen*, De oude dagorde van de Kartuizers. Horae Monasticae 2, 1947, S. 147ff.; *A. de Meyer – J. M. de Smet*, Guigos's »Consuetudines« van de eerste Kartuizers. Mededelingen van de Koninklijke Vlaamse Academie voor Wetenschappen, Letteren en Schone Kunsten van België. Klasse der Letteren III, 6, 1951; *G. Hocquard*, La vie cartusienne d'après le prieur Guigues Ier. Revue de Sciences Religieuses 41, 1957, S. 364-82; *J. Hogg*, Die ältesten Consuetudines der Kartäuser. Analecta Cartusiana 1, 1970.

schaftsräumen isolierte »Laure« der Burloer Klosteranlage ist im Vergleich zu den Einrichtungen der Kartause von einem solch provisorischen Charakter, daß in ihr ein dauerndes, nur von den täglichen gemeinsamen Funktionen unterbrochenes Eremitenleben undenkbar ist. Es kann sich, wie die Zeichnung Spödes unmißverständlich zeigt, bei der in ihr geführten *vita mixta* nur um den gelegentlichen Wechsel von Eremiten- und Gemeinschaftsleben gehandelt haben, bei dem der herkömmlichen *vita communis* nach Zeit und Intensität das größere Gewicht vor der *vita solitaria* zukam.

Die Vermutung, die auf der Zeichnung von 1728 dargestellte Anlage habe dazu gedient, den Bewohnern des Klosters in einer bestimmten Art und Weise die Vereinigung von *vita communis* und *vita eremitica* zu ermöglichen, findet in den Archivalien des relativ gut erhaltenen Klosterarchivs von Burlo keine eindeutige Bestätigung.[11] Wenn man dennoch an ihr festhalten will, kann man dies nur auf Grund der Tatsache tun, daß in den beiden Orden – dem Zisterzienser- und Wilhelmitenorden –, denen das Kloster in seiner fast sechshundertjährigen Geschichte angehörte,[12] für eine solche Lebensweise die notwendigen Voraussetzungen gegeben waren. Die Geschichte des Zisterzienserordens, dem Burlo von 1448 bis zur Säkularisation angehörte, zeigt eine nicht unbeträchtliche Affinität zum Eremitentum. Die Viten der drei ersten Ordenspatriarchen, Robert von Molesmes und der Äbte Alberich und Stephan, lassen eine ausgesprochene Vorliebe für die *solitudo* erkennen und verraten genaue Kenntnis der Lebensformen des zeitgenössischen Eremitentums. Die Keimzelle des Ordens, das *novum monasterium* von Cîteaux, entstand in der *eremus* und seine ersten Bewohner, die das *Exordium magnum* gelegentlich *fratres eremitae* nennt, glaubten nicht zuletzt in der eremitischen Abgeschiedenheit den *thesaurus virtutum* finden zu können.[13] Auch nach den heroischen Anfängen blieb dem von Bernhard, Wilhelm von St.Thierry und Aelred von Rievaulx gepriesenen Eremitenleben im Zisterzienserorden der Lebensraum nicht versagt.[14] Zahlreiche Eremitorien wurden in den Orden aufgenommen und zu Abteien umgeformt, während andere ihre Existenz Zisterziensern verdankten, die nach altem monastischen Brauch den Konvent verließen, um mit Erlaubnis ihres

---

11 Vgl. *L. Schmitz-Kallenberg*, Inventare der nichtstaatlichen Archive der Provinz Westfalen I, 2: Kreis Borken, Münster 1901, S. 11, 25-28; *Ders.* ebd., Beiband I, 1: Urkunden des fürstlich Salmschen Archives in Anholt, Münster 1902.

12 Zur Geschichte von Burlo: *K. Elm,* Die münsterländischen Klöster, Groß-Burlo und Klein-Burlo. Ihre Entstehung, Observanz und Stellung in der nordwest-europäischen Reformbewegung des 15. Jahrhunderts. Westfälische Forschungen 18, 1965, S. 23-42. Danach: *B. Siepe,* Burlo und die Eremitenbrüder. Unsere Heimat. Jahrbuch des Landkreises Borken, 1967, S. 106-111.

13 *A. Dimier,* Les concepts de moine et de vie monastique chez les premiers cisterciens. Studia monastica 2, 1959, S. 399-418; *F. Delehaye,* Un moine: S. Robert fondateur de Cîteaux. Coll. Ord. Cist. Reform. 14, 1952, S. 83-106; *J. Lefèvre,* S. Robert de Molesme dans l'opinion monastique du XIIe et du XIIIe siècle. Analecta Bollandiana 74, 1956, S. 50-83.

14 *J. Grillon,* Bernhard et les ermites et groupement érémitiques, Bernard de Clairvaux, Paris 1953, S. 251-262; *A. Fracheboud,* Le problème action-contemplation au coeur de St. Bernard. Coll. Ord. Cist. Reform 17, 1955, S. 45-52, 128-136, 183-191; *L. Merton,* Action and contemplation in S. Bernard. Coll. Ord. Cist. Reform. 15, 1953, S. 26-32, 203-16; 16, 1954, S. 105-121; *Déchanet,* G. de St.-Thierry, l'homme et son oeuvre, Paris 1942; *A. Hoste,* Bibliotheca Aelrediana. A survey of manuscripts, old catalogues, editions and studies concerning St. Aelred of Rievaux. Instrumenta Patristica 2, Steenbrugge 1962.

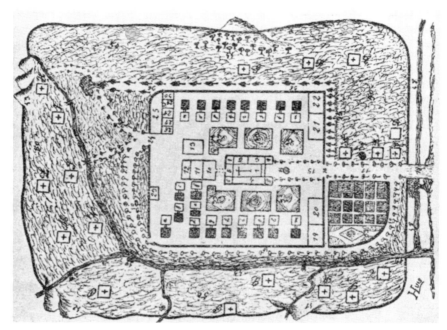

*Sacra Eremus von Batuecas (17. Jh.)*

Abtes in der Abgeschiedenheit ganz der Beschauung, dem Gebet und der Arbeit leben zu können: Hinweise, die darauf schließen lassen, daß die Zisterzienser ungeachtet des prinzipiell zönobitischen Charakters ihres Ordens, Rang und Eigenart der *vita eremitica* anerkannten und ihr einen gewissen Stellenwert in der Spiritualität und religiösen Praxis ihrer Gemeinschaft einräumten. Größer noch und konkreter nachweisbar war die Nähe zum Eremitentum im Wilhelmitenorden, der sich offiziell als *Ordo Fratrum Eremitarum S. Guilelmi* bezeichnete.[15] Die bis 1448 dauernde wilhelmitische Epoche des Klosters begann im Jahre 1245, als Bischof Ludolf von Münster einigen Wilhelmiten gestattete, in der Bauerschaft Burlo ein verlassenes Oratorium zu übernehmen und bei ihm ein Kloster zu errichten. Die Wilhelmiten waren, als sie den Bischof von Münster und den Archidiakon von Borken um Erlaubnis für ihre Niederlassung baten, nördlich der Alpen noch unbekannt. Erst kurze Zeit vor ihrer Ankunft in Westfalen hatten sie in Baseldonck bei 's-Hertogenbosch ihr erstes Kloster außerhalb Italiens gegründet, so daß die *nuper in Alemaniam destinati* in Burlo zum erstenmal — von der heutigen Grenzziehung her gesehen — deutschen Boden betraten. Den beiden ältesten Klöstern diesseits der Alpen folgten in wenigen Jahren zahlreiche Niederlassungen in den Niederlanden, in Belgien, Frankreich, Deutschland, Böhmen und Ungarn, so daß der Orden in

---

15 Zur Geschichte des Wilhelmitenordens und seiner Ausbreitung in Deutschland; *K. Elm*, Beiträge zur Geschichte des Wilhelmitenordens. Münstersche Forschungen 14, Köln-Graz 1962.

der zweiten Hälfte des 13. Jahrhunderts in drei Provinzen aufgeteilt werden mußte, wobei Burlo zusammen mit den niederrheinischen Klöstern Düren und Grevenbroich der französischen Ordensprovinz zugeteilt wurde, die neben den genannten deutschen und einigen französischen Klöstern hauptsächlich holländische und belgische Häuser umfaßte. Die Heimat des Ordens war die Toskana, sein Mutterhaus das in einem Gebirgstal oberhalb von Castiglione della Pescaia (Diöz. Grosseto) gelegene Eremitorium S. Guglielmo. In das bezeichnenderweise Malavalle genannte Tal hatte sich ca. 1155 ein französischer Adeliger namens Wilhelm zurückgezogen, um in strenger Abgeschiedenheit eine Schuld zu büßen, über deren Art und Schwere seine Viten keine Auskunft geben. Der Aufenthalt in Malavalle war der Abschluß eines harten Büßerlebens, das ihm wie viele seiner Zeitgenossen auf Bußwallfahrten und Pilgerreisen nach Spanien, Italien und ins Heilige Land geführt hatte. Auf diesen Reisen hatte er offenbar zahlreiche Eremiten kennengelernt, deren Lebensführung er selbst mit aller Strenge in Malavalle nachzuahmen suchte. Seine durch Kasteiungen, Fasten, Nachtwachen und Gebet gekennzeichnete *vita eremitica* dauerte nicht lange. Schon im Februar 1157 starb Wilhelm. Er hinterließ seinem Schüler Albert, der ihm in den letzten Monaten seines Lebens als *famulus* zur Seite gestanden hatte, nur ein *mapale modicum et vile* und das Beispiel eines strengen Asketenlebens, nicht aber den Auftrag, einen Orden zu gründen. Dennoch sammelte sich schon bald nach seinem Tode in Malavalle eine Eremitengemeinschaft. Das asketische Programm dieser ersten Wilhelmiten läßt sich aus den *verba nuda tamen utilissima et catholica* entnehmen, mit denen Albert den Gefährten die Ratschläge und Lebensweisheiten seines Meisters übermittelte. Der äußere Rahmen, in dem sich ihr Leben vollzog, ist dagegen nur ungefähr zu beschreiben, da fast alle Archivalien des häufig von Überschwemmungen, Brand, Kriegszügen und Pirateneinfällen verwüsteten Klosters verlorengegangen sind. Gelegentliche Bemerkungen in der ältesten Wunderliste des Heiligen und ein knapper Abriß der Ordensgeschichte im Prolog der im 13. Jahrhundert aufgestellten Ordensstatuten lassen jedoch deutlich erkennen, daß die Eremiten zunächst eine Laure bewohnten, d.h. sich in isolierten, rund um ein Oratorium mit dem Grab des Heiligen gruppierten Hütten aufhielten, in denen sie in fast ständigem Schweigen, in Fasten und Gebet ihr Ordensleben führten.
Angesichts der Entstehungsgeschichte des Wilhelmitenordens verwundert es nicht, daß man die Eigentümlichkeit der Burloer Klosteranlage nicht auf die Zisterzienser, sondern auf die Wilhelmiten zurückgeführt hat und in der Inselgruppe ein Relikt aus dem 13. Jahrhundert, den Ausgangspunkt der Klosterbildung, sah.[16] Bei genauerer Kenntnis der Geschichte des Wilhelmitenordens erweist sich jedoch die Annahme, es habe sich bei den ersten Bewohnern von Burlo, die in den ältesten Urkunden des Klosters tatsächlich als *fratres eremitae* bezeichnet werden, um Einsiedler im strengen Sinne des Wortes gehandelt, als falsch. Die ursprünglich typisch anachoretische Lebensweise der Wilhelmiten konnte nämlich nicht lange beibehalten werden. Schon unter Gregor IX. ging die *aurea aetas*, wie die Frühzeit von den Späteren genannt wurde, zu Ende. Noch vor 1237 veranlaßte der Papst die Wilhelmiten, die

---

16 *Rave-Selhorst* (wie Anm. 3), S. 200: „Inseln, die ... ehedem die Einzelhäuschen der Wilhelmiten — Eremiten trugen". *F. von Klocke-J. Bauermann*, Groß-Burlo, in: Handbuch der historischen Stätten Deutschlands III: Nordrhein-Westfalen, Stuttgart 1963, S. 237: „Die kleinen Inseln mit den Zellen der Eremiten blieben z. T. bis Anfang des 19. Jahrhunderts erhalten".

strenge *regula S. Wilhelmi* aufzugeben und statt ihrer der Benediktinerregel und den Zisterzienserkonstitutionen zu folgen.[17] Nach der Ordenstradition wollte Gregor

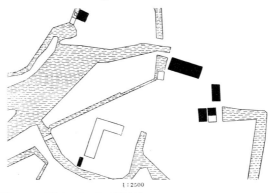

*Lageplan des Klosters Klein-Burlo (1913)*

dem Orden durch die Milderung des *rigor pristinus* Nachwuchs zuführen und ihn so vor dem Untergang bewahren. Die unter Gregor IX. begonnene Anpassung der Wilhelmiten an das traditionelle Zönobitentum wurde von Papst Innozenz IV. fortgesetzt. Er gab der bis dahin nur locker verbundenen Gemeinschaft eine Organisation, indem er die Wahl eines Generalpriors und die Abhaltung von Generalkapiteln vorschrieb. Das unter Gregor IX. und Innozenz IV. deutlich festzustellende Bestreben, aus der Eremitengemeinschaft einen Orden zu machen, gipfelte in dem 1256 von Alexander IV. unternommenen Versuch, die Wilhelmiten mit anderen italienischen Eremitengemeinschaften zu einem einzigen großen Seelsorge- und Bettelorden, dem Augustiner-Eremitenorden, zu vereinigen. Trotz aller bis dahin bewiesenen Kompromißbereitschaft widersetzten sich die Wilhelmiten diesem vor allem von Kardinal Richard Annibaldi propagierten Plan. Sie zogen ihre im April 1256 gemachte Zusage zurück und bestanden auf Selbständigkeit und Beibehaltung ihrer bisherigen Lebensweise, was ihnen im Herbst 1256 zugestanden und 1266 endgültig bestätigt wurde.[18] Die Einwirkung der Kurie, die aus den Eremiten Medikanten machen wollte, blieb trotz des Beharrungswillens der Wilhelmiten nicht ohne Folgen für Verfassung und Spiritualität ihres Ordens. Sein Aufbau wurde in seiner weiteren Entwicklung vom Vorbild der Bettelorden bestimmt und das Klosterleben nach den modifizierten Gewohnheiten der Zisterzienser geregelt. Speziell die Annahme des *Liber usuum* hatte zur Folge, daß sich auch Siedlungsform und Klosteranlage der Wilhelmiten änderte, d. h. das nach den Gebräuchen der Zisterzienser geordnete Ordensleben ließ es nicht zu, die ursprüngliche laurenartige Anlage beizubehalten, forderte statt dessen die Errichtung zönobitischer Klosteran-

---

17 K. Elm, Zisterzienser und Wilhelmiten. Ein Beitrag zur Wirkungsgeschichte der Zisterzienserkonstitutionen. Cîteaux. Commentarii Cistercienses 15, 1964, S. 97-124, 177-209. Separatdruck: Acheln 1965.

18 K. Elm, Die Bulle „Ea quae iudicio" Clemens' IV. vom 30. 8. 1266. Vorgeschichte, Überlieferung, Text und Bedeutung. Augustiniana 14, 1964, S. 500-22; 15, 1965, S. 54-67, 493-520. Separatdruck: Heverlee-Löwen 1966.

lagen. Trotz dieser Anpassung an Mönchs- und Bettelorden ging der eremitische Charakter des Ordens nicht ganz verloren. Es wurden zwar zahlreiche Klöster in Städten wie Paris, Worms, Mainz und Speyer gegründet, dennoch überwog die Zahl der ländlichen, meist in der Einöde – in den Ardennen, im Schwarzwald und an der Küste Flanderns – errichteten Niederlassungen. In ihnen bildeten Arbeit, Gebet und Beschauung weiterhin den Mittelpunkt des Ordenslebens, so daß ihre Bewohner am ehesten den nie ganz aufgegebenen Anspruch des Ordens rechtfertigen konnten, ein *ordo eremiticus* zu sein und nach dem Vorbild seines mit Elias, Hilarion und Macarius verglichenen Stifters zu leben. Kloster Burlo gehörte zur Gruppe der Klöster, die dem ursprünglichen Ideal am stärksten verhaftet blieben. Es entstand an einem *locus desertus,* der noch heute durch Verkehrsferne gekennzeichnet ist, und war nur durch entsagungsvolle Arbeit, die das umliegende Heide- und Sumpfgebiet für den Ackerbau erschloß, zur Blüte zu bringen. Für intensive Seelsorge, für Predigt und Unterricht, den Charakteristika der *vita activa,* bestanden hier keine Voraussetzungen. Arbeit, Gebet und Beschauung, die wesentlichen Inhalte der *vita contemplativa,* waren die einzig möglichen und angebrachten Lebensinhalte der Mönche von Burlo. Dennoch besteht kein Grund zu der in der Literatur wiederholt geäußerten Annahme, die ersten Wilhelmiten hätten im Stile der orientalischen Asketen ihr Ordensleben in einer Eremitenkolonie begonnen, so daß man die bis zum Beginn des 19. Jahrhunderts nachweisbare Inselgruppe als den Kern der Burloer Klosteranlage bezeichnen könnte. Alles spricht dafür, daß die aus Italien kommenden, schon damals stark am Vorbild der Zisterzienser ausgerichteten Wilhelmiten in dem abgelegenen Venn Gebäude anlegten, die in ihrer Struktur und Funktion der traditionellen Klosteranlage entsprachen. Abgesehen von der sich in der ersten Hälfte des 13. Jahrhunderts ändernden Ordenspraxis war überdies die ursprüngliche Abgeschiedenheit und die für die materielle Sicherung zu leistende Arbeit in der Mitte des 13. Jahrhunderts noch so groß und beschwerlich, daß ein Bedürfnis nach zusätzlicher Isolation kaum angenommen werden kann. Aller Erfahrung nach mußte sich dies in den folgenden Jahrhunderten in dem Maße ändern, in dem schwere Handarbeit für die Mönche überflüssig wurde und der sich verstärkende Zustrom von auswärtigen Gläubigen zu größerer Unruhe führte. Unter solchen Bedingungen konnte zu einem Zeitpunkt, der sich bei der gegenwärtigen Quellenlage freilich nicht genau bestimmen läßt, ein Refugium innerhalb des Klosters, eine Hütte für die geistlichen Übungen und ein Garten für die von den Konstitutionen geforderte Handarbeit, an Wert und Bedeutung gewinnen und als ein „Ersatz" an die Stelle des im 13. Jahrhundert noch realen Desertum treten.[19]

Der Versuch, auch in Orden mit prinzipiell zönobitärem Charakter einen gelegentlichen Rückzug in die Einsamkeit zu ermöglichen, ist nicht ungewöhnlich. Er wurde nicht nur im frühen Mönchtum und in den älteren Orden unternommen, wo man z. B. besonders erprobten Mönchen gestattete, sich in ein Eremitorium zurückzuziehen, sondern auch bei den im 13. Jahrhundert entstandenen jüngeren Orden. Franziskus selbst verfaßte eine Eremitenregel für Brüder, die es vorzogen, in kleinen Gruppen in der Einsamkeit zu leben, statt in der Öffentlichkeit das Evangelium zu predigen.[20] Die Augustiner-Eremiten, die in der Mitte des 13. Jahrhunderts zu einem

---

19 Vgl. *Elm* (wie Anm. 12), S. 32, Anm. 70.
20 Vgl. dazu: *K. Esser,* Ordo Fratrum Minorum. Über seine Anfänge und ursprüngliche Zielsetzung. Franziskanische Studien 43, 1961, S. 193ff.; *ders.,* Anfänge und ursprüngliche

Seelsorge- und Wissenschaftsorden umgeformt worden waren, unterhielten spätestens seit der Mitte des 14. Jahrhunderts neben den städtischen Konventen auch Eremitorien, in denen der Geist der Weltflucht bewahrt und den in der Öffentlichkeit wirkenden Brüdern Besinnung und Vertiefung ihres religiösen Lebens ermöglicht wurde.[21] Die auf eine ähnliche Metamorphose zurückblickenden Karmeliten fanden in der Reformbewegung des 15. und 16. Jahrhunderts eine Synthese zwischen eremitischen und zönobitärem Leben, in der das ursprüngliche Eremitenideal erneuert und mit den Erfordernissen der dem Orden inzwischen übertragenen Seelsorgeaufgaben in Einklang gebracht wurde. Ihre vornehmlich in Spanien und Italien zur Geltung gelangten Reformstatuten sahen nämlich vor, daß sich die im Dienste der Seelsorge stehenden Ordensleute in regelmäßigen Abständen zurückziehen sollten, um nach dem Vorbild des Ordenspatriarchen Elias für einige Zeit als Eremiten zu leben. Die zu diesem Zweck bestimmten Klöster, die sogenannten „Saints Déserts", lagen meist in landschaftlich reizvollen Gegenden, waren durch

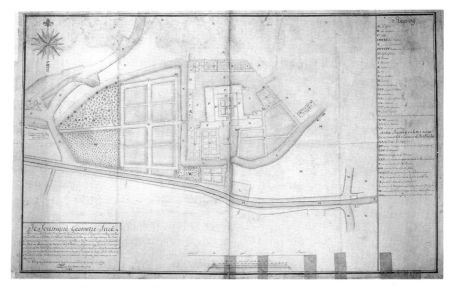

*Wilhelmitenkloster in Nivelles (1786)*

Mauern von der Umgebung abgetrennt und bestanden neben dem eigentlichen Klosterkomplex aus einem umfangreichen Gartenareal, in dem verstreute und voneinander isolierte Eremitorien den temporär zu Eremiten gewordenen Ordens-

---

Zielsetzung des Ordens der Minderbrüder. Studia et documenta Franciscana IV, Leiden 1966, S. 19, 32, 56ff.; *Fl. da Polizzi*, Gli eremiti di San Francesco. Italia Francescana 44, 1969, S. 396-406.

21 *F. X. Martin*, Gilles of Viterbo and the Monastery of Lecceto: the Making of a Reformer. Analecta Augustiniana 25, 1962, S. 225-53; *K. Elm*, Gli Eremiti Neri nel Dugento. Quellen und Forschungen aus ital. Archiven u. Bibliotheken 50, 1971, S. 58-79.

leuten Gelegenheit zum Rückzug aus der Gemeinschaft boten.[22]
Nachdrücklicher als durch solche Analogien wird unsere Vermutung durch einen Vergleich der Burloer Klosteranlage mit der einiger anderer, wie Burlo zur französischen Provinz gehörenden Wilhelmitenklöster bestärkt. In unmittelbarer Nachbarschaft Burlos drängt sich der Vergleich mit der Anlage seiner 1361 im Kirchspiel Darfeld errichteten Tochtergründung, dem 1407 verselbständigten Priorat *Vinea Mariae* oder Klein-Burlo, auf. Die Gebäude des Klosters wurden nach 1835 größtenteils abgebrochen, geblieben ist bis ins 20. Jahrhundert neben einigen Wirtschaftsgebäuden ein System von Gräben und Teichen, das im wesentlichen aus einem fast völlig geschlossenen, ringförmigen Graben besteht, der den eigentlichen Klosterbereich umgab und sich im Westen zu einer teichartigen Ausbuchtung ausweitete, in der mehrere Inseln bzw. Halbinseln liegen. Die auffällige Ähnlichkeit mit der Anlage des Mutterklosters ist gewiß nicht zufällig. Das Spiegelbild ist zu getreu, um nicht auch in Klein-Burlo einen eigenen, dem eremitischen Leben vorbehaltenen Bezirk vermuten zu lassen.[23] Auch in belgischen und holländischen Wilhelmitenklöstern, z.B. in Nivelles, Beveren und Brügge, lassen sich noch im 18. Jahrhundert eigene eremitische Bereiche feststellen.[24] Es handelt sich bei diesen »Enklaven« zwar nicht um Inselgruppen wie in Groß- und Klein-Burlo, sondern lediglich um Gärten und Pavillons. Trotzdem kann kein Zweifel daran bestehen, daß die auf den Klosterplänen von Nivelles und Beveren als »jardins à fleurs« bzw. »hofkens der religieusen« bezeichneten Bereiche als Refugium für einzelne Mönche dienten. Im Falle des Klosters Beveren wird diese Annahme durch eine schriftliche, aus dem 18. Jahrhundert stammende Quelle bestätigt. Nach ihr dienten die »hovekens van den religieusen« tatsächlich der individuellen Retrait der Konventualen, wobei nicht verschwiegen werden darf, daß in dieser Zeit der Rückzug aus der Welt nicht mehr allein durch Kontemplation und Gebet gekennzeichnet war, sondern auch durch ein »amusement«, zu dem „een bottel wijn of gerstenbier" seinen Teil beitrug.[25]
Um die leider nur durch Analogien und Vergleiche wahrscheinlich zu machende Vermutung, die Garteninseln Burlos seien eine Hinterlassenschaft der hier von 1245 bis 1448 lebenden Wilhelmiten gewesen, muß ein Einwand entkräftet werden, der

---

22 *Benoit Marie de la Sainte-Croix* (B. Zimmermann), Les Reformes dans l'ordre de Notre Dame du Mont Carmel. Etudes Carmelitaines 15, 1934, S. 15ff.; Ders., Les Saints Déserts des Carmes Déchaussés, Paris 1927.

23 Die Bau- und Kunstdenkmäler von Westfalen: Kreis Coesfeld, Münster 1913, S. 63; *Fr. Darpe*, Codex Traditionum VII: Die Stifter Langenhorst, Metelen, Borghorst, die Klöster Groß-Burlo und Klein-Burlo, Münster 1954, S. 189-94; *H. Brockmann*, Die Bauernhöfe der Gemeinden, Stadt und Kirchspiel Billerbeck, Beerlage, Darfeld und Holthausen, Billerbeck 1891; *Elm* (wie Anm. 12).

24 Zur Geschichte der genannten Klöster vgl.: *Elm* (wie Anm. 12), S. 57ff.; *P. Janssens*, De Wilhelmieten te Beveren-Waas. Annalen van den Oudheidkundigen Kring van het Land van Waas 65, 1961, S. 246ff.; Ders., Het Grondplan van het Wilhelmietenkloosters. Het Land van Beveren 3, 1960, S. 107-108; *A. Duclos*, De Wilhelmieten te Brugge. Rond den Heerd 2, 1866, S. 85ff.; 7, 1872, S. 102ff.; *G. C. A. Juten*, Het kloosster der Guilemieten te Biervliet en Brugge. Annales de la Société d'Emulation 57, 1907, S. 63-73; *P. Janssens*, De voorgeschiedenis van het Wilhelmietenkloster te Brugge. Handelingen van het Genootschap »Société d'Emulation« te Brugge 99, 1962, S. 68-82.

25 *Janssens*, Beveren (wie Anm. 24).

aus der Tatsache abzuleiten ist, daß die Burloer Inselgruppe erst 1728, also fast drei Jahrhunderte nach dem Ordenswechsel des Konventes, nachweisbar ist. Wenn man trotz dieses Einwandes an der einmal ausgesprochenen Vermutung festhalten will, muß glaubhaft gemacht werden, daß die 1448 zu Zisterziensern gewordenen Wilhelmiten an ihrer bisherigen Gewohnheit festhalten konnten, ohne dadurch der Spiritualität ihres Ordens zuwiderzuhandeln. Eine erste Antwort auf diese Frage ist bereits gegeben worden, als es darum ging, das Verhältnis des Zisterzienserordens zum Eremitentum zu bestimmen. Sie läßt sich jedoch noch präzisieren, wenn man die Umstände, die mit dem Ordenswechsel der Burloer Wilhelmiten verbunden waren, in Betracht zieht. Die Burloer Eremiten wurden 1448 nicht mit der Absicht Zisterzienser, ihre bisherige Observanz aufzugeben und statt ihrer einer gänzlich anderen zu folgen. Nach mehrfachen vergeblichen Versuchen, sich aus eigenen Kräften zu reformieren, glaubten sie, durch den Übertritt in den Zisterzienserorden am besten zur alten Observanz zurückkehren und die ursprüngliche Lebensweise ihres Ordens erneuern zu können. Diese Annahme war nicht unbegründet. Die zisterziensische Reformkolligation von Sibculo, Ijsselstein und Warmond, der sich die Burloer 1448 anschlossen, trug in der Tat in ihrer Gesetzgebung und Spiritualität Züge, die auch den älteren Wilhelmiten eigentümlich waren.[26] Sie befolgte die Konstitutionen des Zisterzienserordens, nach denen die Wilhelmiten seit dem 13. Jahrhundert ihr eigentliches Klosterleben regelten, und verzichtete, ähnlich wie der ältere Eremitenorden, für die Klostervorsteher auf die Abtswürde, um statt dessen durch den Prioritätstitel die Geringfügigkeit ihres Besitzes und die Bescheidenheit der Gesinnung zum Ausdruck zu bringen. Beiden war darüber hinaus der Wille zum weltabgewandten Leben gemeinsam. Das Kloster Sibculo entstand wie das toskanische Eremitorium S. Guglielmo und das westfälische Mariengarden in einer Einöde »afschuwelijk woest en van den beginne der wereld af onbewoond«,[27] so daß der Generalabt von Cîteaux 1417 die reformeifrigen niederländischen Zisterzienser mit der *pusillus grex* vergleichen konnte, die im 11. Jahrhundert in der *eremus* von Cîteaux das *novum monasterium* errichtet hatte.[28] Die Mönche von Sibculo, Ijsselstein und Warmond verpflichteten sich im Sinne der niederländischen »kloosterslot-beweging«,[29] nie ohne Grund den Klosterbereich zu verlassen, um so dem Wesen des Mönchtums gerechter zu werden. Sie orientierten sich dabei nicht allein an der Tradition ihres Ordens, sondern griffen, wie zahlreiche andere Orden, Klöster und Mönche, das Vorbild der Kartäuser auf, die ihren eremitischen Charakter

---

26 Über die in der Ordensliteratur (z. B. *D. Eicheler*. Die Kongregationen des Zisterzienserordens. Ursprung der Zisterzienserkongregationen und ihr Verhältnis zur Verfassung und zum Generalkapitel des Ordens. Stud. Mitt. z. Geschichte des Benediktinerordens und seiner Zweige 49, 1931, S. 56) kaum erwähnte Kongregation bereitet Vf. eine Untersuchung vor. Vgl. zunächst die in den Anm. 12 u. 17 genannte Literatur.

27 *J. Lindenborn*, Historia sive Notitia Episcopatus Daventriensis, Köln 1670, S. 388ff.; *J. Reitsma*, Twee hoofdstukken uit de geschiedenis van het Overijsselsche Klooster Sibkeloo. Historische Avonden, Groningen 1896 I, S. 178ff.; *J. van Staaten*, De prioren van Sibculo. Citeaux in de Nederlanden 3, 1952, S. 181-86.

28 Gemeente-Archief, Leiden, Klooster Warmond, Inv. 1229 (Insert eines Schreibens des Abtes Johannes de Martinaco in eine Urkunde von 1419).

29 *F. Prims*, De kloosterslot-beweging in Brabant in de XVe eeuw. Mededelingen van de Vlaamse Acad. voor Wetenschapen, Letteren en Schone Kunsten, Klasse der Letteren VI, 1, Antwerpen 1944.

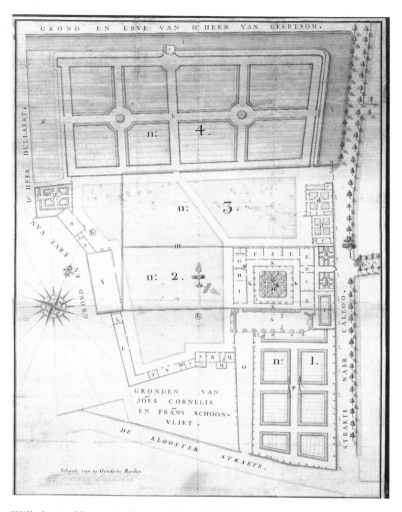

*Wilhelmitenkloster in Beveren-Waas (1786)*

beibehalten hatten und sich mit einem gewissen Recht im 15. Jahrhundert als Inkarnation der *vita eremitica* verstehen konnten.[30] Aus dieser am Vorbild der Kartäuser und ersten Zisterzienser orientierten und aus dem Geist der Devotio moderna erneuerten Hochschätzung der eremitischen Komponente ihres Ordensideals darf man wohl den Schluß ziehen, daß die ersten aus Sibculo stammenden

---

30 Über benachbarte Kartäuserklöster u.a.: *K. Swenden*, De Kartuizers in de Nederlanden. Collectanea Mechliniensia 34, 1949, S. 25-34; *F. Mühlberg*, Über die westfälische Kartause in Weddern. Westfalen 29, 1951, S. 221-33; *G. W. Kreutzer*, Das Kartäuserkloster Marienburg in Weddern. Dülmener Heimatblätter 1960, S. 4ff.

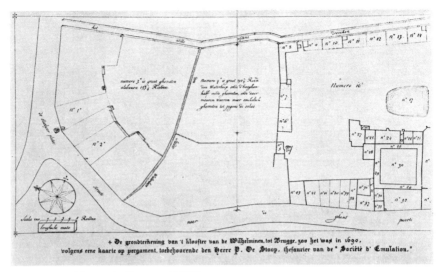

*Wilhelmitenkloster in Brügge (1690)*

Zisterzienserprioren in Burlo der unserer Meinung nach von den Wilhelmiten eingeführten Praxis des zeitweiligen Rückzuges in die Einsamkeit nicht ablehnend gegenüberstanden, sie vielmehr übernahmen und als ein Mittel zur Intensivierung des geistlichen Lebens ihren Nachfolgern bis ins 18. Jahrhundert empfahlen.

Der Wille, in Burlo eine *vita eremitica*, und sei es nur in der Form der *vita mixta*, zu führen, war nicht auf die Burloer Wilhelmiten und Zisterzienser beschränkt. Die italienischen Eremiten übernahmen 1245 in Burlo ein Oratorium, das 1220 von einem Priester namens Siegfried gegründet worden war, der mit Billigung Bischof Dietrichs III. von Münster und seines Nachfolgers Ludolf die Seelsorge für die wenigen von der Borkener Pfarrkirche weit entfernten Bewohner der abgelegenen Bauerschaft übernommen hatte.[31] Über die Gründe, die den Kleriker veranlaßten, diesen *locus desertus* aufzusuchen und über zwanzig Jahre trotz der Geringfügigkeit der Einkünfte und der Verlassenheit der Gegend an ihm auszuhalten, äußern sich die zeitgenössischen Quellen nicht. Eine erst im 18. Jahrhundert belegte Tradition weiß zu berichten, es habe sich bei ihm um einen Kanoniker am Alten Dom zu Münster gehandelt, der aus Unzufriedenheit mit seiner bisherigen Lebensweise auf die Stellung eines Mitgliedes des Domkapitels verzichetet habe, um in der *eremus*, weit ab von der Bischofsstadt, den Forderungen eines wahrhaft evangelischen Lebens zu entsprechen.[32] Auch nach dem Ende des jahrhundertelang von Wilhelmiten und Zisterziensern in Burlo geführten Ordenslebens ließ die Anziehungskraft des weltab-

---

31 Westf. UB III, Münster 1871, S. 869, 216-17; *Schmitz-Kallenberg* (wie Anm. 11), S. 214.

32 *E. Breitenstein*, Abriß der Geschichte des Klosters Mariengarden in Burlo (1220-1931). Sonderdruck aus »Borkener Zeitung« 1932-33, nach: *J. H. Nünning*, Mimigardia Sacra II. Bei *H. Thiekötter*, Die ständische Zusammensetzung des Münsterschen Domkapitels im Mittelalter. Münstersche Beiträge zur Geschichtsforschung III, 5, Münster 1933, S. 12-39, findet sich der Name Siegfried nicht. Als *Canonico-anachoreta* bezeichnet *W. Teschenmacher*, Annales

geschiedenen Fleckens im westlichen Westfalen auf eremitisch orientierte Ordensleute nicht nach. 1804/05 versuchten aus Frankreich vertriebene Trappisten, das damals seiner Bestimmung entfremdete Kloster Groß-Burlo zu erwerben, um hier ihr aus dem Geiste der *eremus* reformiertes zisterziensisches Ordensleben weiterzuführen. Ihre Pläne scheiterten, soweit sie Groß-Burlo betrafen. Es gelang ihnen dagegen, das mit der Geschichte Burlos eng verbundene Filialkloster *Vinea Mariae* bei Darfeld zu erwerben und hier einige Jahre einen Konvent zu unterhalten.[33]

Auch wenn man zum Schluß dieser kleinen Untersuchung zugeben muß, daß die Frage, wann die längst eingeebnete Inselgruppe von Groß-Burlo angelegt wurde, auch jetzt noch nicht eindeutig beantwortet werden kann, läßt sich die Beschäftigung mit dem Klosterplan von 1728 und dem eremitischen Genus loci Burlos durchaus rechtfertigen. Was sich zunächst als ein kulturhistorisches Kuriosum darbot, erwies sich als ein Beweis dafür, daß die großen geistigen Bewegungen, die das Ordenswesen vom frühen bis zum späten Mittelalter in immer wieder erneuten Anstößen zu seinen auf Weltflucht und Selbstheiligung gerichteten Anfängen zurückzuführen suchten, nicht nur in ihren vielfach untersuchten Zentren, sondern auch an der Peripherie, im Windschatten der mittelalterlichen Ballungszentren und abseits der großen Verkehrswege, spürbar waren und in solchen Zeugnissen, wie der bescheidenen, nur zufällig überlieferten Skizze von 1728, noch heute ablesbar sind.

Cliviae . . . ,²Frankfurt-Leipzig 1721, S. 253 auch den an der Gründung des Burloer Wilhelmitenklosters beteiligten Propst Menricus von Fröndenberg (WUB III, S. 909, 987, Anm. 1). Über ihn weitere Literatur bei *Elm* (wie Anm. 12).

33 Neben der in Anm. 23 genannten Lit.: *E. Friedländer*, Geschichte der Trappisten im Münsterland (1795-1825). Zeitschrift für Preußische Geschichte und Landeskunde 12, 1875, S. 63ff.; *K. Gruna*, Aquarellzeichnungen des Trappistenklosters bei Darfeld. Westfalen 51, 1973, S. 305-308.

## II. Bettelorden

## Die Augustiner-Eremiten in Westfalen*

Während die Franziskaner und Dominikaner schon früh in fast allen geistlichen Metropolen und wichtigen Handelsstädten Westfalens Klöster gründen konnten, gelang es dem Augustiner-Eremitenorden, dem dritten der vier großen Bettelorden, erst relativ spät und nur an wenigen Orten in diesem Teil Deutschlands Fuß zu fassen. Wenn man Westfalen ähnlich großzügig wie Werner Rolevinck († 1502) und Hermann Witte (ca. 1520) definieren wollte, es also von Rhein und Weser, Friesland und Hessen begrenzt sähe, hätte es der Orden in Westfalen bis zum Ende des Mittelalters auf fünf Niederlassungen gebracht. Zwei von ihnen lagen jedoch so sehr am Rande, daß man sie kaum als westfälische Klöster bezeichnen kann. Appingedam war zwar — 1328 von Osnabrücker Augustiner-Eremiten gegründet — wie die übrigen westfälischen Klöster Mitglied der thüringisch-sächsischen Ordensprovinz, lag jedoch weit vom Zentrum Westfalens entfernt im friesischen Anteil der Diözese Münster. Das andere, Marienthal bei Brünen, gehörte zur Diözese Münster, rekrutierte auch einen nicht geringen Teil seines Nachwuchses aus Westfalen und unterhielt sogar Termineistationen in Recklinghausen, Coesfeld, Borken und Bocholt, orientierte sich jedoch stärker nach Westen als nach Osten. Es war vor 1256 vom Rheinland aus gegründet worden, gehörte seit 1299 zur kölnischen Ordensprovinz und blieb bis zu seiner Aufhebung im 19. Jahrhundert in regem Austausch mit den rheinischen und niederländischen Klöstern des Ordens. Da die Augustiner im 14. Jahrhundert wegen des Widerstandes von Klerus und Bürgerschaft ihre Pläne aufgeben mußten, in Hameln, Unna und Bielefeld Konvente zu errichten, bleiben also nicht mehr als drei Klöster, die man mit vollem Recht in die Überlegungen einbeziehen kann, wenn von den Augustiner-Eremiten in Westfalen die Rede sein soll. Es sind dies die Klöster in Lippstadt, Osnabrück und Herford.
Das Kloster in Lippstadt wurde von Augustiner-Eremiten aus Köln gegründet, die hier 1280 mit Hilfe des kölnischen Ministerialen Friedrich von Hörde eine *mansio* errichteten und im Jahr darauf mit Erlaubnis des Ortsbischofs, Erzbischof Siegfried von Köln, ihre Seelsorgetätigkeit begannen. Das Osnabrücker Augustinerkloster wurde erst 1287 am Neumarkt auf Grund und Boden des Johannisstiftes gegründet, ging jedoch auf einen bereits früher im benachbarten Holte entstandenen Konvent zurück. Ähnlich wie das Kloster Groß-Burlo bei Borken war dieser in den vierziger Jahren des 13. Jahrhunderts von toskanischen Eremiten gegründet worden, die kurz zuvor in Brabant ihre erste Niederlassung diesseits der Alpen errichtet hatten. Das Kloster in Herford entstand ebenfalls im vorletzten Jahrzehnt des 13. Jahrhunderts, wahrscheinlich kurz vor 1288. Wir wissen so gut wie nichts über seine Förderer und noch weniger über die Herkunft seiner ersten Bewohner. Angesichts der engen Beziehungen, die seit 1180 zwischen Herford und Köln bestanden, ist es jedoch nicht ausgeschlossen, daß es wie Marienthal und Lippstadt vom Rheinland aus gegründet wurde. Die drei westfälischen Konvente blieben nicht lange im Ausstrahlungsbereich

---

* In: G. Jászai (Hg.), Das monastische Westfalen — Klöster und Stifte 800-1800, Münster 1982, 167-176.

des Rheinlandes und der Niederlande. Sie wurden 1299, als die alte *Provincia Alemania* aufgeteilt wurde, der neuen thüringisch-sächsischen Provinz zugeschlagen, in der die Konvente von Magdeburg, Erfurt und später Wittenberg eine ähnlich wichtige Rolle spielten wie die Klöster Köln, Brügge, Gent, Löwen und Antwerpen in der zur gleichen Zeit entstandenen kölnischen Provinz. Sie stellten wiederholt den Prior der Provinz und hielten häufig in ihren Räumen die Provinzialkapitel ab, auf denen die westfälischen Ordensleute mit ihren zur gleichen Provinz gehörenden *Confratres* aus Thüringen und Sachsen, aus Hessen und Niedersachsen sowie aus der Neumark und Pommern zusammenkamen. Sie waren auch die geistigen Zentren der Provinz, denn hier befanden sich die *Studia generalia*, an denen zahlreiche junge westfälische Augustiner den Lektorengrad erwarben, und damit den ersten Abschnitt einer oft in Italien, Frankreich oder England mit der Promotion abgeschlossenen Ausbildung beendeten.

Der knappe Überblick über die geographische Verbreitung, organisatorische Zuordnung und geistige Ausrichtung der westfälischen Augustiner-Eremiten bestätigt den ersten Eindruck. Die in der Mitte des 13. Jahrhunderts am Rande Westfalens in so abgelegenen Orten wie Marienthal und Holte auftretenden Eremiten fanden zwar schon bald den Weg in die Stadt, nach Osnabrück, Herford und Lippstadt; es gelang ihnen auch, im Laufe der Zeit in Meschede und Ahlen, Erwitte und Geseke, Werl und Hamm, Paderborn und Warburg, Wiedenbrück und Unna, Telgte und Münster, Recklinghausen und Bielefeld, Höxter, Minden und Lübbecke Termineien zu errichten und so Westfalen mit einem dichten Netz von Absteigequartieren und Predigtstationen zu überziehen, dennoch gehören sie nicht zu den Kräften, die in besonderem Maße den politisch ungeeinten Raum Westfalen kulturell zusammengeschlossen haben. Ihre Orientierung nach Osten, die enge Bindung an den mitteldeutschen Raum, ihre durch ganz Europa führende *peregrinatio academica* und nicht zuletzt der enge Kontakt mit dem italienischen Mutterland des Ordens legten ihnen eher eine Brücken- als eine Integrationsfunktion nahe. Die Öffnung nach außen bestimmte denn auch von der Gründung bis zur Aufhebung ihrer Konvente die Rolle der Augustiner-Eremiten in Westfalen. Sie war auch Grund dafür, daß sie noch unmittelbar vor ihrem Untergang maßgeblich das Gesicht des neuzeitlichen Westfalen mitformten, als nämlich Luther Thüringen und Sachsen, Erfurt und Wittenberg zur Wiege des neuen Glaubens machte und aus den Vororten der sächsisch-thüringischen Ordensprovinz Hauptstädte der Reformation wurden.


Der Orden der Augustiner-Eremiten geht nicht wie diejenigen der Franziskaner und Dominikaner auf einen großen Ordensstifter zurück. Er verdankt seine Existenz vielmehr einer Initiative der Kurie. Der von Innozenz IV. und Alexander IV. mit der Neuordnung des italienischen Eremitenwesens beauftragte Richard Annibaldi, Kardinaldiakon von S. Angelo in Pescheria, vereinigte im Frühjahr 1256 in der römischen Kirche S. Maria del Popolo auf eine bis dahin einmalige Weise mehrere selbständige Ordensgemeinschaften zu einem einzigen Orden, dem er den Titel *Ordo Fratrum Eremitarum S. Augustini* gab. Die vereinigten Gruppen werden in der Bulle *Licet ecclesiae catholicae,* in der die Union von Alexander IV. am 19. April 1256 bestätigt wurde, als Eremiten bezeichnet. Diese Bezeichnung trifft tatsächlich jedoch nur für zwei der vereinigten Gemeinschaften zu: für die Eremiten des hl. Wilhelm und die Augustiner-Eremiten der Toskana. Die Wilhelmiten, die einen in der Mitte des

12. Jahrhunderts zum Einsiedler gewordenen französischen Adeligen namens Wilhelm von Malavalle als ihren Gründer verehrten, versuchten auf der Grundlage der Benediktinerregel eremitische Zurückgezogenheit und zönobitäres Ordensleben zu verbinden, während die toskanischen Augustiner-Eremiten ihren Ursprung in den weltabgewandten Bestrebungen der im 12. Jahrhundert von Lucca und Siena ausgehenden Kanonikerreform hatten. Bei den anderen Gruppen, von denen die Johannboniten und Brettiner die bekanntesten sind, handelte es sich um Exponenten der in Italien weit verbreiteten Armutsbewegung, die mit dem Verzicht auf Besitz Bußgesinnung und Seelsorge verbanden. Zu ihnen gesellten sich nach 1256 die norditalienischen *Pauperes Catholici:* Waldenser, die bereits von Innozenz III. mit der Kirche versöhnt worden waren, jedoch immer noch an ihrer bisherigen Lebensweise festgehalten hatten.

Die von Richard Annibaldi betriebene Vereinigung verfolgte das Ziel, die verwirrende Vielfalt der am Ausgang des 12. und zu Beginn des 13. Jahrhunderts entstandenen religiösen Gemeinschaften zu ordnen und den Franziskanern und Dominikanern, die sich als Säulen der Kirche erwiesen hatten, in einem nach ihrem Vorbild organisierten Orden einen Bundesgenossen *ad hostiles spiritualis nequitie impetus conterendos* an die Seite zu stellen. Der neugebildete Orden stimmte in seiner Majorität der damit verbundenen Umformung zu einem Bettelorden zu und erfüllte die ihm gestellten Aufgaben schnell und mit großem Erfolg. Bereits in wenigen Jahrzehnten war das schwarze Gewand und der lederne Gürtel seiner Mitglieder in den Städten Europas ein vertrautes Bild. Ein halbes Jahrhundert nach der Union lehrten seine Doktoren mit Erfolg in Paris und Bologna, in Cambridge und Oxford, was nicht zuletzt darauf zurückzuführen ist, daß der Orden schon bald Männer gefunden hatte, die seinem Studiensystem Leben einhauchten und eine Ordensschule bildeten, die sich mit denen der konkurrierenden Bettelorden messen konnte. An ihrer Spitze stand Aegidius Romanus, der für die Augustiner das wurde, was Thomas von Aquin für die Dominikaner und Bonaventura für die Franziskaner geworden waren: Haupt und offiziell anerkannte Autorität der Ordensschule. Seine in ihren Grundzügen an Thomas orientierte Lehre galt seit 1287 als Ordensdoktrin, die nach ihm von Gelehrten wie Jakob von Viterbo, Alexander von S. Elpidio und Augustinus Novellus vertreten wurde, bis ihr Gregor von Rimini unter dem Einfluß des Nominalismus eine neue Wendung gab.

Der schnelle Aufstieg des Augustinerordens vollzog sich nicht ohne Schwierigkeiten und Widerstände. Schon bald nach der Union machten sich tiefgehende Differenzen zwischen den vereinigten Gruppen bemerkbar. Während es relativ leicht gelang, die nach der Augustinerregel lebenden Johannboniten, Brettiner und Augustiner-Eremiten der Toskana zu verschmelzen, erwiesen sich Eigenart und Selbstbewußtsein der zur Benediktinerfamilie gehörenden Wilhelmiten und der aus dem Waldensertum hervorgegangenen Katholischen Armen als so ausgeprägt, daß sie die weitere Entwicklung des jungen Ordens ernsthaft gefährdeten. Die *Pauperes Catholici*, die von ihren ursprünglichen Intentionen her dem Mönchtum fernstanden, weigerten sich, ihre am Ideal der christlichen Urgemeinde orientierte Lebensweise mit der *vita religiosa* zu vertauschen und konnten 1272 nur mit Gewalt dem Orden endgültig eingegliedert werden. Die Wilhelmiten erklärten unmittelbar nach der in S. Maria del Popolo vorgenommenen Vereinigung, sie seien lediglich *inviti et coacti* der Union beigetreten und lehnten es daher ab, ihre bisherige Observanz aufzugeben. Dies führte zu einem langwierigen Rechtsstreit, den Clemens IV. am 30. August 1266 mit der Bulle *Ea quae iudicio* beendete. Der Wilhelmitenorden erhielt zwar seine Selbständigkeit zurück, mußte jedoch mit Ausnahme von drei namentlich genannten Klöstern auf alle dem Augustiner-Eremitenorden inzwischen inkorporierten Häuser, soweit sie in Deutschland und Ungarn lagen, verzichten. Die den Orden gefährdenden Schwierigkeiten resultierten jedoch nicht nur aus der Verschiedenheit der 1256 vereinigten Gemeinschaften. Die italienischen Ordensleute sahen sich schon früh der fast geschlossenen Phalanx des Weltklerus gegenüber, der ihren als Nachkömmling angesehenen Orden längst nicht mehr mit der Bereitwilligkeit aufnahm, die er den Dominikanern und Franziskanern entgegengebracht hatte. Die Eremiten mußten darüber hinaus auf Schritt und Tritt mit der Konkurrenz der um ihren Einfluß bei den Gläubigen bangenden Prediger und Minoriten rechnen. Diesen mächtigen Konkurrenten standen sie mit fast leeren Händen gegenüber. Mit dem Makel des Epigonen behaftet, konnten sie den großen Ordensgründern, Franz von Assisi und Dominikus von Caleruega, keine vergleichbaren Gestalten entgegenstellen. Gerade dieser Mangel wurde jedoch zur Stärke des Ordens und zum Siegel, das seinen Charakter prägte. Wo kein Franziskus und kein Dominikus zur Verfügung stand und der nach ihrem Vorbild hagiographisch stilisierte Augustiner-Eremit Nikolaus von Tolentino noch wenig bekannt war, da bot sich die Kirche selbst an, denn sie hatte ja den Orden ins Leben gerufen. Von der Kirche geschaffen, war der Orden im Bewußtsein seiner Mitglieder kein Menschenwerk mehr, sondern Ausfluß des Heiligen Geistes, der durch Papst und Kardinal handelte, als sie den Orden schufen. Während die Franziskanerspiritualen aus der Bibelexegese des Abtes Joachim von Fiore den Anspruch herleiteten, Vorläufer eines Zeitalters des Geistes und Glieder einer kommenden Geistkirche zu sein, konnten die Augustiner-Eremiten ihre Geisterfülltheit aus einem historischen Ereignis ableiten, nämlich aus der *institutio, quam habet ordo a matre sua, a sancta universali ecclesia*, wie es einer der ersten Geschichtsschreiber des Ordens, Heinrich von Friemar, in seinem *Tractatus de origine et progressu ordinis fratrum eremitarum sancti Augustini et de vero ac proprio titulo eiusdem* ausdrückt.

Mit dem Ruhm, auf besondere Weise Söhne der Kirche zu sein, verband sich die Tradition einiger in den Orden aufgegangener toskanischer Eremitorien, die ihre Anfänge bis in die Frühzeit der Kirche zurückführten und den Anspruch erhoben, vom hl. Augustinus auf seinem Wege von Mailand nach Ostia eine Regel erhalten zu haben, so daß es sich für sie bei der Union von 1256 nicht um eine Neugründung, sondern um die von Augustinus selbst geforderte Vereinigung des uralten augustinischen Eremitentums gehandelt habe. Diese Selbstdeutung wurde nicht nur zu einem dauernden Streitpunkt zwischen den Augustiner-Eremiten und den Augustiner-Chorherren, die spätestens seit dem 11. Jahrhundert Augustinus als das Vorbild ihres Standes in Anspruch genommen hatten. Sie verwickelte die Eremiten auch in heftige Streitigkeiten mit den übrigen Bettelorden, erklärten sie doch nichts weniger, als daß Augustinus schon Jahrhunderte vor Franziskus und Dominikus das Prinzip der gemeinsamen Armut in ihrem Orden verwirklicht hätte und sie daher den Anspruch erheben könnten, der älteste und vornehmste Bettelorden der Kirche zu sein.

Das historische Selbstverständnis der Augustiner fand seinen Niederschlag nicht nur in den sich über Jahrhunderte hinziehenden Auseinandersetzungen mit Kanonikern und Mendikanten. Es wurde darüber hinaus zum bestimmenden Faktor seiner Geschichte und Spiritualität. Die Dankbarkeit gegenüber der Kurie entwickelte sich zu einer fast bedingungslosen Anhänglichkeit, die aus den Gelehrten des Ordens

Theoretiker eines extremen Kurialismus und aus seinen Predigern Agitatoren gegen Kaiser und Reich, Irrlehrer und Ungläubige machte. Als viele der anderen Orden zurückwichen, standen die Augustiner Bonifaz VIII. und Johannes XXII. in ihrem Kampf gegen die französische Krone und den deutschen König, gegen Spiritualen und opponierende Kardinäle zur Seite: Aegidius Romanus rechtfertigte die Abdankung des Engelpapstes Coelestin und lieferte die Argumente für die Bulle *Unam Sanctam*. Sein Mitbruder Augustinus Triumphus nahm das Andenken Bonifaz VIII. gegenüber seinen Verfolgern in Schutz und begann als erster mit der Widerlegung der von Marsilius von Padua im *Defensor pacis* aufgestellten Thesen über das Verhältnis von Kirche und Staat. Es waren Augustiner-Eremiten, die gegen die am Hofe Ludwig des Bayern versammelten Feinde Johannes' XXII. fochten, die die Irrlehren Wycliffs bekämpften und sich dem Ansturm des Hussitentums widersetzten. Die Päpste wußten solche Treue zu schätzen. Privilegien, Bischofsstühle und Ehrenämter waren die Zeichen ihrer Dankbarkeit. Sie kulminierte darin, daß Johannes XXII. den Eremiten 1327 die Wacht am Grabe des hl. Augustinus in S. Pietro in Ciel d'Oro zu Pavia übertrug und so ihren Anspruch anerkannte, die einzig legitimen Söhne des Kirchenlehrers zu sein. Die Vorstellung, daß Augustinus Gründer und Haupt des von der Kirche nach Jahrhunderten geeinten Ordens sei, fand naturgemäß bei den Ordensmagistern den stärksten Widerhall. Sie wurde im gewissen Sinne zur Grundlage des mit Aegidius Romanus anhebenden Augustinismus, der sich über Gregor von Rimini, Johann von Staupitz und Martin Luther sowie die in die Nähe des Jansenismus gerückten Augustiner-Eremiten Berti, Belleli und Noris bis zu der gegenwärtig von den Ordensleuten betriebenen Augustinusforschung fortsetzt. Sie ließ seit dem 14. Jahrhundert die italienischen Augustiner auch an Strömungen teilnehmen, die nicht in strengem Sinne als theologisch zu verstehen sind. Petrarca fühlte sich den Söhnen des Kirchenvaters wie keinem anderen Orden verbunden. Im Namen Augustins versammelte sich in S. Spirito, dem Augustinerkloster zu Florenz, eine Art Akademie um den Prior Luigi Marsigli. Als seine Jünger fand der Mailänder Augustiner Andrea Biglia den Weg zu einem christlichen Humanismus und begaben sich Aegidius von Viterbo und Hieronymus Seripando in Rom und Neapel auf die Suche nach Übereinstimmungen zwischen dem Christentum, dem Platonismus und den Lehren der Kabbala. Die Nähe zwischen Humanismus und Augustinertum beschränkte sich nicht auf Florenz und Neapel, Rom und Mailand. Sie wiederholte sich in Padua, in Bologna und Siena. Das italienische Vorbild wirkte aber auch über die Alpen, wo in Prag die Augustiner von St. Thomas auf den böhmischen Frühhumanismus und die Prager Universität einwirkten, wo in Avignon Augustiner-Eremiten als Bibliothekare die päpstliche Bibliothek um Handschriften der Humanisten bereicherten und in Paris das von großer Belesenheit in der antiken Literatur zeugende *Sophologium* des Augustiner-Eremiten Jean le Grand entstand – ganz zu schweigen von der Offenheit, mit der man in Erfurt und Nürnberg am Ende des Mittelalters mit Humanisten verkehrte und sich mit den antiken Autoren beschäftigte. Die Hinwendung zu Scholastik und Humansimus stieß schon im 14. Jahrhundert im Orden selbst auf Widerspruch. Unter Berufung auf den ursprünglich eremitischen Charakter der 1256 vereinigten Gruppen protestierte man in einigen italienischen Konventen gegen die im 13. Jahrhundert vorgenommene Neuorientierung. Man verlangte statt Wissenschaft Weisheit, statt verfeinerter Kultur harte Askese. Das Leitbild dieser Opposition war nicht der Seelsorger und Magister, sondern der Eremit aus dem Laienstande, der nach dem Vorbild der Wüstenväter in den toskanischen Eremitorien durch Weltabgeschiedenheit, Askese und Gebet den Höhepunkt christlicher Perfektion zu erreichen versucht hatte. Diese Einstellung führte die eremitisch orientierten Augustiner mit den Franziskanerspiritualen zusammen, verband sie mit Fra Dolcino und Angelo Clareno und ließ sie hellhörig werden für die Prophezeiung des Abtes Joachim von Fiore, der in schwarzgekleideten Eremiten mit ledernen Gürteln Vorboten einer zukünftigen Geistkirche gesehen hatte. Solche Tendenzen sind im Augustiner-Eremitenorden immer wieder zu beobachten; zu einer Kraft, die den Orden sprengen oder auch nur von der ihm 1256 vorgeschriebenen Bahn hätte abbringen können, wurden sie jedoch nicht. Der Orden blieb gekennzeichnet durch Treue zu Kirche und Papsttum, denen er sich wie kein anderer Orden des Mittelalters verbunden fühlte. Er ließ sich nicht von außerkirchlichen Strömungen treiben, sah vielmehr im Einsatz für das Papsttum, in der Beschäftigung mit der Wissenschaft, im Dienste der Seelsorge und im Kampf gegen die Irrlehre seine eigentliche Aufgabe.

Die italienischen Ordensleute, die sich in der Mitte des 13. Jahrhunderts am Rande Westfalens niederließen, waren noch keine Augustiner-Eremiten im strengen Sinne. Es handelte sich bei ihnen um Angehörige der 1256 in der *Magna Unio Augustiniana* zusammengeschlossenen Gemeinschaften, die schon vorher den Weg nach West- und Mitteleuropa gefunden hatten und hier wie in Italien das *desertum*, einsam gelegene Orte also, bevorzugten. Bei den Gründern des kurz vor 1256 in Beylar bei Brünen zustandegekommenen Klosters Marienthal dürfte es sich um Augustiner-Eremiten der Toskana gehandelt haben, die schon 1244 von Kardinal Richard Annibaldi in einem Vorspiel zur großen Union zu einem eigenen Orden zusammengeschlossen worden waren. Die Gründer des 1287 von Holte nach Osnabrück verlegten Konventes waren Wilhelmiten. Bischof Ludolf von Münster, aus dem Geschlecht der Herren von Holte, hatte ihnen schon in Burlo zu einer Niederlassung verholfen und sie dann seinen Verwandten empfohlen, die ihnen in der Nähe ihres Stammsitzes die Möglichkeit zu einer Klostergründung verschafften. Die Tatsache, daß sich unter den Papsturkunden für die Bischöfe von Osnabrück eine am 30. Januar 1268 von Clemens IV. promulgierte Bulle befindet, die sich auf die bis 1266 geführte Auseinandersetzung bezieht, legt den Schluß nahe, daß die Umsiedlung von Holte nach Osnabrück in diesem Zusammenhang erfolgte. Wenn die für die Frühgeschichte des Augustiner-Eremitenordens charakteristischen Schwierigkeiten und Spannungen den Ordensleuten es auch schwer gemacht haben mögen, sich in Westfalen zu etablieren, kann von wirklich ernsthafter Auseinandersetzung in den folgenden Jahrzehnten nicht mehr die Rede sein. Gehemmt durch äußeren Widerstand, aber nicht behindert durch interne Richtungskämpfe konnten sie sich nach der Niederlassung in Lippstadt, Osnabrück und Herford ihren 1256 übernommenen Aufgaben widmen. Sie taten dies nicht ohne Erfolg. Wie die Franziskaner und Dominikaner übten sie in ihren Klöstern und Termineibezirken die Seelsorge durch Predigt und Sakramentenspendung aus. Sie übernahmen die Betreuung von Frauenkonventen, Beginengemeinschaften und Bruderschaften. Man begegnet ihnen in Münster und Osnabrück, Paderborn und Minden als Weihbischöfen. Gelegentlich wurden sie mit der Erstellung theologischer Gutachten und der Vornahme von Inquisitionen beauftragt. Was ihrer seelsorgerischen Tätigkeit einen besonderen Charakter gab, war jedoch nicht ihr Engagement in der alltäglichen Seelsorge. Die überlieferten Quellen machen deutlich, daß sie sich besonders auf die Predigt konzentrierten. Zahlreiche aus ihrer Feder hervorgegangene *Specula pastorum, Praecepta divinae legis* und *Opera sermonum* lassen erkennen, daß sie dabei den indirekten Weg bevorzugten, indem sie auf den Klerus einwirkten und ihn auf das für sein Amt erforderliche Bildungsniveau zu bringen suchten. Eine solche Tätigkeit setzt wissenschaftliche Schulung voraus. Die westfälischen Augustiner-Eremiten entbehrten ihrer nicht. Ihren drei Konventen gehörten stets mehrere gelehrte Ordensleute an: Von den uns bekannten westfälischen Augustiner-Eremiten trägt ungefähr jeder Vierte den Titel eines Lektors. Die Augustiner erwarben diesen Grad normalerweise nach fünfjährigem Studium auf einem der Generalstudien des Ordens, in Erfurt oder Magdeburg, aber auch in Köln und Prag, in Siena und Bologna, in Florenz und Perugia, in Padua und Paris, in Oxford und Cambridge, um nur die wichtigsten der von westfälischen Augustiner-Eremiten besuchten *Studia generalia* zu nennen. Die große Zahl der meist nur dem Namen nach bekannten Lektoren wird überragt von Gelehrten, für die das an einem Ordensstudium erworbene Lektorat nur eine Stufe zum Höhepunkt ihrer akademischen Karriere war. Sie beschlossen ihre Studien nämlich mit dem theologischen Doktorgrad, den sie dann erreichen konnten, wenn sie nach den ordensinternen Studien noch eine Zeitlang an den theologischen Fakultäten der Universitäten studierten. Es lassen sich eine Reihe von westfälischen Augustiner-Eremiten nennen, die nicht nur durch diesen Grad, sondern auch durch ein reiches wissenschaftliches Werk und intensive Tätigkeit innerhalb und außerhalb ihres Ordens bewiesen, daß sie zur geistigen Elite ihrer Zeit gehörten. Ich meine Männer wie den in Prag lehrenden Pariser Magister Johannes von Brakel († 1385), den Erfurter Professor Johannes Bauer aus Dorsten († 1481), den in Paris promovierten Johannes von Höxter († 1400), den in Italien wissenschaftlich geschulten Historiker Johannes Schiphower aus Meppen († nach 1521), den Erfurter Doktor Heinrich Modege († nach 1485) und den zum Osnabrücker Konvent gehörenden Doktor Johannes Sartoris († nach 1485), in erster Linie aber die im 15. Jahrhundert als *mundi luminaria suis doctrinis orbem illustrantia* gefeierten Gelehrten Hermann von Schildesche († 1357), Johannes Klenkok († 1374), Dietrich Vrie († nach 1434) und Gottschalk Hollen († 1481), deren Leben und Wirken besonders geeignet sind, Rang und Art der geistigen Tätigkeit der westfälischen Augustiner-Eremiten deutlich zu machen.

Hermann von Schildesche begann sein Ordensleben im ersten Jahrzehnt des 14. Jahrhunderts in Herford, studierte in Erfurt, lehrte in Magdeburg und Erfurt, Köln und Paris, krönte 1333/34 seine akademische Karriere als erster Westfale mit dem Pariser Doktorgrad und beschloß 1357 sein Leben als Generalvikar der Diözese Würzburg. Er war ein unermüdlicher Arbeiter und systematischer Kopf, der sich bemühte, die Früchte seines Studiums in Kompendien dem alltäglichen Gebrauch zugänglich zu machen: für seine Ordensbrüder das *Claustrum animae*, für den Klerus das *Speculum manuale sacerdotum* und für die Rechtspraxis das *Introductorium iuris*, ein Sachwörterbuch des kanonischen und römischen Rechtes, das ihm den Ehrennamen eines *Magnus legista* eingebracht hat. Hermann begnügte sich nicht mit solchen Zusammenfassungen. Er polemisierte gegen die Flagellanten, die Armen von Lyon, die Brüder und Schwestern des freien Geistes und gegen die exegetischen Methoden des Joachim von Fiore. In der Frage des Verhältnisses von geistlicher und weltlicher Gewalt, die er in dem großen, gegen Marsilius von Padua gerichteten *Tractatus contra haereticos negantes immunitatem et iurisdictionem s. ecclesiae* erörtert, stellt er sich konsequent auf den Boden des Papalismus und verteidigt mit solchem Nachdruck die

Unfehlbarkeit des Papstes, daß man ihn als Herold des erst auf dem I. Vatikanischen Konzils verkündeten Infallibilitätsdogmas feiern konnte.

Die Kenntnis des Rechtes und die Vorliebe für die Polemik teilt Hermann mit seinem Herforder Mitbruder Johannes Klenkok. Der Sproß einer vornehmen Familie aus Bücken bei Hoya trat zwischen 1342 und 1346 in Bologna, wo er damals die Rechte studierte, dem Orden bei, dessen Herforder Konvent er daraufhin zugewiesen wurde. Er erwarb 1359 in Oxford den Grad eines Magisters, der ihm gestattete, ab 1369/70 in Prag als Professor zu lehren. Er stellte sich in Oxford den Lollarden und wandte sich in Prag gegen Milič von Kremsier. Zu seinem Lebensthema wurde jedoch nicht die Auseinandersetzung mit den Häresien seiner Zeit, sondern der Kampf gegen den Sachsenspiegel. Er scheute nicht den Streit mit dem Rat von Magdeburg und ließ sich auch nicht von seinen Mitbrüdern beschwichtigen, kämpfte vielmehr so lange, bis er 1374, inzwischen apostolischer Pönitentiar in Avignon, Gregor XI. dazu gebracht hatte, vierzehn Artikel des damals im Zenit seiner Geltung stehenden Rechtsbuchs zu verdammen. Was er mit seiner Hartnäckigkeit erreichen wollte, ist nicht schwer zu erraten: Der *gloriosus doctor* wollte im Sinne seines Ordens verhindern, daß partikuläres Recht dem universalen der Kirche widerspräche und dadurch die Stellung des Papstes geschwächt würde, was er in seinem *Decadicon contra errores Speculi Saxonici* unmißverständlich zum Ausdruck bringt.

Der um 1390 in den Osnabrücker Konvent eingetretene Westfale Dietrich Vrie, der Verfasser der acht Bücher *De Consolatione Ecclesiae*, einer der wichtigsten Quellen zur Geschichte des Konstanzer Konzils, war nicht im gleichen Maße wie seine Herforder Mitbrüder juristisch gebildet und engagiert. Er war jedoch kein systematischer Theologe, interessierte sich vielmehr für Aszetik und Mystik, vor allem aber für Geschichte und Politik, was den Orden möglicherweise veranlaßte, ihn zwischen 1417 und 1418 am Konstanzer Konzil teilnehmen zu lassen. Wie seinen Landsmann Jordan von Osnabrück und Alexander von Roes bewegte ihn die Frage nach der Bedeutung und Würde des Reiches, die er zu seiner Zeit in Kaiser Sigismund, dem er als neuen Hektor und wiedererstandenen Karl seine *Consolatio* widmete, verkörpert sah. Was seine Beurteilung des Verhältnisses von Reich und Kirche angeht, unterscheidet er sich jedoch kaum von seinen westfälischen Mitbrüdern. Der Gedanke, daß ein vom Kaiser einberufenes, nicht der Autorität des Papstes unterstelltes Konzil die Reform der Kirche in Angriff nehmen könnte, ist ihm ein Greuel. Auch angesichts der tiefen Erniedrigung, in die die Päpste seiner Zeit die Kirche geführt haben, hält Dietrich wie Hermann von Schildesche und Johannes Klenkok an der prinzipiellen Superiorität des Papstes sowohl im weltlichen als auch im kirchlichen Bereich fest.

Gottschalk Hollen aus Körbecke bei Soest, der um 1425 in Herford Augustiner geworden war, widmete sich nach Studien in Perugia und Siena, die er 1440 mit dem Erwerb des Lektorengrades abschloß, in besonderem Maße der Seelsorge *in urbe sua*, d. h. in Osnabrück. Mit welcher Intensität er das tat, davon zeugen seine Predigtzyklen über die sieben Sakramente, die Glaubensartikel und den Dekalog. Sie gehen in einer solchen Breite und mit einer solchen Instensität auf die moralischen, politischen und ökonomischen Probleme der Gläubigen ein, daß sich in ihnen das spätmittelalterliche Osnabrück und sein Umland in aller nur wünschenswerten Konkretheit widerspiegeln. Der *peritissimus in iure canonico* begnügte sich nicht mit der Predigt. Er trat wiederholt in weltlichen und geistlichen Angelegenheiten als juristischer Gutachter auf und verfaßte mit seinem *Praeceptorium divinae legis* ein Handbuch, das für die praktische Seelsorge von großem Nutzen war und daher weit verbreitet wurde.

Das gleichgerichtete Engagement und die weitgehende Übereinstimmung dieser vier Autoren ist sicherlich kein Zufall. Wenn man untersucht, welche Autoren sie heranziehen, und feststellt, welche Traktate sie aus dem Lateinischen ins Niederdeutsche übersetzten, dann wird deutlich, wie ihr Konsens zu erklären ist. Sie teilten den Eifer, mit dem sie sich für die Interessen des Papsttums und der Kirche einsetzten, mit ihren italienischen Ordenslehrern, mit Aegidius Romanus, mit Jakob von Viterbo, mit Wilhelm von Cremona und mit Augustinus Novellus, die man wegen ihrer Papsttreue als die Jesuiten des Mittelalters bezeichnet hat.

Nach solchen Beobachtungen liegt die Vermutung nahe, die westfälischen Augustiner-Eremiten hätten sich auch in anderer Hinsicht dem Vorbild ihrer italienischen Ordensbrüder angeschlossen, sich also dem Humanismus geöffnet oder den antiintellektualistischen Strömungen zugewendet, die im 14. Jahrhundert in Italien zu beobachten sind. Die Möglichkeit, mit Vertretern des italisichen Humanismus in Berührung zu kommen, bot sich für die westfälischen Ordensleute immer wieder an. Hermann von Schildesche, Gottschalk Hollen, Johannes Klenkok, Dietrich Vrie und viele andere haben in Florenz, Perugia, Siena und Bologna studiert, auf den Ordenskapiteln kamen sie mit Kennern der Antike zusammen und wie kaum ein anderer der in Westfalen beheimateten Orden stand der ihrige mit Italien in ständigem Kontakt. Wenn daher westfälische Ordensleute in ihren Traktaten auf Ovid, Horaz und Valerius Maximus verweisen und Prediger von Petrarca, Boccaccio und anderen humanistischen Autoren reden, ja ihren Zuhörern aus Italien mitgebrachte Lesefrüchte und Lebensweisheiten mitteilten, ist das genausowenig ein Zufall wie das Insistieren auf die Prärogativen des Papsttums und die Verbindlichkeit des kanonischen Rechtes. Dennoch kann man nicht behaupten, daß es in den westfälischen Augustiner-Eremitenklöstern unter humanistischem Vorzeichen zu einem Gespräch zwischen Ordensleuten und gebildetem Bürgertum gekommen sei, wie es im spätmittelalterlichen Nürnberg der Fall war, geschweige denn, daß sich in Osnabrück, Lippstadt oder Herford etwas entwickelt hätte, das sich mit den gelehrten Akademien in Florenz und Prag vergleichen ließe. Ähnlich verhält es sich mit den spiritualistischen Tendenzen. Gewiß gab es unter den westfälischen Augustiner-Eremiten auch solche, für die kanonisches Recht und scholastische Theologie nicht der Hauptgegenstand ihrer Beschäftigung war. So stellten im 15. Jahrhundert Lippstädter Augustiner mehrere Sammelhandschriften zusammen, die Traktate der hochmittelalterlichen Lehrer des geistlichen Lebens mit Schriften der Mystiker des 14. Jahrhunderts und Texten der *devotio moderna* vereinen. Es gibt unter den westfälischen Autoren aus dem Augustinerorden Verfasser asketisch-mystischer Schriften; man findet bei ihnen Hinweise auf Gert Groot und die *devotio moderna*; gelegentlich kamen Kontakte mit den Brüdern vom Gemeinsamen Leben und den Kanonikern der Windesheimer Kongregation zustande. Doch würde man fehlgehen, wenn man annähme, die westfälischen Augustiner-Eremiten hätten sich den Frömmigkeitsbewegungen des späten Mittelalters, seien sie nun italienischen oder heimischen Ursprunges, in besonderer Weise angeschlossen.

Eine ähnliche Zurückhaltung läßt sich auch gegenüber den Reform- und Observanzbestrebungen beobachten, die im dritten Jahrzehnt des 15. Jahrhunderts in der thüringisch-sächsischen Provinz zum Durchburch kamen. Unter Heinrich Zolter,

Andreas Proles, Simon Lindner und Johann von Staupitz schlossen sich die reformwilligen Konvente zu einer eigenen Kongregation zusammen, die sich ähnlich wie die italienischen Reformkongregationen der Jurisdiktion des Provinzialpriors entzog und einem Generalvikar unterstellte, der allein dem römischen Ordensgeneral zu Gehorsam verpflichtet war. Johann von Staupitz versuchte 1510 diese Kongregation mit der thüringisch-sächsischen Provinz zu einer einzigen Reformkongregation zu vereinigen. Er sah sich aber schon bald starkem Widerstand gegenüber, der jedoch nicht von der Provinz, sondern von der Kongregation ausging, deren reformeifrigste Mitglieder, der Erfurter Magister Johannes Natin an der Spitze, von der Union eine Beeinträchtigung ihres klösterlichen Lebens befürchteten. Staupitz vermochte diesen Widerstand trotz eigenen Bemühens und starker Unterstützung durch den Ordensgeneral nicht zu überwinden. Er verließ schließlich den Orden und wurde Abt des Benediktinerklosters St. Peter in Salzburg. An den heftigen Auseinandersetzungen, die tiefen Eindruck auf den 1510 in diesem Zusammenhang von Natin nach Rom geschickten jungen Luther machten, waren auch die westfälischen Klöster beteiligt. Sie standen allerdings nicht auf der Seite der strengen Observanten, als deren Sprecher die Erfurter Augustiner galten. Im Gegenteil: 1434 hatten die Osnabrücker ihren Mitbruder Heinrich Zolter vertrieben, als er versuchte, den Konvent zu reformieren, weil ihnen die *vita regularis pro tunc non placuit*, wie es Johannes Schiphower am Ende des 15. Jahrhunderts formulierte. Herford hatte sich zwar zur Annahme der Observanz bereiterklärt, als es jedoch darum ging, sie durchzuführen, war die Begeisterung so gering, daß sich Andreas Proles, der damals amtierende Vikar der Kongregation, zu einem strengen Mahnschreiben entschließen mußte. Nach der Bildung der thüringisch-sächsischen Reformkongregation wurden die drei westfälischen Ordenshäuser zu den wichtigsten Klöstern der konventual gebliebenen Provinz und damit zu Gegenpolen von Erfurt und Wittenberg. Das könnte zu der Vermutung Anlaß geben, in ihnen hätten solche Verhältnisse geherrscht, daß sie eine Reform hätten scheuen müssen. Das ist jedoch keineswegs der Fall. Man gewinnt bei genauerem Zusehen nämlich den Eindruck, daß in Lippstadt, Herford und Osnabrück das Ordensleben mit nicht geringerer Strenge geführt wurde als in den Klöstern der Observanz. Seit der Mitte des 15. Jahrhunderts setzte auch in ihnen eine Erneuerung des Ordenslebens ein, die unabhängig von Zolter, Proles und Staupitz vonstatten ging und wohl in erster Linie auf die Provinzialprioren Heinrich Ludovici, Heinrich Modege und Johannes Sartoris zurückzuführen ist. Dieser Widerspruch erklärt sich, wenn man sich nicht durch die bei den Zeitgenossen übliche scharfe Gegenüberstellung von Konventualen und Observanten den Blick verstellen läßt und sich vergegenwärtigt, daß Reformforderungen im Spätmittelalter nicht nur wirkliche Erneuerung und ernste Besinnung zum Ziel hatten, sondern oft nicht mehr als Ausdruck von Ideologien oder Schlachtrufe von Parteien waren: ein Vorwurf, den im 15. Jahrhundert Gottschalk Hollen erhob, als er die Observanten Pharisäer nannte, und den Martin Luther theologisch vertiefte, indem er die übereifrigen Mitglieder der thüringisch-sächsischen Reformkongregation als selbstgefällige Sünder verurteilte, die sich gegenüber Gott verschlössen, sein Gericht verachteten und darum auch nicht die Rechtfertigung erlangen könnten.

Mit der Reformation kam das Ende der thüringisch-sächsischen Provinz der Augustiner und damit auch der Untergang der ihr angehörenden westfälischen Klöster. In Osnabrück begann 1521 der Prior Gerhard Hecker, der drei Jahre zuvor vom

Ordensgeneral aufgefordert worden war, Luther gefangen zu nehmen, den neuen Glauben zu predigen, so daß ihn 1522 Heinrich von Zütphen als *evangelicae doctrinae doctus atque constantissimus confessor* bezeichnen konnte. Im Sommer 1524 legten in Lippstadt der aus Münster stammende Prior Johann Westermann und sein Mitbruder Hermann Koiten aus Beckum das Wort Gottes so aus, wie sie es in ihrer Wittenberger Studienzeit von Luther gehört hatten, während in Herford der Wittenberger Doktor der Theologie Gottschalk Kropp aus Bega und sein Mitbruder Johann Dreier aus Lemgo gemeinsam mit den Fraterherren zu Verkündern des „reinen Evangeliums" wurden. Johann Westermann, Hermann Koiten und die übrigen für die neue Lehre gewonnenen Augustiner-Eremiten beschränkten sich nicht darauf, in ihren Konventen und Klosterkirchen für den neuen Glauben einzutreten. Sie wirkten für ihn auch in anderen Städten Westfalens, ja über die Grenzen Westfalens hinaus: Johann Dreier in Minden, Gottschalk Kropp in Zerbst und Einbeck, Johann Westermann in Münster und Hofgeismar, Hermann Koiten in Detmold, Johann Köster in Geseke, Nikolaus Wewel in Hameln, Heinrich Vogelsang in Herford, Hameln und Alfeld, Konrad Meier in Lemgo. Noch bevor ihre Klöster in den vierziger Jahren des 16. Jahrhunderts aufgehoben bzw. in Schulen umgewandelt wurden, hatten sie durch ihre Predigt und die Aufstellung von Kirchenordnungen die Grundlage für ein neues Kirchenwesen gelegt. Auch in Marienthal blieb man von der Reformation nicht unberührt. 1533 wurde der in Coesfeld als Terminarius tätige Konventuale Johann von Hunse von Bischof Franz von Waldeck aufgefordert, sich der Predigt zu enthalten. Der Augustiner, der nach dem Zeugnis von Bürgermeister und Rat viele Jahre sein Predigtamt in Coesfeld vorbildlich ausgeübt hatte, wurde verdächtigt, unter den Gläubigen *wyderonge und twispaldige meynonge* zu verbreiten. Dennoch blieb das Kloster dem alten Glauben treu, so daß seine Bewohner über das Reformationszeitalter hinaus im westlichen Münsterland seelsorgerisch tätig sein konnten. Das kann freilich nicht darüber hinwegtäuschen, daß mit der Reformation Westfalen für die Augustiner-Eremiten verloren war und auch durch die in den 20er Jahren des 17. Jahrhunderts unternommenen Bemühungen, die thüringisch-sächsische Provinz wiederzuerrichten, nicht zurückgewonnen werden konnte.

Die schnelle und fast allgemeine Hinwendung der Augustiner-Eremiten zur Reformation, die den Orden wie in Westfalen, so in ganz Deutschland stark dezimierte, ja ihm auch in seinem Mutterland, in Italien, Verluste beibrachte, verlangt eine Erklärung. Man hat darauf hingewiesen, daß Luther in Erfurt und Wittenberg zahlreiche junge Ordensleute zu Boten des neuen Glaubens gemacht habe, und die These aufgestellt, sein reformatorischer Neuansatz hinge mit dem Augustinismus der Ordenstheologie zusammen. Der Tübinger Kirchenhistoriker E. Wolf meinte sogar, der Orden habe von seiner Gründung an eine antikirchliche Haltung eingenommen, die durch Humanismus, *Devotio moderna* und Reformbestrebungen so gestärkt worden sei, daß es nur eines Anstoßes bedurft habe, um den endgültigen Bruch mit der Kirche herbeizuführen. Tatsächlich waren jedoch die Augustiner-Eremiten, nicht zuletzt die westfälischen Angehörigen des Ordens, alles andere als Vorläufer der Reformation in dem Sinne, daß sie bereits im 13. Jahrhundert in Opposition zu Kirche und Papst gestanden und durch die Teilnahme an Humanismus, *Devotio moderna* und innermonastischen Reformbewegungen der neuen Zeit vorgearbeitet hätten. Sie haben auch nicht aus moralischer Schwäche und um einer äußeren Freiheit willen ihre Kutten ausgezogen. Johann Westermann, Johann Dreier und ihre evangelisch gewordenen Mitbrüder waren gebildete und integre Männer, die sich als Vorsteher ihrer Klöster und als Prioren der Provinz um das materielle und geistige Wohlergehen ihrer Untergebenen verdient gemacht hatten. Die Kalamität der letzten Augustiner-Eremiten Westfalens ergab sich sicherlich nicht aus Anpassung an Zeitströmungen, sondern umgekehrt aus einem an der großen Zeit des Ordens orientierten Traditionalismus. Sie hielten in einer Zeit, in der sich die Territorialherren auch als geistliche Instanzen empfanden, an Anschauungen über die Stellung des Papsttums fest, die schon veraltet waren, als ihre großen Theologen sie formulierten. Sie standen mit ihren Ansprüchen auf Augustinus als ihrem Ordensvater für eine Idee ein, die einst ihre Kraft beflügelt hatte, von den neuen Gelehrten jedoch als Absurdität beiseite geschoben wurde. Die Möglichkeit, sich mit den Humanisten zu verbünden, bei Spiritualen und Devoten Anschluß zu suchen, wie das im 14. und 15. Jahrhundert anderswo der Fall war, sahen sie nicht oder wollten es nicht sehen.

Die schon im 13. und 14. Jahrhundert von städtischer Obrigkeit und Bürgerschaft, von Episkopat, Pfarrklerus, Stiftsherren und Stiftsdamen in ihrer Expansion behinderten westfälischen Augustiner-Eremiten gerieten im 15. und beginnenden 16. Jahrhundert immer mehr in eine gesellschaftliche Isolation. Sie äußerte sich in Lippstadt, wo man nur mit Mühe die gegen die Seelsorge der Augustiner gerichteten Predigten der Kapläne des Stiftes zum Schweigen bringen konnte; sie kam im Osnabrücker Steuerstreit und in einer zeitweiligen Vertreibung der Brüder aus Herford zum Ausdruck: Zeichen einer Animosität gegen die exempten Klöster und Ausdruck der Ablehnung der besitzenden, rentenkaufenden Bettelmönche, die zu Beginn des 16. Jahrhunderts auch in Westfalen zu gewalttätigen Ausschreitungen führte. Welche Reaktionen diese Einstellung bei den Mendikanten hervorrief, welche Wirkungen der auf seine Rechte pochende Klerus und die öffentlich geäußerte Verachtung der Bürger auslösten, kann man in der 1509 entstandenen Chronik der Oldenburger Grafen studieren. Ihr Autor, der in Bologna ausgebildete Lektor Johannes Schiphower, der erfüllt war von Stolz auf die Gelehrten seines Ordens und sich seiner eigenen wissenschaftlichen Leistungen rühmte, mußte die Mißachtung ungebildeter Kuraten erleben und sich von böswilligen Kritikern mit Wegelagerern und Tagedieben in einen Topf werfen lassen: eine Diskrepanz zwischen einem auf intellektuelle Leistung gegründeten Anspruch und tatsächlicher gesellschaftlicher Stellung, die Schiphower als Ratgeber, Prinzenerzieher und Historiograph am Hofe zu Oldenburg zu überwinden vermochte. Andere suchten ihr Ungenügen, die Beschränkungen in der Ausübung ihrer eigentlichen Aufgabe, den Hader und das kleinliche Insistieren auf Rechte und Pflichten anders zu überwinden: indem sie sich nämlich der von Wittenberg ausgehenden Lehre anschlossen. Als ihre Prediger, als Pastoren und Vorsteher der neuen Gemeinden gelang es ihnen, wieder eine gesellschaftliche Führungsposition einzunehmen, prägend und führend auf ihre Zeitgenossen einzuwirken und als Organisatoren des evangelischen Kirchenwesens ihre gelehrte Bildung so nutzbringend einzusetzen, wie das die *lectores* und *magistri* unter den Augustiner-Eremiten Westfalens in den besten Zeiten ihres Ordens getan hatten.

# Literatur

Bibliographien zur Geschichte des Ordens, einzelner Klöster und Ordensleute: *Gindele, E. - Geiter, H. - Schuler, A.*, Bibliographie zur Geschichte und Theologie des Augustiner-Eremitenordens bis zum Beginn der Reformation (Spätmittelalter und Reformation. Texte und Untersuchungen 1), Berlin-New York 1977. — Bibliographie historique de l'Ordre de Saint Augustin 1945-1975: Augustiniana 20 (1976), S. 39-340.
Über Entstehung und Geschichte des Augustiner-Eremitenordens u. a.: *Elm, K.*, Italienische Eremitengemeinschaften des 12. und 13. Jahrhunderts. Studien zur Vorgeschichte des Augustiner-Eremitenordens, in: L'Eremitismo in Occidente nei secoli XI e XII. Atti della seconda Settimana internazionale di Studio Mendola, 30 agosto - 6 settembre 1962 (Publ. Univ. Cattolica del Sacro Cuore, Misc. Centro di Studi Medioevali IV), Mailand 1965, S. 491-559. — *Luijk, B. van*, Gli eremiti neri nel dugento con particolare riguardo al territorio Pisano e Toscano. Origine, sviluppo ed unione (Biblioteca del Bollettino Storico Pisano, Collana Storica 7), Pisa 1968. — *Gutiérrez, D.*, Historia de la Orden de San Augustín I - II (Rom 1971-1979). — *Rano, B.*, The Order of Saint Augustin (Rom 1975). — *Kunzelmann, A.*, Geschichte der deutschen Augustiner-Eremiten 1-7 (Cassiciacum XXVI/1-7), Würzburg 1969-1982.
Neuere Beiträge zur Geschichte westfälischer Augustiner-Eremiten und Augustiner-Eremitenklöster: *Beckmann, Th.*, Das ehemalige Augustiner-Eremitenkloster zu Osnabrück (Osnabrücker Geschichtsquellen und Forschungen 13), Osnabrück 1970. — *Eckermann, W.*, Gottschalk Hollen OESA (+ 1481). Leben, Werke und Sakramentenlehre (Cassiciacum XXII), Würzburg 1967. — *Ders.*, Eine unveröffentlichte historische Quelle zur Literaturgeschichte der westfälischen Augustiner des Spätmittelalters, Analecta Augustiniana 34 (1971), S. 185-238. — *Ders.*, Buße ist besser als Ablaß. Ein Brief Gottschalk Hollens O.E.S.A. (+ 1481) an Lubertus Langen Can. Reg., Analecta Augustiniana 32 (1969), S. 323-66. — *Elm, K.*, Die Augustiner-Eremiten in Osnabrück. Der Zeitpunkt und die Umstände ihrer Niederlassung, Osnabrücker Mitteilungen 73 (1965), S. 75-81. — *Ders.*, Die münsterländischen Klöster Groß-Burlo und Klein-Burlo. Ihre Entstehung, Observanz und Stellung in der nordwesteuropäischen Reformbewegung des 15. Jahrhunderts, Westfälische Forschungen 18 (1965), S. 23-42. — *Ders.*, Termineien und Hospize der westfälischen Augustiner-Eremitenklöster Osnabrück, Herford und Lippstadt. Jahrbuch für Westfälische Kirchengeschichte 70 (1977), S. 11-49. — *Ders.*, Mendikantenstudium, Laienbildung und Klerikerschulung im spätmittelalterlichen Westfalen, in: *B. Moeller — K. Stackmann* (Hgg.), Studien zum städtischen Bildungswesen des späten Mittelalters und der frühen Neuzeit (Abhandlungen der Akademie der Wissenschaften in Göttingen. Phil.-Hist. Kl. III, 137), Göttingen 1983, S. 586-617. — *Kullmann, H. J.*, Klenkok und die „articuli reprobati" des Sachsenspiegels (Diss. iur. Frankfurt a. M. 1959). — *Kunzelmann, A.*, Geschichte der deutschen Augustiner-Eremiten I: Das dreizehnte Jahrhundert (Cassiciacum XXVI/1), Würzburg 1969. — *Ders.*, Geschichte der deutschen Augustiner-Eremiten V: Die sächsisch-thüringische Provinz und die sächsische Reformkongregation bis zum Untergang der beiden (Cassiciacum XXVI/5), Würzburg 1974. — *De Meijer, A.*, De Augustijnen Eremieten en Friesland, Us Wurk. Meidielingen fan it Frysk Ynstitut oan de Ryksuniversiteit to Grins X,2 (1961), S. 27-37. — *Ramackers, J.*, Marienthal. Des ersten deutschen Augustinerklosters Geschichte und Kunst (³Würzburg 1961). — *Richtering, H.*, Ein Lippstädter Kleinodienverzeichnis von 1528, Lippische Mitteilungen 36 (1967), S. 142-45. — *Schröer, A.*, Die Kirche in Westfalen vor der Reformation. Verfassung und geistliche Kultur, Mißstände und Reformen, Münster 1967, II,

S. 228-41. – *Trapp, D.*, Notes on John Klenkok O.S.A. (+ 1374), Augustinianum 4 (1964), S. 358-404. – *Zuhorn, K.*, Die Beziehungen der Osnabrücker Augustiner zum Bistum und zur Stadt Münster, in: Dona Westfalica. Georg Schreiber zum 80. Geburtstag dargebracht von der Historischen Kommission Westfalens (Schriften der Hist. Kom. Westf. 4), Münster 1963. – *Zumkeller, A.*, Schrifttum und Lehre des Hermann von Schildesche O.E.S.A.(+ 1357) (Cassiciacum XV), Würzburg 1959. – *Ders.*, Die Augustinerschule des Mittelalters: Vertreter und philosophisch-theologische Lehre, Analecta Augustiniana 27 (1964), S. 167-262. – *Ders.*, Manuskripte von Werken der Autoren des Augustiner-Eremitenordens in mitteleuropäischen Bibliotheken (Cassiciacum XX), Würzburg 1966. – *Ders.*, Unbekannte Konstanzer Konzilspredigten der Augustiner-Theologen Gottfried Shale und Dietrich Vrie, Analecta Augustiniana 33 (1970), S. 5-74. – *Ders.*, Die Lehre des Erfurter Augustinertheologen von Dorsten (+ 1481) über Gnade, Rechtfertigung und Verdienst. Theologie und Philosophie 53 (1978), S. 27-64, 179-219. – *Ders.*, Johannes Klenkok O.S.A. (+ 1374) im Kampf gegen den Pelagianismus seiner Zeit. Seine Lehre über Gnade, Rechtfertigung und Verdienst, Recherches Augustiniennes 13 (1978), S. 231-333.

# Die Augustiner-Eremiten in Osnabrück*
## Der Zeitpunkt und die Umstände ihrer Niederlassung

Das erste sichere Zeugnis für die Existenz der Augustiner-Eremiten in Osnabrück ist eine zu den Beständen des Stadtarchivs gehörende Urkunde vom 14. September 1294. Aus ihr geht hervor, daß das Domkapitel, das Johannisstift und die Stadt Osnabrück beabsichtigten, gemeinsam gegen den *prior* und die *fratres heremitarum ordinis S. Augustini stantes in Osembrucke* gerichtlich vorzugehen. Die dabei entstehenden Kosten sollten zu gleichen Teilen von den drei Partnern getragen werden.[1] Der Prozeß kam tatsächlich zustande. Nachdem die Eremiten es abgelehnt hatten, sich einem bischöflichen Gericht zu stellen, wandten sich die Kläger schon zu Beginn des folgenden Jahres an die päpstliche Kurie. Bei der Streitsache handelte es sich in erster Linie um Besitz- und Pfarrechte des Johannisstiftes. Nach Ansicht seines Dekans und Kapitels hatten sich die Augustiner-Eremiten bei ihrer Niederlassung in der zum größten Teil zum Sprengel und Fundus des Stifts gehörenden Neustadt widerrechtlich über sie hinweggesetzt. Daher forderten sie die Niederreißung der bereits in Bau befindlichen Klosteranlage.[2] Über den Ausgang des Streites, mit dessen Beilegung Bonifaz VIII. am 11. März 1295 den Dompropst und Domdechanten von Bremen sowie den Archidiakon von Rüstringen beauftragte,[3] ist auf Grund der noch vorhandenen Quellen keine völlig eindeutige Auskunft zu geben. Mit großer Wahrscheinlichkeit läßt sich jedoch sagen, daß er mit einem für die Augustiner-Eremiten tragbaren, ja günstigen Kompromiß endete. Dafür spricht nicht nur die Tatsache, daß sie bis zum 16. Jahrhundert in der Neustadt blieben, sondern auch das Ergebnis von Verhandlungen, die nach zwei in diesem Zusammenhang nicht beachteten Urkunden im Jahre 1301 zwischen den beiden Kapiteln und den Augustiner-Eremiten geführt wurden.[4] In der Oktav von Epiphanie kauften die Osnabrücker Eremiten mit Zustimmung des Provinzialpriors und der Prioren von Herford und Lippstadt vom Domkapitel den Anteil an zwei ihrem Kloster unmittelbar benachbarten Häusern, die das Hohe Kapitel mit dem Johannisstift zu gemeinsamem *usus* innehatte. Gut ein halbes Jahr später erklärten sich auch Dekan und Kapitel des Johannisstiftes bereit, *ad concordiam invicem habendam* die wegen ihres Anteils mit den Augustinern entstandene *questio* zu beenden. In einem am 24. Juli von Bischof Ludwig von Osnabrück beurkundeten Vertrag traten sie den *Fratres* ihren

---

* In: Osnabrücker Mitteilungen 73 (1966) 76-81.

1 Niedersächs. Staatsarchiv Osnabrück (= StA Osn.) Dep. 3 a 1 (Urk. Stadt Osnabrück) VA Nr. 2; *M. Bär* (Hrsg.), Osnabrücker Urkundenbuch (= Osn. UB) IV (1902) 259-60.

2 *Bonifaz VIII.*, Sua nobis prior, 11. 3. 1295. Aus dem Archivio Generale des Augustiner-Eremitenordens, Rom, in: *L. Empoli*, Bullarium Ordinis Eremitarum S. Augustini ... (Rom 1628) 42. Danach Osn. UB IV, 299 (Regest) und *H. Finke* (Hrsg.), Die Papsturkunden Westfalens bis zum Jahre 1378. Westf. Urkunden-Buch (= WUB) V 1 (1888) 381 und 408. Über Besitz und Pfarrechte des Johannisstiftes zuletzt: *L. Schmieding*, Stift und Pfarre St. Johann zu Osnabrück im Mittelalter (Diss. Münster 1951).

3 Vgl. Anm. 2.

4 StA Osn. Rep. 6 (Augustiner-Eremiten-Kloster) Nr. 1: Urk. vom 13. 1. 1301; ebd. Rep 5 (St. Johann) Nr. 74: Urk. vom 24. 7. 1301.

Nikolaus von Tolentino, Wandgemälde, 14. Jh. (Ehem. Augustiner-Eremitenkirche, Lippstadt)

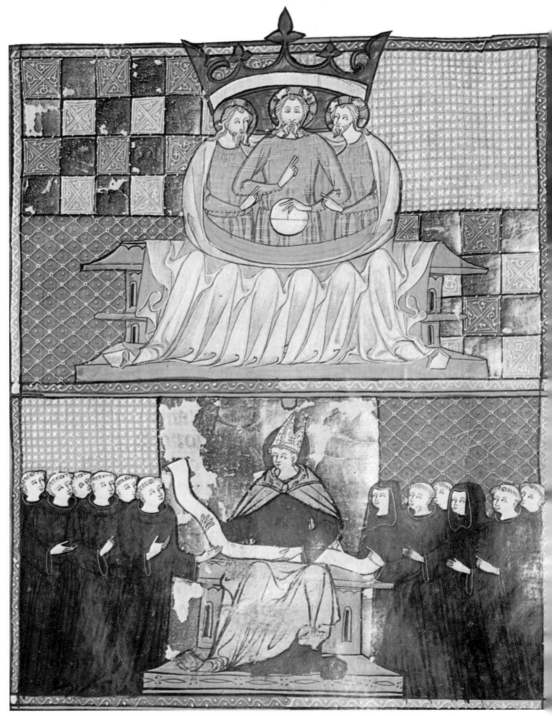

*Augustinus übergibt den Augustiner-Eremiten und den ihnen angeschlossenen Schwestern seine Regel. Missale O. E. S. A. (Bibl. municipale, Toulouse, MS 91, 1362)*

Anteil an dem kleineren *infra aream claustralem* gelegenen Hause ab, wofür diese auf ihre vom Domkapitel erworbenen Ansprüche auf die *maior domus* zugunsten des Stiftes verzichteten. Ähnlich wie das Domkapitel und das Johannisstift einigte sich auch die Stadt mit den Augustinern. Nach einem undatierten, vom Herausgeber des Stadtbuches zwischen 1310 und 1320 angesetzten Beschluß verwiesen der Bürgermeister und der Rat alle diejenigen aus der Stadt, die sich einem von ihnen mit den Brüdern getroffenen Abkommen widersetzten.[5] Bei diesem Abkommen dürfte es sich um den 1311 mit den Augustiner-Eremiten geschlossenen Vertrag handeln,[6] in dem diese sich verpflichteten, den an ihr Kloster grenzenden Teil der Stadtmauer den Bürgern zur Instandsetzung und Verteidigung zugänglich zu machen: eine Angelegenheit, die möglicherweise die Stadt schon 1294 veranlaßt hatte, sich mit den beiden Kapiteln gegen die Augustiner-Eremiten zu verbünden.[7]

Aber damit genug. Der Verlauf der Kontroverse der Augustiner-Eremiten mit den Kapiteln und der Stadt – eine der vielen übrigens, die die Bettelorden im 13. Jahrhundert mit dem Weltklerus und den städtischen Obrigkeiten zu führen hatten – braucht nicht weiter als nötig erörtert zu werden. Denn nicht ihr, sondern der Frage nach den Umständen, unter denen die ersten Augustiner-Eremiten vor 1294 in die Bischofsstadt kamen, soll hier nachgegangen werden. Die in erster Linie heranzuziehenden Archivalien, das heute im Staatsarchiv zu Osnabrück befindliche Archiv der Augustiner-Eremiten, leisten dabei so gut wie keine Hilfe. Das älteste Stück stammt erst aus dem Jahre 1301. Die Urkunden, die hier interessieren könnten, sind nicht mehr vorhanden. Wahrscheinlich wurden sie bei dem Klosterbrand im Jahre 1331, dem nach einer 1333 abgegebenen Erklärung zahlreiche wichtige Dokumente zum Opfer fielen,[8] vernichtet: ein Verlust, der sich auch durch andere Archivbestände nicht wettmachen läßt. Angesichts dieser Quellenlage hat ein Hinweis des Chronisten Johannes Schiphower in seinem 1504 abgeschlossenen *Chronicon Archicomitum Oldenburgensium* zentrale Bedeutung. Nach Schiphower befand sich nämlich der Konvent der Augustiner-Eremiten ursprünglich in dem bei Osnabrück gelegenen Holte (Kirchspiel Bissendorf), von wo die Brüder 1287 in die Stadt zogen, um hier mit Hilfe der Gläubigen ein neues Kloster zu errichten.[9] Da der Chronist Mitglied des Osnabrücker Konventes war und sich für seine Mitteilung auf eine

---

5 *E. Fink* (Hrsg.), Das älteste Stadtbuch von Osnabrück. Osnabrücker Geschichtsquellen IV (1927) 22.

6 StA Osn. Dep. 3a 1 (Urk. Stadt Osnabrück) VI H Nr. 148 (identisch mit Dep. 3a 1 VA Nr. 3): Urk. vom 25. 12. 1311. Vertragserneuerung von 1478 in Dep. 3a 1 VI H Nr. 165A. Zum verbesserten Verhältnis zwischen Stadt und Augustinern vgl. auch den Beschluß vom 4. 11. 1309, *E. Fink*, a.a.O., 89.

7 Ähnlich: *H. Rothert*, Geschichte der Stadt Osnabrück im Mittelalter I; Mitteilungen des Vereins für Geschichte und Landeskunde von Osnabrück (= Osn. Mitt.) 57 (1937) 148 Anm. 26 und *H. Blömker*, Die Wehrverfassung der Stadt Osnabrück bis zum Westfälischen Frieden, Osn. Mitt. 53 (1932) 17 gegen *Fink* (s. Anm. 5) 22 Anm. 1. In diesem Zusammenhang bemerkenswert: Osn. UB III 676.

8 *O. Meinardus* (Hrsg.), Urkundenbuch des Stiftes und der Stadt Hameln. Quellen u. Darstellungen z. Gesch. Niedersachsens (1887) Nr. 286.

9 Chronicon Archicomitum Oldenburgensium. In: *H. Meibom*, Rerum Germanicarum Scriptores (Helmstedt 1688) II, 152. – Ich würde den Vers: Mille tribus demtis annis nonaginta ducentis/in festo fratrum fuit hic inceptio fratrum, auf den sich *H. Oncken* (Zur Kritik der Oldenburger Geschichtsquellen im Mittelalter, Diss. Berlin 1891, 92) stützt, eher als eine

ältere Quelle – nach Oncken auf eine verlorene Reimchronik – stützen konnte, ist an seiner von der Literatur fast einhellig übernommenen Angabe kaum zu zweifeln,[10] zumal neuere Grabungen wahrscheinlich machen konnten, daß sich in der Mitte des 13. Jahrhunderts auf dem Meierhof in Holte eine, wenn auch bescheidene Klosteranlage befunden hat.[11] Wann und von wem nun dieses Kloster in Holte gegründet wurde, teilt auch Schiphower nicht mit. Dennoch hielt man es für eine ausgemachte Sache, daß das Kloster, dessen Gründung Hoogeweg zurückhaltender als andere Autoren in „unbekannte Zeit" datiert,[12] niemanden anders als eben den Augustiner-Eremiten seine Existenz verdanke. Diese naheliegende, ja fast selbstverständliche Auffassung geriet jedoch durch eine Beobachtung C. Stüves ins Wanken. Er wies auf eine im Rechnungsbuch der Stadt enthaltene Abrechnung des Scholasters des Johannisstiftes hin, in der Auslagen des Stiftes für den genannten Prozeß der Stadt zur Begleichung ihres vertraglich festgelegten Anteiles mitgeteilt werden.[13] In der Abrechnung ist nun nicht von einem Streit gegen den *prior* und die *fratres heremitarum ordinis S. Augustini* die Rede, wie es in der Urkunde vom 14. September 1294 der Fall war. Es heißt in ihr vielmehr, daß die Ausgaben *contra fratres Wilhelmitas* gemacht wurden. Da sich aus der Aufstellung eindeutig ergibt, daß es sich um keinen anderen als den oben erwähnten Prozeß handelt, und es überdies in Osnabrück neben den Augustiner-Eremiten nie eine eigene Wilhelmitenniederlassung gegeben hat,[14] können mit der Bezeichnung *fratres Wilhelmitae* nur die Osnabrücker Augustiner-Eremiten gemeint sein. Stüve kam angesichts dieses eigentümlichen Befundes zu dem Schluß, daß es sich bei den Insassen des Osnabrücker Klosters wahrscheinlich um frühere Wilhelmiten handele, „die nun auch noch wohl mit ihrem alten Ordensnamen bezeichnet wurden". Damit hatte er den Kern der Sache getroffen und den Weg zu einer besseren Einsicht in die Frühgeschichte des Osnabrücker Augustinerklosters gewiesen. Selbst hat er jedoch genausowenig wie

---

Inschrift deuten. Der naheliegende Versuch, Besitz der Osnabrücker Augustiner-Eremiten in Holte nachzuweisen und so die Angabe Schiphowers zu stützen, blieb ohne Erfolg. In den Archivalien der Augustiner fand sich dafür kein Hinweis.

10 *J. F. A. Lodtmann*, Acta Osnabrugensia oder Beyträge zu den Rechten und Geschichte von Westfalen insonderheit vom Hochstifte Osnabrück (Osnabrück 1778) I, 67. *J. I. Sandhoff*, Antistitum Osnabrugensis, Ecclesiae ... res gestae (Münster 1785) I, 228. *J. E. Stüve*, Beschreibung und Geschichte des Hochstifts und Fürstenthums Osnabrück mit einigen Urkunden (Osnabrück 1789) 205. *J. G. J. Friederici - J. K. B. Stüve*, Geschichte der Stadt Osnabrück (Osnabrück 1816-26) I, 19, 46. *C. Stüve*, Geschichte des Hochstiftes Osnabrück bis zum Jahre 1508. Aus den Urkunden bearbeitet (1853) 40, 109, 131, 139. *H. Rothert*, Geschichte der Stadt Osnabrück im Mittelalter I. Osn. Mitt. 57 (1937) 147-48. *L. Hoffmeyer*, Chronik der Stadt Osnabrück (1935) I, 10-11 (3. Aufl. 1964, S. 18).

11 *H. Gummel*, Bericht über die Ausgrabung der Burg auf dem Meierhof Holte 1952, Osn. Mitt. 66 (1954) 227, 228. Vgl. auch: *A. L. Meyer*, Die Holter Burgen und die Holter Kirche, ebd. 14 (1889) 302.

12 *H. Hoogeweg*, Verzeichnis der Stifter und Klöster Niedersachsens vor der Reformation (1908) 68, 101. Im Anschluß an: *Otto Freiherr zu Grote*, Lexicon deutscher Stifter, Klöster und Ordenshäuser (1881) I, 246.

13 *C. Stüve*, Stadtrechnungen von Osnabrück aus dem 13. und 14. Jahrhundert, Osn. Mitt 14 (1889) 102-103. Osn. UB IV, 264.

14 Das vermutete *J. C. B. Stüve*, Zur Geschichte der Stadtverfassung von Osnabrück, Osn. Mitt. 8 (1866) 78-79.

andere, die sich nach ihm mit der Geschichte des Klosters beschäftigten,[15] diesen Weg weiter verfolgt. Er hätte ihn in das Italien des 13. Jahrhunderts geführt und mit einer der in diesem Jahrhundert zahlreichen ordenspolitischen Maßnahmen der Kurie vertraut gemacht.[16]

Mit dem Ziel, Ordnung in die fast unübersichtlich gewordene Fülle der im 12. und 13. Jahrhundert entstandenen Orden zu bringen, hatte nämlich Alexander IV. im Jahre 1256 den Kardinaldiakon von S. Angelo in Pescheria, Richard Annibaldi, beauftragt, mehrere bisher selbständige italienische Eremitengemeinschaften zu einem einzigen Orden – dem der Augustiner-Eremiten – zusammenzufassen und seine Mitglieder ähnlich wie die Franziskaner und Dominikaner mit der Seelsorge zu betrauen. Einer dieser 1256 vereinigten Orden war derjenige der erwähnten *fratres Wilhelmitae.* Ihr Orden, der Wilhelmitenorden, war bereits in der Mitte des 12. Jahrhunderts in der Toskana am Grabe eines aus Frankreich stammenden Eremiten namens Wilhelm entstanden und zählte, als er zur Union mit anderen Orden aufgefordert wurde, zahlreiche Niederlassungen nicht nur in Italien, sondern auch in den Ländern nördlich der Alpen. Als den Wilhelmiten, die zunächst auf dem im April 1256 in S. Maria del Popolo in Rom abgehaltenen Unionskapitel der Vereinigung zugestimmt hatten, klar wurde, daß mit diesem Beschluß der fast hundertjährigen Geschichte ihres Ordens ein Ende gemacht wurde, versuchten sie mit allen ihnen zur Verfügung stehenden Mitteln, ihre Zusage zurückzuziehen und die Selbständigkeit ihres Ordens zu retten. Noch im Jahr der Union hatten sie mit ihren Bemühungen Erfolg. Die Kurie gestattete ihnen, die kaum geschlossene Vereinigung wieder zu verlassen und wie bisher nach der Benediktinerregel und den Konstitutionen ihres Ordens zu leben. Ungeachtet mehrfacher Verbote der Kurie ließen jedoch die Augustiner-Eremiten nicht ab, auf Grund der ursprünglichen Zusage vor allem nördlich der Alpen zahlreiche Niederlassungen des Wilhelmitenordens ihrem Orden zu inkorporieren, so daß sich die Wilhelmiten gezwungen sahen, bei der Kurie gegen dieses ihre Existenz gefährdende Vorgehen der Augustiner-Eremiten zu appellieren. Daraufhin kam es 1266 in Viterbo zu einem von Clemens IV. anberaumten Prozeß, der mit einem Kompromiß endete, wonach den Wilhelmiten alle von ihren Kontrahenten inkorporierten Klöster außerhalb Deutschlands und Ungarns sowie drei namentlich genannte deutsche Klöster zurückgegeben werden sollten, alle anderen jedoch in deren Orden bleiben konnten, so daß die Augustiner bei ihrer Expansion in Deutschland und Ungarn auf eine Reihe älterer Wilhelmitenklöster zurückzugreifen vermochten, man hier also, wie es Stüve tat, von augustinisch gewordenen ehemaligen Wilhelmitenklöstern reden kann.

Nach diesem Exkurs in die allgemeine Ordensgeschichte drängt sich die Frage auf, ob es in Nordwestdeutschland Wilhelmitenklöster gab, bei denen die Inkorporations-

---

15 Die Vermutung Stüves wurde u. a. übernommen von *H. Siebern-E. Fink*, Die Kunstdenkmäler der Prov. Hannover IV, 1-2: Stadt Osnabrück (1907) 190. *J. Prinz*, Das Territorium des Bistums Osnabrück, Studien und Vorarbeiten zum Hist. Atlas Niedersachsens 15 (Göttingen 1934) 167. Von den meisten Autoren wurde sie jedoch nicht beachtet.

16 Über die Union von 1256 und die Sezession der Wilhelmiten: *K. Elm*, Italienische Eremitengemeinschaften des 12. und 13. Jahrhunderts. Studien zur Vorgeschichte des Augustiner-Eremitenordens. L'eremitismo in Occidente nei secoli XI e XII. Atti della seconda settimana internazionale di studio, Mendola 30. VIII. – 6. IX. 1962 (Mailand 1964) 491-559. *Ders.*, Die Bulle „Ea quae iudicio" Clemens' IV. 30. VIII. 1266. Vorgeschichte, Überlieferung, Text und Bedeutung, Augustiniana 14 (1964) 500ff.

frage akut wurde, und ob gar das Holter Kloster zu ihnen gerechnet werden darf. Der erste Teil dieser Frage kann — um das Ergebnis vorweg zu nehmen — uneingeschränkt, der zweite mit großer Wahrscheinlichkeit bejaht werden.

Die Wilhelmiten gründeten ihr erstes deutsches Kloster, das zweitälteste nördlich der Alpen, tatsächlich in Westfalen, und zwar in der im Kreise Borken, unmittelbar an der deutsch-niederländischen Grenze gelegenen Bauerschaft Burlo[17]. Sie übernahmen 1245 an diesem *locus desertus,* wie er in den Urkunden genannt wird, ein älteres, bereits 1220 gegründetes Oratorium, das ihnen von den Nonnen des Klosters Marienborn in Coesfeld, in deren Hände es inzwischen gekommen war, zur Errichtung einer Niederlassung überlassen worden war. Dabei fanden sie die Unterstützung des Propstes Meinardus von Fröndenberg und des Bischofs Ludolf von Münster. Bischof Ludolf nun stammte aus dem damals besonders einflußreichen Geschlecht der Edelherren von Holte, die ihre bereits im 12. Jahrhundert erwähnte Stammburg in eben dem Holte hatten, in dem das zur Debatte stehende Kloster entstanden war.[18] Die Vermutung liegt also nahe, daß Bischof Ludolf die Wilhelmiten nicht nur in seiner Diözese unterstützte, sondern auch daran beteiligt war, ihnen in Holte zu einem Kloster zu verhelfen, indem er sie seinem in Holte residierenden Bruder Wicbold bzw. dessen Sohn Hermann empfahl oder selbst durch Dotierungen zu ihrer Erstausstattung beitrug. Ludolf hatte die zu seiner Zeit besonders in Westfalen starke Neigung der Frauen zu klösterlichem Leben durch die Gründung des Klosters Marienborn unterstützt[19] und war dem Deutschritterorden bei seiner Niederlassung in Münster behilflich gewesen,[20] hatte also den Orden gegenüber eine Haltung eingenommen, die voraussetzen läßt, daß er sich auch gegenüber einer damals noch unbekannten Gemeinschaft, wie der der Wilhelmiten, wohlwollend verhalten würde. Selbst wenn diese Voraussetzung nicht bestanden hätte, wäre eine völlige Ablehnung ihrer Wünsche kaum opportun gewesen, da der Orden, den die Kurie gewissermaßen als Bundesgenossen gegen den Kaiser bei seiner Expansion nach Norden besonders unterstützte, den Bischöfen der Kölner Kirchenprovinz von Innozenz IV. dringend empfohlen worden war. Die Tatsache, daß der Name Wilhelm schon im 12. Jahrhundert als ein bevorzugter Name der Herren von Holte nachweisbar ist und gerade im 13. Jahrhundert mehrfach in ihrer Familie auftaucht, macht darüber hinaus auch eine persönliche Affinität des Bischofs zu den Wilhelmi-

---

17 Die wichtigsten Quellen zur Geschichte Burlos: WUB III, 909. *L. Schmitz-Kallenberg,* Urkunden des Fürstl. Salm-Salmschen Archives in Anholt, des Fürstlich Salm-Horstmarschen Archives in Coesfeld und der Herz. Croy'schen Domänenadministration in Dülmen. Beiband der Inventare nichtstaatl. Archive Westfalens (1902-04) 214. *F. Darpe,* Güter- und Einkünfteverzeichnisse der Stifter Langenhorst, Metelen, Borghorst sowie der Klöster Groß- und Klein-Burlo, Codex Traditionum Wesfalicarum 7 (1914).

18 Über die Herren von Holte und ihre Burg: *E.F. Mooyer,* Stammtafeln einiger Dynastengeschlechter nebst Urkunden I: Dynasten von Holte, Osn. Mitt. 4 (1855) 232-320. *C.W. Wippermann,* Bemerkungen zu den Stammtafeln der Dynasten von Holte, Osn. Mitt. 5 (1858) 185-91. *R.v. Bruch,* Die Rittersitze des Fürstentums Osnabrück (1930)113. *J. Prinz,* Das Territorium des Bistums Osnabrück (s. Anm. 15) 167. *G. Wrede,* Die Osnabrücker Landesaufnahme du Plat's von 1784-90 als Geschichtsquelle für das frühe Mittelalter. Festschrift für E. E. Stengel (1952) 522. *W. Hillebrand,* Besitz- und Standesverhältnisse des Osnabrücker Adels 800 bis 1300, Studien und Vorarbeiten zum Hist. Atlas Niedersachsens 23 (1962) 99-100.

19 WUB III 151. *F. Darpe,* Güter- und Einkünfteverzeichnisse der Klöster Marienborn und Marienbrink in Coesfeld. Codex Traditionum Westfalicarum 6 (1907) 4.

20 WUB III 439, 347. *K. Holthaus,* Die Georgskommende in Münster (1911).

ten wahrscheinlich: Ludolf und seine Verwandten wären im 13. Jahrhundert nicht die einzigen adeligen Herren gewesen, die den Orden förderten, um auf diese Weise seinen und ihren Patron, den angeblich vom Herzog von Aquitanien zum Eremiten gewordenen Ritterheiligen, St. Wilhelm, zu ehren.

Wenn man den wahrscheinlich gemachten wilhelmitischen Ursprungs des Holter Klosters akzeptiert und die Herren von Holte, speziell ihren zum Bischof von Münster erhobenen Sproß, als seine Fundatoren bzw. Benefaktoren ansieht, ergeben sich für die Chronologie der Frühgeschichte des Osnabrücker Klosters neue Gesichtspunkte. Das Datum der Übersiedlung von Holte nach Osnabrück, das Schiphower mitteilt, wird man allerdings auch angesichts dieser Voraussetzungen nicht in Zweifel ziehen können. Über die Veranlassung dazu kann man jedoch etwas Genaueres sagen. Dazu verhilft die Tatsache, daß sich im Archivbestand Fürstentum Osnabrück[21] und nicht, wie gelegentlich angegeben wird,[22] im Archiv der Augustiner-Eremiten ein Exemplar der Bulle *His qui relictis* Clemens' IV. befindet. In dieser am 30. Januar 1268 promulgierten Bulle fordert der Papst den deutschen Klerus auf, den Augustinern nicht weiterhin den Umzug in die Städte mit dem Hinweis darauf zu untersagen, *quod iidem priores ac fratres debent in locis dumtaxat solitariis habitare,* sondern ihnen bei ihrer Niederlassung in *civitatibus, castris et villis* behilflich zu sein. Die Kurie trat damit einem Argument entgegen, das den Intentionen der von ihr geförderten Union ganz und gar widersprach. Sie hatte 1256 die Ordensleute, soweit sie damals überhaupt noch *in eremo* lebten, aufgefordert, die Einsamkeit zu verlassen und sich der Seelsorge in den Städten zu widmen. Damit hatte sie die Anweisung verbunden, die für die neue Aufgabe ungeeigneten Niederlassungen zu veräußern und sich in den Städten anzusiedeln. Die Holter Ordensleute suchten, nachdem 1266 ihre Ordenszugehörigkeit geklärt worden war, dieser Aufforderung schon bald nachzukommen. Die Herren von Holte, in der Osnabrücker Neustadt begütert und mit Vogteirechten ausgestattet, konnten sie dabei unterstützen, wozu der Osnabrücker Klerus offensichtlich damals schon nicht bereit war: Hätten die Augustiner-Eremiten sonst Grund gehabt, sich an die Kurie zu wenden und ein Exemplar der 1268 promulgierten Bulle *His qui relictis* zu erbitten? Ein Schritt, der nur wenig Erfolg hatte, wie die relativ späte Übersiedlung und die ihr folgenden Auseinandersetzungen beweisen.

Wann sich, um auf einen anderen Punkt zu kommen, der Wechsel vom Wilhelmiten- zum Augustiner-Eremitenorden und damit die für die weitere Geschichte des Klosters grundlegende Änderung von der *vita contemplativa* zur *vita activa* vollzog, ist nicht mehr genau festzustellen, höchstens ungefähr zu bestimmen. Das fast vollständig erhaltene Archiv des Klosters Burlo enthält zwei dafür aufschlußreiche Urkunden.[23] Es handelt sich um Bullen Alexanders IV., in denen dieser die ursprüngliche Vereinigung der Wilhelmiten mit den späteren Augustiner-Eremiten als aufgelöst erklärt und den Wilhelmiten gestattet, gegen Brüder, die ohne Erlaubnis ihrer Oberen den Orden verließen, Kirchenstrafen zu verhängen. Diese 1256 ausgestellten Bullen ließen die Burloer am 22. Dezember 1256 bzw. am 28. Dezember 1258 vidimieren. Es kann kaum Zweifel bestehen, daß sie sich damit gegen

---

21 StA Osn. Rep 3 (Fürstentum Osnabrück) Nr. 31; Osn. UB III, 255-56; WUB V 1, 319.
22 So *H. Rothert* (s. Anm. 10) 147 Anm. 23.
23 WUB V 265, 574, *L. Schmitz-Kallenberg,* Urkunden 215.

Inkorporationsversuche der Augustiner-Eremiten, die nicht weit von Burlo entfernt, in Marienthal bei Wesel, eine Niederlassung besaßen, zur Wehr setzen wollten. Wie wir wissen, war ihr Widerstand erfolgreich, das Kloster gehörte bis 1444 dem Wilhelmitenorden an. Auf Holte bezogen bedeutet dies, daß möglicherweise auch hier in den fraglichen Jahren der Versuch einer Inkorporation gemacht wurde, der, wie die Geschichte des Klosters zeigt, mit mehr Erfolg gekrönt wurde als in Burlo. Über die Gründung des Klosters in Holte lassen sich, immer vorausgesetzt, daß es seine Existenz Wilhelmiten verdankt, präzisere Angaben machen. Sie muß noch vor 1256 erfolgt sein. Denn nur dann konnten die Augustiner-Eremiten unter Berufung auf den am 6. April 1256 in Rom gefaßten Unionsbeschluß mit einigem Recht eine Inkorporation betreiben, und tatsächlich wurden nur vor 1256 entstandene Wilhelmitenklöster in den neuen Orden übernommen. Keinesfalls ist sie jedoch vor 1245 zu datieren. Ausdrücklich wird nämlich in einer bei der Gründung des Klosters Burlo 1245 ausgestellten Urkunde erklärt, daß die Wilhelmiten gerade erst nach Deutschland gekommen seien, so daß hier von älteren Gründungen nicht die Rede sein kann. Sollte nun tatsächlich Bischof Ludolf selbst an ihr beteiligt gewesen sein, ließ sich der Zeitraum noch weiter, und zwar auf die Jahre zwischen 1245 und 1248, dem Todesjahr des Bischofs,[24] eingenzen. Das würde bedeuten, daß Holte zu den ersten Wilhelmitenklöstern nördlich der Alpen und Osnabrück, wollte man die Geschichte des Holter Klosters in die des Osnabrücker einbeziehen, zu den ältesten deutschen Augustiner-Eremitenklöstern zählen würde, obwohl doch – um zu dem Ausgangspunkt zurückzukommen – erst 1294 von ihm *expressis verbis* die Rede ist.

---

24 H. *Börsting/A. Schröer,* Handbuch des Bistums Münster (1946) I, 101.

# Termineien und Hospize der westfälischen Augustiner-Eremitenklöster Osnabrück, Herford und Lippstadt*

Die Augustiner-Eremiten gehörten in Westfalen seit der ersten Stunde zu den engsten Anhängern Luthers und den eifrigsten Wegbereitern seiner Lehre. Lippstadt verdankt den Ehrentitel der ersten evangelischen Stadt Westfalens dem Augustinerprior Johannes Westermann, der während der Fastenzeit des Jahres 1524 in seiner Klosterkirche die Zehn Gebote und das Vaterunser im Sinne Luthers auslegte.[1] In Osnabrück predigte der Prior der dortigen Augustiner, Gerhard Hecker, nach Hamelmann schon 1521 die „reine Lehre", so daß ihn sein Ordensbruder Heinrich von Zutphen ein Jahr später als *evangelice doctrine doctus atque ... constantissimus confessor* anreden konnte,[2] während in Herford der Augustiner Johannes Dreyer, der 1524 in seinem 1528 dem Rat der Stadt Braunschweig gewidmeten Traktat über das Wort Gottes Luthers Gnadenlehre vertrat, gemeinsam mit seinem 1523 in Wittenberg promovierten Prior Gottschalk Kropp die Rolle des *primus evangelii sator et promotor* übernahm.[3]

Das frühe Eintreten der westfälischen Augustiner-Eremiten für die Reformation geht in erster Linie auf die persönlichen Bindungen zurück, die zwischen ihnen und ihrem Ordensbruder im Schwarzen Kloster zu Wittenberg bestanden.[4] Die auffallend

---

* In: Jahrbuch für Westfälische Kirchengeschichte 70 (1977) 11-49.

1 *H. Rothert*, Bilder aus der Geschichte Lippstadts 3: Einführung der Reformation in Lippstadt (Bilder von der rothen Erde), Lippstadt 1876. S. 1-53. *E. Knodt*, D. Johann Westermann, der Reformator Lippstadts und sein sogenannter Katechismus, das älteste literarische Denkmal der evangelischen Kirche Westfalens. Ein Beitrag zur Geschichte der westfälischen Reformation und des Katechismus. Gotha 1895. *H. Niemöller*, Reformationsgeschichte von Lippstadt, der ersten evangelischen Stadt in Westfalen (Schriften d. Vereins f. Reformationsgesch. 91), Halle 1906. *H. Klockow*, Stadt Lippe-Lippstadt. Aus der Geschichte einer Bürgerschaft. Festschrift zum 50jährigen Bestehen der Volksbank Lippstadt. Lippstadt 1964. S. 117ff.

2 *H. Hamelmann*, Opera genealogico-historica de Westphalia et Saxonia inferiori. Lemgo 1711. S. 1126. *W. v. Bippen/E. Dünzelmann/J. Fr. Iken*, Quellen zur bremischen Reformationsgeschichte, Bremisches Jahrbuch II, 1 (1885), S. 246. *Th. Beckmann*, Das ehemalige Augustiner-Eremitenkloster zu Osnabrück (Osnabrücker Geschichtsquellen u. Forschungen 13), Osnabrück 1970. S. 51-53. *H. Stratenwerth*, Die Reformation in der Stadt Osnabrück (Veröff. d. Inst. f. Europ. Gesch. Mainz 61), Wiesbaden 1971. S. 24, 29-31.

3 *J. H. Hagedorn*, Entwurf vom Zustand der Religion vor und bei der Reformation in Absicht der Grafschaft Ravensberg, vornähmlich der Stadt Herford. Bielefeld 1747-1748. I, 2, S. 131ff. *L. Hölscher*, Geschichte des Gymnasiums in Herford. In: Programm d. evgl. Friedrichs-Gymnasiums zur Herford. Ostern 1889. S. 12ff. *Ders.*, Reformationsgeschichte der Stadt Herford. Gütersloh 1888. *J. Norman*, Herforder Chronik. Sagen und Geschichtslieder aus der Vergangenheit von Stift und Stadt. Ein Beitrag zur Heimatkunde. Herford 1910. S. 256ff. *Richter*, Wie Herford evangelisch wurde. Evgl. Monatsblätter 1917. S 203. *W. Petri*, Die Darstellungen der Herforder Reformationsgeschichte und ihre Quellen, Jb. d. Ver. f. Westf. Kirchengesch. 61 (1968), S. 217.

4 *Th. Kolde*, Die deutsche Augustinerkongregation und Johann von Staupitz. Gotha 1879. *Ders.*, Luther und sein Ordensgeneral in Rom in den Jahren 1518 und 1520, Ztschr. f. Kirchengesch. 2 (1877-78). *H. Rothert*, Luthers Beziehungen zu Westfalen, Jb. d. Ver. f. d. evgl. Kirchengesch. Westf. 19 (1917), S. 3-12. *C. Laumann*, Ist Martin Luther in Lippstadt

schnelle Rezeption, die seine Lehre nicht nur in Osnabrück, Herford und Lippstadt selbst, sondern auch außerhalb ihrer Mauern fand, erklärt sich freilich nicht allein aus der Entschiedenheit, mit der sich Westermann, Hecker, Dreyer und andere Mitbrüder an die Seite Luthers stellten. Ein weiterer Grund dafür dürfte die enge Verbindung gewesen sein, die schon seit Jahrhunderten zwischen den drei Klöstern und zahlreichen anderen Städten und Dörfern des alten Westfalen sowie der ihm benachbarten geistlichen und weltlichen Territorien bestanden. Die ganze Vielfalt dieser Beziehungen und Verflechtungen, die es schon vor der Reformation den westfälischen Augustiner-Eremiten erlaubte, ihre auf Universitäten und in Ordensstudien gewonnenen Einsichten nicht nur in Osnabrück, Herford und Lippstadt, sondern auch in deren Umland zu verbreiten, kann nicht auf wenigen Seiten dargestellt werden. Daher soll hier nicht mehr als die oft übersehene Tatsache in Erinnerung gerufen werden,[5] daß sich die institutionelle Präsenz der Augustiner-Eremiten in Westfalen nicht allein auf ihre Klöster beschränkte, sondern mit einem weitgespannten Netz von Termineien und Hospizen auch deren Umgebung erfaßte, so daß am Ende des Mittelalters ein weite Teile Westfalens und seiner Nachbarschaft erfassendes „Kommunikationssystem" bestand, welches den zu Reformatoren gewordenen Augustinern erlaubte, „das Korn der Neuen Lehre dort auszustreuen, wo sie zuvor in gewohnter Weise gepredigt und Almosen gesammelt hatten".[6]
Das Termineisystem und die Außenstationen der westfälischen Augustiner-Eremitenklöster sind, ähnlich wie die der anderen Mendikantenkonvente Westfalens, bisher noch nie systematisch erfaßt worden. In den einschlägigen Klosterbüchern und Klosterlisten werden sie nur unvollständig oder gar nicht erwähnt.[7] Der Grund

---

gewesen?, Heimatblätter. Organ. d. Heimatbundes f. d. Kreis Lippstadt 9 (1927), S. 34-35. *R. Stupperich*, Glaube und Politik in der westfälischen Reformationsgeschichte, Jb. d. Ver. f. Westf. Kirchengesch. 45-46 (1952-53), S. 96 ff.

5 Vgl. z. B. *Knodt*, a.a.O., S. 19.

6 *G. Falke*, Kloster und Gymnasium Antonianum der Franziskaner zu Geseke. Ein Beitrag zur Schulgeschichte der Neuzeit (Franz. Studien, Beiheft 1), Münster 1915. S. 13. Ähnlich auch *H. Kampschulte*, Geschichte der Einführung des Protestantismus im Bereiche der jetzigen Provinz Westfalen. Paderborn 1856. S. 48-55. *R. Stupperich*, Die Reformation im Weserraum. In: Kunst und Kultur im Weserraum 800-1600. Münster 1966. 1, S. 261, 264-65 weist ausdrücklich auf „die evangelische Verkündigung auf dem Lande" hin, geht jedoch auf die institutionelle Grundlage, d. h. das Termineisystem, nicht ein.

7 *J. Schmitz-Kallenberg*, Monasticon Westfaliae. Verzeichnis der im Gebiet der Provinz Westfalen bis zum Jahre 1815 gegründeten Stifte, Klöster und sonstigen Ordensniederlassungen. Münster 1909. *H. Hoogeweg*, Verzeichnis der Stifter und Klöster Niedersachsens vor der Reformation. 1908. *Kl. Honselmann*, Das Klosterwesen im Raum der oberen Weser. In: Kunst und Kultur im Weserraum 800-1600. 1, S. 223-224. *H. Richtering*, Stifte und Klöster im Weserraum bis ins 16. Jahrhundert. In: Ostwestfälisch-weserländische Forschungen zur geschichtlichen Landeskunde (Veröff. d. Provinzialinst. f. westf. Landes- und Volkskunde I, 15), Münster 1970. S. 377-412 gehen auf Termineien nicht ein oder erfassen sie nur unvollständig. Das gleiche gilt für: *A. Kunzelmann*, Geschichte der deutschen Augustiner-Eremiten 1: Das dreizehnte Jahrhundert (Cassiciacum 26, 1), Würzburg 1969. *Ders.*, Geschichte der deutschen Augustiner-Eremiten 5: Die sächsisch-thüringische Provinz und die sächsische Reformkongregation bis zum Untergang der beiden (Cassicacum 26, 5), Würburg 1975. Die Erfassung der westfälischen Termineien als Ergänzung zum Monasticon Westfaliae hat schon Hömberg für notwendig erachtet: *A. K. Hömberg*, Unbekannte Klausen und Klöster Westfalens. Ergänzungen zum Monasticum Westfaliae. In: Dona Westfalica. Georg Schreiber zum 80. Geburtstag dargebracht von der Historischen Kommission Westfalens (Schrift. d. Hist. Kom. Westf. 4), Münster 1963. S. 102-103.

dafür ist wohl zunächst darin zu sehen, daß Termineien und Hospize prinzipiell nicht als eigene Rechtspersönlichkeit galten und die durch sie zustande gekommenen Rechtsgeschäfte von den Mutterklöstern selbst abgewickelt wurden, die urkundliche Überlieferung also mit gelegentlichen Ausnahmen nur dann von ihnen redet, wenn sie selbst Gegenstand eines Rechtsgeschäftes wurden, was normalerweise nur bei ihrer Errichtung, Verpachtung oder Auflösung der Fall war. Alle sonstigen Erwähnungen in der Ordens- und Lokalüberlieferung sind sporadischer Natur und geben Informationen von unterschiedlichem Gewicht. Ihre Aussagekraft ist darüber hinaus oft zweideutig, läßt doch z. B. die bloße Erwähnung eines Terminarius noch nicht den Schluß auf die Existenz einer eigenen Termineistation zu, während umgekehrt der Nachweis eines Termineihauses keineswegs die kontinuierliche Tätigkeit eines Terminarius an dem jeweiligen Orte garantiert. In anderen Fällen lassen gewisse Hinweise die Existenz einer Terminei vermuten, ohne daß dafür in den Quellen eine ausdrückliche Bestätigung geliefert würde. Gelegentlich liegt wiederum eine solche vor, ohne daß sonstige Hinweise genauere Aussagen erlauben. Ungeachtet dieser Schwierigkeiten und mit der Einschränkung, daß die Lokalforschung sicherlich in diesem oder jenem Falle das hier ausgewertete Material ergänzen kann, soll in dem vorliegenden Beitrag zunächst versucht werden, einen Überblick über die Zahl, Lage und Geschichte der Dependancen der drei genannten westfälischen Klöster zu gewinnen und dann ihre Funktion innerhalb des Ordens sowie ihre Bedeutung für die Anfänge der Reformation in Westfalen darzustellen.

## I.

Die 1287 aus dem benachbarten Holte nach Osnabrück gekommenen Augustiner-Eremiten hatten mit ihrem bisherigen Wohnsitz auch ihre ursprünglich eremitisch geprägte Lebensweise aufgegeben und sich entsprechend den Intentionen der Kurie, die ihren 1256 aus ehemaligen Eremitengemeinschaften gebildeten Orden in den Dienst der städtischen Seelsorge stellte, dem Studium, der Predigt und dem Bettel zugewandt.[8] Nachdem sie mit Hilfe Bischof Konrads II. von Rietberg und Unterstützung der Gläubigen in der Neustadt von Osnabrück Kirche und Kloster errichtet hatten, setzten sie sich mit Erfolg gegen den massiven Widerstand der Stadt sowie der Kapitel von Dom und Johannesstift durch. Ungeachtet der Tatsache, daß dieser Widerstand im 14. Jahrhundert mehrmals neu aufflackerte und ein verheerender Brand im Jahre 1331 Kirche und Konventsgebäude vernichtete, betrieben die Osnabrücker Eremiten seit dem Beginn des 14. Jahrhunderts eine weit über die Grenzen der Stadt hinausgehende Expansion, für die ihnen Papst Johannes XXII. mit der am 5. 2. 1325 ihrem Orden gewährten Erlaubnis, in den noch nicht oder nur wenig von Mendikanten besiedelten Provinzen sechs bzw. drei Klöster zu gründen, die rechtliche Handhabe gab. Es gelang den Brüdern, um 1328 in dem nordöstlich von Groningen gelegenen Appingedam ein Haus zu errichten[9] und um 1404 mit Hilfe des Bischofs Heinrich von Holstein das Recht zu erwerben, im fernen Dithmarschen

---

8 *K. Elm*, Die Augustiner-Eremiten in Osnabrück. Der Zeitpunkt und die Umstände ihrer Niederlassung, Osnabrücker Mitteilungen 73 (1966), S. 76. *Beckmann*, a.a.O., S. 1-2.
9 *A. de Meijer*, De Augustijnen Eremieten en Friesland, Us Wurk X, 2 (1961), S. 27-37. *Ders.*, Iets over de geschiedenis van het augustijnen klooster te Appingedam, Nederlandse Analecta

zu terminieren.[10] Auch wenn sie bis ins 16. Jahrhundert mit den Gläubigen dieser Küstenländer in Verbindung blieben,[11] konnten sie jedoch weder in Holstein noch in Ostfriesland dauernd Fuß fassen oder gar die ihrem Orden von Johannes XXII. gemachten Konzessionen ausschöpfen. Dennoch verstanden sie es, im Laufe ihrer fast 250jährigen Geschichte, um ihr Kloster einen Termineibezirk zu errichten, der bis ins Münsterland, in die Twenthe und über Oldenburg bis ins friesische Jeverland reichte und durch eine Reihe von Termineistationen erschlossen wurde.

Über die bis 1542, dem Jahr der offiziellen Auflösung des Osnabrücker Konvents, zustande gekommenen Termineien in Oldenzaal, Quakenbrück, Vechta, Telgte, Oldenburg und Münster sind wir nur in sehr unterschiedlichem Maße unterrichtet. Die Terminei in Oldenzaal, also in der heutigen niederländischen Provinz Overijssel, ist bisher lediglich deswegen bekannt, weil das Kloster St. Antonius in Albergen, wie aus seinen Kapitelprotokollen ersichtlich ist, 1521 durch Vermittlung des *dominus Johannes Osenbrugge, qui fuit terminarius in Aldenzaell,* dem Osnabrücker Konvent gegen 300 Goldgulden eine jährliche Rente von 17 Gulden verkaufte: ein Geschäft, das durch den im Archiv des Osnabrücker Augustinerklosters befindlichen Rentbrief vom 7. 9. 1521 belegt wird, ohne daß in ihm jedoch die Vermittlertätigkeit des Terminarius erwähnt wird.[12] Aus einem am 22. 2. 1408 ausgefertigten Notariatsprotokoll geht hervor, daß es schon über ein Jahrhundert vor diesem Rentenkauf in Oldenzaal einen Osnabrücker Terminarius gab. Es handelt sich bei ihm um den Bruder Heinrich, der damals von Theodoricus Sprute und seiner Gattin Locka sowie ihrem Sohn Ecbertus die Hälfte eines Gartens als Schenkung entgegennahm.[13] Das Haus der Osnabrücker Augustiner-Eremiten in Q u a k e n b r ü c k blieb dadurch in Erinnerung, daß man am 16. 5. 1509 in einer von dem bischöflichen Richter in Quakenbrück beurkundeten Rentenverschreibung die auf der Mühlenstraße gelegene *sunte Augustines Woninge* zur genaueren Lokalisierung des Objektes erwähnte.[14] Die Tatsache, daß am 4. 11. 1421 ein Angehöriger des Eremitenordens in Quakenbrück eine Memorienstiftung bezeugte, erlaubt den Schluß, daß die Terminei schon zu Beginn des 15. Jahrhunderts bestand. Wenn man die am 15. 8. 1540 in einem Rentenvertrag gemachte Angabe, das bezogene Haus läge in der Nachbarschaft der Augustinermönche, wörtlich himmt, kommt man zu dem Ergebnis, daß die Osna-

---

3 (1962), S. 105ff., *Ders.,* De Gedenksteen van Dico van Groningen en de Augustijner Kloostergoederen van Appingedam, Archief voor de Geschiedenis van de Katholieke Kerk in Nederland 9 (1967), S. 1-66.

10 *E. Ertmann,* Chronica sive catalogus episcoporum Osnaburgensium. Osnabrücker Geschichtsquellen 1: Die Chroniken des Mittelalters. Osnabrück 1891. S. 127.

11 *D. Kohl/G. Rüthning,* Oldenburgisches Urkundenbuch. Oldenburg 1914-1935, 5, S. 88 (4. 5. 1449), 107 (1. 9. 1462), 216 (21. 6. 1510). StA Osnabrück, Rep. 6., Augustinerkloster Osnabrück, Nr. 28.

12 Albergensia. Stukken betrekkelijk het klooster Albergen. Vereeniging tot beoefening van Overijsselsch regt en geschiedenis. Zwolle 1878. S. 37-38. Danach: *M. Schoengen,* Monasticon Batavum. Amsterdam 1941. 3, S. 147. *Beckmann,* a.a.O., S. 9-10. Der Verkauf wird beurkundet in: StA Osnabrück. Rep. 6, Augustinerkloster Osnabrück, Nr. 40f. (7. 9. 1521).

13 StA Osnabrück, Rep. 6. Augustinerkloster Osnabrück, Nr. 11.

14 *H. Rothert,* Geschichte der Stadt Quakenbrück in älterer Zeit (bis 1545), Osnabrücker Mitteilungen 43 (1920), S. 74. *Beckmann,* a.a.O., S. 9. Ihrer Mitteilung dürfte StA Osnabrück, Dep. 50a, Stadtarchiv Quakenbrück, St.-Jost-Gilde, Nr. 248, zugrunde liegen.

brücker diese Terminei bis mindestens 1540 behaupten konnten.[15] Die dritte, bisher nur durch eine einzige Erwähnung bekannte Außenstation Osnabrücks, die Terminei in Vechta, wird erst anläßlich ihrer Aufhebung faßbar. Der 1532 zum Bischof von Osnabrück gewählte Franz von Waldeck gab am 4. 11. 1537 Prior, Subprior und Konvent des Osnabrücker Klosters *in ansehunge erer itzigen notturfft und gelegenheit* die Erlaubnis, das *terminie Hus bynnen des Vechte gelegen zu verkaufen*.[16] In Telgte war schon am 27. 12. 1529 anläßlich einer Rentenverschreibung zugunsten der Liebfrauengilde von einem *huss und hove tobehorich denen Augustyner Closter bynnen Ossenbrugghe* die Rede.[17] Erst 1541, als der Osnabrücker Konventuale Johann Hammelmann, wohl im Zusammenhang mit dem ein Jahr zuvor zwischen dem Rat von Osnabrück und den Augustinern geschlossenen Leibrentenvertrag, sein Haus zu Telgte an den dortigen Bürgermeister verkaufte und sich als *Terminarius*, sowie sein Haus als *Termineie* bezeichnete, wird der Beweis dafür geliefert, daß es sich bei dem 1529 erwähnten Haus in Telgte nicht um einen beliebigen Besitz, sondern um eine Absteigestation handelte.[18]

Auch über die beiden in der obigen Aufzählung zuletzt genannten Osnabrücker Termineien, nämlich diejenigen in Münster und Oldenburg, werden wir anläßlich ihrer Auflösung genauer unterrichtet. Im Zuge der Ende der dreißiger Jahre betriebenen Liquidation des Konventes und seines Besitzes beurkundete der Osnabrücker Offizial am 9. 6. 1539 auf Veranlassung des bereits erwähnten Bischofs Franz von Waldeck, daß der Prior Johannes Damme und seine Konventsbrüder ihr *huess ... bynnen Munster up de berchstrasse* an den münsterischen Domwerkmeister Tunneken veräußert hätten. Es ist zwar in der Urkunde mit keinem Wort von der Funktion dieses Hauses die Rede, ein bald nach ihrer Ausstellung angebrachter Dorsalvermerk läßt jedoch keinen Zweifel daran, daß es sich bei ihm um die *domus terminarii*, also das Termineihaus der Osnabrücker Augustiner-Eremiten, handelte.[19] Die oldenburgische Terminei wurde bereits neun Jahre früher veräußert. Am 24. 10. 1530 beurkundeten die geschworenen Richter der Stadt Osnabrück, daß der Prior Gerhard Hecker, damals Provinzial der sächsisch-thüringischen Provinz, und einige namentlich genannte Mitbürger ein in der Nähe des Lambertikirchhofs gelegenes Haus an den Grafen Georg von Oldenburg verkauft hätten.[20] Für diesen Verkauf waren sicherlich nicht in erster Linie die damals in Oldenburg wie in Osnabrück schon starken reformatorischen Bestrebungen, sondern eher die durch Seuchen, Stadtbrand und Preissteigerungen verschlechterte finanzielle Lage des Osnabrücker Konvents verantwortlich. Anders als im Falle der übrigen Termineien brauchen wir uns für die in der westfälischen Bischofstadt bzw. der oldenburgischen Residenz errichteten Termineien nicht mit einer einmaligen Erwähnung zu begnügen. Die Existenz von Augustiner-Eremiten ist in Münster bereits für das

---

15 StA Osnabrück, Dep. 14a, St.-Sylvester-Stift zu Quakenbrück, Nr. 163 (4. 11. 1421). Ebd. Nr. 143 (14. 8. 1540).
16 Ebd. Rep. 6, Augustinerkloster Osnabrück, Nr. 42. *Beckmann*, a.a.O., S. 85. Nr. 24.
17 Bistumsarchiv Münster, Pfarrarchiv St. Clemens Telgte, U 215. Zur Lage: *P. Engelmeier*. Heimatbuch Telgte. Hrsg. im Stadtjubiläumsjahr 1938 v. d. Stadt Telgte. Telgte 1938. S. 116.
18 StA Münster, Mscr. 238, fol. XI.
19 *K. Zuhorn*, Die Beziehungen der Osnabrücker Augustiner zum Bistum und zur Stadt Münster. In: Dona Westfalica, a.a.O., S. 391-92.
20 *Kohl/Rüthing*, a.a.O., 3, S. 314.

15. Jahrhundert gesichert. Nach einer nur in Regestenform überlieferten Urkunde verkauften die Bürger Theodor von Groll, Bernhard Burmann und Johannes Bruse dem Osnabrücker Augustinerkloster am 24. 4. 1471 ein Haus an der Bergstraße *infra pontes*, bei dem es sich um nichts anderes als das 1539 veräußerte, an der gleichen Stelle gelegene Termineihaus handeln kann.[21] Bereits 1423 hatte der bischöfliche Vikar Johannes Klunsevoet eine Stiftung errichtet, aus der neben anderen an der Herbstsynode in Münster teilnehmenden Welt- und Regularklerikern auch dem *terminarius eremitarum sancti Augustini* eine Geld- und Brotspende gereicht werden sollte.[22] Ob daraus nun der Schluß gezogen werden kann, daß dieser am Herbstsend teilnehmende Terminarius dauernd in Münster stationiert war, sei dahingestellt. K. Zuhorn, der die oben herangezogenen Nachrichten über die münstersche Terminei der Osnabrücker Augustiner zusammengestellt hat, vermutet, daß der zu Beginn des 15. Jahrhunderts nachweisbare Abgesandte des Klosters Osnabrück ständig in Münster gewesen sei.[23] Angesichts des Eifers, mit dem sich die Augustiner schon zu Beginn des 14. Jahrhunderts um die Ausbreitung ihres Ordens in Westfalen und den angrenzenden Territorien bemühten, wäre es in der Tat nicht erstaunlich, wenn sie bereits früh versucht hätten, in der weltlichen und geistlichen Metropole des Münsterlandes dauernd Fuß zu fassen. Im Falle des Oldenburger Hauses läßt sich die Zeit der Errichtung genau angeben. Aus einer von Johann Schiphower, dem Historiographen der Grafen von Oldenburg und einem der letzten *terminarii* der Osnabrücker Augustiner in Oldenburg, überlieferten Schenkungsurkunde geht hervor, daß die Terminei zu Beginn des 14. Jahrhunderts auf einer Hofstätte, *area*, errichtet wurde, die die Grafen Johann und Christian von Oldenburg dem Osnabrücker Prior Hermann Geseke und seinen Konventsbrüdern am 5. 3. 1307 geschenkt hatten.[24] Das über zwei Jahrhunderte an derselben Stelle, gegenüber dem Hause des Pfarrers der Oldenburger Lambertikirche, gelegene Haus wird in diesem Zeitraum mehrfach erwähnt und nahm, wie an anderer Stelle auszuführen sein wird, wegen der engen Beziehungen seiner Bewohner zu den Grafen von Oldenburg eine besondere Stellung unter den Termineien der Osnabrücker Augustiner-Eremiten ein.[25]

Das vor 1288 entstandene Augustiner-Eremitenkloster in Herford stand unmittelbar nach seiner Gründung ähnlichen Schwierigkeiten gegenüber wie der Nachbarkonvent in Osnabrück. Aber genauso wenig wie ihre Mitbrüder in Osnabrück ließen sich die Herforder Augustiner durch äußeren Widerstand, der in ihrem Falle vornehmlich von der Äbtissin des vornehmen Reichsstiftes Herford ausging, am Aufbau ihres

---

21 StA Münster, A 109: Registrum obligationum literarum omnium jurium ad Officium Fabricae Cathedralis Ecclesiae Monasteriensis spectantium, S. 19.

22 *J. Prinz*, Münsterisches Urkundenbuch. Münster 1960. 1, S. 241f.

23 *Zuhorn*, a.a.O., S. 386.

24 *J. Schiphower*, Chronicon Archicomitum Odenburgensium, ed. H. Meibom, Rerum Germ. Scriptores. 2. Helmstedt 1688. S. 161. Zur Lage: *H. Hanken*, Das Kollegiatstift zu Oldenburg. Seine Kirche, seine Geistlichen und seine Güter (Oldenburgische Forschungen 12), Oldenburg 1959. S. 36.

25 *Schiphower*, a.a.O., S. 189, nennt als seine Vorgänger Bernhard v. Münster (vor 1440) und Heinrich Koken († 14. 2. 1500).

Klosters und der Errichtung eines Termineisystems hindern.[26] Wie intensiv und mit welcher Zielrichtung sie die Anlage von Absteigequartieren betrieben, wurde auf dem Provinzialkapitel der sächsisch-thüringischen Provinz deutlich, das am 30. 5. 1316 in Kloster Himmelpforten bei Wernigerode tagte. Wegen heftiger Auseinandersetzungen zwischen den Konventen von Herford und Einbeck sahen sich nämlich auf ihm die Kapitelsväter gezwungen, eine genaue Abgrenzung der Termineibezirke der beiden Klöster vorzunehmen. Dabei wurden die Gebiete westlich der Weser mit Ausnahme von Höxter und Bodenwerder den Herfordern zugesprochen, während das rechte Ufer südlich der *via regia* von Hameln bis Poppenburg den Einbeckern vorbehalten blieb, der nördlich von ihr liegende Teil des jenseitigen Weserraumes jedoch entsprechend dem Grenzverlauf zwischen den Bistümern Minden und Hildesheim aufgeteilt wurde.[27] Für unsere Fragestellung ist es aufschlußreich, daß bei dieser Gelegenheit beschlossen wurde, die Termineihäuser in Höxter und Bodenwerder beiden Konventen zur gemeinsamen Nutzung zu übertragen, was darauf schließen läßt, daß bereits damals in den beiden Weserorten Absteigequartiere der Augustiner-Eremiten bestanden. Da das Kloster im welfischen Einbeck erst nach 1300 zustande kam, wird man kaum davon ausgehen können, es sei ihm innerhalb so kurzer Zeit gelungen, in den beiden Städten Häuser zu erwerben.[28] So liegt denn der Schluß nahe, daß beide Termineihäuser von den Herforder Eremiten gegründet wurden. Wie wichtig den Ordensleuten die Verbindung zum Weserraum und der Ausgriff in das Herzogtum Braunschweig-Lüneburg waren, wird dadurch deutlich, daß auf dem gleichen Kapitel die Gründung von weiteren Häusern in Hameln und Hannover beschlossen wurde, die ähnlich wie die beiden zuvor genannten Termineien von den Konventen in Herford und Einbeck gemeinsam benutzt werden sollten. Da man schon bald die auf dem Kapitel in Himmelpforten gefaßten Pläne insofern änderte, als man sich nicht mehr mit der Errichtung bloßer Termineien begnügen wollte, sondern in beiden Städten auf die Gründung regulärer Konvente drängte, stieß man auf heftigen Widerstand, der schließlich in Hameln die Form gewaltsamer Auseinandersetzungen annahm.[29] Nachdem Johannes XXII. am 5. 2.

---

26 Neben der in Anm. 3 genannten Lit. vgl. *Kunzelmann*, a.a.O., S. 200-201; 5, S. 195-202. Ähnlich wie für das Kloster Lippstadt liegt für Herford noch keine befriedigende Darstellung vor. Vf. hofft diese Lücke mit einer Untersuchung über die Augustiner-Eremiten in Westfalen schließen zu können.

27 *C. L. Grotefend/G. F. Fiedeler*, Urkundenbuch der Stadt Hannover (Urkundenbuch d. hist. Ver. f. Niedersachsen 5), Hannover 1860. 1, S. 121. *O. Meinardus*, Urkundenbuch des Stiftes und der Stadt Hameln bis zum Jahre 1407 (Quellen u. Darst. z. Gesch. Niedersachsens 2), Hannover 1887. S. 124-25.

28 *A. Zumkeller*, Augustinerklöster rund um den Harz in alter Zeit, Cor unum 22 (1964), S. 120. *Kunzelmann*, a.a.O., 1, S. 222-23; 256-57. Da die Termineihäuser in Höxter und Bodenwerder in der Herforder Überlieferung nicht mehr erwähnt werden, liegt der Schluß nahe, Einbeck habe sich in den beiden Städten auf die Dauer stärker als Herford durchsetzen können. Für Höxter wird diese Vermutung durch eine Urkunde vom 7. 6. 1400 (StA Hannover, Augustinerkloster Einbeck, U 21. *W. Feise*, Urkundenauszüge zur Geschichte der Stadt Einbeck bis zum Jahre 1500. Einbeck 1959), in der die dortige *mansio* als Wohnung eines Einbecker Terminarius bezeichnet wird, bestätigt (frdl. Hinweis Dr. Rüthing).

29 Vgl. u. a. die Darstellung von: *H. Spanuth*, Geschichte der Stadt Hameln von den Anfängen bis zur Reformation. Hameln [1939-40]. S. 134ff. *A. Zumkeller*, Schriften und Lehre des Hermann v. Schildesche O.E.S.A. († 1357) (Cassiciacum 15), Würzburg 1959. S. 31f., 49f. *R. Feige/M. Oppermann/H. Lübbers*, Heimatchronik der Stadt Hameln und des Landkreises Hameln-Pyrmont. Köln 1961. S. 49-50. *Kunzelmann*, a.a.O., 5, S. 377-419.

1325 die den Bettelorden von Bonifaz VIII. auferlegten Restriktionen bei der Anlage neuer Gründungen gelockert hatte, erwirkte der Provinzialprior der sächsisch-thüringischen Provinz am 6. 6. 1326 bei Abt Heinrich von Fulda, der die Grundherrschaft in Hameln beanspruchte, die Erlaubnis, sich in der Stadt niederzulassen und Seelsorge entsprechend den Privilegien des Ordens auszuüben, was am 1. 8. 1328 von Generalprior Wilhelm von Cremona ausdrücklich gebilligt wurde. Die städtischen Konsuln, die sich zunächst bereit erklärt hatten, den Augustiner-Eremiten das erforderliche Grundstück zu verschaffen, zogen ihr Angebot jedoch bald zurück, indem sie den ursprünglich vereinbarten Preis versechsfachten und so den Erwerb unmöglich machten. Lektor Hermann Schildesche aus Herford und sein Mitbruder Johannes Woke, die zusammen mit dem Lektor Johannes aus dem Kloster Osnabrück vom Provinzialprior mit der Klostergründung in Hameln beauftragt worden waren, ließen sich jedoch nicht entmutigen. Am 23. 8. 1328 konnten sie einen Vertrag abschließen, der sie für eine weit geringere Summe in den Besitz eines kleinen Hauses am Neumarkt setzte, das bisher einem gewissen Johannes Horanding gehört hatte. Als die drei bereits genannten Prokuratoren gemeinsam mit acht weiteren Augustinern aus verschiedenen westfälischen Klöstern die Umwandlung des erworbenen Hauses in ein Oratorium vornehmen wollten, traten ihnen der Bürgermeister der Stadt und der Dekan des Bonifatiusstiftes mit der Forderung entgegen, auf der Stelle Hameln zu verlassen. Sie begründeten dies damit, daß das Grundstück, auf dem sich das Haus befände, Eigentum des Stiftes sei, der zuvor geschlossene Vertrag also keine Rechtskraft besäße. Als sich die Mönche weigerten, dieser Forderung Folge zu leisten, kam es zu einem Tumult, der noch lange die Gemüter bewegte. Unterstützt und angefeuert von einer großen Volksmenge drangen Scholaster und Thesaurar des Stiftes mit weiteren Stiftsherren und Bürgern in der Frühe des 16. 10. 1328 bewaffnet in das Haus der Brüder ein, die gerade dem Bischof Ludwig von Minden bei der Altarweihe assistierten. Die Meute zerstörte den Altar, zerriß die Altartücher, zerstreute und zertrat die Reliquien, entwendete Bücher, Kelche und liturgische Bekleidung, ja, bemächtigte sich sogar der zuvor auf den Boden geworfenen Pyxis mit dem Allerheiligsten und vertrieb schließlich Bischof und Mönche mit Gewalt aus dem Hause. Dieses unglaubliche Verhalten zog weite Kreise. Nachdem Vermittlungsversuche der benachbarten Bischöfe gescheitert waren, brachte der Orden die Angelegenheit vor die Kurie, die eine Reihe von Auditoren mit ihrer Prüfung beauftragte. Mit Bann und Interdikt, vor allem aber mit immer erneuten Revisionsanträgen, stritten beide Parteien zäh und unnachgiebig um ihr Recht. Ein 1345 vorgeschlagener Kompromiß der Kurie, aufgrund dessen die Stadt die Brüder wieder in den Besitz des umstrittenen Hauses setzte, scheiterte am Widerstand des Stiftes. Schließlich erreichten die Stiftsherren 1360 nach einem mehr als 30jährigen Prozeß ein für sie günstiges Urteil. Papst Innozenz VI. verurteilte die Augustiner am 5. 6. 1360 dazu, das bis dahin von ihnen bewohnte Haus zu räumen. Obwohl die Atmosphäre in Hameln so vergiftet war, daß es seither keiner geistlichen Gemeinschaft mehr gelang, hier Fuß zu fassen oder gar eine fruchtbare Tätigkeit zu entfalten, scheinen die Augustiner-Eremiten das Terrain nicht ganz aufgegeben zu haben. Am 26. 9. 1360 ließen sie in einem Notariatsinstrument festhalten, daß sie zwar entsprechend dem Spruch der Kurie ihren Besitz am Neumarkt räumen, jedoch weiterhin den Anspruch auf eine *area huic loco contigua* aufrechterhalten würden.[30] Wenn daher noch um 1440 im Hamelner Stadtbuch von dem *moniken hove van Harvorde* die Rede ist, liegt die Möglichkeit nahe, daß sich auch damals noch Eremiten aus Herford in Hameln aufhielten und hier als Terminarier tätig waren.[31]

In Hannover waren die Bemühungen um eine neue Niederlassung nicht viel erfolgreicher als in Hameln. Der Rat stellte dem Provinzialprior und einem aus den Prioren von Herford, Osnabrück, Lippstadt und Helmstedt gebildeten Gründungskonsortium im Mai 1331 zwar grundsätzlich in Aussicht, innerhalb von sechzig Jahren in der Stadt oder ihrem engeren Umkreis ein Kloster gründen zu dürfen, machte den Beginn der Niederlassung jedoch von einer später zu erteilenden definitiven Zustimmung abhängig.[32] Obwohl der Provinzialprior die Ratsherren noch am gleichen Tage im Auftrage des Generalpriors Wilhelm von Cremona als Dank für die mehr oder weniger unverbindliche Zusage in die Confraternitas seines Ordens aufnahm,[33] hat sich die Stadt nie zur Gewährung der in Aussicht gestellten Konzession verstanden. Wie in Hameln realisierte sich auch in Hannover der Plan einer Klostergründung nur insofern, als es zur Errichtung einer Terminei kam. Wie aus einem am 19. 5. 1331 vom Provinzialprior und den Prioren der Klöster in Herford, Osnabrück, Lippstadt und Helmstedt ausgestellten Revers hervorgeht, besaßen die Herforder in Hannover damals bereits eine *domus seu mansio*, die bisher der Witwe eines Ludolf de Dornede gehört hatte und ihnen vom Rat nach Ablösung der Schat zur Verfügung gestellt worden war.[34] Für den Zugang zum Weserraum spielte auch das halbwegs zwischen Herford und Höxter gelegene Brakel eine gewisse Rolle. Die Herforder Augustiner waren daher hier schon bald präsent. Als Albrecht als Landesherr am 25. 5. 1349 vor Kirchherrn und Rat der Stadt eine Rente stiftete, aus der jährlich am Feste Mariä Empfängnis dem örtlichen Klerus eine Geldspende gezahlt werden sollte, wurde neben den Terminiarii aus Warburg, Höxter, Kassel und Witzenhausen auch ihr Terminarius als Empfänger genannt. Das Zugeständnis des Stiftes, die Zahlung könne bei Abwesenheit der Empfänger auch an einem anderen Zeitpunkt erfolgen, läßt es offen, ob der genannte Terminar in Brakel über eine ständige Herberge verfügte oder nur gelegentlich – vielleicht von Höxter aus – nach Brakel kam.[35]

Die Herforder Augustiner-Eremiten und die sie unterstützenden Mitbrüder der sächsisch-thüringischen Provinz ließen sich durch den Widerstand der beiden Städte und ihres Klerus nicht ermutigen. Noch während der Prozeß gegen Stadt und Stift Hameln an der Kurie anhängig war, wurden sie bei den benachbarten Dynasten vorstellig, um hier die Unterstützung zu finden, die ihnen in Hameln und Hannover vorenthalten wurde. Am 25. 11. 1335 gab ihnen Graf Adolf VI. von Schaumburg die Erlaubnis, in dem unterhalb von Hameln an der Weser gelegenen Rinteln eine

---

30 *Meinardus*, a.a.O., S. 142-143, 149-151, 155, 188, 190-208, 215-216, 221-225, 228, 231-265, 276-279, 298-301, 362-373, 382-383, 388-389.

31 Stadtarchiv Hameln, MS 1 (1440).

32 *Grotefend/Fiedeler*, a.a.O., 1, S. 168-169.

33 A.a.O., S. 167-168.

34 A.a.O., 168 und 204 (7. 3. 1339). Zur Lage: O. *Jürgens*, Aus der Vergangenheit der Stadt Hannover, Hannoversche Geschichtsblätter 31 (1928) S. 56, 192.

35 Stadtarchiv Brakel, U 370 (25. 5. 1349). W. E. *Giefers*, Geschichte der Stadt Brakel, WZ 28 (1869), S. 253.

*habitatio* zu errichten, deren als *procuratrix* bezeichnete Verwalterin von den üblichen Abgaben an den Landesherrn befreit wurde.[36] Nicht ganz zehn Jahre später, im Jahre 1346, erhielten sie auch im schaumburgischen Stadthagen eine Terminei, wofür die Witwe des gräflichen Lehnsmannes Ludolf von Tunderen die Voraussetzung geschaffen hatte, als sie ihnen eine steinerne Kemenate hinter ihrem Hause an der Stadtmauer schenkte.[37] Da diese für die Zwecke der Mönche ungeeignet war, erhielten sie gleichzeitig mit der Schenkung die Erlaubnis, sie gegen eine Hofstätte umzutauschen, die ihren Bedürfnissen besser entspräche. Am 29. 4. 1352 standen Prior und Konvent des Herforder Klosters in Verhandlungen mit dem Knappen Berthold von den Hus, die ergaben, daß er die Kemenate übernehmen solle, falls er binnen drei Jahren den Augustinern eine andere, von öffentlichen Abgaben freie Kemenate samt Gartenstück zu schenken vermöchte, die ihren Wünschen entspräche.[38] Wir wissen, daß am 30. 4. 1495 das Haus der Augustiner-Eremiten zu Stadthagen von dem damaligen Generalvikar und Prior von Herford, Hermann Dreyer, an den Stadthagener Vikar Stacius Lyndeman mit der Bestimmung verkauft wurde, daß es nach seinem und seiner Konkubine sowie deren Kinder Tod wieder an das Kloster fallen solle.[39] Dies scheint in der Tat geschehen zu sein. Am 29. 9. 1509 begründeten nämlich Bürgermeister und Rat von Steinhagen den Verzicht auf eine Rentenkündigung ausdrücklich mit der Tatsache, daß Stadt und Ordensleute langjährig freundschaftlich miteinander ausgekommen seien.[40] Die Präsenz der Augustiner-Eremiten in Stadthagen wurde am 6. 10. 1539 noch einmal bestätigt.[41] Anläßlich des Verkaufs ihrer Terminei in Stadthagen wiesen die Minoriten von Hannover ausdrücklich darauf hin, daß diese in unmittelbarer Nachbarschaft der dortigen Augustinerterminei gelegen sei. In dem Herford am nächsten gelegenen weltlichen Territorium, der Grafschaft Ravensberg, fanden die Eremiten schon vor der Mitte des 14. Jahrhunderts Zugang. Am 7. 11. 1353 bestätigte ihnen die verwitwete Gräfin Margarete von Berg und Ravensberg alle die Rechte und Freiheiten, die der Konvent für ein Haus in Bielefeld erworben hatte, das damals offenbar schon in seinem Besitz war.[42] Am 11. 11. 1359 erneuerte ihr Nachfolger, Graf Gerhard von Jülich, Berg und Ravensberg, noch einmal diese Privilegien, wobei er ähnlich wie Graf Adolf VI. von Schaumburg die Verwalterin des Hauses, die *Martha seu procuratrix*, von der Leistung der ihm als Stadtherrn zustehenden Abgaben und Auflagen befreite.[43] Wir wissen wenig über dieses Haus, von dem seit Jahrhunderten fälschlicherweise

---

36 R. Pape/E. Sandow, Urkundenbuch der Stadt Herford 1: Urkunden von 1224-1450. Herford 1968. S. 34.

37 Stadtarchiv Stadthagen, U 20 (30. 1. 1346). R. Doebner, Urkunden – Regesten von Stadthagen, Ztschr. d. Hist. Ver. f. Niedersachs. 63 (1898), S. 153. J. Prinz, Die mittelalterliche Stadt im Schatten der Kirche. In: Stadthagen im Wandel der Zeiten. Beiträge zur Stadtgeschichte. Stadthagen 1951. S. 110.

38 Ebd., U 22, *Doebner*, a.a.O., S. 110.

39 Ebd., U 235, *Doebner*, S. 200. Verkauf eines weiteren Hauses an den gleichen Vikar: U 255 (3. 10. 1505), *Doebner*, S. 203.

40 Ebd., U 261, *Doebner*, S. 204.

41 Ebd., U 374, *Doebner*, S. 224.

42 V. Vollmer, Urkundenbuch der Stadt und des Stiftes Bielefeld. Bielefeld/Leipzig 1937. S. 172.

43 A.a.O., S. 181.

*Detail eines Evangeliars. Münster, Fraterherrenhaus ca. 1425 (Münster, Bibliothek des Priesterseminars)*

*Übertragung der Reliquien der hl. Odilia in das Kreuzherrenkloster Huy. Odilienschrein, 13. Jh. (Kolen — Kerniel)*

behauptet wird, es habe auf dem Jostberge außerhalb von Bielefeld gelegen und sei identisch mit jener Klause, die unter Bischof Simon III. von Paderborn (1463 bis 1498) restauriert und dann den observanten Franziskanern übergeben wurde.[44] Mit Sicherheit wissen wir nur, daß sie innerhalb der Stadt lag, möglicherweise von der 1359 erwähnten *procuratrix* den Brüdern übertragen wurde[45] und mit großer Wahrscheinlichkeit als Absteigequartier für einen jener *terminarii* diente, welche am 6. 6. 1408 aus einer Rente in den jährlichen Genuß von 6 Pfennigen kamen.[46] Besonderes Wohlwollen brachten die Edelherren von Lippe den Augustiner-Eremiten entgegen. Sie förderten und unterstützten nicht nur die Brüder in dem zu ihrem Territorium gehörenden Lippstadt, sondern auch diejenigen im benachbarten Herford.[47] In unserem Zusammenhang interessiert besonders das Privileg, das der Edelherr Simon I. und seine Gemahlin Adelheid den Herforder Augustinern am 26. 4. 1330 gewährten. Sie befreien ein Haus, das diese in Horn besaßen, zusammen mit einer ebenfalls hier gelegenen *domus recluse* von allen ihnen als Landessherren zu erbringenden Leistungen und Abgaben.[48] Als Simon III. am 2. 11. 1365 die *gheistliken broderen sunte Augustines orden to Hervorde* zur Wahrnehmung liturgischer Funktionen in seinem Hofdienst verpflichtete und ihnen dafür den Besitz des *hus to der Clus myd der stede beleghen to Horne* bestätigte, wies er ausdrücklich auf die von den Brüdern in Horn durchgeführte *bede in erer terminie* hin.[49] Nach Flaskamp handelt es sich bei dem seiner Meinung nach mit einer 1330 befreiten *domus recluse* identischen *hus to der Clus* um das Haus des von Kloster Abdinghof präsentierten Benefiziaten der Externsteine, der 1365 auf seine Residenz in Horn verzichtet haben soll. Da 1369 für den Rektor der Kapelle bei den Externsteinen ein neues Haus gestiftet wurde, nimmt er an, daß das *hus to der Clus* nicht etwa schon 1330, sondern erst 1365 an die Augustiner kam und seither in ihrem Besitz blieb.[50] Sie sollen sich in der Folgezeit nicht mit der Übernahme des Benefiziatenhauses begnügt, sondern 1385 den Versuch gemacht haben, Einfluß auch auf die Besetzung des Benefiziums zu gewinnen und damit

---

44 Vgl. z. B.: *N. Schaten,* Annales Paderbornenses. Münster 1775. II, S. 528. *C. A. F. Culemann,* Ravensbergische Denkwürdigkeiten. Minden 1747-1752. III, S. 199. *P. Schlager,* Beiträge zur Geschichte der kölnischen Franziskaner-Ordensprovinz im Mittelalter. Köln 1904, S. 127. *D. Henniges,* Geschichte des Franziskanerklosters in Bielefeld (Beiträge z. Gesch. d. sächs. Franziskanerprovinz v. Hlg. Kreuz 2), Münster 1909. S. 78.

45 *Fr. Flaskamp,* Das Observantenkloster Jostberg bei Bielefeld, Franziskanische Studien 44 (1962), S. 275-279.

46 StA Münster, St. Maria Bielefeld, U 212. Regest: *Vollmer,* a. a. O., S. 326.

47 StA Münster, Stift Lippstadt, U 56 (29. 9. 1321), U 83 (21. 12. 1335), U 87 (14. 12. 1338). *O. Preuß/A. Falkmann,* Lippische Regesten 2: Vom Jahre 1301-1400. Lemgo/Detmold 1863. S. 149 (25. 8. 1336).

48 Der Inhalt des Privilegs von 1330 ist nur durch ein Regest von *Preuß/Falkmann,* a. a. O., 2, S. 127, bekannt. Es beruht selbst wiederum auf einer inzwischen verlorenen Storchschen Abschrift. Daher ist es schwer zu klären, ob die in ihm erwähnte *domus recluse* bereits damals zusammen mit dem Hornschen Haus im Besitz der Augustiner war oder ob sie, wie *Fr. Flaskamp,* Die Hausinschriften der Stadt Horn. Mit ortsgeschichtlicher Einleitung, Lipp. Mitteilungen 20 (1951), S. 67-68 annimmt, diesen erst 1365 geschenkt wurde.

49 *Pape-Sandow,* a. a. O., S. 52.

50 *Fr. Flaskamp,* Externsteiner Urkundenbuch (Quellen u. Forschungen z. Westf. Gesch. 94), Gütersloh 1966. S. 43-44.

die Hand auf ein Heiligtum zu legen, das schon im Hochmittelalter Schauplatz der *vita eremitica* gewesen war.[51]

Mit dem geglückten Versuch, in Horn, das seit 1344 neben Blomberg ständige Residenz einer der lippischen Landesherren war, ihre Position zu festigen, verbanden die Herforder Augustiner das Bestreben, auch in Lemgo, der wichtigsten Stadt der Herrschaft, Fuß zu fassen. Zu Beginn der sechziger Jahre verhandelten drei Herforder Ordensleute, nämlich die Konventualen Ernst von Horn, Hermann von Lemgo und Arnold de Vinnite (de Wendt?), mit dem Rat der Stadt Lemgo über die Möglichkeit einer Niederlassung in der Hansestadt. Am 22. 6. 1364 war man so weit gekommen, daß Prior, Lektor und Subprior des Herforder Konvents die von den genannten Ordensleuten getroffenen Vereinbarungen *de edificio nostri hospicii in Lemego edificando vel iam edificato* bestätigen und gleichzeitig den Rat von Lemgo um seine endgültige Genehmigung bitten konnten.[52] Da der Herforder Prior Hildebrand bald darauf, am 4. 5. 1366, am 21. 12. 1366 und am 28. 2. 1369, Verkäufe in Lemgo tätigte, ist es nicht ausgeschlossen, daß es damals tatsächlich zum Bau eines Hospizes kam.[53] Ein Jahrhundert später, am 18. 11. 1461, ist in einer Rentverschreibung, die der Priester Hermann Ludeman vornehmen ließ, von dem *Augustiners Hove* in Lemgo die Rede.[54] Ob es sich bei diesem in der Tröger Bauerschaft gelegenen Hof jedoch um das 1364 geplante *Hospicium* handelt,[55] ist nicht mit letzter Sicherheit auszumachen, zumal 1526 und 1542, als es darum ging, Lemgoer Besitz der Herforder Augustiner abzulösen oder umzuschreiben, weder ein Hof noch ein Hospiz des Ordens zur Debatte standen.[56]

Wie nicht anders zu erwarten ist, begannen die Herforder schon früh, vielleicht schon vor ihrem Ausgriff in den Weserraum, damit, ihre unmittelbare Nachbarschaft zu erschließen. Am 1. 5. 1305 hatten sie im nur wenig entfernten Lübbecke von dem Knappen Hardeke de Horst eine bei dem dortigen Kirchhof gelegene Hofstätte, *area*, erworben, die bis dahin von einer *conversa* namens Gisla bewohnt worden war.[57] Lage und Vorbesitzerin dieses Hauses legen die Vermutung nahe, daß in ihm eine Termineistation eingerichtet werden sollte, wenn sie damals nicht gar schon bestand. Diese Vermutung wird dadurch noch verstärkt, daß die Augustiner von Herford in ständigem Kontakt mit Lübbecke blieben und hier nicht nur Renten, sondern auch weiteren Hausbesitz, u. a. einen Steinbau in den Scharnen, erwarben.[58] Mit einer gewissen Notwendigkeit mußten die Augustiner-Eremiten auch daran interessiert sein, in der nahe gelegenen Bischofsstadt Minden Fuß zu fassen. Daß ihnen das

---

51 A.a.O., S. 10ff., 54-56. Da in der genannten Urkunde mit keinem Wort von Augustiner-Eremiten die Rede ist, halte ich die Annahme von Flaskamp für unbewiesen.

52 Stadtarchiv Lemgo, U 116.

53 Ebd., U 125, StA Detmold, St.-Marien-Stift Lemgo, U 198. Stadtarchiv Herford, U 26.

54 Stadtarchiv Lemgo, U 608.

55 So: *F. Gerlach*, Der Archidiakonat Lemgo in der mittelalterlichen Diözese Paderborn. Münster 1932, S. 132.

56 Stadtarchiv Lemgo, U 935-939 (2. 1. 1526), U 1105 (13. 9. 1548).

57 StA Münster, St. Andreas Lübbecke, U 4. Regest: *R. Krumbholz*, Westf. Urkundenbuch 10: Die Urkunden des Bistums Minden 1301-1325. Münster 1940. S. 42. Zur Lage: *P. Klein-Walbeck*, Der Lübbecker St.-Andreas-Kirchhof, Mindener Heimatblätter 22 (1950), S. 6-9.

58 Stadtarchiv Herford, Stadt Herford, U 189 (1. 2. 1456), U 207 (14. 5. 1467), U 224 (20. 4. 1476).

bereits in der ersten Hälfte des 14. Jahrhunderts gelungen war, geht aus einer am 14.12.1350 ausgestellten Urkunde hervor, in der ein Haus in der Vitebolenstrate – der heutigen Videbullenstraße – in die Hände des Rektors des St.-Nikolaus-Altars in der Mindener Martinikirche resigniert wird. Bei dieser Gelgenheit wird ausdrücklich auf das Haus der Augustiner-Eremiten von Herford in der genannten Straße verwiesen.[59] 1394 gelang es dem Konvent von Herford in derselben Straße, in unmittelbarer Nähe ihres Hauses, ein weiteres Haus von Dethard, dem Dechanten von St. Martini, zu pachten, das ganz offenbar dazu dienen sollte, die bereits bestehende Termineistation zu erweitern.[60] Bei dieser Gelegenheit erklärt der Stiftsdechant, daß das erste Haus bereits *longo tempore antea* dem Herforder Konvent gegen einen jährlichen Zins überlassen worden sei. Wann das geschah, läßt sich nicht mehr eruieren. Ebensowenig läßt sich der Zeitpunkt der Auflösung der Mindener Terminei bestimmen. Sicher ist nur, daß das Haus noch zweimal im 16. Jahrhundert, nämlich 1522 und 1560, erwähnt wird.[61] In beiden Fällen wird es lediglich zur Lokalisierung anderer Gebäude bzw. Grundstücke genannt, Aufschluß über sein Ende gibt weder die eine noch die andere Urkunde.

Ähnlich wie ihre Mitbrüder in Osnabrück und Herford bemühten sich auch die Bewohner des um 1280 mit Hilfe des kölnischen Ministerialen Friedrich von Hörde und Unterstützung von Landesherrn, Episkopat und Papst gegründeten Klosters Lippstadt gleichzeitig mit der Errichtung ihrer Niederlassung um die Festsetzung in der Umgebung ihrer Stadt.[62] Das Ergebnis dieser Bemühungen steht keineswegs hinter dem der westfälischen Schwesterklöster zurück. Als ihr Kloster in den ersten Jahrzehnten des 16. Jahrhunderts aufgelöst wurde, verfügten die Lippstädter Eremiten über Termineistationen in Wiedenbrück, Meschede, Paderborn, Hamm, Unna, Erwitte, Geseke, Rüthen, Werl, Ahlen, Warburg, Brilon, ja vielleicht auch in Kamen und Büren. Nur von einigen dieser Termineien läßt sich der Zeitpunkt ihrer Errichtung genauer bestimmen, wie auch sonst müssen wir uns bei den anderen mit gelegentlichen Erwähnungen begnügen.

Die Erwerbung der ersten auswärtigen Niederlassung der Lippstädter Eremiten, nämlich des Hauses in W i e d e n b r ü c k, erfolgte rund ein Jahrzehnt nach der um 1280 anzusetzenden Gründung des Mutterklosters. Die Brüder verdankten sie dem Scholaster des dortigen Ägidienstiftes, Hermann von Wiedenbrück, der ihnen am 25.6.1294 mit Rat und Zustimmung des Bischofs von Osnabrück ein möglicherweise aus elterlichem Besitz stammendes Haus unter der Bedingung vermachte, daß es gegebenenfalls von seinen Mitbrüdern zurückgekauft werden könne.[63] Erst nach zwei Jahrhunderten machte das Kollegiatstift von diesem Rückkaufrecht Gebrauch.

---

59 StA Münster, St. Martini Minden, U 89. Zur Lage: *E. F. Mooyer*, Übersicht der Klöster des vormaligen Bisthums Minden, Mindener Sonntagsblatt 36 (1852), S. 63, 69-70. *Kl. Löffler*, Des Domherren Heinrich Tribbe Beschreibung von Stadt und Stift Minden (um 1460) (Mindener Geschichtsquellen 2 = Veröff. d. Kom. d. Prov. westf. Landes- u. Volkskunde), Münster 1932. S. 32.

60 StA Münster, St. Martini Minden, U 145.

61 Ebd., St. Martini Minden, U 306 b (25. 4. 1522). Ebd., Mscr. VII, 2701 B, fol. 83 v (1. 8. 1560).

62 *Kunzelmann*, a.a.O., 1, S. 181; 5, S. 187-195. *Klockow*, a.a.O., S. 87ff. *H. D. Tönsmeyer*, Im Augustinerkloster Lippstadt, Heimatblätter 54 (1974), S. 62ff. Vgl. Anm. 24.

63 *M. Bär*, Osnabrücker Urkundenbuch IV: Die Urkunden der Jahre 1281-1300 und Nach-

Am 23. 10. 1503 quittierten der Prior Johannes Velkener aus Lippstadt und einige seiner Mitbrüder dem damaligen Dekan des Stiftes, Johann Volmer, 11 Goldgulden *pro quadam domo hactenus ad plures annos a fratribus conventus nostri terminariis in Widenburg inhabitata* erhalten zu haben.[64] Die Veranlassung zu diesem Geschäft ist nicht in erster Linie bei den Augustinern zu suchen. Mit großer Wahrscheinlichkeit kaufte das Kapitel das Haus zurück, um in ihm den Inhaber einer neu gestifteten Magdalenenvikarie unterbringen zu können.[65]

Vier Jahre nach der Festsetzung in Wiedenbrück, am 7. 9. 1302, verpachteten Dekan und Kapitel des Walburgisstiftes zu Meschede den Herforder Brüdern eine Hofstätte, die dem Rektor der Nikolauskapelle in der Kirche zu Meschede gehörte. Dieser sollte dafür von dem in der Hofstatt untergebrachten *terminarius* jährlich einen Zins von 15 Pfennigen erhalten.[66] Der Inhalt des nur abschriftlich überlieferten Vertrages läßt jedoch Zweifel an der Datierung aufkommen, da das genannte Stift erst 1310 aus einem Kanonissenstift in eine Kanonikergemeinschaft umgewandelt wurde, 1302 also weder Dekan noch Kapitel existierten, die einen solchen Rechtsakt hätten vornehmen können.[67] Da jedoch in zwei Güter- bzw. Einkünfteverzeichnissen aus dem ausgehenden 14. bzw. beginnenden 15. Jahrhundert von einer *area Augustiniensium* in Meschede die Rede ist, die dem genannten Stift abgabepflichtig war, ist an dem Inhalt der Urkunde selbst wohl nicht zu zweifeln.[68] Wenn man gegenwärtig noch nicht in der Lage ist, ein genaues Datum für die im Kopial des Lippstädter Klosters zu früh angesetzte Verpachtung festzustellen, so kann man dennoch sicher sein, daß frühestens seit 1310 eine Terminei der Augustiner-Eremiten in Meschede bestand.

Die Brüder von Lippstadt begnügten sich freilich nicht nur mit der Errichtung von Termineien in den kleineren Städten ihrer Nachbarschaft. Ähnlich wie die beiden anderen westfälischen Augustinerklöster bemühten sie sich um Absteigequartiere auch in den Bischofsstädten, in ihrem Falle um eine Terminei im nahen Paderborn. Wie aus einer am 1. 5. 1385 ausgestellten Urkunde Bischof Simons II. von Paderborn zu erfahren ist, gab ihnen schon dessen Vorgänger, Bischof Otto von Rietberg, während seiner von 1277 bis 1307 währenden Amtszeit dazu die Möglichkeit, indem er ihnen gegen 30 Goldgulden einen zum bischöflichen Hof gehörenden Platz zur Errichtung einer Terminei überließ,[69] die offenbar zu Beginn des 14. Jahrhunderts schon so ausreichend besetzt war, daß sich 1328 Brüder aus Paderborn an dem gescheiterten Versuch einer Klostergründung in Hameln beteiligen konnten.[70] 1385

träge, Osnabrück 1902. S. 257-58. Zur Person des Stifters und seinem Amt: *F. K. J. Harsewinkel*, Ordo ac series clericorum Wiedenbrugensium. Münster 1933. *Fr. Flaskamp*, Zur älteren Kirchengeschichte des Kreises Wiedenbrück, WZ 107 (1957), S. 378.

64 StA Münster, Stift Wiedenbrück, U 192.

65 *Fr. Flaskamp*, Einstige Kleinklöster zu Wiedenbrück. Ein Beitrag zum Westfälischen Klosterbuch, Jb. f. Westf. Kirchengesch. 67 (1974), S. 207-217.

66 StA Münster, Mscr. VII, 6123, S. 58.

67 *B. Göbel*, 1000 Jahre Meschede. 1959. Auf die falsche Datierung machte mich Dr. Wolf, StA Münster, freundlicherweise aufmerksam.

68 StA Münster, Mscr. I, 204a. Das zweite Verzeichnis – Hinweis Dr. Wolf – befindet sich in Privatbesitz (StA Münster, Fot. 1).

69 StA Münster, Augustiner-Eremiten Lippstadt, U 22 (1. 5. 1385), U 23 (2. 5. 1385, Bestätigung des Domkapitels).

70 *Meinardus*, a.a.O., I, S. 277.

gestattete Simon II. den Lippstädter Brüdern auf Bitten ihres Mitbruders Johann von Brilon, den Platz vor der Terminei zu ummauern und für nicht mehr als 30 Gulden entsprechend ihren Bedürfnissen herzurichten, wobei er das schon von Bischof Otto beanspruchte Wiederverkaufsrecht für den Fall erneuerte, daß der erwähnte Platz für eine Erweiterung seiner Residenz benötigt werden würde.[71] Dieser Vorbehalt wurde nie in Anspruch genommen. Bis ins 16. Jahrhundert blieb die Paderborner Terminei im Besitz der Lippstädter Eremiten. Erst am 5. 8. 1541, kurz vor der endgültigen Auflösung des Klosters, gelangte sie an den Vikar des Dompropstes, Salomon Dieckmann,[72] nachdem sie schon am 30. 3. 1525 lebenszeitlich dem Pfarrer von Wewer, Georg Hasea, überlassen worden war.[73]

Als die Augustiner-Eremiten in der Mitte des Jahrhunderts versuchten, im märkischen Unna nicht nur ein Termineihaus zu erwerben, sondern ein Kloster zu gründen, stießen sie auf ähnliche Schwierigkeiten wie sie sich ihren Herforder Brüdern in Hameln und Hannover in den Weg gestellt hatten. Der Landesherr, Graf Engelbert III. von der Mark, war ihrem Plan durchaus wohlgesonnen. Er stellte den Eremiten in seiner Stadt *propria liberalitate* ein Grundstück für den Bau eines Klosters zur Verfügung und gewährte die dafür nötigen Privilegien. Nachdem auch der Bischof von Paderborn als zuständiger Ordinarius seine Erlaubnis erteilt hatte, gab Klemens VI. am 25. 3. 1351 seine Einwilligung, wobei er davon ausging, daß in dem mit Oratorium, Friedhof, Glocken und Glockenturm ausgestatteten Kloster wie üblich mindestens zwölf Brüder untergebracht werden sollten.[74] Die Eremiten versuchten durch Rentenkauf und andere Maßnahmen die für die Durchführung ihres Projektes notwendigen Voraussetzungen zu schaffen.[75] Es gelang ihnen auch, eine Kapelle mit der entsprechenden Innenausstattung zu errichten. An der Vollendung ihres Planes wurden sie jedoch durch einen offenbar von seiten des Weltklerus bei der Kurie eingelegten Protest gehindert. Am 5. 12. 1358 sahen sie sich infolge dieser Intervention gezwungen, dem Rektor der Pfarrkirche zu Unna nicht nur die bereits erbaute Kapelle mitsamt ihren Ornamenten abzutreten, sondern ihm darüber hinaus eine Entschädigung von nicht weniger als 1800 Goldgulden zu zahlen.[76] Trotz dieser enormen Belastungen räumten die Augustiner von Lippstadt das Feld in Unna nicht ganz. Es scheint ihnen gelungen zu sein, zumindestens eine Terminei in der märkischen Stadt zu behaupten. 1435 ist von ihr als dem *Augustiner hus* die Rede.[77] Noch im gleichen Jahr wird ihr damaliger Bewohner als Besitzer einer Handschrift

---

71 Siehe Anm. 69. Zur Lage: *U. Hoppe*, Die Paderborner Domfreiheit. Untersuchungen zu Topographie, Besitzgeschichte und Funktion (Münstersche Mittelalter-Schriften 23), München 1973. S. 101.

72 StA Münster, Fürstent. Paderborn, U 2324b (22. 10. 1546).

73 Ebd., Domkapitel Paderborn, Kapselarchiv 290, 1.

74 *H. V. Sauerland*, Urkunden und Regesten zur Geschichte der Rheinlande aus dem Vatikanischen Archiv. Bonn 1905. 3, S. 362.

75 StA Münster, Augustiner-Eremiten Lippstadt, U 14 (1. 5. 1354).

76 Ebd., Stadt Unna, U (5. 12. 1358).

77 Stadtarchiv Werl, Erbsälzerarchiv, Familie v. Lilienborg, Akten betr. die Vikarie St. Laurentii in der Pfarrkirche zu Unna 1435-1863. Zur Lage: *H. Thümmler/H. Richtering/ E. Nolte/H. Beck*, Kreis Unna (Bau- und Kunstdenkmäler v. Westfalen 47), Münster 1959. S. 436. *W. Timm*, Das St.-Katharinen-Kloster und die anderen geistlichen Niederlassungen in der Stadt Unna.²Unna 1975. S. 4. *Ders.*, Geschichte der Stadt Unna.²Unna 1975. S. 27-28.

genannt,[78] 1516 liegt sein Nachfolger, der Terminarius Heinrich von Lippe, mit dem Rektor des St.-Marien-Altars in der Pfarrkirche zu Unna in einem Streit, der vor die Kurie in Rom gebracht wurde und schließlich von päpstlichen Beauftragten geschlichtet werden mußte.[79] Die Augustiner von Lippstadt hatten schon früher in der Grafschaft Mark, nämlich in ihrer „Hauptstadt", dem zu Beginn des 13. Jahrhunderts von Graf Adolf I. zur Stadt erhobenen Hamm, Fuß zu fassen vermocht. Wie aus einem Revers hervorgeht, den sie am 28. 3. 1322 dem Rat der Stadt ausstellten, besaßen sie bereits damals ein Haus auf der Oststraße.[80] Es diente ihnen bis zum 9. 9. 1400 als Hospiz und wurde dann gegen ein auf der *Lüttiken Oststrasse bey der Stockamer Gedeme* gelegenes Haus getauscht.[81] Daraus darf nicht geschlossen werden, daß die Lippstädter seit diesem Zeitpunkt ohne ein Absteigequartier in Hamm gewesen seien. Eine Notiz auf der Rückseite einer Urkunde vom 17. 6. 1446 machte vielmehr wahrscheinlich, daß sie 1469 wiederum *via commutationis* in den Besitz ihres alten Hauses gelangten, wird das in diesem Jahr erworbene Haus doch ausdrücklich als die *domus ordinis, quam eciam prius habuimus* bezeichnet.[82]

Während es sich bei den bisher erwähnten Termineien durchweg um Gründungen aus der ersten Hälfte des 14. Jahrhunderts handelte, fällt die Entstehung der Termineien zu Erwitte, Geseke und Rüthen erst in die zweite Hälfte des Jahrhunderts. Die Terminei in Erwitte wird am 26. 1. 1398, als die Augustiner zu Lippstadt hier einen Hof erwarben, zum erstenmal genannt und als der *Broder woning van der Lippe* bezeichnet.[83] Seither ist noch zweimal von *dem bynnen deme dorpe gelegenen huse ende hove* die Rede. Am 28. 9. 1487 erhielt das Lippstädter Kloster von der Witwe des Heinrich von Erwitte einen in unmittelbarer Nähe der *Termenyge* gelegene Kotstätte.[84] 1511 wurde sie vom Prior des Lippstädter Klosters, Johann Meler, auf Lebzeit an den Schulten Heinrich zum Söbberinghof und seine Gattin zur Betreuung übergeben und ihnen daraus eine Leibzucht gewährt.[85] Wann die Terminei endgültig aufgehoben wurde, läßt sich jedoch genausowenig bestimmen wie der Zeitpunkt ihrer Errichtung. Sicher ist nur, daß die Lippstädter Eremiten nicht erst 1398 nach Erwitte gekommen sind. Sie waren hier schon 1383 im Besitz von Saatland und erwarben 1398 den bereits erwähnten Hof zusammen mit zwei Speichern in der Nähe des Pfarrhauses offensichtlich mit der Absicht, ihre bereits bestehende Terminei zu erweitern, so daß wir möglicherweise ihre Entstehung zwischen die Jahre 1383 und 1398 datieren können.[86]

---

78 StB Berlin, Lat 447 (theol. fol. 237). *A. Zumkeller,* Manuskripte von Werken der Autoren des Augustiner-Eremitenordens in mitteleuropäischen Bibliotheken (Cassiacum 20), Würzburg 1966. S. 215.

79 StA Münster, Stadt Unna, U (9. 1. 1516).

80 Ebd., Mscr. VI, 259, I, fol. 149.

81 *v. Steinen,* Westfälische Geschichte. 1790. 4, S. 602. Zur Lage: *H. Ossenberg/J. Lappe,* Stadt Hamm (Bau- und Kunstdenkmäler v. Westfalen 43), Münster 1936. S. 73-74.

82 StA Münster, Mscr. VII, 6123, S. 89.

83 Ebd., S. 48.

84 Ebd., Augustiner-Eremiten Lippstadt, U 103.

85 Ebd., U 149.

86 Ebd., Mscr. VII, 6123, S. 27, 41. Zur Vorgeschichte des Besitzes: *Fr. Herberhold,* Die politischen, wirtschaftlichen und rechtlichen Verhältnisse der Gemeinde Erwitte bis zum Beginn des 19. Jahrhunderts. In: 1100 Jahre Erwitte. Münster 1936. S. 240.

Die Terminei zu Geseke wird in der örtlichen Überlieferung erst am 5. 1. 1482 erwähnt, als Johannes Hengeler, Bürger zu Salzkotten, eine jährliche Rente an das Augustinerkloster in Lippstadt verkaufte und dabei verfügte, daß sie jährlich an den Terminarius zu Geseke zu zahlen sei.[87] Aus den Registern des Generalpriors der Augustiner-Eremiten geht jedoch hervor, daß es hier schon ein Jahrhundert früher einen Terminarius gegeben hat. Der Generalprior des Ordens, Bartholomäus von Venedig, bezeichnete nämlich am 1. 4. 1387 den Mitbruder Bernhard von Geseke als Terminarius und bestätigte ihn zugleich im lebenslänglichen Besitz der Terminei in seiner Heimatstadt.[88] Am Ende des 15. Jahrhunderts ist dann erneut von Terminarii in Geseke die Rede. Zwischen 1480 und 1487 wird der Lippstädter Konventuale Johannes Klosse und 1495 sowie 1499 sein Mitbruder Johannes Notken als solcher erwähnt.[89] Nach Hamelmann war die Terminei bis in die zwanziger Jahre des 16. Jahrhunderts besetzt. Erst als sich Johannes Köster, der letzte Terminarius in Geseke, dem neuen Glauben anschloß, wurde sie aufgehoben.[90] Bis 1531 ist die Terminei in Rüthen nachweisbar. In diesem Jahr rief der Lippstädter Prior Johannes Westermann, der sich als einer der ersten Augustiner-Eremiten Westfalens an Luthers Seite gestellt hatte, den dort tätigen Terminarius Antonius Brexzel in das Mutterkloster nach Lippstadt zurück. Sie lag im *overn kerkspelle* und wurde am 24. 12. 1404 ausdrücklich als *der monike Huss von der Lippe* bezeichnet.[91] Am 20. 4. 1459 verkauften Bürgermeister und Rat von Brilon an den in ihr wohnenden Terminarius, Johannes Weytmann, für 200 Goldgulden eine Rente von 10 Gulden.[92] Ihm folgte am Ende des Jahrhunderts der 1499 nachweisbare Terminarius Heinrick Beloken und 1515 ein Terminarius, dessen Name nicht überliefert ist.[93]

Wenn man für die bisher genannten Termineien der Lippstädter Augustiner wenigstens ungefähr den zeitlichen Rahmen abstecken kann, in dem ihre Existenz zu fixieren ist, gilt dies nicht für die Außenstationen in Werl, Ahlen, Warburg und Brilon. Für sie liegen nur bruchstückhafte Nachrichten vor, die nicht mehr als den Schluß erlauben, daß die genannten Termineien im 15. Jahrhundert im Besitz des Augustinerklosters zu Lippstadt waren. Das Haus in Werl wird erstmals am 4. 7. 1421 erwähnt, als der Werler Bürger Gerd Weder seinem Bewohner, dem Terminarius Bruder Heinrich zu Werl, einen halben Morgen Land übertrug.[94] 1447 wurde die

---

87 StA Münster, Augustiner-Eremiten Lippstadt, U 95.

88 *N. Teeuwen/A. de Meijer*, Documents pour servir à l'histoire médiévale de la province augustinienne de Cologne. Extraits des registres des prieurs généraux (1357-1506). Heverlee-Löwen 1961. S. 34.

89 *B. Stolte*, Das Archiv des Vereins für Geschichte und Alterthumskunde Westfalens. Abt. Paderborn II, 3. Paderborn 1905. S. 348 (1480-87). *R. Bettgenhaeuser*, Drei Jahresrechnungen des kölnischen Offizialatsgerichts in Werl 1495-1516, Annal. d. Hist. Ver. f. d. Niederrh. 65 (1898), S. 161, 175 (1495).

90 *Hamelmann*, a.a.O., S. 1054. *Kampschulte*, a.a.O., S. 49. *Ders.*, Beiträge zur Geschichte der Stadt Geseke. Werl 1868. S. 18.

91 *J. Bender*, Geschichte der Stadt Rüden. Werl/Arnsberg 1848. S. 378. Zur Lage: StA Münster, Mscr. VII, 6123, S. 106 (24. 12. 1404).

92 Stadtarchiv Brilon, Bestand A, U 65. *A. Bruns*, Inventar des Stadtarchivs Brilon. Bestand A (Inv. d. nichtstaatl. Arch. Westf. NF 4), Münster 1970. S. 48. Abschrift in StA Münster, Mscr. VII, 6123, S. 153.

93 *Bettgenhaeuser*, a.a.O., S. 176, 192.

94 StA Münster, Mscr. VII, 6123, S. 60.

am Kirchplatz gelegene Terminei von dem Bruder Bernd van Coesfelde bewohnt, der am 6. Juli dieses Jahres von den Werler Brüdern Wenemer und Ludolf Vorstenberg den Teil eines Hofes zu einer Memorienstiftung für ihre Eltern erhielt. Am 24. 2. 1499 kam ihr Inhaber gemeinsam mit zwei anderen Terminariern in den Genuß einer Stiftung von 3 Schillingen, die jährlich am Vorabend von St. Petrus ad Vincula auszuzahlen war.[95] Damit ist unsere Kenntnis über das Werler Haus erschöpft, weder über Gründung noch Auflösung liegen genauere Angaben vor.[96] Über die Terminei in Ahlen und ihre Bewohner Martin Bodeker,[97] Heinrich Nordhoff[98] und Hermann Nartaller[99] sind wir für das 16. Jahrhundert gut unterrichtet. So können wir den Archivalien von Stadt und Kloster Maria Rosa entnehmen, daß hier bis in die siebziger Jahre des 16. Jahrhunderts, also noch drei Jahrzehnte nach der Auflösung des Mutterklosters in Lippstadt, ein Terminarius tätig war. Erst 1579 erfolgte die endgültige Auflösung der inzwischen überflüssig gewordenen Station. Nach dem Tode ihres letzten Inhabers, des Terminarius Hermann Nartaller aus Rhynern, erklärten am 6. 10. 1579 der Vikar der Alten Kirche, Johann Kattenbusch, der Altbürgermeister Franz Schmedt und der Rektor der Stadt Ahlen, Christoffer Wale, daß der natürliche Sohn des letzten Terminarius die in der Sakristei der Alten Kirche verwahrten Obligationen der Terminei im Auftrage des Vaters an die Armen verteilt habe, nachdem dieser seine frühere Absicht, sie dem Schwarzen Kloster in Soest zu schenken, wegen des in ihm eingetretenen Sittenverfalls geändert habe.[100] Viel weniger als über das Ende wissen wir über die Anfänge dieser Terminei. Daß sie schon in der ersten Hälfte des 15. Jahrhunderts existierte, ist jedoch so gut wie sicher. Während eines 1516 zwischen dem Terminarius Martin Bodeker und den Bewohnerinnen des Schwesternhauses Maria Rosa geführten Streites wird nämlich ausdrücklich darauf hingewiesen, daß ein zu dieser Terminei gehörendes Gebäude, nämlich das *secret*, schon vor der in der Mitte des 15. Jahrhunderts erfolgten Gründung des Süsternhauses vorhanden war.[101]
Nur auf jeweils eine einzige Quelle stützt sich unser Wissen über die Termineien in Warburg und Brilon. Im Falle der Terminei in Warburg handelt es sich dabei um eine Rentverschreibung vom 4. 4. 1493, die die Terminei selbst gar nicht betrifft,

---

95 Ebd., S. 124 (6. 7. 1447). *R. Preising*, Inventar des Archivs der Stadt Werl 1: Urkunden (Inv. d. nichtstaatl. Arch. Westf. NF 3), Münster 1971. S. 76 (24. 2. 1499). Zur Lage: *F. v. Klocke*, Kirchplatzbefestigung, Marktpforte und Rathaus im Stadtkernproblem (nach Werler Verhältnissen), Westf. Forsch. 6 (1943-52), S. 145, 149.

96 *R. Preising*, Sacerdotium Werlense. Geistliche in und aus Werl bis zum Ende der kurkölnischen Zeit (Schrift d. Stadt Werl A, 7-8), Münster 1961 führt die Terminarier in seiner sonst so sorgfältig erstellten Liste nicht auf.

97 StA Münster, Augustiner-Eremiten Lippstadt, U 132 (1. 9. 1503), U 162 (23. 7. 1516), U 165 (20. 1. 1520), U 168 (30. 1. 1522), U 174 (12. 11. 1526). *W. Kohl*, Die Urkunden des Stadtarchivs und des Klosters Maria Rosa in Ahlen (Quellen u. Forsch. z. Gesch. d. Stadt Ahlen 1), Ahlen 1966, S. 194.

98 *Kohl*, a.a.O., 119 (1553).

99 *Kohl*, a.a.O., S. 138 (1561), 151 (1579). *A.-L. Kohl*, Bürgerbuch und Protokollbücher der Stadt Ahlen (Quellen u. Forsch. z. Gesch. d. Stadt Ahlen 3), Ahlen 1970. S. 282 (1560), 290 (1565), 342 (1572).

100 *W. Kohl*, a.a.O., S. 151.

101 *W. Kohl*, a.a.O., S. 194-195 (23. 7. 1516). *W. Schulte*, Maria Rose, Heimatkalender des Kreises Beckum 1958, Beckum 1958. S. 27.

sondern nur zur Lokalisierung des belasteten Objektes auf sie verweist.[102] Demnach lag das *hus der Termenye der Heren van der Lippe auf der Niggenstad an der Langenstraten to Molhusen,* also auf dem zur Müllhauser Bauerschaft gehörenden Abschnitt der Hauptstraße der Neustadt. Von der Terminei in Brilon ist erst 1495 die Rede. In diesem Jahr gibt der Siegler des kölnischen Offizialgerichts in Werl an, von Johann Tydeman, *Augustiner terminarius in Brilon,* 1 Goldgulden und 2 Schillinge erhalten zu haben. Er sagt nicht, aus welchem Kloster der Terminarius stammt; die Lage Brilons läßt jedoch den Schluß zu, daß das Mutterhaus auch in diesem Fall Lippstadt war.[103]

Für zwei weitere Städte im Umkreis des Klosters Lippstadt — Kamen und Büren — können Termineien nur vermutet werden. Diese Vermutung stützt sich darauf, daß die Augustiner-Eremiten in beiden Städten über eigene Häuser verfügten. Das Haus in Kamen wird zu Beginn des 15. Jahrhunderts, dasjenige in Büren bereits 1314 erwähnt.[104] Während über das in der märkischen Stadt gelegene Haus nichts bekannt ist, was seine Benutzung als Terminei bestätigen könnte, wird von dem Haus in der Herrschaft Büren am 11. 3. 1314 berichtet, daß es von drei leiblichen Schwestern, die als *conversae* bezeichnet werden, bewohnt wurde und nach deren Tod weiterhin *ad usum dictorum fratrum Lippensium* verwandt werden sollte.[105] Da die Lippstädter wenige Jahre nach dieser Erwähnung in Büren Besitz erwarben und ihn, wie aus einer Urkunde vom 11. 3. 1581 hervorgeht, später noch vermehren konnten, liegt der Gedanke nahe, daß sie das zu Beginn des 14. Jahrhunderts in der Obhut der drei Beginen befindliche Haus zumindest zeitweise als Absteigequartier benutzten.[106]

Die Termineien der Klöster in Osnabrück, Herford und Lippstadt waren nicht die einzigen Dependancen, über die der Augustiner-Eremitenorden in Westfalen verfügte. Da sich aus der Lage der drei Klöster eine stärkere Orientierung auf den Osten und Südosten des Landes ergab, standen die westlichen und südwestlichen Gebiete anderen, außerhalb des alten Westfalen gelegenen Konventen offen. Dabei handelte es sich um die ihm am nächsten gelegenen Häuser der rheinisch-kölnischen Ordensprovinz: das Kloster Marienthal und der für die Provinz namengebende Konvent in Köln.

Das als eines der ältesten deutschen Augustiner-Eremitenklöster schon vor 1256, also bereits vor der offiziellen Konstituierung des Ordens, an der Grenze zwischen dem Hochstift Münster und der Grafschaft Kleve in Beylar bei Brünen entstandene Kloster Marienthal war bis in die Mitte des 14. Jahrhunderts, als sich seine Tochtergründung in Wesel verselbständigte, das einzige Augustinerkloster am unteren Niederrhein.[107] Dementsprechend verfügte es bereits im ersten Jahrhundert

---

102 *Stolte*, a.a.O., S. 371. Zur Lage zuletzt: *H. Stoob,* Deutscher Städteatlas I, 10. Dortmund 1973. Anm. 39. Stoob datiert die erste Erwähnung im Anschluß an *H. v. Geisau,* Die Karmeliter von Kassel in Warburg, Die Warte 31 (1970), S. 54 in das Jahr 1491.
103 *Bettgenhaeuser,* a.a.O., S. 161.
104 StA Münster, Mscr. VII, 6123, S. 204 (6. 2. 1472?).
105 Ebd., Augustiner-Eremiten Lippstadt, U 2.
106 Ebd., U 11 (5. 5. 1338), U 179 (11. 3. 1351). *Schaten,* a.a.O., 2, S. 290.
107 *W. Sauer,* Urkunden und Regesten zur Geschichte des Augustiner-Eremitenklosters Marienthal bei Büren, Ztschr. d. Berg. Geschichtsvereins 34 (1899), S. 179-209. *J. Ramackers,* Marienthal. Des ersten deutschen Augustinerklosters Geschichte und Kunst (Rheinisches Bilderbuch 6),²Würzburg 1961.

nach der Entstehung über nicht weniger als zehn Termineien am Niederrhein, in den Niederlanden und im westlichen Münsterland. Als am 20. 5. 1353 auf dem in Mecheln tagenden Kapitel der kölnischen Ordensprovinz offiziell die Abtrennung des Weseler Konventes von seinem Mutterkloster vollzogen und ein Abscheidungsvertrag geschlossen wurde, sprachen Provinzialprior und Kapitelsväter drei von den zehn Termineien dem Mutterkloster zu. Es handelte sich dabei um die in der Diözese Münster gelegenen Häuser in Recklinghausen, Coesfeld und Bocholt.[108]

Die 1353 erstmalig erwähnte Terminei in Recklinghausen wurde bis 1390 von Gerlach von Coesfeld bewohnt. Dann wurde er einem Eintrag in die Generalsregister zufolge vom Generalprior Bartholomäus von Venedig aus Recklinghausen abberufen und nach Wesel in das dortige Augustinerkloster versetzt.[109] Am 1. 7. 1467 besiegelte *broder Johannes Augustijnre van Mariendal terminarius* eine Rentverschreibung.[110] 1475 gehörte er zusammen mit drei anderen damals in Recklinghausen weilenden Terminarii der dortigen Kalandsbruderschaft[111] an, 1483 übergab er den Provisoren des Heilig-Geist-Hospitals 50 Mark, die er *van guden luden* erbettelt hatte mit der Auflage, daß aus dem jährlichen Ertrag ihm und seiner Magd jährlich 2 bzw. 1 Mark bezahlt werden sollen.[112] 1495 fand er nach Auskunft der bereits erwähnten Offizialrechnungen in Johann ten Ryn einen Nachfolger.[113] Nach diesem hatte Albert ten Ryn aus Dorsten das Amt inne. Er gehörte wie seine Vorgänger der Kalandsbruderschaft an[114] und kam am 22. 7. 1498 durch den Vizepfarrer Melchior Osthoff in den Genuß eines Pachtzinses aus dem sogenannten Gementeich.[115] Spätestens 1502 kehrte er in sein Mutterkloster zurück, um dort das Amt des Priors anzutreten.[116]

Auch von der Terminei in der Lambertipfarrei zu Coesfeld ist erst am Ende des 14. Jahrhunderts erneut die Rede. Am 5. 10. 1396 stiftete ein Priester namens Hinrich Gheerdes eine Rente, aus der neben den Terminarii der *Predykeren* und *Barveteren* auch dem *van den Augustynern* jährlich 3 Pfennige gezahlt werden sollten.[117] Ungefähr zur gleichen Zeit bedachte Johannes Winand, Kanoniker an St. Ludgeri in Münster, in seinem Testament den Terminarius mit einer ähnlichen Summe.[118] Zu Beginn des folgenden Jahrhunderts wird von zwei Inhabern der Coesfelder Terminei

---

108 *Sauer*, a.a.O., S. 194.
109 *Teeuwen/de Meijer*, a.a.O., S. 54.
110 Stadtarchiv Recklinghausen, U. 82.
111 W. *Mummenhoff*, Die Kalandsbruderschaft in Recklinghausen, West. Zeitschrift 33 (1922), S. 171.
112 Stadtarchiv Recklinghausen, Akten W. 7, fol. 1.
113 *Bettgenhaeuser*, a.a.O., S. 161.
114 Siehe Anm. 108.
115 Stadtarchiv Recklinghausen, Akten R. 8, fol. 5.
116 *Sauer*, a.a.O., S. 208. Nach W. *Mummenhoff*, Die Termineien in der Stadt Recklinghausen, Vest. Zeitschrift 36 (1929), S. 106-107, war der 1495 erwähnte Johann ten Ryne mit Albert ten Ryne identisch. Da es in Marienthal jedoch neben Albert ten Ryne einen Bruder Johann Reyner aus Recklinghausen gab *(Ramackers*, a.a.O., S. 134), kann von zwei Terminarii dieses Namens ausgegangen werden.
117 *Fr. Darpe*, Coesfelder Urkundenbuch 1 (Kgl. Gymnasium zu Coesfeld. Beilage zu dem Jahres-Bericht über das Schuljahr 1896/97), Coesfeld 1897. S. 161.
118 A.a.O., S. 163. Zur Datierung: *Schmitz-Kallenberg*, a.a.O., S. 88.

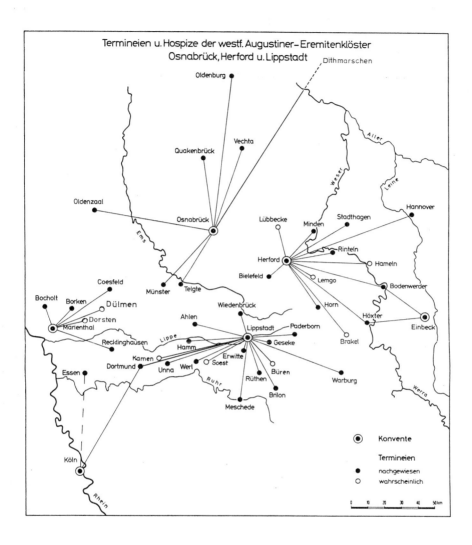

der Name bekannt. 1417 ist ein Johannes Grevenstein[119], zehn Jahre später ein Johannes de Beylar Terminarius in Coesfeld.[120] In den dreißiger Jahren des 16. Jahrhunderts läßt sich zum letztenmal ein Augustinerterminarius in der münsterländischen Stadt nachweisen. Es handelt sich bei ihm um den Marienthaler Konventualen Johann van Hunse.[121] Er wurde am 14. 7. 1533 von Bischof Franz von Waldeck

119 *Ramackers*, a. a. O., S. 133.
120 *Sauer*, a. a. O., S. 201 (10. 8. 1427).
121 *K.-H. Kirchhoff*, Das Ende der lutherischen Bewegung in Coesfeld und Dülmen 1533, Jb.

aufgefordert, sich der Predigt in Coesfeld zu enthalten.[122] Der Terminarius, der nach Aussage von Bürgermeister, Rat und anderen Amtsträgern schon viele Jahre sein Amt in der Stadt versehen hatte,[123] wurde vom Bischof verdächtigt, unter den Gläubigen *wyderonge und twispaldige meynonge* zu verbreiten. Er erklärte am 15. 7. 1533 in seiner Antwort an den Bischof, daß er seiner Anordnung Folge leisten werde, kehrte in sein Mutterkloster zurück und war nach unserer bisherigen Kenntnis der letzte Augustiner, der sich als *terminarius tho Cosfelde* bezeichnen konnte.[124]

Über die 1353 mit den Häusern in Recklinghausen, B o c h o l t und Coesfeld bei Marienthal verbliebene Terminei in Bocholt sind wir verhältnismäßig schlecht unterrichtet. Wir kennen – von indirekten Zeugnissen abgesehen[125] – bisher nur einen hier tätigen Terminarius: den am Ende des 14. Jahrhunderts erwähnten Marienthaler Konventualen Bernhard Byllick.[126] Dennoch kann kein Zweifel daran bestehen, daß die Marienthaler in Bocholt, von wo mehrere ihrer Prioren und Konventualen stammten,[127] wo sie über Haus- und Grundbesitz verfügten[128] und seit Gründung des Klosters ihre Rechtsgeschäfte von Rat, Schöffen oder Freigrafen beurkunden ließen,[129] ein dauerndes Absteigequartier unterhielten.

Die Augustiner von Marienthal haben sich ähnlich wie die westfälischen Konventualen nicht mit den bereits in der Mitte des 14. Jahrhunderts bestehenden Termineien begnügt, sondern auch in anderen Städten des Münsterlandes, genauer des Braemquartiers, Fuß zu fassen versucht. Wir können nur vermuten, daß sie wie in Coesfeld und Bocholt auch in Dülmen[130] und Dorsten[131] zumindest zeitweise einen Terminarius stationierten. Für B o r k e n können wir dies mit Sicherheit behaupten, wurde doch hierin am Ende des 14. Jahrhunderts der bis dahin in Bocholt als Terminarius tätige Bernhard Byllick versetzt.[132]

d. Ver. f. Westf. Kirchengesch. 62 (1969), S. 43-58, versucht Herkunft und Identität des Terminarius zu klären. Die älteren Darstellungen und Editionen (*B. Sökeland/H. Hüer,* Geschichte der Stadt Coesfeld, Coesfeld 1947. S. 73 und *J. Niesert,* Beiträge zu einem Münsterschen Urkundenbuch, Münster 1823. 1, S. 198, 202-204) sind durch seinen Beitrag und die ihm beigegebenen Texte überholt.

122 *Kirchhoff,* a.a.O., S. 63.

123 A.a.O., S. 64 (17. 7. 1533).

124 A.a.O., S. 63-64 (15. 7. 1533); a.a.O., S. 64.

125 HStA Düsseldorf, Kloster Marienthal, Cop. 1, fol. 296ʳ: Am 10. 10. 1387 gestattete Heinrich von Diepenbrock den Augustiner-Eremiten den freien Zugang zu einer Hofstätte in der Rauwerstraße über der Aa an Stralemans Brücke, die sie am 27. 7. 1387 von den weißen Klarissen zu Bocholt erworben hatten. Vgl. auch Anm. 128.

126 *Ramackers,* a.a.O., S. 132.

127 *Sauer,* a.a.O., S. 208-209. *Ramackers,* a.a.O., S. 130-134.

128 HStA Düsseldorf, Kloster Marienthal, Cop. 1, fol. 246ʳ (9. 4. 1355): Schenkung einer *stede ... aver der A tegen der muren to Bocholte.* Vgl. auch *Sauer,* a.a.O., S. 183, 185, betreffend die am 3. 11. 1365 den Augustinern aufgelassene *domus dicta to den luttiken dorgange* im Gericht zu Bocholt.

129 Es können hier nicht alle in Bocholt ausgestellten Marienthaler Urkunden genannt werden. Man vgl. z. B. *Sauer,* a.a.O., S. 182-183 (11. 5. 1259), 186 (11. 5. 1283), 188-189 (13. 9. 1284), 189-190 (20. 12. 1289) et passim.

130 Vgl. HStA Düsseldorf, Kloster Marienthal, Cop. 1, fol. 266ʳ (2. 6. 1421).

131 Vgl. *Sauer,* a.a.O., S. 208, *Ramackers,* a.a.O., S. 130, 133, 134.

132 *Ramackers,* a.a.O., S. 132.

Im Südwesten Westfalens kam es anders als im Münsterland, wo eine breite „Pufferzone" zwischen den Klöstern der beiden Provinzen bestand, in der Mitte des 14. Jahrhunderts wegen der Abgrenzung der Termineibezirke zu Auseinandersetzungen zwischen der rheinisch-kölnischen und sächsisch-thüringischen Provinz. Gegenstand dieses Streites war der sicherlich besonders ergiebige Termineibezirk von Dortmund. 1368 kam es zu einem Kompromiß. Er wurde am 29. 6. 1368 von den Kölner Ordensleuten mit Zustimmung des Priors der rheinischen Provinz, Johannes van Aalst, formuliert und eine Woche später, am 5. 7. 1368, von den Lippstädter Brüdern mit Zustimmung des Priors der sächsisch-thüringischen Provinz, des berühmten Johannes Klenkock, angenommen.[133] Der Kölner Konvent erklärte sich bereit, die Stadt Dortmund, die bisher zu seiner *quaesta seu terminus* gehört hatte, an das westfälische Schwesterkloster abzutreten. Dafür mußten die Lippstädter dem Kölner Konvent und der rheinischen Provinz jedoch nicht unerhebliche Konzessionen machen. Sie hatten sich zu verpflichten, keine weiteren Ortschaften im Umkreis Dortmunds aus dem Termineibezirk Kölns herauszulösen und, was in unserem Zusammenhang wichtig ist, die *domus vel hospicium fratrum Conventui Coloniensi in oppido praedicto servatum* weiterhin dem Kölner Konvent zu belassen. Dieses Condominium blieb bis ins Spätmittelalter bestehen. Zumindest zeigt die Konventszugehörigkeit der uns bekannten Dortmunder Augustiner-Eremiten, daß sie sich entsprechend der Vereinbarung von 1368 eine Option zwischen der rheinischen und der sächsisch-thüringischen Provinz offengehalten haben.[134] Ein endgültiges Urteil wird man sich freilich nur bilden können, wenn die bruchstückhafte Überlieferung des Kölner Augustiner-Eremitenklosters unter dieser Fragestellung ausgewertet würde. Das gilt auch für die 1495 erwähnte Terminei in Essen. Die Tatsache, daß sie damals von einem Ordensbruder namens *Henricus de Lemego* bewohnt wurde, legt auf den ersten Blick den Gedanken nahe, auch sie könnte einem westfälischen Kloster – vielleicht Lippstadt – zugeordnet gewesen sein. Die geographische Lage und mehr noch die Beobachtung, daß von fünf aus Essen und seiner näheren Umgebung stammenden Augustinern nur einer, Hermann von Borbeck, einem westfälischen Konvent angehörte, die anderen hingegen in Köln als Lektoren und Prioren nachweisbar sind, zwingt jedoch zu der Annahme, die Kölner seien es gewesen, die die Terminei in dem mit der rheinischen Metropole so eng verbundenen rheinisch-westfälischen Grenzraum errichten.[135]

---

133 Hist. Arch. Stadt Köln, Geistl. Abt. HS 63: *Petrus Loy*, Necrologium Monasterii Coloniensis S.P.N. Augustini (1630), fol. 26.
134 Rudolf v. Dortmund ist 1337 in Herford nachweisbar (*Meinardus*, a.a.O., S. 318, 330), Heinrich v. Dortmund 1455 in Eschwege (*Huysken*, Die Klöster an der Werra, S. 649), während der aus Dortmund stammende Johann Voteken zunächst dem Kölner und dann dem Lippstädter bzw. Osnabrücker Konvent angehörte (StB Berlin, theol. fol. 54, fol. 64, 78v, 144 sq.).
135 *Bettgenhaeuser*, a.a.O., S. 162. Vgl. *Loy*, a.a.O., S. 15, 24, 29. *Teeuwen/de Meijer*, a.a.O., S. 71. Für Hermann de Borbeke: *Beckmann*, a.a.O., S. 28. *Kunzelmann*, a.a.O., 5, S. 326-27.

## II.

Das Termineiwesen der Bettelorden, seine Funktion und Rechtsform, ist, wie bereits angedeutet, bisher noch nicht systematisch erforscht worden. Die vorliegenden Arbeiten über die Termineien einzelner Klöster oder Regionen[136] sowie seine – meist nur en passant erfolgte – Darstellung in den Handbüchern zur Geschichte der Franziskaner und Dominikaner[137] reichen jedoch aus, um die Bedeutung dieser Einrichtung für die Bettelorden erkennen zu lassen. Anders als die Stadthöfe der älteren Orden, die den meist in ländlicher Abgeschiedenheit gelegenen Stiften und Abteien den Zugang zur Stadt erleichtern sollten, dienten die Termineien, Hospize oder „Kreishäuser" der Mendikantenklöster in erster Linie dazu, das Umland mitsamt Kleinstädten und Dörfern zu durchdringen und an die meist in städtischen Zentren gelegenen Konvente zu binden. Die in den voneinander genau abgegrenzten Termineibezirken, den *termini, quaesta, limites* oder *praedicationes* der einzelnen Konvente gelegenen Häuser dienten als Absteigequartiere für reisende Brüder, hatten jedoch vornehmlich den Zweck, das Umland der Klöster materiell zu erschließen, aus ihm Nachwuchs zu rekrutieren und es seelsorgerisch zu betreuen. Diese nehmenden und gebenden Funktionen wurden auch von den *terminarii* und *limitatores* der Augustinerklöster in Osnabrück, Herford und Lippstadt wahrgenommen, wie nicht nur aus den uns zur Verfügung stehenden Quellen hervorgeht, sondern ausdrücklich auch von Generalprior und Provinzialkapitel bestätigt wurde.[138]

Das zumindest im Franziskanerorden mit dem Begriff „terminieren" identisch gewordene Betteln von Haus zu Haus mag in der Frühzeit der westfälischen Augustinerklöster, als es darum ging, möglichst viele Ressourcen zu erschließen, auch von ihren Terminariern geübt worden sein. Es ist belegt, daß sie noch im ausgehenden Mittelalter in Coesfeld, Bielefeld, Brakel, Werl und Münster an bestimmten Feiertagen in den Genuß kleiner Geldspenden kamen[139] und einer von ihnen, der Terminarius in Recklinghausen, noch 1487 von *guden luden* nicht weniger als 50 Mark Silber erbetteln konnte.[140] Wir verfügen jedoch nicht über Quellen, die wie im Falle der Dominikaner in Cambridge[141] den Schluß erlauben, der Bettel im

---

136 Vgl. z. B.: *G. Meersseman*, De domibus terminariis in antiquo comitatu Flandriae, Arch. Fratr. Praedicatorum 8 (1938), S. 272. *B. Hübscher*, Die Kreishäuser des Züricher Predigerklosters, Zürcher Taschenbuch (1955), S. 33-53. *A. Williams*, The „Limitour" of Chaucer's Time and his „Limitacioun", Studies in Philology 57 (1960), S. 475-76. *H. Martin*, Les ordres mendiants en Bretagne (vers 1230 - vers 1530) (Univ. de H.-Bretagne, Inst. Armoricain de Rech. Hist. de Rennes 19), Paris 1975. S. 189ff. *Ch. M. de La Roncière*, L'influence des Franciscains dans la campagne de Florence au XIV siècle (1280-1360), Mélanges de l'école franç. de Rome. Moyen Age, Temps modernes 87 (1975), S. 27-103.

137 *D. A. Mortier*, Histoire des maîtres généraux des frères prêcheurs. Paris 1902-20. 3, S. 301ff. *A. Walz*, Compendium historiae ordinis praedicatorum. Rom ²1948. S. 145. *W. A. Hinnebusch*, The History of the Dominican Order. Origins and Growth to 1500. Staten Island N. Y. 1966. 1, S. 265-272. *H. Holzapfel*, Handbuch der Geschichte des Franziskanerordens. Freiburg 1909. S. 206ff. *J. Moormann*, A. History of the Franciscan Order from its Origins to the Year 1517. Oxford 1968. S. 354-57.

138 Wilhelm Becchi (1465): *Teeuwen/de Meijer*, a.a.O., S. 207. Provinzialkapitel 1379: Clm 8423, fol. 165.

139 Vgl. Anm. 22, 35, 45, 95, 117.

140 Vgl. Anm. 112.

141 *J. R. H. Moormann*, The Grey Friars in Cambridge. Cambridge 1952. S. 70-75, 242-45.

engeren Sinne habe auch noch in der Spätzeit der westfälischen Augustiner-Eremitenklöster für ihre Termineistationen eine wesentliche Rolle gespielt. Deren Bewohner kauften im 15. Jahrhundert nach Ausweis der uns vorliegenden Quellen Renten, nahmen Landschenkungen entgegen und zogen Pachtgebühren und Renten ein, waren also eher Prokuratoren ihrer Mutterhäuser als von Tür zu Tür ziehende Mendikanten. Da sie normalerweise nicht als eigene Rechtspersönlichkeiten auftraten, erfassen die auf ihren Namen vorgenommenen Beurkundungen sicherlich nur einen Bruchteil jener Erwerbungen, die sie für ihre Konvente machen konnten. Zu diesem Ergebnis gelangt man bei einer kartographischen Erfassung der Besitzungen und Einkünfte, die die Augustiner-Eremiten in Osnabrück, Herford und Lippstadt im Laufe ihrer Geschichte zu erwerben vermochten. Sie konzentrieren sich in auffälliger Weise in und um jene Orte, in denen sich Termineistationen nachweisen lassen. Das ist im Falle des Osnabrücker Klosters für Vechta und Quakenbrück zu beobachten, während für die Klöster Lippstadt und Herford solche Konzentrationen in und um Erwitte, Rüthen, Brilon, Wiedenbrück, Geseke sowie Lübbecke, Minden und Hannover zu konstatieren sind. Es wäre jedoch falsch anzunehmen, die hier gelegenen Besitzungen und Einkünfte seien stets und in jedem Falle allein auf die Werbetätigkeit der Terminarier zurückzuführen.[142] In Ahlen[143], Erwitte[144], Rüthen[145] und anderen Orten waren die Augustiner schon vor der uns bekannten Etablierung von Termineien begütert, so daß man ihren dortigen Besitz wohl kaum auf die Wirksamkeit der Terminarier zurückführen kann, vielmehr in Erwägung ziehen muß, ob nicht der vorhergehende Erwerb die Anlage von Absteigequartieren notwendig gemacht haben könnte.

Neben Bettel und Besitzerwerb gehörte die Rekrutierung von Ordensnachwuchs zu den Aufgaben der Terminarier. Sie wird 1363, während der Auseinandersetzung zwischen den Lippstädter und Kölner Augustiner-Eremiten, als eine ihrer wichtigsten Funktionen erkennbar.[146] Nach dem Wortlaut des bei dieser Gelegenheit geschlossenen Vertrages und anderer für das Aufnahmeverfahren aufschlußreicher Quellen war es normalerweise üblich, daß die in einem Termineibezirk beheimateten Novizen zu *filii nativi* des jeweiligen Konventes wurden.[147] Auch wenn man davon ausgehen muß, daß immer wieder Ausnahmen gemacht wurden und die ursprüngliche Konventszugehörigkeit der Brüder oft gar nicht mehr erkennbar ist, erlaubt die nachgewiesene Herkunft und – freilich weniger zuverlässig – die Herkunftsbezeichnung zahlreicher westfälischer Augustiner-Eremiten die Feststellung, daß dieses Verfahren in Westfalen nicht nur angewandt wurde, sondern auch bedeutende Erfolge zeitigte. So können wir fast die Hälfte der bis zum Ausgang des Mittelalters

---

142 Da eine vollständige Erfassung und kartographische Darstellung der Besitzungen und Einkünfte der westfälischen Augustinerklöster den Rahmen dieser Untersuchung sprengen würde, sei auf die in Vorbereitung befindliche Arbeit des Vf. über die Augustiner-Eremiten in Westfalen verwiesen.
143 StA Münster, Augustiner-Eremiten Lippstadt, U 42 (5. 11. 1429).
144 StA Münster, Mscr. VII, 6123, S. 204 (6. 2. 1427).
145 Vgl. Anm. 83-86.
146 StA Münster, Mscr. VII, S. 20 (31. 3. 1407).
147 *Loy*, a.a.O., fol. 26: Vgl. auch die Anordung des Generalpriors, der am 27. 8. 1423 den Johannes Winter aus Rüthen dem Konvent in Lippstadt, *de cuius terminis oriundus est*, inkorporiert (Clm 8423, S. 448).

bekannten Augustiner- Eremiten aus Westfalen mit Orten in Verbindung bringen, an denen Termineistationen nachweisbar sind.[148] Von diesen Brüdern stammte jeweils einer aus Hameln, Höxter, Werl, Kamen, Oldenzaal, Lübbecke, Quakenbrück, Bielefeld, Vechta, Rüthen, Wiedenbrück, Rinteln und Stadthagen, zwei aus Borken, Brilon, Coesfeld, Warburg und Meschede, jeweils drei aus Dortmund, Ahlen, Geseke, Brakel und Unna, fünf aus Recklinghausen, jeweils sieben aus Münster und Dorsten und nicht weniger als neun aus dem lippischen Lemgo. Dieses Zahlenverhältnis wäre noch eindrucksvoller, wenn man durch die aus Arnsberg, Attendorn, Beckum, Bega, Borbeck, Datteln, Kalledorf, Körbecke, Marsberg, Meppen, Schildesche, Schwelm, Soest oder gar aus der Grafschaft Hoya stammenden Brüder den jeweils nächstgelegenen Termineien zuordnen würde. Aber auch in diesem Fall darf man nicht allzusehr vereinfachen. Ähnlich wie beim Besitzerwerb wird man auch bei der Rekrutierung nicht davon ausgehen dürfen, daß die Gewinnung von Novizen allein auf die Tätigkeit der Terminarii zurückzuführen ist, der unmittelbare Zugang zu den Konventen also verschlossen geblieben sei. Hermann von Geseke, der 1307 erwähnte erste Prior von Osnabrück,[149] und der 1297 in Paris nach seinem Abfall zum mosaischen Glauben verbrannte Augustiner-Eremit Felix de Seleghe[150] aus Lemgo gehörten dem Orden schon vor der Errichtung von Termineien in Geseke und Lemgo an. Auch zahlreiche jüngere Mitbrüder, wie die Studenten, Lektoren, Doktoren und Professoren Johann von Brakel[151], Hermann Johann und Manfred von Ahlen[152], Johann von Brilon[153] und Bernhard von Geseke[154], werden erwähnt, bevor die Existenz von Termineien in ihren Herkunftsorten gesichert ist. Es ist durchaus möglich, daß diese Termineien schon längst vor ihrer ja meist nur zufälligen Erwähnung in den Quellen bestanden und der Ordenseintritt auch dieser Brüder auf die Einwirkung der örtlichen Terminarii zurückging. Es ist andererseits aber auch denkbar, daß die an den betreffenden Orten beheimateten Ordensleute die Errichtung einer Terminei veranlaßten, wie es in Lemgo der Fall war, wo die Initiative zur Gründung eines Hospizes auf niemand anders als die aus vornehmen Lemgoer Rats- bzw. Ministeralenfamilien stammenden Herforder Konventualen Hildebrand und Ernst von Horn, Hermann von Lemgo und Arnold von Wendt zurückging,[155] was offenbar, das sei am Rande bemerkt, in Meppen nicht versucht wurde oder gelang, obwohl die im Einflußbereich des Osnabrücker Klosters stehende Stadt dem Orden

---

148 Vgl. sinngemäß Anm. 142.

149 *Meinardus*, a.a.O., S. 191, 194, 234.

150 *A. Potthast*, Liber de Rebus Memorabilibus sive chronicon Henrici de Herfordia. Göttingen 1859. S. 216. *B. Brilling/H. Richtering*, Westfalia Judaica. Urkunden und Registen zur Geschichte der Juden in Westfalen und Lippe 1 (1005-1350) (Studia Delitzschiana 2), Stuttgart 1967. S. 58-59. *W. Giese*, In Judaismum lapsus est. Jüdische Proselytenmacherei im frühen und hohen Mittelalter, Hist. Jahrbuch 88 (1968), S. 407-418.

151 Vgl. zu seiner genauen Herkunft den eigenhändigen Eintrag in MS Prag, Metr. Kap. 192. *Zumkeller*, Manuskripte, S. 218.

152 StA Münster, Mscr. VII, 6123, S. 33 (10. 1. 1398). Ebd., Augustiner-Eremiten Lippstadt, U 32. *Kunzelmann*, a.a.O., S. 43. *Zumkeller*, a.a.O., S. 195.

153 Anm. 71.

154 *Teeuwen/de Meijer*, a.a.O., S. 34. *Beckmann*, a.a.O., S. 27.

155 Anm. 52-54.

nicht weniger als fünf ihrer Söhne schenkte.¹⁵⁶ Schließt man all diese Möglichkeiten aus, dann bleibt immer noch eine stattliche Zahl von Augustinern, die erst in den Orden eintraten, als in ihren Heimatorten bereits Termineien bestanden. Das gilt — um nur einige Beispiele zu nennen — für die drei aus Unna stammenden Eremiten, die 1393 in Padua studierenden Brüder Johann und Hermann von Unna und den ein Jahrhundert später als Professor in Rostock bekannt gewordenen Augustiner Heinemann von Unna,¹⁵⁷ für die sieben aus Münster stammenden Augustiner-Eremiten, von denen Dietrich Kolde der bekannteste ist,¹⁵⁸ den im 15. Jahrhundert in Köln zu akademischen Ehren gelangten Gerhard Buthe aus Warburg¹⁵⁹ oder seinen noch berühmteren Landsmann Gottschalk Hollen aus Körbecke bei Soest¹⁶⁰.

Die seelsorgerische Tätigkeit der terminierenden Augustiner hat in den uns vorliegenden Quellen einen nur geringen Niederschlag gefunden.¹⁶¹ Dennoch reichen die wenigen Hinweise aus, um die Seelsorge, vor allem die Predigt, als eine der zentralsten Funktionen der Termineien zu bezeichnen, die sowohl für ihre Lage als auch für die Auswahl ihrer Bewohner von nicht geringer Bedeutung war. In allen Fällen, in denen eine genauere Lokalisierung der Außenstationen möglich ist, wird deutlich, daß bei ihrer Anlage nicht nur eine zentrale Lage innerhalb der Orte, sondern auch eine enge Zuordnung zu Pfarrkirche und Kirchhof gesucht wurde. Anders als es die Literatur im allgemeinen annimmt, handelte es sich bei den Terminariern normalerweise auch nicht um wenig qualifizierte Ordensleute oder gar um Laienbrüder.¹⁶² Mehrere der namentlich bekannten westfälischen Terminarier hatten in ihrem Ordensstudium zumindest die ersten Ausbildungsstufen durchlau-

---

156 Vgl. u. a.: *Zuhorn*, a.a.O., S. 376, 378, 380. Onken, a.a.O., S. 17.

157 Clm 8423, fol. 145. *F. Landmann*, Das Predigtwesen in Westfalen in der letzten Zeit des Mittelalters. Ein Beitrag zur Kirchen- und Kulturgeschichte (Vorreformatorische Forschungen 1), Münster 1900. S. 36. *W. Eckermann*, Eine unveröffentlichte historische Quelle zur Literaturgeschichte der westfälischen Augustiner des Spätmittelalters, Analecta Augustiniana 34 (1971), S. 214.

158 Zuletzt: *K. Zuhorn*, Weitere Untersuchungen zur Lebensgeschichte Dietrich Koldes, WZ 112 (1962), S. 53-61. *Ders.*, Ein neues Datum zur Lebensgeschichte Dietrich Koldes, WZ 115 (1965), S. 255-257.

159 *Kunzelmann*, a.a.O., 4, S. 77, 267-271. *K. Elm*, Papsturkunden aus dem Kölner Augustiner-Eremitenkloster in der Pariser Nationalbibliothek (Fonds latin 9286). In: Scientia Augustiniana. Festschrift A. Zumkeller OSA zum 60. Geburtstag (Cassiciacum 30) Würzburg 1975. S. 536.

160 An der Herkunft G. Hollens aus Körbecke bei Soest, wie sie *W. Eckermann*, Gottschalk Hollen OESA († 1418). Leben, Werke und Sakramentenlehre (Cassiciacum 22), Würzburg 1967. S. 30-31, annimmt, kann kaum Zweifel bestehen, wenn man bedenkt, daß die Lippstädter Augustiner in dem im Dekanat Werl gelegenen Kirchspiel Körbecke den Hof Völlinghausen besaßen (StA Münster, Mscr. VII, 6123, S. 13, 81-82, 184), was Eckermann bei seiner Argumentation unberücksichtigt ließ.

161 Der Paderborner Domkantor Ludovicus de Rostorp machte z. B. in seinem Testament (StA Münster, Gokirche Paderborn, U 34, 14. 10. 1457) den in Paderborn residierenden Terminarii aus Warburg und Lippstadt ein Legat mit der ausdrücklichen Bestimmung, daß seiner und seiner verstorbenen Verwandten in der Fastenpredigt der beiden Brüder gedacht werden solle.

162 Vgl. z. B. *Kirchhoff*, a.a.O., S. 56. In der Reformatio Sigismundi wird dieser Zustand bedauert und ausdrücklich gefordert: *uff yren termineyen sollen sy leyenpruder han ... und soll kein priester under in gen.* *H. Koller*, Reformation Kaiser Siegmunds (MGH Staatsschr. d. spät. Mittelalters 6), Stuttgart 1964. S. 206-207.

fen, waren Lektoren oder gar Doktoren, traten nach der Beendigung ihrer Terminariertätigkeit das Amt von Prioren an oder übten es wie im Falle des in der ersten Hälfte des 15. Jahrhunderts in Oldenburg als Limitator tätigen Bernard von Münster gleichzeitig mit dem Amt eines Priors aus.[163] Unter diesen Umständen blieb es nicht aus, daß die Terminarii an manchen Orten Positionen erlangten, die sich kaum noch mit der eines bettelnden und predigenden Mendikanten umschreiben lassen, sie vielmehr in die Nähe der ebenfalls in eigenen Häusern außerhalb von Konvent und Heimatort wohnenden westfälischen Weihbischöfen aus dem Eremitenorden rükken.[164] Der Edelherr Simon III. zur Lippe schloß am 2. 11. 1365 mit dem Augustiner-Eremitenkloster zu Herford einen Vertrag, der vorsah, daß die in Horn lebenden Brüder dieses Klosters in Abwesenheit der Kapläne oder auf seinen ausdrücklichen Wunsch hin in seinem *huse* den Gottesdienst halten sollten,[165] so daß man sie wie den Bruder Berthold aus Herford, der 1431 mit Erlaubnis des Generalpriors eine ähnliche Funktion am Hofe des Grafen von Waldeck wahrnahm,[166] als Hofkapläne bezeichnen kann. Ausgeprägter noch als in Horn und Waldeck war diese Funktion in Oldenburg. Schon in der ersten Hälfte des 15. Jahrhunderts stand der oldenburgische Terminar und Prior Bernhard von Münster in einem besonderen Vertrauensverhältnis zu Graf Dietrich von Oldenburg († 1440).[167] Dieses Verhältnis wurde offenbar unter Johann Schiphower, der von 1504 bis 1508 als Limitator in Oldenburg tätig war, besonders eng. Der gelehrte Augustiner aus Meppen, der von sich selber sagt: *fui destinatus Archicomiti et capitulo Oldenburgensi pro vero et indubitato terminario,* war Beichtvater des Grafen Johann von Oldenburg, Erzieher des Grafen Christoph und schließlich Historiograph und geistlicher Ratgeber des gräflichen Hauses, dessen Nachwirkung noch in der beginnenden Reformationszeit von Bedeutung gewesen sein soll.[168]

Mit der in Quellen und Literatur immer wieder angeführten Trias Besitzerwerb, Rekrutierung des Nachwuchses und Seelsorge ist die Funktion der Augustinertermineien in Westfalen noch nicht ausreichend beschrieben. Eine eingehende Beschäftigung mit ihrer Entstehung macht deutlich, daß wir es in vielen Fällen mit Häusern zu tun haben, die als Vollkonvente geplant waren oder aber vom Status eines solchen in den einer bloßen Terminei absanken: was die Untersuchung ihrer Gründung und

---

163 *Schiphower*, a.a.O., S. 170. StA Osnabrück, Rep. 6, Augustinerkloster Osnabrück, Nr. 42f. *Kohl/Rüthning*, a.a.O., 6, S. 88. Diese Praxis wurde schon im 13. Jahrhundert im Dominikanerorden gerügt, vgl. *H. Finke*, Ungedruckte Dominikanerbriefe des 13. Jahrhunderts. Paderborn 1891. S. 96.

164 *J. Evelt*, Die Weihbischöfe von Paderborn. Paderborn 1869. *J. C. Möller*, Geschichte der Weihbischöfe von Osnabrück. Lingen 1887. *F. X. Schrader*, Die Weihbischöfe, Offiziale und Generalvikare von Minden vom 14. bis zum 16. Jahrhundert, WZ 55 (1897), S. 31-82. *Zuhorn*, Die Beziehungen, S. 375-85. *Beckmann*, a.a.O., S. 80-83.

165 *Pape/Sandow*, a.a.O., S. 52.

166 Clm 8243, fol. 449.

167 *Schiphower*, a.a.O., S. 170.

168 *H. Oncken*, Zur Kritik der Oldenburgischen Geschichtsquellen im Mittelalter. Berlin 1891. *F. Roth*, Aus der Chronik des Augustiners Johann Schiphower, Cor Unum 10 (1952) S. 14-17. *Eckermann*, Eine unveröffentlichte Quelle, S. 204-205. *H. Lübbing*, Oldenburgische Landesgeschichte. Oldenburg 1953. S. 76, 92-93. *W. Storkebaum*, Graf Christoph von Oldenburg (1504-1566). Ein Lebensbild im Rahmen der Reformationsgeschichte (Oldenburg. Forsch. 11), Oldenburg 1959. S. 19-20.

Frühgeschichte insofern wichtig macht, als sie es uns erlaubt, die im 14. Jahrhundert aufgestellte, aber aus vielen Gründen nicht mehr zu realisierende Expansionsplanung der westfälischen Augustiner aufzudecken.

Die gescheiterten Gründungsversuche in Hameln, Hannover und Unna zeigen mit aller nur wünschenswerten Klarheit, wie die noch ganz auf Ausbreitung eingestellte Aktivität der sächsisch-thüringischen Ordensprovinz in der ersten Hälfte des 14. Jahrhunderts von den örtlichen geistlichen und weltlichen Gewalten gebremst wurde. Nicht minder deutlich tritt die erzwungene Stagnation auch in Rinteln, Bielefeld, Stadthagen, Minden, Hamm, Paderborn und Wiedenbrück zutage, obgleich es in diesen Städten gar nicht erst zu solchen Auseinandersetzungen wie in Hameln und Unna kam.[169] Hier wurde der tatsächlich bestehenden, vielleicht aber auch nur unterstellten Absicht der Ordensprovinz, aus den Termineien Konvente werden zu lassen, dadurch entgegengewirkt, daß Landesherr und geistliche bzw. städtische Obrigkeit ausdrücklich die Gründung von Klöstern untersagten, eine Vergrößerung des Areals verboten, sich ein Rückkaufsrecht reservierten oder gar, was im Falle des Hospizes zu Lemgo denkbar ist, gar nicht erst der Errichtung einer Terminei zustimmten. Auch da, wo solche Vorbehalte nicht mehr überliefert sind, wird man sie voraussetzen dürfen. Wie ist es sonst zu erklären, daß der in der ersten Hälfte des 14. Jahrhunderts so energisch auf Ausbreitung drängende und seine Neugründungen so bewußt planende Orden auf Konvente in den Bischofsstädten Münster, Minden und Paderborn verzichtete, und es – soweit wir wissen – nicht einmal zu einer dauernden Terminei in der so wichtigen Handelsstadt Soest brachte.[170]

## III.

Der Anteil der westfälischen Terminarier aus dem Augustinerorden an der Verkündigung der von Wittenberg ausgehenden Lehre ist bereits erwähnt worden. In Geseke[171], vielleicht auch in Coesfeld[172], waren es Terminarier, die die von ihren heimatlichen Konventen übernommenen Anschauungen Luthers verbreiteten, an

---

169 Rinteln: *Pape/Sandow*, a.a.O., S. 34. Bielefeld: *Vollmer*, a.a.O., S. 181. Stadthagen: Stadtarchiv Stadthagen, U 20 (3. 1. 1346). Minden: StA Münster, St. Martini Minden, U 145 (28. 4. 1394). Hamm: Ebd., Mscr. VI, 259, I, fol. 149. Paderborn: Ebd., Augustiner-Eremiten Lippstadt, U 29 (1. 5. 1385). Wiedenbrück: *Bär*, a.a.O., 4, S. 257-58. StA Münster, Stift Wiedenbrück, U 192.

170 In Lippstadt und Osnabrück sind zwei Konventualen mit dem Herkunftsnamen Soest nachweisbar. Darüber hinaus bezeichnet sich auf der Innenseite des Vorderdeckels einer aus dem Besitz des Augustinerklosters Lippstadt stammenden Berliner Handschrift (theol. fol. 174) einer der Besitzer am 1. 3. 1508 als *Everhardus Bobbe lectorum sacre theologie minimus ac in Susato terminarius*. Evert Bobbe urkundet am 17. 4. 1496 als Prior des Augustinerklosters in Lippstadt (StA Münster, Kloster Nazareth, Störmede, U 25). Daraus kann geschlossen werden, daß sich zumindest an der Wende vom 15. zum 16. Jahrhundert in Soest ein Terminarius aus Lippstadt aufhielt.

171 Neben der in Anm. 90 genannten Lit.: *Hellenkamp*, Geseke während der Religionswirren des 16. Jahrhunderts. Geseker Heimatblätter 3 (1929).

172 *K.-H. Kirchhoff*, Die Wiedertäufer in Coesfeld, WZ 106 (1956), S. 121-122. Vgl. auch Anm. 122-124.

anderen Orten, wie im weserländischen Höxter[173] und in den märkischen Städten Hamm, Unna und Kamen darf man eine ähnliche Aktivität der hier heimischen Brüder vermuten.[174] Wie gefährlich die Terminarier der geistlichen Obrigkeit erschienen, geht daraus hervor, daß Erzbischof Hermann von Wied vor 1526 dem Prior und Konvent der Augustiner zu Lippstadt untersagte, Terminarier in das westfälische Herzogtum zu entsenden und hier predigen zu lassen.[175] Die Bedeutung der Terminarii für die frühe Ausbreitung der Reformation ist mit der aktiven Predigt allein nicht ausreichend beschrieben. Die außerhalb der Konvente lebenden Ordensleute waren noch auf andere Weise Wegbereiter für die religiöse Umwälzung. Sie zogen offenbar in nicht unbeträchtlichem Maße die Kritik der Gläubigen auf sich, so daß ihre Lebensweise und Tätigkeit zu den Gravamina gerechnet werden können, die die vorreformationsgeschichtliche Forschung immer wieder als eine der Ursachen für die Reformation bezeichnet. Die Kritik an der Terminariern und ihrer Lebensführung wurde nicht nur von Außenstehenden geübt, sie findet sich in nicht geringerem Maße in den Verlautbarungen der Generalprioren und General- bzw. Provinzialkapiteln. Während die Laien von Chaucer über die Reformatio Sigismundi und den oberrheinischen Revolutionär bis zu den 30 Artikeln der aufrührerischen münsterischen Gemeinheit von 1525 in erster Linie Anstoß an der ihnen lästigen Erwerbstätigkeit nahmen,[176] sah die Ordensleitung in der Autonomie der Terminarier, die sich der Ordensdisziplin und der *vita communis* entzogen, ein besonders großes Hindernis für die Wiederherstellung des observanten Lebens.[177] Entgegen der ursprünglichen, im 15. Jahrhundert immer wieder in Erinnerung gerufenen Praxis, nur besonders erprobte Brüder für beschränkte Zeit als Terminarier nach außen zu entsenden und von ihnen in regelmäßigen Abständen Rechnungslegung zu verlangen,[178] hatte sich spätestens seit dem Ausgang des 14. Jahrhunderts die Tendenz zur Verlängerung und Verselbständigung durchgesetzt. Die Terminarier übten ihre Funktion nicht mehr,

---

173 *Kl. Löffler*, Zur Reformationsgeschichte der Stadt Höxter, WZ 70 (1912), S. 253. *R. Stupperich*, Johannes Winnistede „der erste Evangelist" von Höxter, Jb. d. Ver. f. Westf. Kirchengesch. 44/45 (1952/53), S. 366-367. *Ders.*, Die Reformationsbewegung an der mittleren Weser, ebd., 69 (1976), S. 220.

174 *E. Dresbach*, Reformationsgeschichte der Grafschaft Mark, Gütersloh 1909. *H. Rothert*, Kirchengeschichte der Mark. Gütersloh 1913. *R. Stupperich*, Der innere Gang der Reformation in der Grafschaft Mark, Jb. d. Ver. f. Westf. Kirchengesch. 47 (1954), S. 29-30. Wie weit die Bedeutung von Osnabrück, Herford und Lippstadt für die erste Phase der Reformation auf die Wirksamkeit der Terminarier zurückgeht, läßt sich nicht in allen Fällen zwingend nachweisen, hier sind noch genauere Nachprüfungen erforderlich.

175 *Preuß/Falkmann*, a. a. O., 4, S. 361.

176 *Chaucer*, Works, ed. F. N. Robinson, Boston ²1957. 1, S. 209. *Williams*, a. a. O., S. 475-76. *Koller*, a.a.O., S. 348-349. *A. Franke/G. Zschäbitz*, Das Buch der Hundert Kapitel und der vierzig Statuten des sogenannten Oberrheinischen Revolutionärs (Leipziger Übersetzungen u. Abh. z. Mittelalter A 4) Berlin 1967. S. 204. *J. Niesert*, a. a. O., I, 1, S. 116ff. *H. Detmer* (Hrsg.), Hermann v. Kerssenbroch, Anabaptistici Furoris Historica Narratio (Geschichtsquellen d. Bistums Münster 5), Münster 1900. S. 133. Daß es in Münster nicht bei bloßen Klagen blieb, zeigt der Zustand des dortigen Termineihauses. Es war am 9. 7. 1539 bei seinem Verkauf *jammerlyke van den bösen Wedderdoperen bynnen unde buten vordorven* (Zuhorn, Die Beziehungen, S. 391).

177 Gerhard v. Rimini, 5. 5. 1435: Clm 8423, S. 181, 310.

178 Provinzialkapitel in Herford (1379): Clm 8491, fol. 165. Wilhelm Becchi (1465): *Teeuwen/de Meyer*, a. a. O., S. 207.

wie ursprünglich vorgesehen, für kurze Zeit aus, sondern betrachteten sie in zunehmendem Maße als eine lebenslängliche Tätigkeit, worin sie durch diejenigen Generalprioren bestätigt wurden, die ihnen das Recht auf lebenslängliche Nutzung einer Terminei übertrugen und ihnen erlaubten, sich für Alter und Krankheit einen eigenen Bruder als Sozius zu halten.[179] Aufgrund solcher Privilegien gewinnt man den Eindruck, daß die Tätigkeit eines Terminarius am Ausgang des Mittelalters nicht mehr als eine schwere, dem ursprünglichen Ideal der Bettelorden noch weitgehend entsprechende Aufgabe angesehen wurde, sondern eher als erstrebenswerte Pfründe galt. Der Tendenz zur Lebenslänglichkeit des Amtes entsprach die gleichzeitig zu beobachtende Stärkung der rechtlichen und wirtschaftlichen Autonomie der Terminarier. Sie wurden nicht mehr gezwungen, wie früher regelmäßig über ihre Einkünfte Rechenschaft abzulegen, sondern konnten, nach Ableistung einer vorweg zu erbringenden Abgabe an den Mutterkonvent, über ihre Einkünfte verfügen. Daraus erklärt sich, daß sie im 15. und beginnenden 16. Jahrhundert in eigenem Namen Käufe und Verkäufe tätigten sowie Schenkungen entgegennahmen. Eine weitere Art der Verselbständigung ergab sich aus einer Praxis der Haushaltsführung, mit der die neuere Forschung nichts Rechtes mehr anzufangen weiß. In vielen Fällen bedienten sich die Terminarier zur Erleichterung ihrer Tätigkeit der Hilfe frommer Frauen, die die Haushaltsführung übernahmen bzw. die Termineistation bei Abwesenheit der Brüder betreuten. Solche *procuratrices* und *Marthae*, die ähnlich wie Beginen und Terziarinnen als Halbreligiosen in den Genuß gewisser geistlicher Rechte gelangten, sind im 14. und 15. Jahrhundert mit Sicherheit in Bielefeld, Rinteln, Hamm und Recklinghausen, mit Wahrscheinlichkeit auch in Lübbecke, Büren und Horn[180] anzunehmen. Am Ende des 14. und im Verlauf des 15. Jahrhunderts enthalten Rentenkaufverträge, die in Hamm und Recklinghausen abgeschlossen wurden, Bestimmungen, die die Vermutung nahelegen, daß die Beziehungen der Terminarier zu ihren Mägden gelegentlich enger waren, als es die Ordensgelübde erlaubten. Um 1483 wurden dem Marienthaler Terminarius zu Recklinghausen und seiner Magd, der *Styneken Kelyngs, de nu tertyt myt broder Johanne van Mariendaill unssem terminario wont*, eine Rente von insgesamt 3 Mark zugesichert, in deren Genuß beide bis zu ihrem Tode bleiben sollten.[181] Rund ein Jahrhundert zuvor, am 12. 4. 1388, kauften der in Hamm als Terminarius tätige Lippstädter Lektor Hermann und seine Marthe Teleken Camperdes eine Rente unter Bedingungen, wie sie normalerweise nur im Falle von Eheleuten üblich waren.[182] Daß solch enge Gemeinsamkeit, die z. B. in Ahlen nicht ohne Folgen blieb[183], von den Mitbrüdern nur ungern gesehen, ja als Ärgernis empfunden wurde, zeigte sich bereits ein Jahr nach Abschluß dieses Vertrages. Der Generalprior Bartholomäus von Venedig forderte am 21. 3. 1389 den Provinzialprior auf, den Ordensmann, *qui in terminis conventus . . . et in Coloniensi diocesi solus manet*, in das Mutterkloster zurückzuschicken, was diesen allerdings so

---

179 *Teeuwen/de Meiyer*, a. a. O., S. 164, 191, 208.
180 Bielefeld: *Vollmer*, a. a. O., S. 181. Rinteln: *Pape/Sandow*, a.a.O., S. 34. Hamm: StA Münster, Mscr. VII, 6123, S. 19-20. Recklinghausen: Stadtarchiv Recklinghausen, Akte W 7. Zu Lübbecke, Büren und Horn vgl. Anm. 57, 105, 48 *(domus recluse)*.
181 Stadtarchiv Recklinghausen, Akte W 7.
182 StA Münster, Mscr. VII, 6123, S. 19-20.
183 Erwähnung eines natürlichen Sohnes des Ahlener Terminarius: *W. Kohl*, a.a.O., S. 151.

wenig kompromitierte, daß er schon drei Jahre später das Amt des Priors bekleiden konnte.[184]

Anlaß zur Kritik gab freilich nicht nur die persönliche Lebensführung der Terminarier. Der Kampf, den einzelne Konvente oder gar Orden um die Abgrenzung ihrer Termineibezirke führten, und die Auseinandersetzungen, zu denen es hier und da zwischen Terminariern und Pfarrgeistlichkeit kam, mögen in gleicher Weise wie das individuelle Verhalten der Brüder den Unwillen der Gläubigen erregt haben.[185]

Das uns besonders interessierende Verhältnis zum Ortsklerus darf keineswegs von vornherein als gespannt oder gar als feindselig bezeichnet werden. Die rechtliche Stellung der Terminarier ließ eine solche Zuspitzung im Grunde genommen gar nicht zu, setzte sie doch die Genehmigung der seelsorgerischen Tätigkeit durch den Inhaber der Pfarrrechte voraus,[186] wie es am 22. 2. 1408 der Oldenzaaler Terminarius deutlich machte, als er von sich sagte: *a priore conventus emissus et presentatus et a capitulo Aldenzalensi ut mos est receptus et admissus*[187]. Für ein geregeltes Miteinander sprechen auch die den Terminariern von Weltgeistlichen gemachten Stiftungen, die Aufnahme in örtliche Priesterkalande sowie die von Johannes Schiphower ausdrücklich erwähnte Förderung der Oldenburger Terminarier durch den dortigen Dekan Nikolaus von Delmenhorst. Dennoch ist nicht zu übersehen, daß auch die Terminarier in den im 13. Jahrhundert ausgebrochenen und seither immer wieder aufflackernden Streit zwischen Weltklerus und Mendikanten einbezogen wurden. Dafür zeugen weniger einzelne Streitfälle wie die Auseinandersetzung zwischen dem Unnaer Terminarius Henricus de Lippia und dem Rektor des Marienaltars in der Pfarrkirche zu Unna,[188] als vielmehr die uns vorliegenden zeitgenössischen Äußerungen über das Verhältnis zwischen Terminariern und Ortsgeistlichkeit. Johannes Schiphower ergeht sich in seiner nach 1505 verfaßten Chronik der Grafen von Oldenburg in heftigen Beschimpfungen über die *miserrimi sacerdotes*, die täglich in den Wirtshäusern zechten, kein Wort Latein verstünden, sich statt Bücher Kinder zulegten, aber dennoch den Terminarii, die sich bemühten, mit Eifer und Sachkenntnis das *officium praedicationis* zu erfüllen, das Leben erschwerten.[189] Als die Stadt Coesfeld am 17. 7. 1533 in einem Brief an Bischof Franz von Waldeck den von ihm der neuen Lehre verdächtigten Terminarius Johannes van Hunse in Schutz nahm, wies sie darauf hin, daß dieser 14 bis 15 Jahre als einziger in Coesfeld gepredigt habe, während die Pastoren *eres eigentlyges amptz, dat volck myt den evangelio to leren und to onderholden,* ganz uneingedenk seien und ihre Amtsgewalt schmählich mißbrauchten.[190]

Die im wesentlichen übereinstimmenden Beschreibungen der Stellung der beiden Terminarier stellt uns diese Brüder in einem Licht dar, das sie uns anders erscheinen läßt, als wir sie aufgrund einer langen polemischen Tradition zu sehen gewohnt sind. Es handelte sich bei ihnen offenbar nicht einfach nur um lästige Schmarotzer, in

---

184 Clm 8423, S. 443.
185 *Teeuwen/de Meijer*, a. a. O., S. 136, 162, 196. *Kunzelmann*, a. a. O., 4, S. 142.
186 *Kirchhoff*, a. a. O., S. 64 *Bettgenhaeuser*, a. a. O., S. 190. *Schiphower*, a. a. O., S. 162.
187 StA Osnabrück, Rep. 6, Augustinerkloster Osnabrück, Nr. 11.
188 StA Münster, Stadt Unna, U (9. 1. 1516).
189 *Schiphower*, a. a. O., S. 162.
190 *Kirchhoff*, Das Ende der lutherischen Bewegung, S. 64.

denen sich alle negativen Züge des Mendikantentums potenzierten, sondern um Männer, die auf sich allein gestellt, in kleinen Gemeinden, ohne das Recht auf die allgemeine Sakramentenverwaltung das Wort Gottes predigten und so – ähnlich wie in Süddeutschland die Inhaber von Predigtpfründen – in einem weiteren Sinn als bisher angesprochen zu Vorläufern der Reformation und deren geistlichen Trägern, der Prediger und Pastoren, wurden.

# Mendikantenstudium, Laienbildung und Klerikerschulung im spätmittelalterlichen Westfalen*

In der jüngeren Mindener Bischofschronik, die in der Mitte des 15. Jahrhunderts von dem Domherrn Heinrich Tribbe verfaßt wurde, wird Minden als *ager fertilis* bezeichnet, der zahlreiche Männer hervorgebracht habe, die der *civitas et ecclesia Mindensis* Ehre gemacht, sie unterrichtet und belehrt hätten.[1] 1496 preist der aus Meppen stammende Historiograph der Grafen von Oldenburg, Johannes Schiphower, in einem an den Prior der Lippstädter Augustiner-Eremiten, Johannes Velkener, gerichteten Brief Herford als einen Garten, in dem eine Fülle von *doctores* und *magistri* herangewachsen sei, die als *luminaria tam praeclara diversa mundi gymnasia ac civitates* erleuchtet und als *principes praedicatores totius Westfaliae* für das Seelenheil ihrer Landsleute gewirkt hätten.[2] In beiden Fällen sind nicht, wie man vermuten könnte, die Schulen gemeint, die es damals in Minden und Herford gab.[3] Tribbe und Schiphower feiern vielmehr das 1236 gegründete Dominikanerkloster in Minden und das kurz vor 1288 in Herford errichtete Kloster der Augustiner-Eremiten als wissenschaftliche Hochburgen Westfalens.

Die Stellung der Bettelorden zu den Wissenschaften und die Bedeutung ihrer Ordensschulen für Theologie und Philosophie sind oft dargestellt und erörtert worden.[4] Die Zahl der Untersuchungen über Leben und Werk einzelner Ordensgelehrter ist groß.[5] Die Frage nach der Herkunft, dem Studiengang und der Tätigkeit größerer in den Studienhäusern der Bettelorden herangebildeter Personengruppen ist bisher jedoch nur in ganz wenigen Fällen zum Gegenstand systematischer Studien gemacht worden.[6] Unbefriedigend sind auch die bisherigen Antworten auf die Frage,

---

* In: *B. Moeller – H. Patze – K. Stackmann* (Hrsgg.), Studien zum städtischen Bildungswesen des späten Mittelalters und der frühen Neuzeit (Abhandlungen der Akademie der Wissenschaften in Göttingen. Phil.-hist. Kl. III, 137), Göttingen 1983, 586-617.

1 *Kl. Löffler* (Hrsg.), Mindener Geschichtsquellen I. Die Bischofschroniken des Mittelalters (= Veröffentlichungen der Historischen Kommission der Provinz Westfalen 113), Münster 1917, S. 174-177.

2 *W. Eckermann*, Eine unveröffentlichte historische Quelle zur Literaturgeschichte der westfälischen Augustiner des Spätmittelalters, Analecta Augustiniana (= AA) 34 (1971), S. 204-217.

3 *A. Hartlieb von Wallthor*, Höhere Schulen in Westfalen vom Ende des 15. bis zur Mitte des 19. Jahrhunderts, Westfälische Zeitschrift (= WZ) 107 (1957), S. 11-14.

4 Vgl. z. B. *E. Gilson-Ph. Böhner*, Die Geschichte der christlichen Philosophie von ihren Anfängen bis Nikolaus von Cues, ³Paderborn 1954.

5 Vgl. z. B. *L. Wadding*, Scriptores Ordinis Minorum I-IV, ³Rom 1906-36. *J. Quetif/J. Eckart*, Scriptores ordinis Praedicatorum I-II, Paris 1719-23. *Th. Kaeppeli*, Scriptores ordinis Praedicatorum medii aevi, I-III, Rom 1970-82. *J. F. Ossinger*, Bibliotheca Augustiniana historica, Ingolstadt-Augsburg 1768. *D. A. Perini*, Bibliographia Augustiniana: Scriptores Itali I-IV, Florenz 1929-38. *B. Xiberta*, De scriptoribus scholasticis saeculi XIV ex Ordine Carmelitarum, Löwen 1931. *F. Tozzi*, De scriptoribus ordinis Servorum B. M. V., Bologna 1964.

6 *H. G. J. Lansink*, Studie en Onderwijs in de Nederduitse Provincie van de Karmelieten gedurende de Middeleeuwen, Diss. phil. Nijmegen 1967. *F.-B. Lickteig*, The German Carmelites at the Medieval Universites (= Textus et Studia Historica Carmelitana XIII), Rom 1981.

wie weit sich die so Ausgebildeten über die Seelsorge hinaus an der *illuminatio civitatis et ecclesiae* beteiligt haben und ob man ihre Konvente vielleicht sogar neben den übrigen Bildungseinrichtungen der mittelalterlichen Stadt, neben Rats- und Stadt-, Dom-, Stifts- und Pfarrschule, als Ausbildungsstätten für Klerus und Laien bezeichnen darf.[7] Eine eindeutige Antwort auf diese Fragen kann nur nach gründlicher Auswertung der Konstitutionen, Kapitelsbeschlüsse und Studienordnungen der Bettelorden, aufgrund personengeschichtlicher Erhebungen, unter Heranziehung von Handschriften und mit Hilfe lokaler Archivalien gegeben werden. Die vorliegenden Ausführungen erheben nicht den Anspruch, eine definitive und breit dokumentierte Auskunft zu geben. Sie beschränken sich auf Westfalen und konzentrieren sich auf nur einen der hier wirkenden Bettelorden, nämlich den der Augustiner-Eremiten. Die Beschränkung auf Westfalen bietet sich an, weil der Raum zwischen Rhein und Weser, Friesland und Hessen bis zu den im 17. Jahrhundert erfolgten Gründungen bzw. Gründungsversuchen der Jesuiten in Münster, Paderborn und Osnabrück ohne eigene Hochschule blieb, den Bettelorden also in besonders starkem Maße die Gelegenheit sowohl zur Rekrutierung wissenschaftlichen Nachwuchses als auch zur Belehrung der Gläubigen bot.[8] Die Konzentration auf die Augustiner-Eremiten ergibt sich aus einer für diesen Orden besonders günstigen Quellen- und Forschungslage, sind doch, wie an anderer Stelle zu zeigen sein wird, die personengeschichtlich aufschlußreichen Register seiner Generalprioren vollständiger erhalten und leichter zugänglich, als das bei den anderen Bettelorden der Fall ist.

# I.

Die Voraussetzung für Studium und Lehre der Mendikanten[9] war der von Dominikus formulierte und in der frühen Gesetzgebung seines Ordens präzisierte Wille, das

---

*A. B. Emden,* Survey of Dominicans in England based on the Ordination Lists in Episcopal Registers (1268 to 1538) (= Inst. Hist. FF. Praedicatorum, Romae ad S. Sabinae. Diss. Hist. 17), Rom 1967.

7 Allgemein über die Rolle der Bettelorden in der Stadt zuletzt: *J. Sydow* (Hrsg.), Bürgerschaft und Kirche. Stadt in der Geschichte (= Veröffentlichungen des Südwestdeutschen Arbeitskreises für Stadtgeschichtsforschung 7), Sigmaringen 1980. *K. Elm* (Hrsg.), Stellung und Wirksamkeit der Bettelorden in der städtischen Gesellschaft (= Berliner Historische Studien 3. Ordensstudien II), Berlin 1981. *N. Hecker,* Bettelorden und Bürgertum. Konflikt und Kooperation in deutschen Städten des Spätmittelalters (= Europäische Hochschulschriften, Reihe XXIII, Theologie Bd. 146), Frankfurt-Bern-Cirencester 1981. *H. Höing,* Kloster und Stadt. Vergleichende Beiträge zum Verhältnis Kirche und Stadt im Spätmittelalter (= Westfalia Sacra 7), Münster 1981. Bedauerlicherweise gehen diese Arbeiten auf die hier aufgeworfene Problematik nicht ein.

8 Im Überblick: *J. Bergenthal,* Alte und neue Universitäten in Westfalen, Münster 1971.

9 Zum Studiensystem der Bettelorden allgemein: *D. Berg,* Armut und Wissenschaft. Beiträge zur Geschichte des Studienswesens der Bettelorden im 13. Jahrhundert (= Geschichte und Gesellschaft. Bochumer Historische Studien 15), Düsseldorf 1977. Le scuole degli ordini mendicanti (secoli XIII-XIV) 11-14 ottobre 1976 (= Convegni del Centro di Studi sulla Spiritualità Medievale XVII), Todi 1978. Besonders: *P. Amargier, M. D'Alatri, C. Ribaucourt, J. Cannon, J. Kłoczowski,* Panorama geografico, cronologico e statistico sulla distribuzione degli Studia degli ordini mendicanti, S. 33-149. In Vorbereitung: *K. Elm,* Studium und Studiensystem der Mendikantenorden im 13. und 14. Jahrhundert.

Ordensleben zum Studium und das Studium zum Ordensleben zu machen.[10] Auf diese Weise sollten am effektivsten das Wort Gottes verkündet und die Menschen zum Heil geführt werden: ein Zusammenhang, den Humbert von Romans mit einem einzigen Satz klar darlegt. *Studium enim est ordinatum ad praedicationem, praedicatio ad animarum salutem, quae est ultimus finis*[11]. Die damit getroffene Entscheidung gegen die traditionelle monastische Gelehrsamkeit und für die moderne Wissenschaft, für Scholastik und Universität also, bestimmte von Anfang an Ordensleben und Ordensaufbau der Dominikaner.[12] Schon die ältesten Konstitutionen verlangen, daß jeder Konvent über einen mit der Betreuung der Studierenden beauftragten *magister* verfügen müsse, also zu einer Schule werden solle, in der dem Prior nur noch ein Bruchteil jener Gewalt zustand, mit der die Benediktinerregel den Abt ausstattet. Für die Brüder, von denen verlangt wird, *ut de die, de nocte, in domo, in itinere legant aliquid vel meditentur, et quicquid poterunt retinere cordetenus, nitantur*, gilt eine Tagesordnung, die das Studium in den Mittelpunkt stellt und intensive intellektuelle Arbeit ermöglicht.[13]

Entsprechend dieser Konzeption suchten der Ordensstifter und sein erster Nachfolger, Jordan von Sachsen, das Universitätsmilieu auf, um hier Professoren und Studenten zu finden, die geeignet waren, ihre Pläne zu verwirklichen.[14] Schon 1218 konnte der Orden in Paris bei St. Jacques eine Heim- und Lehrstätte erwerben, deren Bewohner, die *in sacra pagina studentes,* bald darauf der Universität inkorporiert wurden. Als dieses Haus nicht mehr in der Lage war, alle auswärtigen Studenten aufzunehmen, beschloß man, die Klöster in Köln, Oxford, Montpellier und Bologna zu *studia generalia* zu machen und mit denselben Rechten wie das Pariser Studium auszustatten. 1304 forderte die Ordenskonstitutionen die Errichtung vergleichbarer Studienhäuser in allen Provinzen, was dazu führte, daß der Orden am Ende des Mittelalters über fast 40 Generalstudien verfügte, eine Zahl, an der die deutschen Provinzen mit so bedeutenden Studien wie denjenigen von Köln, Erfurt, Magdeburg, Wien und Prag beteiligt waren.[15]

Die Franziskaner taten sich, was den Aufbau ihres Studienwesens angeht, schwerer. Die Entschiedenheit, mit der es Franz 1221 nach der Rückkehr aus dem Orient ablehnte, das von einem zum Minoriten gewordenen Magister in Bologna eingerich-

---

10 *A. Duval,* L'étude dans la législation religieuse de Saint Dominique, in: Mélanges offerts à M.-D. Chenu, maitre en théologie (= Bibliothèque Thomiste XXXVII), Paris 1967, S. 221-247.

11 *J.-J. Berthier* (Hrsg.), B. Humberti de Romanis opera de vita regulari II, ²Turin 1956 S. 28.

12 *H.-M. Feret,* Vie intellectuelle et vie scolaire dans l'Ordre des Prêcheurs, Archives d'histoire dominicaine I (1964), S. 5-37. *J. P. Renard,* La formation et la désignation des prédicateurs au début de l' Ordre des Prêcheurs, Fribourg 1977.

13 *R. Creytens,* (Hrsg.), Les constitutions des Frères Prêcheurs dans la rédaction de S. Raymond de Peñafort, Archivum Fratrum Praedicatorum (= AFP) 18 (1948), S. 66. *H. Thomas,* De oudste Constituties van de Dominicanen (= Bibliothèque de la Revue d'Histoire ecclésiastique 42), Löwen 1965.

14 *H. C. Scheeben,* Beiträge zur Geschichte Jordans von Sachsen (= Quellen und Forschungen zur Geschichte des Dominikanerordens in Deutschland 35), Vechta-Leipzig 1938. Besonders: *A. Marguerite,* Un animateur de la jeunesse du XIIIe siècle. Vie et voyages du bienheureux Jourdain de Saxe, Paris-Brügge 1931.

15 *C. Douais,* Essai sur l'organisation des études dans l'Ordre des Frères Prêcheurs au treizième et au quatorzième siècles, 1216-1342, Paris-Toulouse 1884.

tete „Studienhaus" zu betreten, läßt erkennen, wo die Gründe dafür zu suchen sind, daß man in seinem Orden nur mit Mühe ein tragbares Verhältnis zwischen Ordensleben und Wissenschaft zu finden vermochte.[16] Dennoch ist schon in den dreißiger Jahren des 13. Jahrhunderts in den Quellen von Studienhäusern in Paris, Oxford und Cambridge die Rede, in denen mit Robert Grosseteste, Adam von Marsh, Alexander von Hales u. a. die erste Gelehrtengeneration ihre Lehrtätigkeit aufnahm.[17] 1260 wird in den Konstitutionen von Narbonne die Voraussetzung gemacht, jede Provinz müsse über eine Studienmöglichkeit verfügen,[18] was dazu führte, daß der Orden am Ende des 14. Jahrhunderts eine Fülle von Generalstudien zählen konnte, von denen sechs in Köln, Erfurt, Magdeburg, Straßburg, Wien und Prag lagen.[19]

Nachdem Lanfranc von Mailand, der erste Generalprior des 1256 zustande gekommenen Ordens der Augustiner-Eremtiten, 1259 in Paris ein Haus erworben hatte, in dem Aegidius Romanus, das spätere Haupt der Ordensschule, mit seinen Studien begann, folgten bald darauf Studienhäuser in Bologna, Florenz, Padua, Neapel, Rom, Oxford und Cambridge. Am Ende des 14. Jahrhunderts hatte sich die Zahl auf fast ein halbes Hundert erhöht, von denen acht in den Grenzen des alten Reiches lagen, nämlich in Köln, Metz, Mainz und Straßburg, in Erfurt und Brügge, in Wien und Magdeburg.[20] Was den Augustinern gelang, ließ die mit ihnen gleichzeitig aufgetretenen kleineren Bettelorden nicht ruhen. Nachdem die Karmeliten die *vita eremitica* aufgegeben und sich für Seelsorge und Studium entschieden hatten, begannen sie 1270 mit der Errichtung eines eigenen Studiensystems. Wie die übrigen Bettelorden machten sie den Anfang in Paris, Oxford und Cambridge. In wenigen Jahrzehnten folgten weitere Generalstudien in Italien, Frankreich, England und Deutschland, so daß der Orden am Ende des 14. Jahrhunderts über mehr als zwanzig Studienzentren verfügte. Zu ihnen gehörten die 1324 erstmalig erwähnten Studienhäuser in Köln und Brügge sowie das 1385 in Wien errichtete Studium, dem wenige Jahre später ein weiteres in Trier folgte.[21] Wie die großen verhielten sich auch die kleinen Bettelorden. Die auf Bettel und Armut ausgerichteten provençalischen Sackbrüder hatten schon im zweiten Jahrzehnt nach ihrer Gründung Generalstudien nicht nur in Paris, Oxford, Bologna und Montpellier, sondern auch in Köln.[22]

---

16 Immer noch: *H. G. Felder*, Geschichte der wissenschaftlichen Studien im Franziskanerorden um die Mitte des 13. Jahrhunderts, Freiburg 1904.

17 *M. Brlek*, De evolutione iuridica studiorum in ordine Minorum ab initio Ordinis usque ad annum 1517, Dubrovnik 1942.

18 *F. Ehrle*, Die ältesten Redactionen der Generalconstitutionen des Franziskanerordens, Archiv für Literatur- und Kirchengeschichte des Mittelalters 6 (1892), S. 108.

19 *L. Di Fonzo*, Studi, studenti e maestri nell'Ordine dei francescani conventuali dal 1223 al 1577, Miscellanea Francescana 44 (1944), S. 167-195.

20 *E. Ypma*, La formation des professeurs chez les Ermites de Saint-Augustin de 1256 à 1354, Paris 1956. *D. Gutiérrez*, Los estudios en la Orden Agustiniana desde la edad media hasta la contemporánea, AA 33 (1970), S. 74-149.

21 *B. M. Xiberta*, De Institutis Ordinis Carmelitarum, quae ad doctrinas philosophorum et theologorum sequendas pertinent, Analecta Ordinis Carmelitarum 6 (1922/29), S. 337-379. *B. Zimmermann*, Les Carmes aux Universités du Moyen Age, Etudes Carmelitaines 17 (1932), S. 82-112. *Lickteig* (wie Anm. 6).

22 *K. Elm*, Ausbreitung, Wirksamkeit und Ende der provençalischen Sackbrüder (Fratres de Poenitentia Jesu Christi) in Deutschland und den Niederlanden, Francia 1 (1973), S. 279.

Ähnliches gelang den aus einer Florentiner Bußbrüderschaft hervorgegangenen Serviten. Sie beschränkten sich zunächst darauf, Brüder in ihr um die Jahrhundertwende in Paris gegründetes Kloster zu entsenden, verfügten aber schon in der Mitte des 14. Jahrhunderts über zehn weitere *studia generalia*, von denen sich eines in dem 1297 gegründeten Konvent zu Erfurt befand.[23]

Wenn Roger Bacon in seinem zwischen 1271 und 1276 entstandenen „Compendium studii philosophiae" mit Stolz feststellt, die Bettelorden hätten *in omni civitate, in omni castro et in omni burgo* Doktoren heimisch gemacht,[24] und die Pariser Universität die Vermehrung der Bildungsstätten als eine Art Inflation bedauert,[25] dann meinen beide damit nicht nur die in den städtischen Zentren errichteten Generalstudien, sondern auch die in Mittel- und Kleinstädten gelegenen Provinzial- bzw. Partikularstudien, die seit den dreißiger Jahren des 13. Jahrhunderts Europa wie mit einem Netz überzogen. Wie dicht dieses Netz war, ist bisher noch nicht systematisch untersucht worden, kann sicherlich auch nicht mit letzter Sicherheit festgestellt werden, da der Sitz dieser Studien viel häufiger wechselte als der der Generalstudien und die Grenzen zwischen General- und Partikularstudien, aber auch zwischen Partikularstudien und den Studien in den einzelnen Konventen fließend waren.[26] Was unter solchen Voraussetzungen über die Anzahl der Partikularstudien zu sagen ist, kann keinen Anspruch auf Vollständigkeit erheben. Wir wissen, daß die Straßburger Franziskanerprovinz zwischen 1352 und 1362 ca. 20[27] und die römische Dominikanerprovinz 1339 nicht weniger als 25 Partikularstudien unterhielt,[28] während die Kölner Augustinerprovinz und die niederdeutsche Provinz der Karmeliten über acht bzw. vier solcher Studien verfügten,[29] was den Schluß erlaubt, daß die Zahl der Partikularstudien diejenige der Generalstudien um ein Vielfaches übertroffen haben muß.

## II.

Wie sah es mit der Verbreitung der Bettelorden und der Errichtung von Studienhäusern im mittelalterlichen Westfalen aus? Die Franziskaner ließen sich zu Beginn der dreißiger Jahre des 13. Jahrhunderts in Herford (1229), Paderborn (1232), Soest (1233) und Osnabrück (nach 1233) nieder, in der Mitte des Jahrhunderts errichteten sie Klöster in Dortmund (vor 1244) und Höxter (1248), ihnen folgte noch in den

---

23 *A. M. Rossi,* Prospectus historicus studiorum in Ordine Servorum M. Mariae Virginis, Studi storici dell'Ordine dei Servi di Maria 16 (1966), S. 153-171.

24 *J. S. Brewer,* (Hrsg.), Fr. Rogeri Bacon opera quaedam hactenus inedita I (= Rolls Series 15), London 1859, S. 398.

25 *H. Denifle/E. Chatelain* (Hrsg.), Chartularium Univeritatis Parisiensis I, Paris 1899, Nr. 230.

26 Über die Möglichkeiten und Grenzen solcher Untersuchungen zuletzt: *M. O'Carroll,* The Educational Organization of the Dominicans in England and Wales 1221-1348: A Multidisciplinary Approach, AFP 50 (1980), S. 23-62.

27 *J. Knepper,* Das Schul- und Unterrichtswesen im Elsaß von den Anfängen bis gegen das Jahr 1530, Straßburg 1905.

28 Le Scuole (wie Anm. 9).

29 *E. Ypma,* De Augustijnenorde in de noordelijke Nederlanden en de studies in de 14$^e$ en 15$^e$ eeuw, in: Postillen over kerk en maatschappij in de vijftiende en zestiende eeuw, Utrecht 1964, S. 237-256. Lansink (wie Anm. 6).

vierziger Jahren eine Niederlassung in Münster. Zur gleichen Zeit kamen die Dominikaner nach Westfalen. Zwischen 1228 und 1232 faßten sie in Soest Fuß, 1236 gründeten sie einen Konvent in Minden, an der Wende vom 13. zum 14. Jahrhundert kamen sie nach Warburg (1281), Osnabrück (1285) und Dortmund (1310/19). Erst im 17. Jahrhundert gelang es ihnen, in Münster, wo sie seit 1346 über eine von Osnabrück aus gegründete Terminei verfügten, einen eigenen Konvent zu errichten. Nachdem schon in der Mitte des 13. Jahrhunderts italienische Eremiten in Marienthal, Burlo und Holte heimisch geworden waren, errichtete der 1256 entstandene Augustiner-Eremitenorden in den achtziger Jahren in Ostwestfalen die Klöster Lippstadt, Osnabrück und Herford. Sieht man von den im 15. Jahrhundert im Zuge der Observanzbewegung entstandenen Mendikantenklöstern ab, läßt man den auf der Grenze zwischen Mendikanten und Kanonikern stehenden Kreuzherrenorden und die Termineistationen auswärtiger Karmelitenklöster beiseite, dann belief sich die Zahl der im Mittelalter entstandenen westfälischen Mendikantenklöster auf insgesamt fünfzehn. Auch wenn es den meisten Orden im 14. und 15. Jahrhundert versagt blieb, weitere Konvente zu errichten, blieb ihre Präsenz nicht auf die genannten Klöster beschränkt. Es gelang ihnen nämlich, diese mit einem Kranz von Termineien zu umgeben und so das Land mit einem dichten Netz von Absteigequartieren und Seelsorgestationen zu überziehen.[30]

Die Dominikanerklöster Westfalens waren bis 1468 mit den Konventen in Wesel und Bremen zu einem Vikariatsbezirk zusammengefaßt, zur Bildung einer eigenen, auf Westfalen beschränkten Provinz ist es jedoch nie gekommen. Die *Natio Westfalica* gehörte vielmehr mit den Nationen oder Kontraten Sachsen, Thüringen, Meißen, Brandenburg, Friesland, Holland, Livland und Slavenland zu den 1301/03 durch Teilung der bis dahin ungeteilten Provinz *Teutonia* entstandenen *Provincia Saxonia*[31]. Ähnlich war die organisatorische Zuordnung der Augustiner-Eremiten. Sie waren — läßt man das an der Grenze zwischen Westfalen und dem Rheinland liegende Kloster Marienthal bei Brünen beiseite — Bestandteil der 1299 errichteten thüringisch-sächsischen Ordensprovinz, der auch die Konvente in Thüringen und Sachsen, Hessen und Niedersachsen, in der Neumark und Pommern angehörten.[32] Die

---

30 Über die Bettelordensklöster in Westfalen im Überblick: *J. Schmitz-Kallenberg*, Monasticon Westfaliae. Verzeichnis der im Gebiet der Provinz Westfalen bis zum Jahre 1815 gegründeten Stifte, Klöster und sonstigen Ordensniederlassungen, Münster 1909. *H. Hoogeweg*, Verzeichnis der Stifte und Klöster Niedersachsens vor der Reformation, Hannover 1908. *Kl. Honselmann*, Das Klosterwesen im Raum der oberen Weser, in: Kunst und Kultur im Weserraum 800-1000 I, Münster 1966, S. 223-224. *H. Richtering*, Stifte und Klöster im Weserraum bis ins 16. Jahrhundert, in: Ostwestfälisch-weserländische Forschungen zur geschichtlichen Landeskunde, hg. v. *H. Stoob* (= Veröffentlichungen des Provinzialinstituts für westfälische Landeskunde, Reihe I, Heft 15), Münster 1970, S. 377-412. *A. Schröder*, Die Kirche in Westfalen vor der Reformation. Verfassung und geistliche Kultur, Mißstände und Reformen II, Münster 1967, S. 185-241. *W. P. Eckert*, Geschichte und Wirken des Dominikanerordens in Westfalen, in: Monastisches Westfalen. Klöster und Stifte 800-1800, Münster 1982, S. 113-133. *D. Berg*, Die Franziskaner in Westfalen, ebd., S. 143-163. *K. Elm*, Die Augustiner-Eremiten in Westfalen, ebd., S. 167-176.

31 *P. von Loë*, Statistisches über die Ordensprovinz Saxonia (= Quellen und Forschungen zur Geschichte des Dominikanerordens in Deutschland 4), Leipzig 1910, S. 7-14.

32 *A. Kunzelmann*, Die sächsisch-thüringische Provinz und die sächsische Reformkongregation bis zum Untergang der beiden. Geschichte der deutschen Augustiner-Eremiten V (= Cassiciacum XXVI/5) Würzburg 1974.

westfälischen Franziskanerklöster, die seit 1260 eine eigene *Custodia* bildeten, gehörten nicht zur sächsischen, sondern zur kölnischen Provinz, die 1239 aus der Teilung der 1229/30 entstandenen *Provincia Rheni* hervorgegangen war und neben der *Westfalica* die Kustodien Köln, Trier, Hessen, Holland, Deventer und Brabant umfaßte.[33] Die im Zuge der Observanzbewegung gegründeten Konvente orientierten sich anders als die der Konventualen nach Osten: seit 1518 waren sie Bestandteil der sächsischen Provinz des Franziskanerordens.[34]

Die Stellung der westfälischen Bettelordensklöster im „Plangefüge" ihrer Orden blieb nicht ohne Konsequenzen für ihren Anteil am Studienwesen. Die von den Provinzen einzurichtenden Generalstudien befanden sich in deren geographischem Mittelpunkt: in Köln, in Magdeburg und Erfurt, später auch in Brügge und Gent, in Leipzig und Rostock. Die an der Peripherie gelegenen westfälischen Klöster blieben daher ohne eigenes Ordensstudium, hatten also ihren Nachwuchs zur Ausbildung ins Rheinland, nach Mittel- und Süddeutschland oder gar nach Frankreich, England und Italien zu schicken: eine Notwendigkeit, die schon früh als für das Bildungswesen Westfalens charakteristisch angesehen wurde und bis zu der im 18. Jahrhundert erfolgten Gründung der Universität Münster bestimmend geblieben ist.[35]

Was die Partikularstudien angeht, waren die Verhältnisse günstiger, legten doch Lage und Zahl, Personalstärke und Ausstattung der westfälischen Klöster die Errichtung solcher Studien nahe. Dennoch kam es in Westfalen anders als in den benachbarten Provinzen und Unterbezirken nicht zur Ausbildung kontinuierlich betriebener Partikularstudien.[36] Wir finden zwar in den Quellen wiederholt Hinweise auf *studia artium, philosophie* oder *theologie* in den größeren westfälischen Bettelordensklöstern.[37] Es ist bekannt, daß am Ende des 15. Jahrhunderts in Dortmund jahrzehntelang ein *studium theologiae* bestand[38] und bei den Augustinern in Osnabrück, Herford und Lippstadt Studium und Lehre zeitweilig mit besonderer Intensität betrieben wurden, wir wissen auch, daß 1434 das von Heinrich Zolter als *regens studiorum* geleitete Magdeburger Generalstudium der Augustiner-Eremiten wegen Streitigkeiten zwischen Orden, Erzbischof und Rat der Stadt für einige Zeit nach

---

33 *P. Schlager*, Beiträge zur Geschichte der kölnischen Franziskaner-Ordensprovinz im Mittelalter, Köln 1913. *D. Göcking*, Franziskanisches Leben in Westfalen. Ein Überblick, in: Exempla monastica, Werl 1976, S. 15-18.

34 *W. Kullmann*, Die sächsische Franziskanerprovinz. Ein tabellarischer Leitfaden ihrer Geschichte, Düsseldorf 1927. *L. Hardick*, Ostwestfalen im Plangefüge der Sächsischen Franziskanerprovinz, WZ 110 (1960), S. 306.

35 *W. Rolevinck*, De laude antiquae Saxoniae, nunc Westfalia dictae. Text mit deutscher Übersetzung, hg. v. *H. Bücker*, Münster 1953, S. 130ff. Ähnlich Erasmus im Sommer 1521 an Thomas Morus: *P. S. Allen/H. M. Allen* (Hrsg.), Opus Epistolarum Des. Erasmi Roterdami IV, Oxford 1922, S. 546. Vgl. auch Anm. 3. Über die Jesuitenuniversitäten Westfalens: *K. Hengst*, Jesuiten an Universitäten und Jesuitenuniversitäten. Zur Geschichte der Universitäten in der Oberdeutschen und Rheinischen Provinz der Gesellschaft Jesu im Zeitalter der konfessionellen Auseinandersetzung, Paderborn-München-Wien-Zürich 1981, S. 184-191, S. 238-280.

36 Vgl. z. B.: *F. Doelle*, Das Partikularstudium der sächsischen Provinz im Mittelalter. Franziskanische Studien 14 (1927), S. 244-257. *Ypma* (wie Anm. 29) S. 237-256. *Lansink* (wie Anm. 6).

37 Vgl. Anm. 30.

38 *Th. Rensing*, Das Dortmunder Dominikanerkloster (1309-1816), Münster 1936.

Osnabrück verlegt wurde.[39] Man gewinnt dennoch den Eindruck, daß die Mendikanten in Westfalen darauf verzichteten, einzelne Konvente zum dauernden Sitz von Partikularstudien zu machen, diese vielmehr von Fall zu Fall dort einrichteten, wo ein entsprechendes Bedürfnis bestand bzw. geeignete Lehrkräfte vorhanden waren.
Kein Zweifel kann daran bestehen, daß sich so gut wie alle westfälischen Klöster an die von Dominikus aufgestellte Maxime gehalten haben, auch in den Konventen Studienmöglichkeiten zu schaffen und so das Ordensleben zum Studium und das Studium zum Ordensleben zu machen. Es gibt kaum einen Konvent, in dem nicht zumindest ein Lektor tätig war, der durch das Studium an einem Generalstudium oder gar an einer Universität die Befähigung erworben hatte, Novizen zu unterrichten und zur Weiterbildung seiner Mitbrüder beizutragen. Der in der zweiten Hälfte des 15. Jahrhunderts angelegte „Liber obituum et anniversorum" der Predigerbrüder in Osnabrück führt 180 Konventualen auf, von denen 40 den Lektoren- bzw. Magistertitel führen,[40] von den bekannten Dortmunder Dominikanern des Mittelalters haben 45 ein Studium an Generalstudien oder Universitäten absolviert,[41] und unter den 70 in den Urkunden des Augustiner-Klosters Lippstadt genannten Konventualen befinden sich 25 Lektoren und Magister.[42] Wenn für die Franziskanerklöster in Paderborn, Münster, Dortmund, Osnabrück und Höxter die Zahl der bekannten Lektoren niedriger ist, hat dies seinen Grund sicherlich nicht in einem geringeren wissenschaftlichen Interesse der Franziskaner, sondern in einer sehr viel schlechteren Überlieferung.[43]
Die Zahl der gelehrten, daheim und auswärts mit wichtigen Funktionen betrauten westfälischen Dominikaner und Franziskaner ist nicht gering. Man braucht nur an die bedeutenden Generalmagister, die „Grenzwestfalen" Jordan von Sachsen[44] und Johannes Teutonicus[45], zu erinnern und auf die großen Prediger Jakob von Soest[46]

---

[39] *Kunzelmann* (wie Anm. 32) S. 187-202. *Eckermann* (wie Anm. 2) S. 204-217. *Th. Beckmann*, Das ehemalige Augustiner-Eremitenkloster zu Osnabrück (= Osnabrücker Geschichtsquellen und Forschungen 13), Osnabrück 1970, S. 35-36.

[40] *L. Siemer*, Liber obituum et anniversariorum der Predigerbrüder in Osnabrück, Archiv der deutschen Dominikaner 1 (1937), S. 15-89.

[41] *Rensing* (wie Anm. 38).

[42] Der Vf. hofft eine detaillierte Prosopographie der westfälischen Augustiner-Eremiten bei anderer Gelegenheit vorlegen zu können.

[43] *S. Reinhardt*, 300 Jahre Minoriten auf dem Kamp in Paderborn 1232-1532, Die Warte 20 (1959), 4. *R. Schulze*, Bilder aus der Geschichte des Minoritenkloster zu Münster i. W., Auf Roter Erde (1931/32), S. 45. *A. Bierbaum*, Von Dortmunds Franziskanern in alter und neuer Zeit, Werl 1924, S. 22-23.

[44] *Th. Rensing*, Die Herkunft des Dominikanergenerals Jordan von Sachsen, Westfalen 17 (1932), S. 174-177.

[45] *Ders.*, Johannes Teutonicus, in: Westfälische Lebensbilder IV, Münster 1933, S. 23-37.

[46] *J. Beckmann*, Studien zum Leben und literarischen Nachlaß Jakobs von Soest O.P. (1360 bis 1440) (= Quellen und Forschungen zur Geschichte des Dominikanerordens in Deutschland 25), Leipzig 1929. *A. De Guimaraes*, Autour de la chronique de Jacques de Soest et de ses éditions, Archivum franciscanum historicum (= AFH) 7 (1937), S. 290-304. Weitere Literatur bei *Kaeppeli* (wie Anm. 5) II, S. 343.

und Dietrich Kolde[47], den bekannten Historiker Heinrich von Herford[48], den gelehrten Theologen Heinrich von Werl[49] und den Orientfahrer Wilhelm von Boldensele[50] aufmerksam zu machen. Wenn es jedoch darum geht, Herkunft, Bildungsgang und Wirksamkeit einer bestimmten im mendikantischen Studiensystem ausgebildeten Personengruppe vollständig zu erfassen, sollte man sich nicht auf die Prediger und Barfüsser, sondern auf die Augustiner-Eremiten konzentrieren. Anders als im Fall der Dominikaner und Franziskaner ist ihre Stellung in der Organisation des Ordens bis zur Aufhebung der Klöster unverändert geblieben,[51] und anders als diese haben sie uns nicht nur fragmentarische Quellen hinterlassen: Neben den weitgehend unzerstört gebliebenen Klosterarchiven und einer Reihe aufschlußreicher Handschriften[52] unterrichtet die in der Mitte des 14. Jahrhunderts einsetzende und seither ununterbrochen fortgeführte Serie der römischen Generalregister über den Studiengang zahlreicher Ordensleute aus Westfalens.[53]

## III.

Will man den Bildungsgang der aus Westfalen stammenden bzw. in westfälische Klöster eingetretenen Ordensleute verfolgen, tut sich die weite Landschaft der europäischen Generalstudien und Universitäten auf. Die westfälischen Mendikanten studierten ja nicht nur an den Generalstudien ihrer Provinz, sie wurden entsprechend einer in allen Bettelorden üblichen Praxis auch an die *studia generalia* anderer Provinzen und die normalerweise für die Verleihung des Doktorgrades allein zuständigen Universitäten entsandt. Westfälische Mendikanten sind also nicht nur in Köln, Magdeburg und Erfurt, sondern in nicht geringer Zahl auch an den Universitäten von Oxford und Cambridge, Bologna, Siena und Perugia sowie an den über ganz Europa verstreuten *studia generalia* ihres Ordens zu finden, was nicht unerheblich

---

47 *K. Zuhorn*, Weitere Untersuchungen zur Lebensgeschichte Dietrich Koldes, WZ 112 (1962), S. 53-61.

48 *F. Diekamp*, Über die schriftstellerische Tätigkeit des Dominikaners Heinrich von Herford, WZ 57 (1899), S. 90-103. Weitere Literatur bei *Kaeppeli* (wie Anm. 5) II, S. 197.

49 *S. Clasen*, Heinrich von Werl O. Min., ein deutscher Skotist. Beiträge zu seinem Leben und seinen Schriften, Wissenschaft und Weisheit 10 (1943), S. 61-72; 11 (1944), S. 67-71.

50 *H. Lahrkamp*, Mittelalterliche Jerusalemfahrten und Orientreisen westfälischer Pilger und Kreuzritter, WZ 106 (1956), S. 316-322.

51 *Kunzelmann* (wie Anm. 32).

52 *A. Zumkeller*, Manuskripte der Autoren des Augustiner-Eremitenordens in mitteleuropäischen Bibliotheken (= Cassiciacum 20), Würzburg 1966.

53 Es handelt sich um die Serie Dd des Generalarchivs der Augustiner in Rom. Ediert wurden bisher die Einträge aus den Amtsjahren einiger Generalprioren. Auszüge, die die kölnische Provinz betreffen, in: *N. Teeuwen/A. De Meijer* (Hrsg.), Documents pour servir à l'histoire médiévale de la province Augustinienne de Cologne. Extraits de registres des prieurs généraux (1357-1506), Héverlé-Louvain 1961-1979 (= Doc). Ein handschriftlicher Auszug der die deutschen Provinzen betreffenden Registereinträge befindet sich im Clm 8423 (Compendium seu Notata ex Registris vel Commentariis Generalibus Archivi Generalis), der zwischen 1728 und 1730 von dem Münchener Augustiner-Eremiten P. Fulgentius Mayr angelegt wurde (= Clm 8423).

*zur Bestätigung der Feststellung beiträgt: Quamquam Westphaliae academia defuit, academiis Westphali numquam defuerunt*[54].

Von den Konventualen der im 13. Jahrhundert gegründeten und in den vierziger Jahren des 16. Jahrhunderts aufgehobenen westfälischen Augustiner-Eremitenklöstern Osnabrück, Herford und Lippstadt sind über 200 namentlich bekannt.[55] Die Auswertung der genannten Quellen hat ergeben, daß 60 von ihnen den Grad eines Lektors, 16 den eines Magisters oder Doktors der Theologie erwarben. Fünf von ihnen – Hermann von Schildesche, Johannes von Klenkok, Johannes von Brakel, Johannes von Dorsten und Gottschalk Hollen – gehören zu den 75 Augustinertheologen, von denen Sentenzenkommentare oder andere theologisch beachtliche Werke auf uns gekommen sind, so daß man sie den führenden Theologen ihres Ordens, ja ihrer Zeit, zurechnen kann.[56] Das ist ein erstaunliches Ergebnis, wenn man bedenkt, daß z. B. die böhmische Dominikanerprovinz mit ihren rund 80 Klöstern und ca. 150 Lektoren keineswegs mehr Ordensleute von überdurchschnittlicher Reputation hervorgebracht hat.[57]

Schon von den ersten namentlich bekannten Augustiner-Eremiten Westfalens wurde einer zum Studium nach Paris entsandt. Es handelt sich bei ihm um einen Lemgoer *dictus de Seleg*. Anders als man von ihm erwartete, kam er in Paris nicht zum Abschluß seines Studiums. Er wurde vielmehr, wie Heinrich von Herford berichtet, zu einem *Patherenus pessimus*, was zur Folge hatte, daß man ihn 1297 verbrannte.[58] Diese Erfahrung hielt den Orden nicht davon ab, weitere Ordensleute aus Westfalen an das *studium solemne* nach Paris zu schicken. Drei von ihnen – Hermann von Schildesche,[59] Johannes von Brakel[60] und Johann von Höxter[61] – erreichten hier den Gipfel der akademischen Karriere. Sie wurden 1334, 1364 bzw. 1388 zu *magistri sacrae paginae* promoviert. Wie in Frankreich, so lassen sich auch in England eine Reihe von Augustiner-Eremiten aus Westfalen nachweisen, die in Oxford[62], Cam-

---

54 Panegyricus die natali Academiae Theodorianae Paderbornensis reverendissimo atque illustrissimo principi Theodoro, episcopo ecclesiae Paderbornensis, a collegio Academico Societatis Jesu oblatus..., Paderborn 1616.

55 Die hier angegebene Zahl liegt sicherlich unter derjenigen der tatsächlich studierenden westfälischen Augustiner-Eremiten, da nicht in allen Fällen die Landsmannschaft der zum Studium bestimmten oder mit akademischen Graden ausgestatteten Ordensleute der thüringisch-sächsischen Provinz zu bestimmen war.

56 *A. Zumkeller*, Die Augustinerschule des Mittelalters. Vertreter und philosophisch-theologische Lehre, AA 28 (1965), S. 167-262.

57 *V. J. Koudelka*, Die böhmische Dominikanerprovinz im Mittelalter, AFP 26 (1956), S. 246-302, 451-462; 27 (1957), S. 39-119.

58 *A. Potthast* (Hrsg.), Liber de rebus memorabilibus sive chronicon Henrici de Herfordia, Göttingen 1859, S. 216. *B. Brilling/H. Richtering*, Urkunden und Regesten zur Geschichte der Juden in Westfalen und Lippe 1 (1005-1350) (= Studia Delitzschiana 2), Stuttgart 1967, S. 58-59.

59 *A. Zumkeller*, Hermann von Schildesche O.E.S.A. († 8. Juli 1357). Zur 600. Wiederkehr seines Todestages (= Cassiciacum XIV), Würzburg 1953, S. 8-13.

60 *D. Trapp*, Teólogos agustinos alemanes del siglo XIV, Archivo Agustiniano 48 (1954), S. 295 bis 298. *Ders.*, Clm 27034. Unchristened Nominalism and Wycliffite Realism at Prague in 1381, Recherches de théologie ancienne et médiévale 24 (1975), S. 325-328.

61 *A. Zumkeller*, Jean de Huxaria, in: Dictionnaire de Spiritualité VIII (1974), c. 556-557.

62 Johann v. Herford (1388): Clm 8423, S. 443. Johann v. Lippstadt (1389): Clm 8423, S. 443. Johannes Klenkok: Anm. 65.

bridge[63] und Norwich[64] studieren. Nur einer von ihnen konnte den Magistergrad erlangen. Das war Johannes Klenkok, der 1354/55 in Oxford die Sentenzen las und 1359 die *licentia ubique docendi* erhielt.[65] Die Hinwendung nach Frankreich und England war nicht außergewöhnlich, sie läßt sich auch bei den anderen westfälischen Mendikanten beobachten. Bemerkenswert ist hingegen, daß verhältnismäßig viele Augustiner-Eremiten im Mutterland ihres Ordens, d. h. an den Generalstudien in Bologna,[66] Padua[67], Florenz[68], Perugia[69], Siena[70], Pavia[71], Rimini[72], und Rom[73], studierten. Nur von einem von ihnen, dem späteren Weihbischof Johannes Wennekker aus Meppen, wird berichtet, daß er in Bologna *magistri vel doctoris nomen et dignitatem magna cum laude obtinuit*,[74] die anderen beschränkten sich auf den Erwerb des Lektorengrades, obwohl es Männern wie Gottschalk Hollen[75] und Johannes Schiphower,[76] die beide in Italien studierten, sicherlich nicht an den für die Erlangung der Doktorwürde nötigen Fähigkeiten gefehlt haben dürfte.

Von den deutschen Generalstudien dürfte das im 13. Jahrhundert entstandene Studium in Magdeburg zunächst die größte Bedeutung gehabt haben.[77] Obwohl an

63 Winand v. Lippe (1390): Clm 8423, S. 444. Johann v. Herford (1389): Clm 8423, S. 444.

64 Hermann v. Lemgo (1391): Clm 8423, S. 507.

65 *H. Bütow*, Zur Lebensgeschichte des Augustinermönches Johannes Klenkok, Bekämpfer des Sachsenspiegels, Historische Vierteljahrschrift 29 (1935), S. 541-575. *D. Trapp*, Notes on John Klenkok O.S.A. († 1374), Augustinianum 4 (1964) S. 358-404. *A. Zumkeller*, Johannes Klenkok O.S.A. († 1374) im Kampf gegen den Pelagianismus seiner Zeit. Seine Lehre über Gnade, Rechtfertigung und Verdienst, Recherches Augustiniennes 13 (1978), S. 231-333. *Ders.*, Erbsündenlehre des deutschen Augustinertheologen Johannes Klenkok († 1374), Augustiniana 29 (1979), S. 316-340.

66 Johannes Klenkok (1342-46): Anm. 65. Bernhard v. Osnabrück (1392): Clm 8423, S. 445. Johannes Wennecker (1440): Anm. 74, S. 9. Hermann v. Osnabrück (1449): Stuttg. LB. Theol. fol. 141 (1480). Johann v. Lippstadt (1485): Clm 8423, S. 465. Johannes Schiphower (1484-87): Anm. 76. Werner v. Münster (1488): Clm 8423, S. 466. Gerhard Hecker (1490): Dd8, fol. 220 v. Arnold v. Herford (1503): Clm 8423, S. 468.

67 Johannes v. Unna (1393): Clm 8423, S. 445. Hermann v. Unna (1393): Clm 8423, S. 448.

68 Otto v. Osnabrück (1387): Clm 8423, S. 441.

69 Gottschalk Hollen (1436): Anm. 75, S. 39-40.

70 Gottschalk Hollen (1440): Anm. 75, S. 40-43. Heinrich v. Osnabrück (1481): Clm 8423, S. 465. Johannes Schiphower (1489-91): Anm. 76.

71 Meinolph v. Lippe (1488): Clm 8423, S. 465.

72 Otto v. Osnabrück (1387): Clm 8423, S. 443. Bernhard v. Osnabrück (1392): Clm 8423, S. 445.

73 Johann v. Meppen (1485): Clm 8423, S. 466.

74 *P. Keller*, Index Episcoporum Ordinis Eremitarum S. Augustini Germanorum, Münnerstadt 1876, S. 9. *Beckmann* (wie Anm. 39) S. 38-39.

75 *W. Eckermann*, Gottschalk Hollen O.E.S.A. († 1481). Leben, Werke und Sakramentenlehre (= Cassiciacum XXII), Würzburg 1967.

76 *H. Oncken*, Zur Kritik der Oldenburgischen Geschichtsquellen im Mittelalter. Diss. phil. Berlin 1891. Zahlreiche Angaben zu Schiphowers Leben und Ausbildung in seinem Chronicon Archicomitum Oldenburgensium, in: *H. Meibom* (Hrsg.), Scriptores Rerum Germanicarum II, Helmstedt 1688, S. 121-192.

77 Über Magdeburg und sein Generalstudium liegt bisher keine befriedigende Untersuchung vor. Vgl. *Kunzelmann* (wie Anm. 32) S. 105-123. *A. Zumkeller*, Augustinerklöster rund um den Harz in alter Zeit, Cor Unum 22 (1964), S. 123. *H. Asmus*, Geschichte der Stadt Magdeburg,

ihm auch später noch bekannte Lektoren und Magister lehrten, blieb es schon bald hinter dem im zweiten Jahrzehnt des 14. Jahrhundert gegründeten Studium in Erfurt zurück, was sicherlich seinen Grund darin hatte, daß dieses, 1392 der Universität inkorporiert, bessere Ausbildungsmöglichkeiten bot als das Studium in Magdeburg.[78] In Erfurt, wo schon vor der Gründung der Universität die Lektoren bzw. Magister Heinrich von Friemar d. Ä., Hermann von Schildesche und Jordan von Sachsen gelehrt hatten[79] und nach 1392 bedeutende Augustiner den ihrem Orden zustehenden theologischen Lehrstuhl zu hohem Ansehen brachten, hielten sich im 15. Jahrhundert relativ viele westfälische Augustiner zum Studium auf. Vier von ihnen – Johannes von Ahlen (1397)[80], Heinrich Zolter (1429)[81], Johannes Sartoris (1453)[82] und Johannes Bauer (1465) – wurden von ihren Ordensbrüdern, den *magistri regentes* Johannes Zachariae, Hermann Zachariae und Heinrich Ludovici, zu Doktoren der Theologie promoviert. Johannes Bauer aus Dorsten wurde selbst Theologieprofessor in Erfurt, wo er von 1465 bis 1481 als *magister regens* nicht unerheblich zur Bedeutung der dortigen Augustinerschule beitrug.[83]

In der zweiten Hälfte des 14. Jahrhunderts rückten Prag und Köln, im 15. und beginnenden 16. Jahrhundert Rostock und Wittenberg ins Blickfeld der westfälischen Augustiner. Das 1290 erstmalig erwähnte Generalstudium in Köln war vornehmlich

---

[2] Berlin 1977. Man wird angesichts der nur fragmentarischen Überlieferung der Kapitelsbeschlüsse der thüringisch-sächsischen Provinz allerdings von einer Auswertung der Magdeburger Archivalien (B. *Schwineköper*, Gesamtübersicht über die Bestände des Landeshauptarchivs Magdeburg I = Quellen zur Geschichte Sachsen-Anhalts 1, Halle 1954, S. 10, 57) ebensowenig erwarten dürfen wie von der Auswertung der Generalregister, da die Zuweisung zu den in der eigenen Provinz gelegenen *Studia* Sache der Provinzkapitel war. Hinweise auf auswärtige, in Magdeburg studierende Studenten u. a.: Clm 8423, S. 83, 145, 443, 444, 450. Nachdem das Studium 1434 vorübergehend nach Osnabrück verlegt worden war (Clm 8423, S. 450), mußte man sich u. a. 1465 mit Nachdruck darum bemühen, *ne studium Magdeburgense pereat*, was zweifellos mit der überragenden Stellung des benachbarten Studiums in Erfurt und der mangelnden Unterstützung durch den Rat von Magdeburg zu tun hatte.

78 L. *Meier*, Contribution à l'histoire de la théologie à l'université d'Erfurt, Revue d'histoire ecclésiastique 50 (1955) S. 454-479, 839-866. E. *Kleineidam*, Universitas Studii Erffordensis I-II (= Erfurter Theologische Studien, 14, 22), Leipzig 1964, 1969. *Ders.*, Die Bedeutung der Augustinereremiten für die Universität Erfurt im Mittelalter und in der Reformationszeit, in: C. P. Meyer/W. Eckermann (Hrsg.), Scientia Augustiniana. Festschrift für ... Adolar Zumkeller (= Cassiciacum XXX), Würzburg 1975, S. 395-422. A. *Zumkeller*, Erbsünde, Gnade und Rechtfertigung im Verständnis der Erfurter Augustinertheologen des Spätmittelalters, Zeitschrift für Kirchengeschichte 92 (1981), S. 39-59.

79 *Kunzelmann* (wie Anm. 32) S. 13-41.

80 *Kleineidam* (wie Anm. 78) I, S. 348. *Kunzelmann* (wie Anm. 32) S. 52.

81 *Kleineidam* (wie Anm. 78) I, S. 279. *Kunzelmann* (wie Anm. 32) S. 112-114. *Beckmann* (wie Anm. 39) S. 35-37.

82 *Kleineidam* (wie Anm. 78) I, S. 289, 351. Clm 8423, S. 454. *Kunzelmann* (wie Anm. 32) S. 69-70.

83 A. *Zumkeller*, Die Lehre des Erfurter Augustinertheologen Johannes von Dorsten († 1481) über Urzustand und Erbsünde, in: Aus Reformation und Gegenreformation, Festschrift Theobald Freudenberger, Würzburg 1974, S. 43-74. *Ders.*, Der Predigtband Cod. Berolinensis Lat. Fol. 851 des Erfurter Augustinertheologen Johannes von Dorsten († 1481), Augustiniana 27 (1977), S. 402-430. *Ders.*, Die Lehre des Erfurter Augustinertheologen Johannes von Dorsten über Gnade, Rechtfertigung und Verdienst, Theologie und Philosophie 53 (1978) S. 27-64, 179-219.

für die Mitglieder der Kölner Ordensprovinz bestimmt,[84] was bedeutete, daß an ihm in erster Linie aus dem Sauerland und dem westlichen Münsterland stammende Westfalen studierten, die wie der Kölner *magister regens* Gerhard von Bocholt in ein Kloster der rheinischen Provinz eingetreten waren.[85] In Köln studierten aber auch Angehörige der drei zur thüringisch-sächsischen Provinz gehörenden westfälischen Konvente,[86] von denen der aus Warburg stammende, in Herford eingetretene Landulph Buth als Kölner Magister (1418), Prior des Kölner Klosters und schließlich Provinzial der rheinischen Provinz zu besonderem Ansehen gelangte.[87]

In Prag, wo schon 1369/70 bzw. 1381 bis 1385 die Westfalen Johannes Klenkok und Johannes von Brakel an dem bei St. Thomas gelegenen Studium[88] als Lehrer tätig gewesen waren,[89] ließen sich 1390 zwei westfälische Augustiner immatrikulieren.[90] Sie blieben allerdings die ersten und einzigen Augustiner-Eremiten, die sich aus Westfalen zum Studium nach Prag begaben, wahrscheinlich waren es die schon bald an der dortigen Universität ausbrechenden Streitigkeiten, die die *Carolina* und das ihr angeschlossene Generalstudium an Attraktion verlieren ließen. Im 15. Jahrhundert studierten nachweisbar sechs westfälische Augustiner-Eremiten in Rostock, obwohl es hier kein eigenes Ordensstudium gab.[91] Drei von ihnen – Heinemann von Unna (1485), Heinrich Schadehoet aus Dissen (1484) und Hermann Dreier aus Lemgo (1484) – schlossen ihr Studium als *magistri sacrae theologiae* ab. Zu Beginn des 16. Jahrhunderts wandte sich das Interesse der Augustiner der 1502 von Kurfürst Friedrich dem Weisen in Zusammenarbeit mit Johann von Staupitz und der sächsischen Reformkongregation gegründeten Universität Wittenberg zu.[92] Als

---

84 Zur Frühgeschichte des Kölner Generalstudiums der Augustiner-Eremiten zuletzt: *A. Zumkeller,* Neuentdeckte Sermones des Augustinermagisters Gyso von Köln († 1409), Mitbegründers der Kölner Theologischen Fakultät, in: Wahrheit und Verkündigung. Michael Schmaus zum 70. Geburtstag, München-Paderborn-Wien 1967, S. 1121-1140. *K. Elm,* Papsturkunden aus dem Kölner Augustiner-Eremitenkloster in der Pariser Nationalbibliothek (Fonds latin 9286), in: Scientia Augustiniana (wie Anm. 78) S. 515-543.

85 *H. Keussen,* Die Matrikel der Universität Köln I: 1389-1475 (Publikationen der Gesellschaft für rheinische Geschichtskunde VIII/a), ²Bonn 1928, S. 60*. *A. Kunzelmann,* Die kölnische Provinz bis zum Ende des Mittelalters. Geschichte der deutschen Augustiner-Eremiten IV (= Cassiciacum XXVI, 4), Würzburg 1972, S. 266-271.

86 Johann v. Ahlen: *Kunzelmann* (wie Anm. 85) S. 43. Petrus Benninghausen: Clm 8423, S. 466. Heinemann Wernecke: Dd 7, fol. 67ᵛ. Radulf v. Herford: Dd 7, fol. 68ᵛ. Heinrich v. Lemgo: Dd 8, fol. 67ᵛ. Johannes Haltzmann: *Beckmann* (wie Anm. 39) S. 51.

87 *Keussen* (wie Anm. 85) S. 66*, 480. *Kunzelmann* (wie Anm. 85) S. 279.

88 *Kadlec, J.,* Das Augustiner-Generalstudium bei Sankt Thomas zu Prag in vorhussitischer Zeit, Augustiniana 17 (1967), 389-401. Ders., Řeholní generalní studia při Karlově Université v době Předhusitské, Acta Universitatis Carolinae, Historia Universitatis Carolinae Pragensis VII, 2 (1966), S. 63-105.

89 Vgl. Anm. 60, 65.

90 Johann von Lippstadt (1390): Clm 8423, S. 443. Eberhard v. Werden (1390): Doc. 148.

91 *Heinrich Schadehoet* (1485/87): *A. Hofmeister,* Die Martikel der Universität Rostock I, Rostock 1889, S. 205. Heinrich Schalle (1485): Ebd., S. 205. Johannes Velkener (1485): Ebd., S. 205. Hermann Dreyer (1483/1487): Ebd., S. 223a, Clm 8423, S. 465. Arnold Volmar (1483): *Hofmeister* S. 233.

92 *G. Wentz,* Das Augustiner-Eremitenkloster in Wittenberg, in: *F. Bünger/G. Wentz,* Das Bistum Brandenburg II (= Germania Sacra I/3), Berlin 1941. Zuletzt über die Augustiner-Eremiten in Wittenberg: *H. Junghans,* Wittenberg als Lutherstadt, Göttingen 1979.

erster westfälischer Augustiner ließ sich hier 1510/11 der Lippstädter Konventuale Johannes Westermann immatrikulieren, ihm folgten bald acht Mitbrüder, von denen je einer aus Osnabrück und Herford, die übrigen aus Lippstadt kamen.[93] Nachdem 1515 Johannes Meler aus Lippstadt von Luther zum Magister der Theologie promoviert worden war, folgten 1523 Johannes Westermann und sein Herforder Mitbruder Gottschalk Gropp, die bald darauf zu Vorkämpfern der Reformation in Westfalen wurden.[94]

Die regionale Herkunft der westfälischen Lektoren und Magister läßt sich nur in wenigen Fällen mit absoluter Sicherheit ermitteln. Erst wenn man einen gewissen Unsicherheitsfaktor in Kauf nimmt und unterstellt, daß die zum Namensbestandteil gewordenen Ortsnamen als Herkunftsbezeichnung verstanden werden können, ergibt sich ein vollständiges Bild. Danach stammen die uns bekannten Ordensgelehrten nur zum geringeren Teil aus den Klosterorten, also aus Herford, Osnabrück und Lippstadt. Die meisten kommen vielmehr aus Orten, die im Termineibezirk der Klöster liegen, u.a. aus Hameln, Höxter, Oldenzaal, Wiedenbrück, Brilon, Warburg, Ahlen, Geseke, Brakel, Unna, Münster und Dorsten. Das hängt mit der in den Bettelorden üblichen Praxis zusammen, die in einem *terminus* beheimateten Novizen dem zuständigen Kloster als *filii nativi* zuzuweisen, ist sicherlich aber auch dadurch zu erklären, daß sich die Terminarier nicht nur um Seelsorge und Besitzerwerb kümmerten, sondern auch die Rekrutierung eines für Ordensleben und Studium geeigneten Nachwuchses betrieben.[95]

Präzise Angaben über die soziale Herkunft lassen sich nur bei denjenigen Ordensleuten machen, die in ihren Schriften darauf eingehen. Es fällt auf, daß unter diesen nur zwei sind, die man bei großzügiger Auslegung dem Adel zurechnen kann. Johannes Klenkok, der um 1300 in Bücken geboren wurde, entstammte einer ritterbürtigen Familie, die in der Grafschaft Hoya ansässig war.[96] Hermann von Schildesche, der um 1290 in Schildesche bei Bielefeld das Licht der Welt erblickte, hatte einen Vater, von dem anzunehmen ist, daß er als Ministeriale im Dienste des dortigen, im 10. Jahrhundert gegründeten Frauenstifts stand.[97] Alle übrigen dürften bürgerlichen oder bäuerlichen Kreisen angehört haben. Der Osnabrücker Dietrich Vrie[98], Johannes von Brakel[99], Johannes Bauer aus Dorsten[100], Johannes Schiphower aus Mep-

---

93 Johannes Sartoris (1509/10): *Wentz* S. 479. Augustin Bleffken (1513): Ebd., S. 487. Kaspar Custos (1515): Ebd., S. 490. Kaspar Belczier (1516): Ebd., S. 491. Johann Hentzig (1516): Ebd., S. 491. Georg Susati (1519): Ebd., S. 496. Hermann Koiten: Ebd., S. 497.

94 *Wentz*, S. 480: Johann Westermann. Ebd., S. 488: Johannes Meler. Ebd., S. 480: Gottschalk Gropp.

95 Vgl. *K. Elm*, Termineien und Hospize der westfälischen Augustiner-Eremitenklöster Osnabrück, Herford und Lippstadt, Jahrbuch für Westfälische Kirchengeschichte 70 (1977), S. 11-49.

96 Vgl. Anm. 65.

97 Vgl. Anm. 56.

98 *A. Zumkeller*, Unbekannte Konstanzer Konzilspredigten der Augustiner-Theologen Gottfried Shale und Dietrich Vrie, AA 33 (1970), S. 5-74.

99 Vgl. Anm. 60.

100 Vgl. Anm. 83.

pen[101], der Lemgoer Hermann Dreier[102] und der Münsteraner Johannes Westermann[103] stammten mit Sicherheit aus Bürgerfamilien, während andere, so der 1411 in Körbecke bei Soest, möglicherweise auf einem den Augustiner-Eremiten in Lippstadt gehörenden Hof, geborene Gottschalk Hollen, eindeutig bäuerlicher Herkunft waren und ihre Vertrautheit mit Land und Leuten in ihren Schriften zum Ausdruck brachten.[104]

Die westfälischen Augustiner-Eremiten kehrten nach ihren auswärtigen Studien keineswegs immer in die Heimat zurück, um hier ihre Kenntnisse und Erfahrungen weiterzugeben. Sieht man von den Versetzungen in andere Klöster der thüringisch-sächsischen Provinz ab und läßt man die vorübergehende, durch Reisen und Ordensämter bzw. Studien- und Lehrtätigkeit verursachte Abwesenheit beiseite, ist eine ganze Reihe von westfälischen Ordensgelehrten zu nennen, die den größten Teil ihres Lebens außerhalb des Heimatklosters verbrachten oder fern von Westfalen starben. Hermann von Schildesche, der nach seiner 1334 in Paris erfolgten Promotion einige Jahre als Provinzialprior tätig war, vollendete sein Lebenswerk in Würzburg. Er war hier seit 1340 als Lehrer an der Domschule tätig und erwarb sich als Generalvikar des Würzburger Bischofs Otto von Wolfskeel große Verdienste. Als er 1357 starb, setzte man ihn in der Kirche des Augustinerklosters, in dem er seit 1340 gewohnt hatte, bei.[105] Sein Zeitgenosse, Johann Klenkok, lehrte nach seiner 1359 erfolgten Promotion in Oxford einige Jahre als *magister regens* an dem Studienhaus seiner Provinz in Magdeburg. 1369/70 kam er nach Prag, wo er das Vertrauen des Kanzlers Johannes von Neumarkt erwarb. Er starb 1374 in Avignon, nachdem er hier in seinen letzten Lebensjahren das Amt eines päpstlichen Poenitentiars bekleidet hatte.[106] In Prag wirkte auch sein Landsmann Johannes von Brakel. Nachdem er an der dortigen Universität von 1381 bis 1385 als *magister regens* gelehrt hatte, begab er sich nach Wien, wo er schon bald starb und neben seinen berühmten Mitbrüdern Thomas von Straßburg und Gregor von Rimini in der Augustinerkirche beerdigt wurde.[107] Dietrich Vrie aus Osnabrück kehrte von Konstanz, wo er 1417/18 am Konzil teilgenommen hatte, nicht mehr nach Westfalen zurück. Er erhielt die Erlaubnis, sich einem Konvent der kölnischen Ordensprovinz anzuschließen, und scheint davon auch Gebrauch gemacht zu haben.[108] Für Johann Bauer aus Dorsten wurde Erfurt zum eigentlichen Wirkungsfeld, er trat hier 1458, nach der Promotion zum *magister artium*, in den Orden ein und erwarb sich, seit 1465 Doktor der

101 Vgl. Anm. 76.
102 *L. Hölscher*, Reformationsgeschichte der Stadt Herford, Gütersloh 1888. *F. Gerlach*, Der Archidiakonat Lemgo in der mittelalterlichen Diözese Paderborn, Münster 1932, S. 135.
103 *E. Knodt*, D. Johannes Westermann, der Reformator Lippstadts, und sein sogenannter Katechismus, das älteste literarische Denkmal der evangelischen Kirche Westfalens. Ein Beitrag zur Geschichte der westfälischen Reformation und des Katechismus, Gotha 1895.
104 Vgl. Anm. 75.
105 Vgl. Anm. 59.
106 Vgl. Anm. 65.
107 Vgl. Anm. 60.
108 Vgl. Anm. 98.

Theologie, in langjähriger Lehrtätigkeit als Erfurter *magister regens* den Ruf, einer der bedeutendsten Theologen seiner Zeit zu sein.[109]

Die schon im 14. Jahrhundert nicht geringe Abwanderung nahm im 15. Jahrhundert weiter zu. Neben Studium und Lehre waren es nun Ordensreform und Kongregationsbildung, die zahlreiche Ordensleute veranlaßten, für längere Zeit, wenn nicht gar ständig, außerhalb ihrer Heimatkonvente tätig zu sein. Unter ihnen ist der Osnabrücker Konventuale Heinrich Zolter der bekannteste. *Ex reformatoribus in religione Fratrum Eremitarum Divi Patris Augustini primus* trat er nach der Promotion in Erfurt und zeitweiliger Lehrtätigkeit in Magdeburg an die Spitze der thüringisch-sächsischen Reformkongregation, was bedeutete, daß er sich relativ schnell von Westfalen, wo man dem Gedanken der Reform ablehnend gegenüberstand, abwandte und seine Tätigkeit auf Mittel- und Süddeutschland konzentrierte.[110]

Auch wenn sich auf diese Weise der Kreis jener Personen verengte, die an der *illuminatio* ihrer Landsleute mitwirken konnten, blieb dennoch eine nicht unbeträchtliche Zahl von Ordensleuten übrig, die ihre an den hohen Schulen Europas gewonnenen Erfahrungen und Erkenntnisse in die Heimat zurückbrachten und hier weitergaben.

## IV.

Die Frage, in welchen Funktionen und unter welchen institutionellen Voraussetzungen die nach Westfalen zurückgekehrten *lectores* und *magistri* bildend auf ihre Landsleute einwirken konnten, ließ sich zu einem guten Teil beantworten, wenn die 1914 von dem französischen Dominikaner P. Mandonnet aufgestellte These, die Bettelorden hätten im Sinne einer seit dem ausgehenden 12. Jahrhundert von Päpsten und Konzilien erhobenen Forderung in ihren Studieneinrichtungen nicht nur die Ausbildung des eigenen Ordensnachwuchses, sondern auch diejenige der Kleriker, ja selbst der Laien betrieben,[111] als allgemein akzeptiert gelten könnte.[112] Das ist jedoch keineswegs der Fall. F. W. Oediger, R. R. Post und andere mit den mittelalterlichen Bildungseinrichtungen vertraute Historiker betonen vielmehr, daß die Ordensschulen der Mendikanten weder für die Schulung des Klerus noch für die Bildung der Laien, sondern ausschließlich für die Ausbildung des Ordensnachwuchses bestimmt gewesen seien.[113] Bei genauerem Zusehen zeigt sich freilich, daß diese Feststellung nur *cum grano salis* als zutreffend bezeichnet werden kann. Wenn man nämlich die

---

109 Vgl. Anm. 83.

110 *Schiphower* (wie Anm. 76) S. 170. *Beckmann* (wie Anm. 39) S. 35-37.

111 *P. Mandonnet*, La crise scolaire au début du XIIIe siècle et la fondation de l'Ordre des Frères Prêcheurs, RHE 15 (1914), S. 590-604.

112 Die Position Mandonnets wird im wesentlichen geteilt von: *I. W. Frank*, Hausstudium und Universitätsstudium der Wiener Dominikaner bis 1500 (= Archiv für österreichische Geschichte 127), Wien 1968, S. 56-58. W. *Raith*, Florenz vor der Renaissance. Der Weg einer Stadt aus dem Mittelalter, Frankfurt-New York 1979, S. 131-134. Die ältere Literatur findet sich bei: *R. Limmer*, Bildungszustände und Bildungsideen des 13. Jahrhunderts, München-Berlin 1928, S. 109-115.

113 *F. W. Oediger*, Über die Bildung der Geistlichen im späten Mittelalter (= Studien und Texte zur Geistesgeschichte des Mittelalters 2) Leiden-Köln 1953, S. 62. *Ders.*, Die niederrheinischen Schulen vor dem Aufkommen der Gymnasien, Düsseldorfer Jahrbuch 43 (1941), S. 75-124.

Vorstellung aufgibt, die Bettelordensschulen hätten Außenstehenden eine institutionell abgesicherte, kontinuierlich durchgeführte und mit bestimmten Graden abgeschlossene Ausbildung ermöglicht, kann man durchaus von einer Teilnahme der Kleriker und Laien an Schule und Studium der Mendikanten reden. In Padua studierte Engelbert von Admont vier Jahre bei den Dominikanern,[114] in Florenz war Dante Schüler der Franziskaner von S. Croce und der Dominikaner von S. Maria Novella,[115] während jenseits des Arno bei S. Spirito *egregii adolescentes* und *optimi ac praestantissimi viri civitatis* im Dialog mit den humanistisch gebildeten Augustiner-Eremiten standen.[116] Im Straßburger Franziskanerstudium gehörten in der letzten Hälfte des 15. Jahrhunderts nicht nur Religiosen und Kleriker, sondern auch Laien zum Auditorium des Paduaner Magisters Konrad von Bondorf.[117] In Nürnberg, wohl zeitweilig Sitz eines Partikularstudiums der Augustiner, kam es um die Wende vom 15. zum 16. Jahrhundert zu engem Zusammenwirken zwischen gelehrten Bettelmönchen und gebildeten Bürgern, als nämlich Schedel, Pirckheimer, Scheurl und andere vornehme Nürnberger mit den Augustinern Nikolaus Pesler, Johannes Staupitz und Wenzel Linck aus dem Augustinerkloster einen Ort humanistisch orientierter Gelehrsamkeit machten[118]: Beispiele für gelegentliche Partizipation von Laien und Klerikern am Studiensystem der Mendikanten, die Ähnliches auch in Westfalen erwarten lassen.

Schon bevor Mandonnet seine These aufstellte, galt es für F. Landmann als ausgemacht, daß hier die Bettelmönche in ihren Klöster Schulen unterhalten hätten, „in denen Kleriker und Laien in den niedrigen Fächern herangebildet wurden".[119] Den Beweis trat Landmann freilich nicht an. In den vorhandenen Arbeiten zur mittelalterlichen Schulgeschichte Westfalens wird denn auch nicht eine einzige Schule genannt, von der man sagen könnte, daß in ihr Kleriker und Laien von Bettelmönchen ausgebildet worden wären.[120] Dennoch lassen sich auch in Westfalen wissenschaftliche Verbindungen zwischen Ordensleuten, Laien und Klerikern beobachten. Aus einer im Krieg in Münster zerstörten, von L. Meier jedoch noch ausführlich beschriebenen Handschrift aus der Bibliothek des Dominikanerklosters in Soest

---

*R. R. Post,* Scholen en Onderwijs in Nederland gedurende de Middeleeuwen, Utrecht-Antwerpen 1954, S. 155-265. Nicht ganz so eindeutig: *N. Orme,* English Schools in the Middle Ages, London 1973, S. 232-234.

114 *G. B. Fowler,* Intellectual Interests of Engelbert of Admont, New York 1947, S. 23.

115 *Ch. T. Davis,* Education in Dante's Florence, Speculum 40 (1965), S. 415-427.

116 Oratio in funere Nicolai Nicoli civis Florentini, in: Poggi Florentini oratoris et philosophi opera, Basel 1538, fol. 27. *K. Elm,* Mendikanten und Humanisten im Florenz des Tre- und Quattrocento. Zum Problem der Legitimierung humanistischer Studien in den Bettelorden, in: Die Humanisten in ihrer politischen und sozialen Umwelt (= Kommission für Humanismusforschung. Mitteilung III) Boppard 1974, S. 51-85.

117 *Knepper* (wie Anm. 27).

118 *A. Kunzelmann,* Geschichte der deutschen Augustiner-Eremiten III: Die bayerische Provinz bis zum Ende des Mittelalters (= Cassiciacum XXVI/3), Würzburg 1972, S. 275-276. *F. Machilek,* Klosterhumanismus um 1500, Mitteilungen des Vereins für Geschichte der Stadt Nürnberg 64 (1977), S. 10-45.

119 *F. Landmann,* Das Predigtwesen in Westfalen (= Vorreformationsgeschichtliche Forschungen 1), Münster 1900, S. 5.

120 *J. Frey,* Schulen im heutigen Westfalen vor dem 14. Jahrhundert, Münster 1894. *Von Wallthor* (wie Anm. 3).

ergibt sich, daß die Dominikaner hier und in Dortmund in der zweiten Hälfte des 15. Jahrhunderts Disputationen über *Quodlibetica* veranstalteten, an denen neben Dominikanern, Franziskanern und Augustinern auch Nichtordensleute teilnahmen: der *magister artium* Gerardus in den Holle, der Erfurter Magister und zeitweilige Rektor Hermann Gresemunt aus Meschede sowie Bernhard, der *rector* der Schule in Soest.[121] Zirkel von Ordensleuten und Bürgern, die sich wie die *Sodalitas Stupiciana* in Nürnberg und der Kreis bei S. Spirito in Florenz weniger um theologische Probleme als um die Pflege der *Studia humaniora* gekümmert hätten, soll es nach J. Vincke auch in Westfalen gegeben haben. Er ist der Meinung, das Osnabrücker Augustinerkloster sei zu Beginn des 16. Jahrhunderts „ein Zentrum des geistigen Lebens" gewesen, in dem sich um den Augustinerprovinzial Gerhard Hecker ein Kreis humanistisch gebildeter Männer gesammelt habe.[122] Die Voraussetzungen dafür waren in der Tat in Osnabrück gegeben. Nicht nur Gerhard Hecker, der 1490 in Bologna den Lektorengrad erworben hatte, sondern auch andere der zahlreichen Magister und Lektoren, die sich am Ende des 15. Jahrhunderts im Osnabrücker Konvent aufhielten, hatten in Italien studiert und hier die Möglichkeit gehabt, mit den Leuchten humanistischer Gelehrsamkeit in Kontakt zu kommen.[123] Bei genauerem Zusehen kommt man jedoch zu einem anderen Ergebnis als Vincke. Was die Osnabrücker Augustiner und die „humanistisch gebildeten Männer" der Osnabrücker Gesellschaft zusammenführte, waren weniger die *Studia humaniora* als vielmehr das gemeinsame Interesse an Martin Luther, mit dem Hecker als Provinzial der thüringisch-sächsischen Provinz so bekannt geworden war, daß er sich ihm 1521 anschloß und als „treuer und fester Anhänger" in seinem Sinne zu wirken begann.[124] Es ist denkbar, daß Hecker, der sich schon bald von Luther und seiner Lehre distanzierte, schon früher Mittelpunkt eines gelehrten Kreises gewesen war. Konkrete Beweise lassen sich jedoch dafür nicht erbringen. Sicher ist hingegen, daß dies vor ihm Gottschalk Hollen, wie Hecker Konventuale des Osnabrücker Klosters, gewesen war. Der nach Studien in Perugia und Siena von 1457 bis zu seinem Tode im Jahre 1481 in Osnabrück als Lektor und Prediger wirkende Ordensmann war *in urbe sua* nicht nur über das Leben und Treiben der Bürger informiert, er hatte auch engen Kontakt zu Klerus und Bürgerschaft, war mit Männern wie dem Magister Johannes Rodenburg, Vikar am Hohen Dom, und Ertwin Ertmann, dem Bürgermeister und Geschichtsschreiber, eng befreundet, die von ihm als einem Mann, der *more theologorum procedit verum etiam et egregie doctum in iuribus se ostendit*, nicht nur geistige Anregungen, sondern auch sachliche Belehrung erwarten konnten.[125] Persönlichen Einfluß auf die Laienwelt vermochten auch die Augustiner-Eremiten

---

121 *L. Meier*, Les disputes quodlibétiques en dehors des universités, RHE 53 (1958), S. 401-442. Über die genannten Personen neben *Meier: Frey* (wie Anm. 120) und *Kleineidam* (wie Anm. 78).

122 *J. Vincke*, Der Klerus des Bistums Osnabrück im späten Mittelalter (= Vorreformationsgeschichtliche Forschungen 11), Münster 1928, S. 198.

123 *Eckermann* (wie Anm. 2).

124 Neben *Th. Kolde*, Luther und sein Ordensgeneral in Rom in den Jahren 1518 und 1520, Zeitschrift für Kirchengeschichte 2 (1877/78), S. 472-480; *Kunzelmann* (wie Anm. 32), S. 535; *Beckmann* (wie Anm. 39), S. 51-53; *H. Stratenwerth*, Die Reformation in der Stadt Osnabrück (= Veröffentlichungen des Instituts für europäische Geschichte 61), Wiesbaden 1971, S. 24.

125 *Eckermann* (wie Anm. 2). *Ders.* (wie Anm. 75).

auszuüben, die als Seelsorger und Ratgeber im Dienste des Adels standen. Der Edelherr Simon III. zur Lippe schloß am 2. 11. 1365 mit dem Eremitenkloster zu Herford einen Vertrag, wonach die mit ihm in seiner Stadt Horn wohnenden Herforder Konventualen in Abwesenheit seines Kaplans oder auf seinen ausdrücklichen Wunsch hin in seiner Residenz zu Horn Gottesdienst für ihn halten sollten,[126] so daß man ihnen, ähnlich wie ihrem Mitbruder Berthold, der 1431 mit Erlaubnis des Generalpriors Kaplan am Hofe des Grafen von Waldeck geworden war,[127] einen gewissen Einfluß auf das Herrscherhaus unterstellen darf. In Lippstadt standen die Brüder in ähnlich enger Beziehung zur Gründerfamilie, den Ministerialen von Hörde.[128] Ausgeprägter und besser belegt ist ihr Einfluß in Oldenburg. Seit der Errichtung einer Terminei im Jahre 1307 bestand hier eine enge Verbindung zwischen den Augustinern und dem Grafenhaus, so daß Graf Dietrich († 1444) den zu seiner Zeit in Oldenburg tätigen ehemaligen Prior des Augustinerklosters in Osnabrück, Bernhard von Münster, *ut patrem dilexit*.[129] Dieses Verhältnis wurde unter Johann Schiphower noch enger. Der gelehrte Augustiner, der von sich selbst sagt, *fui destinatus Archicomiti et Capitulo Oldenburgensi pro vero et indubitato terminario*, wurde 1504 Beichtvater der gräflichen Familie, war für den Grafen in diplomatischen Missionen tätig und kümmerte sich als *informator* um die Erziehung seines Sohnes Christoph.[130] Darüber hinaus nahm er die Stellung eines Hofhistoriographen ein. Neben theologischen Schriften über die Armut Christi und die Unbefleckte Empfängnis Mariens schrieb er nämlich zu Beginn des 16. Jahrhunderts das weit verbreitete, auch ins Niederdeutsche übersetzte „Chronicon Archicomitum Oldenburgensium", in dem er, der *studentium Boloniensium minimus*, die Geschichte des Oldenburger Hauses mit derjenigen der Augustinerschule verknüpft, weil er meinte beweisen zu können, daß sowohl der Stammvater der Grafen von Oldenburg als auch das Haupt seiner Ordensschule, Aegidius Romanus, aus Rom stammten, ja ihre Herkunft auf die gleiche altrömische Gens, nämlich die der Julier, zurückführen könnten, eine eigentümliche Verbindung von Herrscherlob, Bildungsstolz und aufkeimendem Nationalbewußtsein, die für den Beginn des 16. Jahrhunderts keineswegs außergewöhnlich ist.[131]
Die auf einzelne Gruppen, Familien oder Personen gerichtete Einflußnahme war nicht auf Adel und städtische Führungsschichten beschränkt. Alle drei westfälischen Augustinerklöster betreuten im Laufe ihrer Geschichte eine oder mehrere Bruderschaften, deren meist aus mittleren und unteren Schichten der städtischen Bevölkerung stammende Mitglieder nicht nur zu Zusammenkünften und Gottesdiensten in die Kirchen der Brüder kamen, sondern sich auch in einem gewissen Ausmaße ihrer

---

126 *R. Pape/E. Sandow*, Urkundenbuch der Stadt Herford 1: Urkunden von 1224-1450. Herford 1968, S. 52. Zur Lage des Hauses: *Fr. Flaskamp*, Die Hausinschriften der Stadt Horn – Mit ortsgeschichtlicher Einleitung, Lippische Mitteilungen 20 (1951), S. 67-68.
127 Clm 8243, S. 449.
128 Vgl. *Tönsmeyer* (wie Anm. 141).
129 *Schiphower* (wie Anm. 76) S. 161.
130 *H. Lübbing*, Oldenburgische Landesgeschichte, Oldenburg 1953, S. 76, 90-93. *W. Storkebaum*, Graf Christoph von Oldenburg (1504-1566). Ein Lebensbild im Rahmen der Reformationsgeschichte (= Oldenburger Forschungen 11), Oldenburg 1959, S. 19-20.
131 Vgl. Anm. 76.

Leitung unterstellten,[132] ja danach trachteten, in die Gebets- und Verdienstgemeinschaft des Ordens aufgenommen zu werden.[133] Enge, vielleicht sogar persönliche Beziehungen wird man auch in den Fällen vermuten dürfen, in denen Laien, allein oder mit ihrer Familie, die Teilhabe an den Messen, Gebeten, Fasten und guten Werken des Ordens zugestanden wurde,[134] setzte man dabei doch, wie es in einer 1449 von den Osnabrücker Augustiner-Eremiten ausgestellten Fraternitätsurkunde heißt, einen *pius affectus devotionis* nicht nur zu Gott, sondern auch zum Orden und seinen Mitgliedern voraus.[135]

Die an einigen Beispielen vorgeführte informelle Einflußnahme wurde keineswegs nur von den Augustiner-Eremiten ausgeübt. Sie läßt sich in stärkerem Maße und in größerer Breite auch bei den Franziskanern, erst recht aber bei den Dominikanern nachweisen. Ihr Einwirkung auf die städtischen Führungsschichten war in Dortmund und Soest sicherlich noch größer als die der Augustiner-Eremiten in Osnabrück, Lippstadt und Herford. Das geht nicht nur aus den zahlreichen Stiftungen, Memorien und Sepulturen hervor, die in den westfälischen Handelsmetropolen zugunsten der Prediger gemacht wurden.[136] Der beste Beweis dafür ist der große Anteil, den die Dominikaner an der städtischen Geschichtsschreibung und damit an den öffentlichen Angelegenheiten der Städte nahmen.[137]

Wie hoch man den auf solch indirekte Weise zustande gekommenen bildenden Einfluß auch ansetzen mag, es kann kein Zweifel daran bestehen, daß die Mendikanten nicht in der Bildung, sondern in der Seelsorge, besonders in der Predigt, ihre erste und wichtigste Aufgabe sahen.[138] Wie die übrigen Mendikanten haben sich denn auch die Augustiner-Eremiten in Osnabrück, Lippstadt und Herford mit der Absicht niedergelassen, die *cura animarum* auszuüben und damit einen Auftrag zu erfüllen, der ihnen von der Kurie erteilt worden war, als ihr Orden 1256 in der *Magna Unio Augustiniana* geschaffen wurde.[139] Wegen der Seelsorge und Predigt hatten die zu

132 Vgl. u. a.: *W. Berning*, Das Bistum Osnabrück vor Einführung der Reformation, Osnabrück 1940, S. 257ff. *A. Brand*, Das Testament des münsterischen Dompropstes Philipp von Hörde, Herrn zu Boke und Störmede. Ein westfälisches Sprach- und Kulturdenkmal aus frühreformatorischer Zeit, WZ 75 (1917), S. 250-280.

133 StA Osnabrück, Stadt Osnabrück, Dep. 3 a, 1, IV, D, U. 116 a (5. 1. 1486): Aufnahme der Kreuzbruderschaft in die Gebets- und Verdienstgemeinschaft des Augustiner-Eremitenordens.

134 U. a.: StA Osnabrück, Stadt Osnabrück, Dep. 3 a, 1, V, A, U. 13 (1389). StA Münster, Lippstadt, Augustiner-Eremiten, U 102 (1486). Old. UB VI, Nr. 21.

135 Old. UB VI, Nr. 165 (1449).

136 Vgl. von der bei *Eckert* (wie Anm. 30) genannten Lit. vor allem: *Rensing* (wie Anm. 38) und *Vogeler*, Das Kloster der Dominikaner in Soest, insbesondere seine Beziehungen zu dem städtischen Patriziat und dem westfälischen Adel der Umgegend, Der Herold. Vierteljahrsschrift für Wappen-, Siegel- und Familienkunde 34 (1906), S. 80-83.

137 Vgl. neben Anm. 136 u. a.: *P. Renvert*, Leovold v. Northof, Ertwin Ertmann und Hermann v. Lerbeck als westfälische Geschichtsschreiber, Jahrbuch des Historischen Vereins für die Grafschaft Ravensberg 1959 (1960), S. 108-134.

138 *V. J. Koudelka/R. J. Loenertz*, Monumenta Diplomatica S. Dominici (= Monumenta Ordinis Praedicatorum Historica XXV), Rom 1966, S. 158.

139 *K. Elm*, Italienische Eremitengemeinschaften des 12. und 13. Jahrhunderts. Studien zur Vorgeschichte des Augustiner-Eremitenordens, in: L'Eremitismo in Occidente nei secoli XI e XII. Atti della seconda Settimana internazionale di Studio, Mendola, 30 agosto – 6 settembre 1962 (Publ. Univ. Catt. del Sacro Cuore, Misc. Centro di Studi Medioevali IV), Mailand 1965, S. 491-559. *B. van Luijk*, Gli eremiti neri nel dugento con particolare riguardo al territorio

Augustiner-Eremiten gewordenen Wilhelmiten nach 1266 ihr beschauliches Ordensleben im abgelegenen Holte aufgegeben und sich in Osnabrück niedergelassen, ihretwegen waren die ersten Augustiner-Eremiten aus dem Rheinland nach Lippstadt und Herford gekommen, wo sie ähnlich wie ihre Mitbrüder in Osnabrück vom Papst, vom Erzbischof von Köln und zahlreichen anderen Bischöfen mit Privilegien und Ablässen ausgestattet wurden, die ihnen die Seelsorge gestatten und erleichtern sollten.[140] Die Brüder sind dabei wie die anderen westfälischen Mendikanten nicht nur in der Frühzeit ihrer Klöster, sondern das ganze Mittelalter hindurch auf den Widerstand geistlicher und weltlicher Institutionen gestoßen, die auf die eigenen Rechte pochten und ihre Tätigkeit einzuschränken versuchten. Daß dies nie zu einem völligen Erliegen der Seelsorge führte, wird durch die in diesem Zusammenhang getroffenen Vereinbarungen am besten bewiesen, machen sie doch deutlich, daß die Augustiner-Eremiten im 14. und 15. Jahrhundert nicht nur in ihren Klosterkirchen, sondern in friedlichen Zeiten auch in den Pfarrkirchen predigen konnten.[141] Von einem der Brüder, dem Lippstädter Prior Johannes Velkener, wird sogar gesagt, er habe das Amt eines *publicus concinnator* ausgeübt, was ihn doch wohl als einen geschätzten, wenn nicht gar als offiziell bestellten Prediger seiner Stadt kennzeichnet.[142]

Die Augustiner-Eremiten hatten keineswegs von vornherein die Absicht, ihre Seelsorgetätigkeit auf Osnabrück, Herford und Lippstadt zu beschränken. Sie machten vielmehr schon bald Anstalten, auch anderswo in Westfalen und im

---

Pisano e Toscano. Origine, sviluppo ed unione (= Bibl. del Bollettino Storico Pisano. Collana Storica 7), Pisa 1968.

140 Neben der in Anm. 30, 32 und 39 genannten Lit. vgl.: *K. Elm*, Die Augustiner-Eremiten in Osnabrück. Der Zeitpunkt und die Umstände ihrer Niederlassung, Osnabrücker Mitteilungen 73 (1965), S. 75-81. *H. Klokow*, Stadt Lippe – Lippstadt, Lippstadt 1964. *H. D. Tönsmeyer*, Augustinerkloster zu Lippstadt, in: Zwischen Lippe und Hellweg. Die Herren von Hörde. Samtbegräbnis und Familienbegräbnisse im 14. bis 16. Jahrhundert, Heimatblätter 54 (1974), S. 62-70.

141 Gegen die Augustiner-Eremiten, die sich mit Mühe in Osnabrück niederlassen konnten (Osn. UB III, Nr. 371), verbanden sich 1294 das Domkapitel, das Kapitel von St. Johann und die Stadt Osnabrück (Osn. UB IV, Nr. 407). Der Streit wurde erst zu Beginn des 14. Jahrhunderts geschlichtet (*Beckmann*, wie Anm. 38, S. 64-76). Im ersten Viertel des Jahrhunderts scheint es zu Auseinandersetzungen um das Predigtrecht der Augustiner-Eremiten gekommen zu sein, was diese veranlaßte, sich zu ihrem Schutz päpstliche Privilegien bestätigen zu lassen (*Beckmann* S. 65-68); dies wiederholt sich in den sechziger und siebziger Jahren des 14. Jahrhunderts (ebd., S. 70-72). In Lippstadt, wo sich die Augustiner 1281 bei ihrer Niederlassung verpflichten mußten, die Rechte des Pfarrklerus zu respektieren (Westf. UB VII, Nr. 1752) kam es zu Beginn des 14. Jahrhunderts mit dem Propst des dortigen Nonnenklosters und den Pfarrern von St. Nikolai und St. Jacobi zu Auseinandersetzungen, die 1310 durch ein Mandat des Scholasters von St. Andreas in Köln geschlichtet, das jedoch am 4. XII. 1316 wieder annulliert werden mußte (StA Münster, Msc. VII, 6123, S. 52-54). Am 8. IV. 1343 wurde ein Vertrag geschlossen, der u. a. vorsah, daß die Augustiner-Eremiten dann predigen könnten, wenn die Rektoren von St. Nicolai und St. Jacobi darauf verzichteten (ebd., S. 90). 1471 kam es nach gegen die Seelsorgetätigkeit der Augustiner-Eremiten gerichteten Predigten Lippstädter Kapläne zu heftigen Seelsorgekämpfen, in denen die Kapläne zum Widerruf gezwungen wurden (ebd., S. 3-4). 1482 kam es erneut zu einer *persecutio* der Lippstädter Augustiner (StB PreußKB, Berlin, Theol. fol. 54, fol. 126). Am Ende des 15. Jahrhunderts versuchte die Stadt Herford, die Augustiner-Eremiten an der Seelsorge und dem Sammeln von Almosen zu hindern, was Sixtus IV. dazu veranlaßte, Herzog Wilhelm von Jülich um Schutz für die Brüder zu bitten (LR IV, Nr. 2578).

142 *Kunzelmann* (wie Anm. 32) S. 192. *Eckermann* (wie Anm. 2) S. 191.

benachbarten Weserraum Neugründungen zu errichten. Nachdem Papst Johannes XXII. am 5. 2. 1325 die den Bettelorden von Bonifaz VIII. auferlegten Restriktionen gelockert hatte, konzentrierten sie sich auf eine Neugründung in Hameln, wozu sie zwar die Unterstützung des Abtes von Fulda als des Grundherrn, jedoch nicht diejenige der Stadt und des Bonifatiusstiftes erlangen konnten, was nach handgreiflichen Auseinandersetzungen und einem langen Prozeß dazu führte, daß sie am 5. 6. 1360 aufgrund eines von Innozenz gefällten Spruches die Stadt verlassen mußten.[143] Negativ verliefen auch die Bemühungen, in Hannover eine Niederlassung zu gründen. Der Rat stellte ihnen zwar 1331 in Aussicht, in der Stadt selbst oder doch wenigstens in ihrem engeren Umland einen Konvent gründen zu dürfen, verweigerte jedoch seine Zustimmung, als konkrete Schritte unternommen werden sollten.[144] Als die Augustiner-Eremiten von Lippstadt einen neuen Versuch, diesmal in Unna, machten, stießen sie auf nicht geringeren Widerstand. Sie fanden zwar die Unterstützung des Landesherrn, des Grafen Engelbert III. von der Mark, und konnten sich, nachdem der Bischof von Paderborn als zuständiger Ordinarius seine Erlaubnis erteilt hatte, auch auf die Einwilligung Papst Clemens' VI. berufen, mußten jedoch am 5. 12. 1358 kapitulieren, als ihnen aufgrund eines von der päpstlichen Kurie ergangenen Urteils zur Auflage gemacht wurde, dem Rektor der Pfarrkirche zu Unna nicht nur ihre inzwischen erbaute Kapelle abzutreten, sondern ihm darüber hinaus eine Entschädigung von nicht weniger als 1800 Goldgulden zu zahlen.[145] In Rinteln, Bielefeld, Stadthagen, Minden, Hamm, Paderborn und Wiedenbrück, wo die Augustiner-Eremiten im Verlauf des 14. Jahrhunderts Fuß zu fassen vermochten, kam es erst gar nicht zu solchen langwierigen Auseinandersetzungen und kostspieligen Prozessen.[146] Als die Augustiner hier Termineistationen errichteten, wurde ihrer Absicht, aus den Termineien Klöster zu machen, dadurch entgegengewirkt, daß die geistliche und weltliche Obrigkeit ausdrücklich die Gründung von Klöstern untersagten oder zumindet eine Vergrößerung des Areals verhinderten. Wo solche Vorbehalte nicht überliefert sind, wird man sie jedoch voraussetzen dürfen. Wie sollte es sonst zu erklären sein, daß der in der ersten Hälfte des 14. Jahrhunderts energisch auf Ausweitung drängende Orden auf Ostwestfalen beschränkt blieb und auf Konventsgründungen an so wichtigen Plätzen wie den Bischofsstädten Münster, Minden und Paderborn verzichtete? Trotz solch massiven Widerstandes beschränkte sich die Präsenz der Augustiner-Eremiten keineswegs auf die drei genannten Städte. Ähnlich wie den anderen westfälischen Mendikanten gelang es ihnen, das in Termineibezirke aufgeteilte Umland ihrer Klöster mit einem dichten Netz von Termineistationen, Absteigequartieren und Hospizen zu überziehen. Es reichte im Falle des Osnabrücker Klosters bis ins Münsterland und in die Twenthe, ja griff über Oldenburg bis ins Jeverland und nach Dithmarschen aus. Weniger weit, dafür aber dichter geknüpft als der Termineibezirk von Osnabrück, zu dem Termineistationen in Oldenzaal, Quakenbrück, Vechta, Telgte, Münster und Oldenburg gehörten,

---

143 O. *Meinardus,* Urkundenbuch des Stiftes und der Stadt Hameln bis zum Jahre 1407 (= Quellen und Darstellungen zur Geschichte Niedersachsens 2), Hannover 1887, S. 124ff.

144 C. L. *Grotefend/G. F. Fiedeler,* Urkundenbuch der Stadt Hannover (= Urkundenbuch des Hist. Vereins für Niedersachsen 5), Hannover 1860, I, S. 121ff.

145 H. V. *Sauerland,* Urkunden und Regesten zur Geschichte der Rheinlande aus dem Vatikanischen Archiv, Bonn 1905, III, S. 362.

146 Vgl. zum folgenden Anm. 95.

waren diejenigen von Herford und Lippstadt. Während der eine mit Stationen in Hameln, Brakel, Rinteln, Stadthagen, Bielefeld, Lübbecke und Minden Ostwestfalen bis zur Weser umfaßte, orientierte sich Lippstadt, das über Häuser in Wiedenbrück, Meschede, Paderborn, Hamm, Unna, Erwitte, Geseke, Rüthen, Werl, Ahlen, Warburg, Brilon und möglicherweise auch in Kamen und Büren verfügte, stärker nach Süden und Westen, wo sein Termineibezirk an den der niederrheinischen Klöster Köln, Mariental und Wesel grenzte, die selbst wiederum über Termineistationen in den westfälischen Städten Dortmund, Recklinghausen, Coesfeld, Borken und Bocholt verfügten.

Wie an den Klosterorten, so war auch in den Termineibezirken die Seelsorge — speziell die Predigt — die Hauptaufgabe der Brüder. Sie wurde mit einer gewissen Kontinuität an den Orten durchgeführt, wo die Konvente über feste, meist in der Nähe der Pfarrkirche gelegene Termineistationen verfügten, periodisch erfolgte sie hingegen an den übrigen zum Termineibezirk gehörenden Orten: meist durch Predigt an besonderen Festen oder zu bestimmten Zeiten des Kirchenjahres. Es versteht sich von selbst, daß mit dieser nur mit Zustimmung des Ortsklerus durchführbaren *cura animarum* auch indirekte Formen der Beeinflussung verbunden waren. Wir können den Quellen entnehmen, daß die Terminarier in enger Verbindung mit Gläubigen aller Stände, mit Beginen und anderen frommen Frauen standen und die Unterstützung des Klerus fanden, der sie nicht nur materiell förderte, sondern gelegentlich auch in seine Kalande aufnahm. Solches Zusammenleben bot den Terminariern die Möglichkeit, junge Leute zu unterrichten und für das Ordensleben zu gewinnen: eine ihnen von den Generalkapiteln immer wieder eingeschärfte Aufgabe, die sie in Westfalen, wie die Herkunftsbezeichnungen zahlreicher westfälischer Augustiner-Eremiten erkennen lassen, mit Erfolg erfüllt haben. Anders als es die Literatur annimmt, handelte es sich bei den Terminariern normalerweise nicht um wenig qualifizierte Ordensleute oder gar um umgebildete Laienbrüder. Mehrere der namentlich bekannten westfälischen Terminarier gehörten vielmehr zu jenen Ordensleuten, die an den Ordensstudien bzw. Universitäten den Grad eines Lektors oder gar Doktors erworben hatten. Andere hatten vor dem Beginn ihrer Termineitätigkeit das Amt des Priors inne. Es erstaunt denn auch nicht, daß das Niveau der von den Terminariern gehaltenen Predigten relativ hoch war, wie die von ihnen gehaltenen Predigten bzw. die aus ihrem Besitz stammenden Handschriften zeigen.

Die außerhalb des Konvents ausgeübte Tätigkeit der Terminarier fand auf höherer Ebene ihre Entsprechung in der Wirksamkeit der Weihbischöfe. Die Zahl der den Mendikantenorden angehörenden Auxiliarbischöfe war in Westfalen beträchtlich,[147] im Falle der Augustiner-Eremiten war sie im Verhältnis zur Zahl ihrer Klöster besonders hoch,[148] standen doch nicht viel weniger als zehn Ordensleute z.T.

---

147 A. *Tibus*, Geschichtliche Nachrichten über die Weihbischöfe von Münster. Ein Beitrag zur Spezialgeschichte des Bistums Münster, Münster 1862. *Ders.*, Nachträge zur Schrift „Geschichtliche Nachrichten über die Weihbischöfe von Münster", WZ 40 (1882), S. 173-190. J. *Evelt*, Die Weihbischöfe von Paderborn, Paderborn 1869. J. C. *Möller* Geschichte der Weihbischöfe von Osnabrück, Lingen 1887. F. X. *Schrader,* Die Weihbischöfe, Officiale und Generalvikare von Minden vom 14. bis 16. Jahrhundert, WZ 55 (1897), S. 31-82. K. *Zuhorn,* Die Beziehungen der Osnabrücker Augustiner zum Bistum und zur Stadt Münster, in: Dona Westfalica. Georg Schreiber zum 80. Geburtstage (= Schriften der Historischen Kommission Westfalens 4), Münster 1963, S. 374-392.

148 Vgl. Anm. 74.

gleichzeitig im Dienste der Bischöfe von Minden, Osnabrück, Paderborn und Münster. Schon am Ende des 14. Jahrhunderts, wahrscheinlich um 1390, begann der zum Bischof von Hippo geweihte Heinrich von Lippstadt, Konventuale des gleichnamigen Klosters, in Minden die Tätigkeit eines Suffraganbischofs, die er zeitweise auch in den Diözesen Hildesheim und Verden ausübte. Im Verlaufe des 15. Jahrhunderts folgten ihm zwei weitere Augustiner-Eremiten in diesem Amt. Die Diözese Osnabrück verfügte im 15. Jahrhundert über mindestens fünf Weihbischöfe – Johannes Schedemeker, Johannes Wennecker, Johann Meler, Heinrich Schadehoet, Johannes von Meppen – aus dem Augustiner-Eremitenorden. Die Zahl war in der Diözese Paderborn nicht ganz so groß, hier sind lediglich die Augustiner-Eremiten Johannes Schulte, Johannes Ymminck und Johannes Schedemeker nachweisbar. In der zweiten Hälfte des 15. und im ersten Drittel des 16. Jahrhunderts waren in der Diözese Münster fünf Augustiner-Weihbischöfe in fast ununterbrochener Reihenfolge tätig: Johannes Wennecker, Johannes Ymminck, Johannes von Meppen, Heinrich Schadehoet und Johann Meler.

Es handelt sich bei den Weihbischöfen aus dem Augustiner-Eremitenorden um Ordensleute, die an den Generalstudien ihres Ordens den Lektorengrad erworben hatten oder an Universitäten zu Doktoren der Theologie promoviert worden waren. Auch wenn man davon ausgehen muß, daß sich ihre Tätigkeit im wesentlichen auf die Ausübung der *Pontificalia,* der den Bischöfen vorbehaltenen Weihehandlung, beschränkte, kann angenommen werden, daß sie auf ihren Reisen durch die Diözesen Westfalens Kontakt nicht nur mit dem Welt- und Ordensklerus, sondern auch mit den Laien aufnahmen. Daß sich dabei die Gelegenheit bot, seelsorgerisch zu wirken, zeigen Untersuchungen, die sich mit der Tätigkeit einzelner Weihbischöfe beschäftigen. Als ein Sonderfall mag der dem Augustinerorden angehörende Hildesheimer Weihbischof Arnold Cancrinus gelten, der sich um die Wende vom 15. zum 16. Jahrhundert mit Nachdruck für die Reform des Klerus und die Bildung der Laien einsetzte.[149] Ähnliches wird man aber auch bei seinen westfälischen Mitbrüdern annehmen dürfen. Ist es doch gewiß nicht unbegründet, wenn Karl Zuhorn in seinem Aufsatz über die Beziehungen der Osnabrücker Augustiner zu Bistum und Stadt Münster feststellt, daß die im Dienste der Münsterschen Bischöfe stehenden Augustiner-Eremiten mit diesen gemeinsam erfolgreich um die Vertiefung des religiösen Lebens in der Bevölkerung bemüht gewesen seien.[150]

Der Einfluß der Augustiner-Eremiten war keineswegs nur auf die Laien beschränkt. Er erreichte auch den Regular- und Weltklerus. Vielfältige Beziehungen zu den übrigen Klöstern und Konventen Westfalens sind nachweisbar. Nicht in allen Fällen läßt sich jedoch daraus so deutlich eine bildende Einwirkung ableiten, wie das für die Kontakte zwischen den Augustiner-Eremiten von Osnabrück und den regulierten Chorherren von Möllenbeck möglich ist. Der gelehrte Augustiner-Eremit Gottschalk Hollen belehrte die durch einen ihnen vom päpstlichen Legaten Nikolaus von Kues gewährten Kollektivablaß in Verwirrung geratenen Chorherren darüber, daß

---

149 *A. Zumkeller,* Das Wirken des Augustiner-Weihbischofs Arnold Cancrinus († um 1524) im Bistum Hildesheim am Anfang der Glaubensspaltung, Augustinianum 5 (1965), S. 469-521.
150 *Zuhorn* (wie Anm. 147) S. 385.

im Grunde die Buße wichtiger als der Ablaß sei.[151] Ähnlich wie die übrigen westfälischen Mendikanten — wenn auch nicht in gleichem Ausmaß — waren die Augustiner-Eremiten als Betreuer von Ordensfrauen und Semireligiosen tätig. Man erfährt von *conversae, mulieres devotae, beginae* und *beguttae*,[152] die mit ihnen in Kontakt standen, und hört von der Aufnahme der Augustinerinnen von Lippstadt, Küstelberg und Osnabrück sowie der Zisterzienserinnen von Rulle in die Gebets- und Verdienstgemeinschaft des Ordens.[153] 1469 bestellte Bischof Konrad von Diepholz den gelehrten Augustiner Heinrich Modegen zum Visitator des Osnabrükker Frauenklosters Marienstätte.[154] 1492 beteiligte sich der als Weihbischof von Paderborn und Münster tätige Lippstädter Konventuale Johannes Ymminck an der Ausstattung des von den Herren von Hörde gegründeten Frauenklosters Nazareth in Störmede, das der geistlichen Leitung der Kanoniker von Böddeken und der Eremiten von Lippstadt unterstellt wurde.[155] Möglicherweise schon im 13. Jahrhundert hatten die Herforder Augustiner-Eremiten eine ähnliche Aufgabe in dem von Graf Volkwin von Schwalenberg gegründeten Frauenkloster Ullenhausen übernommen.[156] Wie die Betreuung dieser Konvente aussehen konnte, lassen die von aus Westfalen stammenden oder hier tätigen Augustiner-Eremiten verfaßten Traktate erkennen: das „Claustrum Mariae" des Andreas Proles[157], der „Hortus Virginitatis" des Dietrich Vrie[158] und das von Johannes von Höxter geschriebene „Invitatorium exulantis anime tendentis ad coelestem Jerusalem"[159]. In ihnen werden nicht nur Armut, Gehorsam und Keuschheit sowie Demut und Gebet als die Grundlagen des Ordenslebens eingeschärft, den Mitgliedern des Konventes Maria als vorbildliche *abbatissa, priorissa* oder *soror* vor Augen geführt, sondern auch der Weg zur kontemplativen Versenkung und mytischen Vereinigung gewiesen.

Für die Verbreitung der an Universitäten und Generalstudien gewonnenen Kenntnisse war die Einwirkung auf den Weltklerus sicherlich wichtiger und weitreichender als die Fürsorge für die Ordensleute. Für eine persönliche Einflußnahme auf die Geistlichkeit ergaben sich sowohl an den Klosterorten als auch in den Termineibezir-

---

151 W. *Eckermann,* Buße ist besser als Ablaß. Ein Brief Gottschalk Hollens O.E.S.A. († 1481) an Lubertus Langen Can. Reg., AA 32 (1969), S. 323-366.

152 UB Stadt Herford I, S. 34: Rinteln, (1335). StA Münster, Augustiner-Eremiten, Lippstadt, U 2: Büren (1314). StA Münster, St. Andreas, Lübbecke, U 4: Lübbecke (1305). UB Stadt Bielefeld I, S. 181: Bielefeld (1359). StA Münster, Msc. VII, 6123, S. 19: Hamm (1388). SA Recklinghausen, Akte Nr. 7: Recklinghausen (1400). StA Münster, Augustiner-Eremiten, Lippstadt, U 6: Lippstadt (1328).

153 StA Münster, Stift Lippstadt, U 46 (13. XI. 1308). Kloster Rosengarten: LR III, Nr. 2124 (10. IX. 1470). Küstelberg: Westfl. UB VII, 2, Nr. 2528 (11. VI. 1299). Rulle: StA Osnabrück, MS 217, fol. 31 (25. VII. 1318).

154 Arch. Generalvikariat, Osnabrück, Urk. v. 14. IX. 1469. M. *Lammers,* Geschichte des Klosters Marienstätte in Osnabrück, Osnabrücker Mitteilungen 45 (1922), S. 57-127. *Beckmann* (wie Anm. 39) S. 55-60.

155 StA Münster, Hrzt. Westf.: Nazareth in Störmede. *Tönsmeyer* (wie Anm. 140) S. 63ff.

156 StA Detmold, L 1, D., Kirchspiel Alverdissen. LR IV, U 1. Nr. 2988 (9. VII. 1511). W. *Butterweck,* Die Geschichte der lippischen Landeskirche, Schötmar 1926, S. 32-33.

157 Wolfenbüttel, Herzog-August-Bibliothek, MS 1176 (Helmstedt 1074), fol. 219$^v$-225.

158 Clm 8335, fol. 1-45. Vgl. zur Verfasserschrift: *Zumkeller,* (wie Anm. 52) S. 374-376. *Ders.,* (wie Anm. 98) S. 13-19.

159 StB PreußKB, Berlin, theol. fol. 194, fol. 193$^v$-247$^v$, *Rose,* Nr. 564.

ken viele Gelegenheiten. Es wurde bereits auf die Gespräche und Disputationen in den Klöstern zu Osnabrück, Soest und Dortmund hingewiesen, an denen nicht nur gebildete Laien, sondern auch Weltgeistliche teilnahmen.[160] Ähnliches darf man auch an den anderen Orten vermuten, an denen die Augustiner-Eremiten gute Beziehungen zum Ortsklerus oder doch zumindest zu einigen seiner Angehörigen unterhielten.[161] Wenn ausdrücklich von Klerikerschulung die Rede ist, können damit jedoch nicht allein solche informellen Kontakte gemeint sein. Systematische Belehrung und gezielte Einwirkung auf die Lebensführung, die man mit dem Begriff Klerikerschulung verbindet, erfolgte, soweit wir sehen können, in erster Linie durch die Predigt. Wir wissen sicher, daß Prediger wie Hermann von Schildesche und Gottschalk Hollen nicht nur für die Laien predigten, sondern für Klerus und Laien, ja daß sie bei besonderen Anlässen, etwa auf Diözesansynoden, ausschließlich für den Klerus das Wort ergriffen.[162] Bei der Analyse der umfangreichen Predigtsammlungen „De tempore" und „De sanctis", über das Vaterunser, die Zehn Gebote, die Tugenden, Laster und Letzten Dinge sowie der Quadragesimalia, die sie und Dietrich Vrie, Johannes von Wiedenbrück sowie Johann von Meppen verfaßt haben, ist unübersehbar, daß es sich dabei um die Glaubenswahrheiten zusammenfassende und erklärende Handbücher handelte, die nicht einfach gehaltene Predigten wiedergeben, sondern ausgearbeitete Texte enthalten, die in erster Linie „für die Unterweisung der Priester gedacht waren und ihnen bei ihrer Tätigkeit auf der Kanzel und in den Beichtstühlen helfen sollten".[163] Wie sehr sie als solche geschätzt wurden, zeigt denn auch die Verbreitung des Predigtwerkes Gottschalk Hollens, das nicht nur in den Bibliotheken des eigenen Ordens, bei Franziskanern, Kreuzherren und Regularkanonikern vorhanden war, sondern auch von zahlreichen Weltklerikern benutzt wurde.[164]

## V.

Hier, wo es darum ging, die Mittel und Wege zu kennzeichnen, die es den gelehrten Augustiner-Eremiten ähnlich wie den anderen Mendikanten Westfalens erlaubten, die Laien und Kleriker ihrer Heimat an den Früchten ihrer auswärtigen Studien teilhaben zu lassen, muß darauf verzichtet werden, in allen Einzelheiten das auszubreiten, was sie ihren Zuhörern und Lesern mitzuteilen hatten. Theologie- und reformationsgeschichtliche Forschungen haben sich in den letzten Jahrzehnten darauf konzentriert, die spätmittelalterliche Augustinerschule zu untersuchen und ihre Bedeutung für die Ausbildung der reformatorischen Theologie zu klären.[165] In

---

160 Vgl. Anm. 122.
161 StA Münster, Msc. VII, 6123, S. 58: Meschede (7. IX. 1302). Ebd., Stadt Herford, U 224: Lübbecke (12. IV. 1476). Ebd., Bocholtz-Störmede, U 195: Lippstadt/Münster (8. IX. 1471). Ebd., Minden, St. Martin, U 211: Minden (28. IV 1394). Ebd., Augustiner-Eremiten, Lippstadt, U 110: Paderborn (29. IX. 1491). Ebd., Augustiner-Eremiten, Lippstadt, U 98: Lippstadt (29. VI. 1482).
162 *Eckermann* (wie Anm. 75) S. 55-56, 111. *Landmann* (wie Anm. 119) S. 32. *Zumkeller* (wie Anm. 59). *Schiphower* (wie Anm. 76) S. 158.
163 *Eckermann* (wie Anm. 75) S. 67-70, 118, 134.
164 *Eckermann* (wie Anm. 75) S. 59-61, 161-188.
165 Den letzten Stand dieser Forschung geben wider: *A. Zumkeller,* Erbsünde, Gnade und Rechtfertigung im Verständnis der Erfurter Augustinertheologen des Spätmittelalters, Zeitschrift für Kirchengeschichte 92 (1981), S. 39-59. *A. E. McGrath,* „Augustinianism"? A Critical

diesem Zusammenhang sind auch Quellen und Ausrichtung des theologischen Denkens der westfälischen Augustiner-Theologen Hermann von Schildesche, Johannes Klenkok, Johannes von Brakel, Dietrich Vrie und Gottschalk Hollen untersucht worden. Wir wissen daher, daß diese im großen und ganzen die für ihren Orden charakteristischen theologischen und philosophischen Positionen einnahmen: in der Auffassung über Gnade, Rechtfertigung und Verdienst, aber auch im Streit über die Unbefleckte Empfängnis Mariens, den Nutzen von Wallfahrten und die Glaubwürdigkeit von Wundern, besonders der im ausgehenden Mittelalter so zahlreichen Hostienwunder. Sie teilten mit ihren italienischen Mitbrüdern, mit Aegidius Romanus, Wilhelm von Cremona und Augustinus Triumphus, die besondere Anhänglichkeit an Papst und Kurie, die ihren Orden in der *Magna Unio Augustiniana* geschaffen und sein besonderes Verhältnis zum großen Kirchenlehrer Augustinus anerkannt hatten. Mit den italienischen Brüdern wurden sie zu Vertretern eines strengen Kurialismus, zu Verteidigern des kirchlichen Rechtes und zu Kämpfern gegen Irrlehre und Unglaube. Bei aller Solidarität mit ihren Ordensbrüdern und ungeachtet ihrer Übereinstimmung mit den Grundauffassungen der Ordensschule ist jedoch nicht zu übersehen, daß Kenntnisse, Erfahrungen und Interessen der westfälischen Augustiner nicht nur durch das Ordensstudium und die in ihm maßgeblichen theologischen Auffassungen geprägt wurden. Zu diesem Ergebnis führt auch die Analyse der Predigten und Predigtwerke, wie sie für Gottschalk Hollen von Landmann und Eckermann vorgenommen wurde.[166] In seinem Werk verbinden sich mit einer erstaunlichen theologischen Bildung Kenntnis von Land und Leuten nicht nur der heimatlichen *Saxonia,* sondern auch Italiens, des Mutterlandes seines Ordens, Vertrautheit mit der städtischen und bäuerlichen Lebenswelt, ihrer Geschichte und Kultur. Aus Studium, Auslandsaufenthalt und Erfahrung ergibt sich so eine Zuständigkeit, die weit über das Theologische im engeren Sinne hinausgeht. Sie umfaßt politische und ökonomische Fragen, erstreckt sich auf das Recht, auf Erziehung und Heilkunde und bezieht selbst die Poesie mit ein, das heimische Volks- und Liebeslied und die hohe Dichtung, Petrarca und Boccaccio, die ihm wie seinen Mitbrüdern von Italien her bekannt waren und als besondere Autoritäten galten.

Der Eindruck, den das Werk Hollens hinterläßt, wird verstärkt, wenn man die Handschriften heranzuziehen versucht, deren sich die Brüder für Predigt und Seelsorge bedienen konnten. Dies ist angesichts des fast gänzlichen Verlustes der Klosterbibliotheken von Osnabrück und Herford nur in beschränktem Maße möglich. Was von der Bibliothek der Lippstädter Augustiner-Eremiten erhalten geblieben ist, sich vorübergehend im Besitz der Jesuiten befand und spätestens 1666 in die Bibliothek des Großen Kurfürsten nach Berlin kam,[167] reicht jedoch aus, um

---

Assessment of the so-called „Medieval Augustinian Tradition" on Justification, Augustiniana 31 (1981), S. 247-262. *B. Hamm,* Frömmigkeitstheologie am Anfang des 16. Jahrhunderts (= Beiträge zur Historischen Theologie 65), Tübingen 1982.

166 Vgl. Anm. 75, 119 sowie *D. Schmidtke,* Mittelalterliche Liebeslyrik in der Kritik mittelalterlicher Moraltheologen, Zeitschrift für Deutsche Philologie 95 (1976), S. 321-345.

167 Über die Handschriften der Lippstädter Augustiner-Eremiten zuletzt: *R. Kroos,* Härkelse uit'n Westfölsken un Lippsken — Mittelalterliche Einbandstempel von Liesborn, Falkenhagen und Lippstadt, Westfalen 55 (1977), S. 40-52. *E. Thurmann,* Im 15. Jahrhundert geschrieben. Lippstädter Klosterbibliothek. Heute in der Staatsbibliothek Preußischer Kulturbesitz in Berlin, Heimatblätter 61, Folge 14 (1981), S. 105-110. *H.-J. Schmalor,* Klosterbibliotheken in

zumindest für das 15. Jahrhundert, aus dem diese Handschriften so gut wie ausschließlich stammen, eine ähnliche Vielfalt des Interesses und der Kenntnis festzustellen.[168]

Auffällig ist es, daß die von den Brüdern selbst geschriebenen oder durch Kauf und Schenkung in ihren Besitz gelangten Handschriften nur wenige Texte enthalten, die man in strengem Sinne als scholastisch bezeichnen kann. Nicht minder bemerkenswert ist es, daß von ihnen mit Sicherheit nur einer ausgesprochen ordensspezifischen Charakter trägt: die Aufzeichnung über die in der Mitte des 14. Jahrhunderts von dem spanischen Augustiner-Eremiten Alfons Vargas in Paris gehaltene „Lectura super lib. I sententiarum".[169] Sieht man von den zahlreichen Texten aus der Väterliteratur – neben solchen von Hieronymus, Origenes, Gregorius, Johannes Chrysostomos vor allem von Augustinus – ab,[170] dann muß die Bibliothek der Lippstädter Augustiner-Eremiten, soweit sie heute noch erhalten ist, als ausgesprochen homiletisch und erbaulich bezeichnet werden. Zur Pflege des geistlichen Lebens standen den Brüdern neben den Ermahnungen der Väter[171] zahlreiche Texte aus der Erbauungsliteratur des hohen Mittelalter[172] und der eigenen Zeit, etwa von Gerson, den Kartäusern Jakobus und Johannes sowie Geert Grote,[173] zur Verfügung. Über das „Opus praedicabile" des Gottschalk Hollen[174] und andere Predigtsammlungen[175], wie etwa diejenigen von Gerhard von Abbeville[176] und Johannes von Minden[177] hinaus, konnten sie für Predigt und Seelsorge aus *Passionalia*[178] und *Specula*[179], aus den Pauluskommentaren des Konrad von Soltau[180], aus einem wohl aus England mitgebrachten Miscellancodex mit Schriften Walter Burleys, Thomas Waleys und Robert Holcots,[181] aus dem Arnold von Rotterdam zugeschriebenen

---

Westfalen 800-1800, in: Monastisches Westfalen. Klöster und Stifte 800-1800, Münster 1982, S. 515. Eine gründliche Musterung der Lippstädter Codices steht noch aus.

168 Grundlegend für die Beschreibung der Handschriften: *V. Rose*, Verzeichnis der lateinischen Handschriften 2 (= Die Handschriften-Verzeichnisse der königlichen Bibliothek zu Berlin 13), Berlin 1901ff.

169 Theol. fol. 203, *Rose* Nr. 512.

170 Theol. fol. 120, *Rose* Nr. 296. Theol. fol. 178, *Rose* Nr. 426. Theol. fol. 91, *Rose* Nr. 540, Theol. fol. 138, *Rose* Nr. 401. Theol. fol. 162, *Rose* Nr. 537.

171 Vgl. Anm. 170.

172 Theol. fol. 178, *Rose* Nr. 426: Hugo v. St. Viktor, Anselm v. Canterbury, Bernhard v. Clairvaux, Thomas v. Aquin, David v. Augsburg, Bonaventura.

173 Theol. fol. 128, *Rose* Nr. 474: Nikolaus v. Lyra. Theol. fol. 162, *Rose*, Nr. 537: Johannes Gerson, Johannes Cartusiensis. Theol. fol. 142, *Rose* Nr. 539: Johannes Cartusiensis. Theol. fol. 91, *Rose* Nr. 540: Ders. Theol. fol. 174, *Rose* Nr. 563: Jacobus Cartusiensis. Theol. fol. 194, *Rose* Nr. 564: Nikolaus v. Cues, Jacobus Cartusiensis, Geert Grote.

174 Theol. fol. 201, *Rose* Nr. 573. Theol. fol. 50, *Rose* Nr. 574. Theol. fol. 98, *Rose* Nr. 575. Theol. fol. 13, *Rose* Nr. 576.

175 Theol. fol. 196, *Rose* Nr. 577. Theol. oct. 25, *Rose* Nr. 607.

176 Theol. fol. 138, *Rose* Nr. 401

177 Theol. fol. 195, *Rose* Nr. 505.

178 Theol. qu. 39, *Rose* Nr. 789

179 Theol. fol. 77, *Rose* Nr. 933.

180 Theol. fol. 103, *Rose* Nr. 523.

181 Theol. fol. 142, *Rose* Nr. 539.

„Gnothosolitos"[182] aus den „Documenta Catonis"[183] und anderen vergleichbaren Sammlungen schöpfen. Wie viele andere Konvente, so verfügten auch sie über eine Reihe von Traktaten, die ihnen helfen konnten, sowohl ihren Status als Mendikanten als auch den Anspruch auf die Gründung ihres Ordens durch Augustinus zu verteidigen.

Was bereits eine flüchtige Charakterisierung des erhaltenen Bestandes erkennen läßt, wird durch die genauere Analyse einer einzigen Handschrift unterstrichen.[184] Es handelt sich dabei um einen zerschlissenen, offenbar vielgebrauchten Codex des aus Dortmund stammenden Augustiners Johannes Voteken, der 1463/64 in Köln dem Augustiner-Eremitenorden beitrat, in Osnabrück seine Elementarausbildung erhielt und 1469 bis 1489 dem Lippstädter Konvent angehörte. Die als eine Art Sammel- oder Notizbuch zu verstehende Handschrift enthält eine Liste aller approbierten Orden, nennt diejenigen, die nach der Regel des heiligen Augustinus leben, und macht Angaben über die Provinzen, Kapitel und Häuser des eigenen Ordens. Sie unterrichtet über die dem Orden gewährten Privilegien und die in einigen seiner Kirchen zu erlangenden Ablässe. Sie hält aber auch Ereignisse von bloß lokaler Bedeutung fest: Brand und Sturm in Lippstadt und Erwitte, das Auftreten von Flagellanten in Westfalen und Streitigkeiten zwischen Stadt und Augustiner-Eremitenkloster in Lippstadt. Umfangreicher als diese ordens- und regionalgeschichtlich interessanten Notizen sind die kurzen Traktate, Kompilationen und Extrakte, die der Besitzer der Handschrift während seiner Ausbildung aufzuzeichnen begann, um sie als Prediger und Seelsorger zur Verfügung zu haben: u.a. Auszüge aus Bibelkommentaren Abaelards und Hugos von St. Victor, aus dem „Moralis tractatus de naturis rerum" von Alexander Neckam, aus Marien- und Sakramentspredigten des Albertus Magnus, aus den Fabelsammlungen des Aesop und des Pseudo-Cyrillus sowie den „Proverbia Senecae". Hinzu kommen eine „Breviatura in jure canonico quam civili", eine Erklärung der „Proprietates nominum", Verse „Contra dolorem dentium", Gedanken über die *Transmutatio* bei Aristoteles und eine Reihe von Predigten und Predigtentwürfen, die möglicherweise von Voteken selbst verfaßt wurden.

Wenn Heinrich Tribbe in der Mindener Bischofschronik und Johannes Schiphower in seinem an den Lippstädter Augustinerprior Johannes Velkener gerichteten Brief das besondere Verdienst der westfälischen Mendikanten – speziell der Augustiner-Eremiten – in ihrer Predigt sehen und sie sogar als *principes praedicatores totius Westfaliae* bezeichnen, haben sie damit das Ergebnis dieser Untersuchung vorweggenommen. Obwohl die Mendikanten wie anderswo so auch in Westfalen über Partikular- und Konventualstudien verfügten, in denen eine große Zahl von an auswärtigen und ausländischen Universitäten oder Generalstudien ausgebildeten Magistern und Lektoren die Novizen und Konventualen unterrichteten, haben sie darauf verzichtet, Kleriker und Laien regelmäßig an ihren Studien teilnehmen zu lassen oder gar für sie eigene Schulen einzurichten, wie sie das in der Neuzeit taten. Sie konzentrierten sich vielmehr entsprechend ihrer Bestimmung auf die Seelsorge, wobei sie sich aller direkten und indirekten Formen der *cura animarum* bedienten,

---

182 Theol. fol. 83, *Rose* Nr. 550.
183 Lat. fol. 58, *Rose* Nr. 946.
184 Theol. fol. 54, *Rose* Nr. 851.

die ihnen Kurie, Episkopat und Ortsklerus gestatteten. Wenn sie also einen über die Seelsorge im strengen Sinne hinausgehenden Einfluß auf Laien und Kleriker ausübten, dann taten sie dies auf der Kanzel und im Beichtstuhl, mit Wort und Schrift, im informellen Gespräch und mit offiziellen Gutachten, als Seelsorger, Hofkapläne, Betreuer von Bruderschaften und Spirituale von Frauenklöstern. Sie beschränkten sich dabei nicht auf die Orte, in denen ihre Klöster lagen, erfaßten vielmehr als Weihbischöfe, erst recht aber als Terminarier auch die Dörfer und das Land. Was sie zu sagen hatten, war aber nicht nur theologischer Natur. Wie die enzyklopädisch angelegten Predigtwerke ihrer besten Vertreter waren die Bibliotheken, ja selbst einzelne Handschriften durch eine Breite und Vielfalt gekennzeichnet, die Geistliches, Wissenschaftliches und Poetisches umfaßte. Diese nicht durch das Studium allein erworbene Fülle wird es denn auch gewesen sein, die die Gläubigen veranlaßte, die Mendikanten — trotz aller Kritik an ihrer Lebensweise — nicht nur als Seelsorger, sondern auch als Lehrer zu schätzen, die zur *illuminatio civitatis et ecclesiae* beizutragen vermochten.

## III. Devotio moderna und Kreuzherren

### Die Bruderschaft vom gemeinsamen Leben[*]
### Eine geistliche Lebensform zwischen Kloster und Welt, Mittelalter und Neuzeit

Die *Devotio moderna* übt seit langem eine Anziehungskraft aus, wie sie bei keiner anderen Reformbewegung des späten Mittelalters, weder bei den monastischen und kanonikalen Reformkongregationen noch bei den Observanzen der Bettelorden, zu beobachten ist.[1] Diese Attraktion kommt sicher daher, daß der in den vier Büchern der *Imitatio Christi* formulierte Lebens- und Frömmigkeitsstil der Devoten das Leben unzähliger Gläubiger geformt hat und auch heute noch, innerhalb und außerhalb von Kirche und Christenheit, Resonanz zu finden vermag.[2] Der Grund für das auffällige Interesse an der *Devotio moderna* und den aus ihr hervorgegangenen Institutionen ist jedoch nicht allein in dem zeitlosen Appell zu einem Leben der Innerlichkeit und Selbstbescheidung zu suchen, er liegt auch in ihrem geistes- und kirchengeschichtlichen Stellenwert, in der ihr zugeschriebenen Bedeutung als einem entscheidenden Schritt auf dem Wege von der altkirchlichen zur reformatorischen Frömmigkeit, vom Mittelalter in die Neuzeit.

Nachdem schon J. Arndt, Ph. J. Spener und G. Arnold Geert Grote und seine Anhänger als Streiter wider das Papsttum und Zeugen des wahren Evangeliums gefeiert hatten, sahen im 19. Jahrhundert C. Ullmann, J. C. van Slee und G. Bonet-Maury in ihnen Reformatoren vor der Reformation, die dem neuen Glauben nicht nur in den Niederlanden, sondern in ganz Nordwesteuropa den Weg gebahnt hätten. Für andere, wie für G. H. M. Delprat, P. Mestwerdt, J. Hashagen und L. W. Spitz, waren die Zurückhaltung gegenüber der Scholastik, der Wille zur Persönlichkeitsbildung und nicht zuletzt der Einsatz für Buch und Erziehung, die die Devoten, besonders die Brüder vom gemeinsamen Leben, kennzeichnen, Voraussetzungen für den nordwesteuropäischen Humanismus, der in Alexander Hegius und Rudolf Agricola, vor allem aber in Erasmus von Rotterdam seine wichtigsten Repräsentanten gefunden hat. Eine andere Richtung, für die die Namen Kühler und Spoelhof stehen mögen, sieht in ihrer individualistischen Frömmigkeit und ihrem spiritualistischen Kirchenverständnis eine Vorwegnahme der *Nonconformity* und des religiösen Pluralismus, die in der Neuzeit das Gesicht Nordwesteuropas und Amerikas nachdrücklich bestimmt haben. Von hier aus ist es nicht weit bis zu der Position A. Hymas, für den die *Devotio moderna* nicht nur Vorspiel der Reformation, konstitutives Element

---

[*] In: Geert Grote & Moderne Devotie, hg. v. J. ANDRIESSEN/P. BANGE/A. G. WEILER (Ons geestelijk Erf 59. Middeleeuwse Studie 1), Antwerpen-Nijmegen 1985, S. 470-496.

[1] Vgl. dazu: K. ELM, Verfall und Erneuerung des Ordenswesens im Spätmittelalter. Forschungen und Forschungsaufgaben, in: *Untersuchungen zu Kloster und Stift. Studien zur Germania Sacra* 14 (Veröffentlichungen des Max-Planck-Instituts für Geschichte 68), Göttingen, 1980, S. 188-238.

[2] Vgl. u. a.: J. SUDBRACK, Das geistliche Gesicht der vier Bücher von der Nachfolge Christi, in: *Thomas von Kempen. Beiträge zum 500. Todesjahr 1471-1971*, Kempen, 1971, S. 14-36. A. AMPE, *L'Imitation de Jésus-Christ et son auteur* (Sussidi eruditi 25), Rom, 1973.

des christlichen Humanismus, Voraussetzung für Täufertum, Pietismus und Puritanismus war, sondern auch als Ausgangspunkt für die im Tridentinum kulminierende katholische Reform gelten muß, sich also als *a mighty religious and intellectual revival* darstellt, dessen Wirkungen ganz Europa von den Niederlanden bis nach Spanien und Italien erfaßt haben.

Die Interpretation der *Devotio moderna* als Ausdruck laikaler Kritik an der hierarchisch strukturierten Kirche und Wurzel des neuzeitlichen Geistes hat in den Niederlanden, ihrem Geburtsland, keineswegs eine so einhellige Zustimmung gefunden, wie man erwarten sollte. In Übereinstimmung mit dem Haarlemer Bischof C. J. M. Bottemann und C. de Jong, dem späteren Kardinal von Utrecht, die energisch Einspruch gegen die „Protestantisierung" der *Devotio moderna* einlegten, betonen M. Schoengen, St. Axters, T. Brandsma, vor allem aber R. R. Post den orthodoxen Charakter der Bewegung. Für sie ist die *Devotio moderna* eine der asketischen Tradition des Mittelalters verpflichtete Reform, die das Ziel verfolgt, die alte Strenge der mönchischen Väter zu erneuern. Fest eingebunden in Leben und Tradition der römisch-katholischen Kirche, signalisiert sie keinen neuen Aufbruch und erst recht keine Revolution, ist sie vielmehr Beweis für die ungebrochene Kraft eines durch Gestalten wie Beatrix, Hadewijch und Ruusbroec geformten religiösen Lebens, das die erst 1853 ganz emanzipierten katholischen Niederländer der protestantischen Mehrheit ihres Landes als ihr geistliches Erbe, als *Ons Geestelijk Erf*, entgegenhalten.[3]

Die bis in die Nachkriegszeit mit Temperament geführte Diskussion über den historischen Stellenwert der *Devotio moderna* ist, sieht man von einigen Ausnahmen ab,[4] in den letzten Jahrzehnten fast ganz zum Erliegen gekommen. An die Stelle gelegentlich zu kühner Konstruktionen und oft zu starrer Apologien sind jetzt biographische und lokalgeschichtliche Untersuchungen, Editionen und Handbücher getreten, die sich auf die „Sache" konzentrieren und in bewußter Selbstbescheidung auf eine geschichtliche Einordnung verzichten.[5] Bei dieser verständlichen Zurückhal-

---

3 W. JAPPE ALBERTS, Zur Historiographie der Devotio Moderna und ihrer Erforschung, in: *Westfälische Forschungen*, 11 (1958), S. 51-67.
4 L. E. HALKIN, La „Devotio Moderna" et les origines de la Réforme aux Pays-Bas, in: *Courants religieux et Humanisme à la fin du XV<sup>e</sup> et au début du XVI<sup>e</sup> siècle*. Colloque de Strasbourg 9-11 mai 1957. Travaux du Centre ... d'Histoire des Religions de Strasbourg, Paris, 1959, S. 45-51. R. R. POST, *The Modern Devotion. Confrontation with Reformation and Humanism* (Studies in Medieval and Renaissance Thought 3), Leiden, 1968. W. LOURDAUX, Dévotion moderne et humanisme chrétien, in: *The Late Middle Ages and the Dawn of Humanism outside Italy*. Proceedings of the International Conference, Louvain, May 11-13, 1970 (Mediaevalia Lovaniensia I, 1), Löwen – Den Haag, 1972, S. 57-77. H. A. OBERMAN, *Werden und Wertung der Reformation. Vom Wegestreit zum Glaubenskampf*. Spätscholastik und Reformation II, Tübingen, 1977.
5 J. M. E. DOLS, *Bibliographie der Moderne Devotie*, Nijmegen, ²1941, E. PERSOONS, *Recente publicaties over de Moderne Devotie 1956-1972*, Löwen, 1972. Über den jüngsten Forschungsstand unterrichten der Katalog der vom 28. Sept. bis zum 23. Nov. 1984 von der Katholieke Universiteit Nijmegen, Afdeling Hulpwetenschappen van de geschiedenis im Nijmeegs Volkenkundig Museum veranstalteten Ausstellung: *Moderne Devotie. Figuren en facetten*, Nijmegen, 1984, A. G. WEILER, Recent Historiography on the Modern Devotion: some debated Questions, in: *Archief voor de Geschiedenis van de Katholieke Kerk in Nederland*, 26 (1984), S. 161-179, und die laufende Bibliographie der von der Antwerpener Ruusbroecgenootschap herausgegebenen Zeitschrift *Ons Geestelijk Erf*.

tung wird es jedoch nicht bleiben. Die in den letzten Jahrzehnten eingetretenen Veränderungen in Praxis und Selbstverständnis der katholischen Kirche, die Entspannung zwischen den Konfessionen, die vertiefte Einsicht in das Verhältnis von Kirche und religiöser Bewegung sowie das zunehmende Interesse für die Bedeutung des Laienelementes und der Volksfrömmigkeit legen es nahe, die Bedeutung der *Devotio moderna* neu zu überdenken und unter veränderten Voraussetzungen die alten Fragen zu wiederholen, ob nämlich die *Devotio moderna* einen vorwiegend laikalen oder monastischen Charakter trug, wieweit sie als Ausdruck nordwesteuropäischen Geistes zu verstehen ist, wohin sie ihr Gesicht gewandt hat, rückwärts ins Mittelalter oder vorwärts in die Neuzeit. Ich will bei dem Versuch, auf diese Fragen eine Antwort zu suchen, die theologischen und spirituellen Gehalte des Devotenlebens unberücksichtigt lassen, auf eine Behandlung des Verhältnisses der *Devotio moderna* zur *Via moderna*, zur spätmittelalterlichen Mystik und zum Humanismus verzichten sowie die lokalen Besonderheiten und zeitlichen Modifikationen unbeachtet lassen.[6] Ausgangspunkt meiner Überlegungen soll vielmehr die Lebensform, genauer die Rechtsfigur, der Bruderschaft vom gemeinsamen Leben sein, von der ich meine, daß sich in ihr die ursprünglichen Intentionen und eigentlichen Ziele der vom Ijsseltal ausgehenden religiösen Bewegungen am klarsten darstellen.

Die Kleriker und Laien, die sich zuerst in Deventer, dann in Zwolle, Kampen, Hoorn und Amersfoort zusammenschlossen und in wenigen Jahrzehnten Gleichgesinnte auch außerhalb der Niederlande fanden, führten – das sei zu Beginn unserer Erörterung in Erinnerung gerufen – ohne Unterschied ihres Standes ein gemeinsames Leben in Armut und Bescheidenheit, für das sie die materiellen Voraussetzungen in erster Linie durch ihre eigene Arbeit schufen. Ohne Regel, Gelübde und einheitliches Gewand, unter Verzicht auf die Privilegien des geistlichen Standes wollten sie in einem dennoch ordensähnlichen Leben durch gegenseitige Erbauung und gemeinsame geistliche Übungen an ihrer eigenen Vervollkommnung arbeiten und zugleich für das Seelenheil ihrer Nächsten wirken. Ohne offiziell mit der Seelsorge beauftragt zu sein, bemühten sie sich um die studierende Jugend, um fromme Frauen und zur Besserung ihres Lebens entschlossene Kleriker. Dabei bedienten sie sich nicht der üblichen Mittel der *cura animarum*, sondern versuchten auf indirekte Weise, durch ein vorbildliches Leben, durch Ermahnung und volkssprachliches Schrifttum, ihr

---

6 Vgl. dazu neben der in Anm. 4 genannten Literatur u. a.: H. M. KLINKENBERG, Die Devotio moderna unter dem Thema „Antiqui-moderni" betrachtet, in: *Antiqui und Moderni* (Miscellanea Medievalia 9), Berlin-New York, 1974, S. 394-419. W. LOURDAUX, De Moderne Devotie te Leuven en haar verhouding tot de theologie, in: *Facultas S. Theologiae Lovaniensis 1432-1797. Contribution à son histoire*, Löwen, 1977, S. 313-325. A. M. LÜCKER, *Meister Eckhart und die Devotio Moderna* (Studien und Texte zur Geistesgeschichte des Mittelalters 1), Leiden, 1950. L. REYPENS, Eckhart en de Moderne Devotie, in: *Ons Geestelijk Erf,* 25 (1951), S. 215-220. R. UBBINK, *Meister Eckhart bij de moderne devoten*, in: *Geert Groote & Moderne Devotie*, 154-171. A. AMPE, *Ruusbroec. Traditie en werkelijkheid* (Studiën en Tekstuitgaven van Ons Geestelijk Erf 19), Antwerpen, 1975. *Jan van Ruusbroec 1293-1381. Tentoonstellingscatalogus*, Brüssel, 1981. C. C. DE BRUIN, De spiritualiteit van de Moderne Devotie, in: C. C. DE BRUIN, E. PERSOONS, A. G. WEILER, *Geert Grote en de Moderne Devotie*, Deventer-Zutphen, 1984. S. 102-144. J. HASHAGEN, Die Devotio moderna in ihrer Einwirkung auf Humanismus, Reformation, Gegenreformation und spätere Richtungen, in: *Zeitschrift für Kirchengeschichte*, 55 (1936), S. 523-531. A. HYMA, *The Christian Renaissance. A History of the „Devotio moderna",*[2] Hamden, 1965. A. RENAUDET, *Préréforme et humanisme à Paris pendant les premières guerres d'Italie,*[2] Paris, 1953.

Ziel zu erreichen. Trotz des Argwohns von Gläubigen und Klerikern und ungeachtet der gelegentlichen Interventionen von Mendikanten und Inquisitoren hatten ihre Bemühungen Erfolg. Die Bruderschaft breitete sich ähnlich wie die Gemeinschaft der Schwestern vom gemeinsamen Leben und die Kongregation der Windesheimer Chorherren bis in den Ostseeraum aus, ja konnte sogar im deutschen Südwesten Fuß fassen. Sie hob die geistliche Kultur der Laien und bestärkte den Reformwillen in Klerus und Orden, denen sie nicht selten spirituelle Anregungen gab und geeigneten Nachwuchs zuführte.[7]

Wie verstanden nun, und damit kommen wir zur Sache, die Brüder vom gemeinsamen Leben ihre Lebensform? Aus den für die Beantwortung dieser Frage wichtigen Quellen, vor allem aus den von ihnen selbst oder von ihren Förderern verfaßten Rechtsgutachten und Verteidigungsschriften, geht eindeutig hervor, daß sie diese nicht als Neuerung auffaßten.[8] *Hoc modus in ecclesia Dei valde consuetus est*, wird immer wieder versichert. Die Brüder sahen sich dennoch nicht, wie man vermuten könnte, als Angehörige der seit langem bestehenden *ordines* an, des *ordo monasticus*, des *ordo canonicus* oder gar der *ordines mendicantes*, betrachteten sich vielmehr als

---

[7] H. NOTTARP, Die Brüder vom gemeinsamen Leben, in: *Zeitschrift der Savigny-Stiftung für Rechtsgeschichte*, 63 Kan. Abt., 32 (1943), S. 384-418. A. HYMA, *The Brethren of Common Life*, Grand Rapids, 1950. C. VAN DER WANSEM, *Het ontstaan en de geschiedenis van het Broederschap van het Gemene Leven tot 1400* (Universiteit te Leuven. Publicaties op het gebied der Geschiedenis en der Philologie IV, 12), Löwen, 1958. W. LOURDAUX, De Broeders van het Gemene Leven, in: *Bijdragen. Tijdschrift voor Filosofie en Theologie*, 33 (1972), S. 373-416. DERS., Frères de la vie commune, in: *Dictionnaire d'histoire et de géographie ecclésiastiques*, 18 (1977), Sp. 1438-1454. R. STUPPERICH u. a., Brüder vom gemeinsamen Leben, in: *Theologische Realenzyklopädie*, 7 (1981), S. 220-225. W. LEESCH, E. PERSOONS, A. G. WEILER (Hrsg.), *Monasticon Fratrum Vitae Communis*, I-II (Archief- en bibliotheekwezen in België. Extranummer 18), Brüssel, 1977/79. C. LOS, *Van Geert Groote tot Erasmus. De Broeders des gemenen levens en de navolging van Christus*, Zeist, 1984. E. PERSOONS, De verspreiding der Moderne Devotie, in: C. C. DE BRUIN, E. PERSOONS, A. G. WEILER (wie Anm. 6), S. 57-101. Über Einzelaspekte vgl. die Beiträge von W. LOURDAUX, H. LELOUX, R. VAN SCHAÏK, C. C. DE BRUIN, S. P. WOLFS, O. STEGGINK und F. V. D. HOMBERGH in: Geert Grote & Moderne Devotie.

[8] L. KORTH, Die ältesten Gutachten über die Brüderschaft des gemeinsamen Lebens, in: *Mitteilungen aus dem Stadtarchiv von Köln*, 5 (1888), S. 1-27. H. KEUSSEN, Der Dominikaner Matthäus Grabow und die Brüder vom gemeinsamen Leben, *Ebd.*, S. 29-47. A. HYMA, Het traktaat „Super modo vivendi devotorum hominum simul commorantium", door Gerard Zerbolt van Zutphen, in: *Archief voor de geschiedenis van het aartsbisdom Utrecht*, 52 (1926), S. 1-100. DERS., Is Gerard Zerbolt of Zutphen the author of the „Super modo vivendi"?, in: *Nederlandsch Archief voor Kerkgeschiedenis*, N.S. 16 (1921), S. 107-128. D. DE MAN, Vervolging, welke de broeders en zusters des gemeenen levens te verduren hadden, in: *Bijdragen voor vaderlandse Geschiedenis en Oudheidkunde*, 6 (1926), S. 283-295. C. H. LAMBERMOND, Geert Grote, zijn stichtingen en zijn bestrijders, in: *Studiën*, 73 (1941), S. 187-200. ST. WACHTER, Matthäus Grabow, ein Gegner der Brüder vom Gemeinsamen Leben, in: *Festschrift zum 50jährigen Bestandsjubiläum des Missionshauses St. Gabriel, Wien-Mödling* (Sankt Gabrieler Studien VIII), Wien-Mödling, 1939, S. 289-376. G. VAN DEN HEUVEL, *Het bestaansrecht van de Broeders van het Gemene Leven vóór de bisschoppelijke goedkeuring van 1401*. Pontificia Universitas Gregoriana Romae, Dissertatio, Tilburg, 1953. J. DESCHAMPS, Middelnederlandse vertalingen van Super modo vivendi (7de hoofdstuk) en De libris teutonicalibus van Gerard Zerbolt van Zutphen, in: *Handelingen, Koninklijke Zuidnederlandse Maatschappij voor Taal- en Letterkunde en Geschiedenis*, 14 (1960), S. 67-108; 15 (1961), S. 175-220. W. LOURDAUX, Dirk of Herxen's Tract De utilitate Monachorum: A Defence of the Lifestyle of the Brethren and Sisters of the Common Life, in: *Pascua Mediaevalia. Studies voor Prof. Dr. J. M. De Smet* (Mediaevalia Lovaniensia I, 10), Löwen, 1983, S. 312-336.

Mitglieder eines Standes, den Gerard Zerbolt von Zutphen in seinem Traktat *Super modo vivendi devotorum hominum* als *status medius* bezeichnet und zwischen den *saeculares saeculariter viventes* und dem *status religiosorum* ansiedelt.[9] Sie sind sich auch darüber im klaren, daß sie nicht allein diesem Stande angehören. Zu ihm gehören auch die Jungfrauen und Witwen, die Eremiten und Klausner, die Hospitalbrüder, die Bußbrüder und die Mitglieder von Bruderschaften. Damit wird eine Wirklichkeit angesprochen, der man sich erst in den letzten Jahrzehnten mit vollem Interesse wissenschaftlich zugewandt hat, die für die Zeitgenossen jedoch mindestens so wichtig war wie das seit Jahrhunderten mit größerem Nachdruck erforschte Ordenswesen.[10] Was damit gemeint ist, kann mit wenigen Worten angedeutet werden. Die religiösen Bewegungen des hohen Mittelalters haben nicht nur zur Entstehung von Klöstern und Orden geführt. Sie haben auch zahlreiche Assoziationen und Lebensformen wiederbelebt und neu entstehen lassen, die es den Gläubigen erlaubten, allein oder in Gemeinschaft ein geistliches Leben zu führen, das intensiver war als das der Laien, sie aber dennoch nicht zu Ordensleuten oder Klerikern machte. Während zunächst die individuellen Formen, das Eremitentum, das Inklusen- und Pilgerwesen,[11] sowie die an Kloster, Stift und Orden gebundenen Institutionen, das Konversentum und Konfraternitätswesen,[12] überwogen, setzte seit dem 12. Jahrhun-

9 HYMA, Het traktaat (wie Anm. 8), S. 7.

10 *I laici nella „societas Christiana" dei secoli XI e XII. Atti della terza settimana internazionale di studio, Mendola, 21-27 agosto 1965* (Miscellanea del Centro di Studi Medioevali V. Pubbl. dell'Università Cattolica del Sacro Cuore III, 5), Mailand, 1968. G. G. MEERSSEMAN, *Ordo fraternitatis. Confraternite e pietà dei laici nel medioevo*. In collaborazione con GIAN PIERO PACINI (Italia Sacra. Studi e Documenti di Storia Ecclesiastica 24-26), Rom, 1977. A. VAUCHEZ, *Religion et société dans l'Occident médiéval*, Turin, 1980. Über die neueren religionssoziologischen Tendenzen und die vor allem in Frankreich und Italien intensiv betriebene, jedoch im Hinblick auf die *Devotio moderna* und die Bruderschaft vom gemeinsamen Leben noch nicht aktualisierte Beschäftigung mit der schon länger in Deutschland als „Volksfrömmigkeit" geläufigen *Religion populaire* bzw. *Pietà popolare:* W. FRIJHOF, Van „Histoire de l'Eglise" naar „Histoire religieuse", in: *Nederlands Archief voor Kerkgeschiedenis*, N.S. 61 (1981), S. 113-152.

11 *L'Eremitismo in Occidente nei secoli XI-XII. Atti della seconda settimana internazionale di studio, Mendola, 30 agosto-6 settembre 1962* (Pubbl. dell'Università Cattolica del Sacro Cuore III/4), Mailand, 1965. G. CONSTABLE, Eremitical Forms of Monastic Life, in: *Atti della setta settimana internazionale di studio, Mendola, 28 agosto-3 settembre 1977.* (Ebd. IX), Mailand, 1980, S. 229-264. F. GARRISON, À propos des pèlerins et de leur condition juridique, in: *Études d'histoire du droit canonique dédiées à G. Le Bras,* II, Paris, 1965, S. 1173. G. B. LADNER, Homo viator. Medieval Ideas on Alienation and Order, in: *Speculum,* 42 (1967), S. 233-259. L. SCHMUGGE, „Pilgerfahrt macht frei" – Eine These zur Bedeutung des mittelalterlichen Pilgerwesens, in: *Römische Quartalschrift,* 74 (1979), S. 31. Vgl. auch: M. VILLEY, *La croisade. Essai sur la formation d'une théorie juridique* (L'Eglise et l'Etat au Moyen Age 6), Paris, 1942. J. BRUNDAGE, *Medieval Canon Law and the Crusader*, Madison-London, 1969.

12 Vgl. die Bibliographie zur Geschichte des Konversentums von M. TOEPFER in: K. ELM (Hrsg.), *Beiträge zur Geschichte des Konversentums im Mittelalter*, Ordensstudien I (Berliner historische Studien 2), Berlin, 1980, S. 93-95. Zum Verbrüderungswesen zuletzt: J. WOLLASCH, Die mittelalterliche Lebensform der Verbrüderung, in: *Memoria. Der geschichtliche Zeugniswert des liturgischen Gedenkens im Mittelalter* (Münstersche Mittelalter-Schriften 48), München, 1984, S. 215-232.

dert mit der Gründung von Hospitalgenossenschaften,[13] Bruderschaften,[14] Büßergemeinschaften[15] sowie Beginen- und Begardensammlungen[16] eine Vermehrung der unabhängigen Gemeinschaftsbildungen ein, die im 13. und 14. Jahrhundert ein solches Ausmaß erreichte, daß die regulierten von den nichtregulierten Gemeinschaften zahlenmäßig eingeholt, wenn nicht gar überholt wurden.[17]

Die Verschiebung innerhalb der *Istituti di Perfezione* erfolgte nicht ohne Anlaß. Sie kann nur vor dem Hintergrund der tiefgreifenden Veränderungen verstanden werden, die sich im 12. und 13. Jahrhundert in Europa vollzogen. Die Vermehrung der Gemeinschaften der *via media* war, um es kurz zu sagen, die Folge eines massiven Bevölkerungswachstums und einer zunehmenden sozialen und intellektuellen Mobilität vor allem unter der städtischen Bevölkerung, boten sie doch den Gläubigen, die durch Beruf, familiäre Bindung, Rechtsstellung oder fehlende materielle Voraussetzungen gehindert waren, einem Orden beizutreten, die Chance zum erfüllten geistlichen Leben, zur sozialen Integration, zu höherem gesellschaftlichen Prestige, aber auch zu sozialem und politischem Protest.[18]

Was sich für das Individuum als eine Erweiterung der Lebens- und Heilsmöglichkeiten darstellte,[19] war für die Gesellschaft, zumindest für ihre führenden Gruppen, von widersprüchlichem Charakter. Kirche, Orden und weltliche Gewalten erhielten in den genannten Gemeinschaften ein Instrumentarium zur Bewältigung der sich ihnen stellenden Probleme. Die weltliche und geistliche Obrigkeit übertrug ihnen Funktionen etwa im Bereich der Sozialfürsorge und der Ketzerbekämpfung, die sie selbst

---

13 S. REICKE, *Das deutsche Spital und sein Recht im Mittelalter* (Kirchenrechtliche Abhandlungen 111/114), Stuttgart, 1932. J. IMBERT, *Les hôpitaux en droit canonique*, Paris, 1947. E. NASALLI-ROCCA, *Il diritto ospedaliero nei suoi fondamenti storici*, Mailand, 1956.

14 J. DESCHAMPS, *Les confréries au moyen âge*, Bordeaux, 1958. G. LE BRAS, Les confréries chrétiennes (1940/41), in: *Études de sociologie religieuse*, 2, Paris, 1956, S. 423-462. Über die neuere Forschung: L. REMLING, Bruderschaften als Forschungsgegenstand, in: *Jahrbuch für Volkskunde*, NF 3 (1980), S. 89-112.

15 Neben den grundlegenden Arbeiten von G. G. MEERSSEMAN (Anm. 10) vgl. die zusammenfassenden Überblicke: G. CASAGRANDE, Il movimento penitenziale nel Medio Evo, in: *Benedictina*, 27 (1980), S. 695-709. G. PENCO, Tra monachesimo e laicato: l'ordine dei Penitenti, in: *Ebd.* 29 (1982), S. 489-494, und G. CASAGRANDE, Il movimento penitenziale nei secoli del Basso Medioevo. Note su alcuni recenti contributi, in: *Ebd.* 30 (1983), S. 217-233.

16 A. MENS, *Oorsprong en betekenis van de Nederlandse Begijnen- en Begardenbeweging. Vergelijkende studie: XIIde-XIIIde eeuw* (Verhandelingen van de Koninklijke Vlaamse Academie voor Wetenschappen, Letteren en Schone Kunsten van België. Klasse der Letteren IX, 7). Antwerpen, 1947. E. W. McDONELL, *The Beguines and Begards in Medieval Culture. With special emphasis on the Belgian scene*, New Brunswick N.J., 1954. J. C. SCHMITT, *Mort d'une hérésie. L'Eglise et les clercs face aux beguines et aux béghards du Rhin supérieur du XIV$^e$ au XV$^e$ siècle*, Paris, 1978.

17 ELM (wie Anm. 1).

18 Zusammenfassend mit reichen Literaturangaben: K. BOSL, *Europa im Aufbruch: Herrschaft, Gesellschaft, Kultur vom 10. bis zum 14. Jahrhundert*, München, 1980, und B. BLIGNY, L'Eglise et le siècle de l'an mil au début du XII$^e$ siècle, in: *Cahiers de civilisation médiévale*, 27 (1984), S. 5-33.

19 Vgl. dazu u. a.: W. ULLMANN, *The Individual and Society in the Middle Ages*, Baltimore, 1966. H. BAYER, Zur Soziologie des mittelalterlichen Individualisierungsprozesses. Ein Beitrag zu einer wirklichkeitsbezogenen Geistesgeschichte, in: *Archiv für Kulturgeschichte*, 58 (1976), S. 115-153.

nicht erfüllen wollten oder konnten.[20] Das Ordenswesen verfügte in ihnen über ein Reservoir, aus dem es sich immer wieder zu regenerieren vermochte. Es sei nur an die zahlreichen aus dem Semireligiosentum hervorgegangenen Ritter-, Hospital-, Bettel- und Eremitenorden erinnert[21] und auf Franz von Assisi verwiesen, der wie viele andere Ordensstifter in der *vita eremitica* bzw. *vita poenitentialis* einen Rechtsstatus fand, der es ihm erlaubte, unangefochten seine eigene Art des geistlichen Lebens zu suchen und zu erproben.[22]

Die Zunahme des Semireligiosentums verstärkte auf der anderen Seite die Reserve, mit der die Hierarchie seit eh und je den außerhalb von Kloster und Orden nach Vollkommenheit strebenden Gläubigen gegenübergestanden hatte. Kurie und Episkopat konnten in der Tat nicht übersehen, daß sozialer und politischer Protest, vor allem aber Abweichungen von der orthodoxen Lehre und Praxis nirgendwo einen so fruchtbaren Boden fanden wie in den Gemeinschaften der *via media*, ganz zu schweigen davon, daß sich deren Organisation und die der Ketzer vielfach ähnelten, da für beide die konventikelhafte Versammlung, die Laienbeichte, das Eulogium, die brüderliche Ermahnung, das paraliturgische Gebet und das Streben nach unmittelbarer religiöser Erfahrung konstitutiv waren.[23]

So sicher sich die Forschung über die Bedeutung der Semireligiosengemeinschaft ist, so unsicher ist sie, wenn es darum geht, das einigende Band zwischen Witwen, Inklusen, Hospitalbrüdern, Büßern, Beginen, Begarden, Drittordensleuten, Angehörigen von Konfraternitäten und Brüdern vom gemeinsamen Leben zu erkennen, was deutlich daraus hervorgeht, daß, wenn man über sie spricht, ziemlich wahllos von Semireligiosentum, freien Assoziationen, informellen Gruppen, *Ordo fraterni-*

20 Grundsätzlich über die Sozialfunktion der Gemeinschaften des *status medius* zuletzt: G. G. MERLO, *Tensioni religiose agli inizi del Duecento. Il primo francescanesimo in rapporto a tradizioni eremitico-penitenziali, esperienze pauperistico-evangeliche, gruppi ereticali e istituzioni ecclesiastiche*, Torre Pellice, 1984. Auf Einzelaspekte gehen ein: N. J. HOUSLAY, Politics and Heresy in Italy. Anti-Heretical Crusades, Orders and Confraternities, 1200-1500, in: *Journal of Ecclesiastical History*, 33 (1982), S. 193-208. D. RANDO, „Laicus religiosus" fra strutture civili ed ecclesiastiche: l'Ospedale di Ognisanti in Treviso (sec. XIII), in: *Studi Medievali*, III/24 (1983), S. 617-656 (in diesem Aufsatz werden zahlreiche Lokalstudien genannt).

21 J. LECLERCQ, Un document sur les débuts des Templiers, in: *Revue d'Histoire ecclésiastique*, 52 (1957), S. 81-91. K. ELM, Kanoniker und Ritter vom Heiligen Grab. Ein Beitrag zur Entstehung und Frühgeschichte der palästinensischen Ritterorden, in: J. FLEKKENSTEIN u. M. HELLMANN (Hrsg.), *Die geistlichen Ritterorden Europas* (Vorträge und Forschungen 26), Sigmaringen, 1980, S. 141-169. Über die „genossenschaftlichen" Anfänge der Johanniter und Antoniter: R. HIESTAND, Die Anfänge der Johanniter, in: *Ebd.* S. 31-80, und A. MISCHLEWSKI, *Grundzüge der Geschichte des Antoniterordens bis zum Ausgang des 15. Jahrhunderts* (Bonner Beiträge zur Kirchengeschichte 8), Köln–Wien, 1976.

22 Vgl. u. a.: L. PELLEGRINI, L'esperienza eremitica di Francesco e dei primi francescani, in: *Francesco d'Assisi e Francescanesimo dal 1216 al 1226. Società internazionale di Studi francescani. Atti del IV Convegno internazionale, Assisi, 15-17 ottobre 1976*, Assisi, 1977, S. 281-313.

23 Grundlegend: H. GRUNDMANN, *Religiöse Bewegungen im Mittelalter*, Darmstadt, ³1970, und dessen *Ausgewählte Aufsätze* 1-3 (Schriften der Monumenta Germaniae Historica 25, 1-3), Stuttgart, 1976. Vgl. zu Einzelaspekten: G. KOCH, *Frauenfrage und Ketzertum im Mittelalter. Die Frauenfrage im Rahmen des Waldensertums und ihre sozialen Ursachen (12.-14. Jh.)* (Forschungen zur mittelalterlichen Geschichte 9), Berlin 1962. J. LE GOFF (Hrsg.), *Hérésies et sociétés dans l'Europe pré-industrielle, 11ᵉ-18ᵉ siècles* (Civilisations et sociétés 10), Paris–Den Haag, 1968. R. E. LERNER, *The Heresy of the Free Spirit in the Later Middle Ages*, Berkeley–Los Angeles–London, 1972.

*tatis* oder gar religiösem Gildewesen die Rede ist. Für die Gelehrten des 14. und 15. Jahrhunderts, speziell für die Verfasser der zugunsten der Fraterherren ausgestellten Gutachten, bestand keine solche Unsicherheit. Sie übernahmen und entwickelten Definitionen, die trotz vergleichbarer Vielfalt der Formulierungen besser als die neueren Bezeichnungen das Gemeinsame an den verschiedenen Erscheinungsformen des Semireligiosentums deutlich machen, indem sie von ihm als dem *status tertius,* der *via media,* der *vita mediocris,* dem *status citra religionem,* dem *genus medium* und dem *status religiosus largo sensu* reden.

Bestimmungen des Rechtscharakters der *vita eremitica* und der *vita poenitentialis,* Vorschriften für *viduae, virgines, confratres, eremitae, hospitalarii* und *inclusae* finden sich schon früh in Regeln, Statuten und *Consuetudines,* in der synodalen Gesetzgebung, im Dekret, bei den Dekretisten und den Dekretalisten.[24] Versuche, die Gesamtheit des Status zu beschreiben, setzten jedoch erst zu Beginn des 13. Jahrhunderts ein, als man, um nur ein Beispiel zu nennen, den in *Causa* 12, *Quaestio* I, c.VII des zweiten Teils des *Decretums* für die nicht sacerdotalen Mitglieder des Klerus verwandten Terminus *Deo devoti sive conversi* als Generalnenner für die verschiedenen Formen des Semireligiosentums gebrauchte.[25] Zu einer *materia exposita* wurde der *Status medius* freilich erst im Verlauf des 13. und 14. Jahrhunderts, als die Fülle der zwischen Kloster und Welt stehenden Gemeinschaften fast unübersehbar wurde und zu nicht unerheblichen Konflikten führte. Wie es zu einer Definition dieses Standes kam und welche Quellen heranzuziehen sind, um ihre Entstehung zu beschreiben, soll nicht hier, sondern an anderer Stelle erörtert werden.[26] Wir wollen uns jetzt vielmehr darauf beschränken, die Überlegungen, die dabei im Spiele waren, deutlich zu machen und das Ergebnis, soweit dies mit wenigen Worten möglich ist, zu skizzieren.

Bei der Definition der Rechte und Pflichten der Mitglieder des *status medius* richtete man sich, nach dem bisher Gesagten nicht verwunderlich, zunächst gegen die Gefahren der Absonderung, Insubordination und Abweichung vom rechten Glauben. Primäre Forderungen sind daher die Unterordnung unter das kirchliche Lehramt, der Gehorsam gegenüber Pfarrklerus und Episkopat, die Teilnahme am Pfarrgottesdienst, der regelmäßige Sakramentenempfang und der Verzicht auf Beschäftigung mit theologischen Subtilitäten und mystischen Spekulationen. Was toleriert und gewünscht wird, ist eine *honesta vita,* die gekennzeichnet sein soll durch *humilitas, devotio, reverentia et recta intentio.* Nur den *honeste conversantes, domino in humilitate spiritus deservientes* kann daher das in die Clementinen aufgenommene

---

24 Vgl. Anm. 10-16.

25 FRIEDBERG I, 678. M. DITSCHE beschränkt sich in seiner wertvollen Studie über Herkunft und Bedeutung des Begriffes Devotio moderna, in: *Historische Zeitschrift,* 79 (1969), S. 124-145, auf Devotio als „Gesinnung der Hingabe und Ergebenheit".

26 Zu diesem Prozeß, der sich nicht unerheblich mit der Ausbildung des Genossenschaftswesens überschneidet, vgl. neben der in den Anm. 10-16 genannten Literatur u.a.: P. MICHAUD-QUANTIN, *Universitas* (L'Eglise et l'Etat au Moyen Age 13), Paris, 1970, S. 215-248. O. G. OEXLE, Die mittelalterlichen Gilden: ihre Selbstdeutung und ihr Beitrag zur Formung sozialer Strukturen, in: *Soziale Ordnungen im Selbstverständnis des Mittelalters* (Miscellanea Medievalia 12, 1), Berlin–New York, 1979, S. 203-226. DERS., Conjuratio et ghilde dans l'antiquité et dans le Haut-Moyen-Age, in: *Francia,* 10 (1982), S. 1-19.

und seither oft präzisierte 16. Dekret des Konzils von Vienne erlauben, *promissa continentia vel etiam non* eine *vita media* zu führen.[27]

Der Abgrenzung von der Häresie und der Subordination auf der einen entspricht die scharfe Trennung zwischen dem *status medius* und dem Ordenswesen auf der anderen Seite. Sie geht von den im 13. Kanon des 4. Laterankonzils enthaltenen Bestimmungen aus, die unter der Rubrik *De religiosis domibus* in den *Liber sextus* aufgenommen wurden.[28] Der 1274 vom 2. Konzil in Lyon präzisierte Kanon erlaubt die Konstituierung neuer Orden nur dann, wenn ihre Gründer bereit sind, schon bestehende Regeln anzunehmen, sich also dem traditionellen Ordenswesen anzupassen.[29] Diese Bestimmung hatte zur Folge, daß es den Gemeinschaften des *status medius* strikt untersagt war, die Wesensmerkmale des Ordensstandes, Regel, Gelübde und gemeinsames Gewand, anzunehmen, wenn sie nicht auch bereit waren, sich dem *status religiosorum* anzuschließen und eine der traditionellen Regeln zu befolgen. Wenn sie also die *vita media*, ein Leben ohne Ordensregel, führen wollten, dann hatten sie auch alles zu vermeiden, was auf ein Ordensleben im eigentlichen Sinne schließen lassen konnte. Es ist das Verdienst des 1270 als Kardinalbischof von Ostia verstorbenen Heinrich von Segusia, innerhalb dieser Grenzen eine Rechtsfigur entworfen zu haben, die es vermied, die Semireligiosengemeinschaften den als *corpus* oder *collegium* geltenden Ordenshäusern gleichzustellen, sie aber davor bewahrte, als *domus illicitae, ordines non approbati* oder gar als *conventicula haeretica* verdächtigt zu werden.[30] Der „König beider Rechte" ging dabei auf die im römischen Recht, genauer im Vereinsrecht, definierte *societas omnium bonorum* zurück.[31] Was dabei herauskam, läßt sich durch eine Gegenüberstellung von *domus religiosa* und *societas* verdeutlichen. Die auf dem Gehorsamsgelübde gegründete, durch die *maior et sanior pars* übertragene und kirchlich approbierte Amtsgewalt der Äbte, Pröpste und Prioren findet in der *societas* keine Entsprechung. Nach dem für sie geltenden Prinzip *par in parem non habet potestatem* haben ihre Vorsteher keine echte Jurisdiktionsge-

---

27 Clement., 3.11.1., MANSI XXV, Venedig, 1782, S. 410-414. FRIEDBERG II, 1169. Vgl. in diesem Zusammenhang neben der in Anm. 11 ff. genannten Literatur besonders J. TARRANT, The Clementine Decrees on the Beguines: Conciliar and Papal Versions, in: *Archivum Historiae Pontificiae*, 12 (1974), S. 300-308.

28 MANSI XXII, Venedig, 1778, S. 1002-1003. A. GARCIA Y GARCIA, *Constitutiones Concilii quarti Lateranensis glossatorum* (Monumenta iuris canonici. Series A. Corpus glossatorum 2), Rom, 1981.

29 MANSI XXIV, Venedig, 1780, S. 96-97. ST. KUTTNER, Conciliar Law in the Making. The Lyonese Constitutions (1274) of Gregor X in a Manuscript at Washington, in: *Miscellanea Pio Paschini. Studi di Storia Ecclesiastica* (Lateranum NS 15), Rom, 1949, S. 39. R. M. EMERY, The Second Council of Lyons and the Mendicant orders, in: *Catholic Historical Review*, 39 (1953), S. 257-271. K. ELM, Ausbreitung, Wirksamkeit und Ende der provençalischen Sackbrüder (Fratres de Poenitentia Jesu Christi) in Deutschland und den Niederlanden. Ein Beitrag zur kurialen und konziliaren Ordenspolitik des 13. Jahrhunderts, in: *Francia*, 1 (1972), S. 257-324.

30 Summa aurea, Venedig, 1570, III, 193: *Largo modo dicitur religiosus, qui in domo propria sancte et religiose vivit, licet non sit professus, et dicitur talis religiosus non ideo, quod astrictus sit alicui regulae certae, sed respectu vitae, quam arctiorem et sanctiorem ducit quam ceteri saeculares, qui omnino saeculariter, id est dissolute vivunt.*

31 O. v. GIERKE, *Das deutsche Genossenschaftsrecht*, I, Berlin, 1868. FR. WIEACKER, *Societas. Hausgemeinschaft und Erwerbsgesellschaft* (Untersuchungen zur Geschichte des römischen Gesellschaftsrechts), Weimar, 1936.

walt. Wenn sie dennoch Anordnungen treffen, handelt es sich nicht um Befehle mit *vis coactiva,* sondern lediglich um *consilia et correctiones,* Ratschläge also und brüderliche Ermahnungen, denen die Brüder nicht *ex necessitate,* sondern *ex caritate et amicitia* Folge leisten. Es versteht sich von selbst, daß es sich bei den *Consuetudines* der Gemeinschaften nicht um rechtsverbindliche Regeln, sondern um private Hausordnungen handelt, ja daß der *societas* der Charakter der Rechtspersönlichkeit im engeren Sinne versagt blieb. Will man den Unterschied auf eine Formel bringen, so müßte sie lauten: hier die Unterordnung, dort die Gleichheit, hier die *potestas,* dort die *caritas,* hier die *oboedientia,* dort die *libertas.*[32]

Als Geert Grote und seine Gefährten aus wohlerwogenen Gründen auf den Eintritt in einen der bestehenden Orden verzichteten und im Vikariatshaus von St. Lebuin in Deventer ein gemeinsames Leben begannen, wußten sie, daß sie die für den *status medius* geltenden Normen zu beachten hatten, wollten sie nicht als *Secta Gerardinorum,* als Lollarden oder Begarden verfolgt und verurteilt werden.[33] Sie und die ihnen folgenden Brüder nannten sich daher nicht *religiosi,* sondern *fratres,* hatten weder Pröpste, Prioren oder gar Äbte, sondern nur einen Rektor, Pater oder Senior, mieden es, ihre Niederlassungen als *ecclesia, conventus* oder gar *monasterium* zu bezeichnen, begnügten sich vielmehr mit dem Terminus *domus,* verzichteten auf die Uniformität eines Ordensgewandes, achteten statt dessen auf die Verschiedenheit ihrer Kleidung, leiteten ihre Konstitutionen mit dem Hinweis ein, daß sie keine Regel seien und keine Rechtsverbindlichkeit besäßen. Es versteht sich von selbst, daß sie von den als häretisch angesehenen Sätzen Meister Eckharts abrückten, sich von den „Brüdern vom Freien Geist" distanzierten, mystische Spekulationen und theologische Disputationen mieden und einen Frömmigkeitsstil entwickelten, dessen Schlüsselbegriffe Einfachheit, Demut, Ehrfurcht und Bescheidenheit völlig identisch sind mit jener *simplicitas, humilitas, reverentia, recta intentio* und *devotio,* die für den schon im 13. und 14. Jahrhundert aufgestellten Verhaltenskodex des *status medius* charakteristisch sind.[34]

32 Für die Rechtsfigur der Bruderschaft aufschlußreich: I. CRUSIUS, *Die Brüder vom gemeinsamen Leben in Deutschland. Zur rechtlichen Entwicklung der religiösen Genossenschaften im späten Mittelalter,* Diss. phil. masch., Göttingen, 1961.
33 Neben den grundlegenden Arbeiten von K. C. L. M. DE BEER, J. VAN GINNEKEN, J. G. J. TIECKE, TH. P. VAN ZIJL, G. EPINEY-BURGARD und den Publikationen des Jubiläumsjahres speziell C. C. DE BRUIN, *Geert Grote († 20 augustus 1384). Als bekeerling en reformist geplaatst in het kader van zijn tijd,* Deventer, 1984, A. G. WEILER, Leven en werken van Geert Grote, 1340-1384, in *Geert Grote en de Moderne Devotie* (wie Anm. 6), S. 9-55, und dem Katalog der 1984 in der Athenäumsbibliothek Deventer und dem Catharijneconvent in Utrecht veranstalteten Ausstellung *Geert Grote en de Moderne Devotie,* Utrecht – Deventer, 1984, vgl. F. VAN DEN BORNE, Geert Groote en de Moderne Devotie in de geschiedenis van het middeleeuwse ordewezen, in: *Studia Catholica,* 16, (1940), S. 397-414; 17 (1941), S. 120-133; 18 (1942), S. 19-40, 203-224. K. C. L. M. DE BEER, Het leeken-element in de spiritualiteit van Geert Groote, in: *Ons Geestelijk Leven,* 20 (1940/41), S. 181-185. E. F. JACOB, Gerard Groote and the beginnings of the „New Devotion" in the Low Countries, in: *Journal of Ecclesiastical History,* 3 (1952), S. 40-57. Sowie: R. VAN DIJK, In oorsprong een lekenbeweging, in: *De Heraut,* 115 (1984), S. 206-208, und die in Geert Grote & Moderne Devotie enthaltenen Beiträge von G. EPINEY-BURGARD, J. VAN HERWAARDEN und C. C. DE BRUIN.
34 J. LINDEBOOM, Geert Groote's preeksuspensie. Een bijdrage tot zijn geestelijke plaatsbepaling, in: *Mededeelingen der Nederlandsche Akademie van Wetenschappen, Afd.*

Was sich so in deutlicher Distanz vom traditionellen Ordenswesen und in bewußter Anpassung an die Normen des Semireligiosentums ausbildete, war kein Einzelfall.[35] Es fand, wie die Fraterherren selbst wiederholt betonten,[36] anderswo Parallelen, so in Italien, wo die in der Mitte des 14. Jahrhunderts um den Seneser Patrizier Giovanni Colombini entstandene *Società dei poveri di Cristo*[37] und die jüngere Chorherrengemeinschaft von S. Giorgio in Alga[38] eine Spiritualität entwickelten, die sich so sehr mit derjenigen der Fraterherren und Windesheimer vergleichen läßt, daß man wiederholt versucht hat, nicht in den Niederlanden und am Niederrhein, sondern in Italien den Verfasser der vier Bücher der *Imitatio Christi* zu finden.[39]

Versuchen wir nach diesen Erörterungen eine erste Antwort auf die anfangs gestellte Frage zu formulieren. Kann man eigentlich weiterhin Geert Grote und seine Gefährten mit H. Pomerius als *fons et origo modernae devotionis* bezeichnen? Haben nicht vor ihm und nach ihm viele andere, die meisten weniger bekannt als er, gleiches oder ähnliches unternommen? Findet man nicht eine ähnliche Spiritualität und fast gleiche Institutionen auch in Italien, Spanien und Südfrankreich? Geht es noch an, die Bruderschaft des gemeinsamen Lebens als Ausdruck einer spezifisch nordwesteuropäischen Frömmigkeit den stärker dem hierarchischen Prinzip verpflichteten geistlichen Institutionen der romanischen Welt gegenüberzustellen? Ist es überhaupt sachgerecht, sich darüber zu streiten, ob die Brüder laikal oder monastisch, modern oder traditionell, revolutionär oder konservativ gewesen sind? Haben wir es hier nicht vielmehr mit Komplementärbegriffen zu tun, die einen Stand kennzeichnen, der in seiner Ambivalenz zwischen Anpassung und Selbstverwirklichung, Wille zur Freiheit und Bereitschaft zur Bindung, laikalem Selbstbewußtsein und Nachahmung

*Letterkunde NR* IV, 4, Amsterdam, 1941, S. 99-133. A. HYMA, The Original Constitutions of the Brethren of the Common Life at Deventer, in: *The Dawn of Medieval Civilization. Studies in Renaissance, Reformation and other Topics presented to honor Albert Hyma*, Ann Arbor, ²1964, S. 360-391, und die in Anm. 7, 8 genannte Literatur.

35 Auf die „spirituellen" Analogien zwischen der Devotio moderna und vergleichbaren Frömmigkeitsbewegungen in Böhmen, Ungarn und Polen weisen hin: H. F. ROSENFELD, Die niederländische Devotio moderna und ihre böhmischen Wurzeln, in: *Korrespondenzblatt des Vereins für niederdeutsche Sprachforschung*, 69 (1962), S. 24-45. DERS., Zu den Anfängen der Devotio moderna, in: *Festgabe für Ulrich Pretzel zum 65. Geburtstag, dargebracht von Freunden und Schülern*, Berlin, 1963, S. 239-252. E. WINTER, *Frühhumanismus. Seine Entwicklung in Böhmen und deren Bedeutung für die Kirchenreformbestrebungen im 14. Jahrhundert. Beiträge zur Geschichte des religiösen und wissenschaftlichen Denkens*, Berlin, 1964. J. SCHREIBER, Devotio moderna in Böhmen, in: *Bohemia. Jahrbuch des Collegium Carolinum*, 6 (1965), S. 93-122. E. MÁLYUSZ, Zakon Paulinów i Devotio moderna, in: *Mediaevalia. W 50 rocznicę pracy naukowej Jana Dąbrowskiego*, Warschau, 1960, S. 263-283. L. MEZEY, Die Devotio moderna der Donauländer, Böhmen, Österreich und Ungarn, in: *Acta Litteraria Academiae Scientiarum Hungaricae*, 12 (1970), S. 37-57.

36 Vgl. die in Anm. 8 genannte Literatur.

37 M. TANGHERONI, La spiritualità del b. Giovanni Colombini, in: *Rivista ascetica e mistica*, 25 (1974), S. 291-300. G. DUFNER, *Geschichte der Jesuaten* (Uomini e dottrine 21), Rom, 1975.

38 G. CRACCO, La fondazione dei canonici secolari di S. Giorgio in Alga, in: *Rivista di Storia della Chiesa in Italia*, 13 (1959), S. 70-88.

39 Vgl. u. a. P. G. BONARDI / T. LUPO, *L'Imitazione di Cristo e il suo autore*, Turin, 1964. G. PICASSO, L'Imitazione di Cristo nell'epoca della „devotio moderna" e nella spiritualità monastica del secolo XV in Italia, in: *Rivista di storia e letteratura religiosa*, 4 (1968), S. 11-32.

hierarchischer Vorbilder deutlich macht, daß die Kirche des hohen und späten Mittelalters Spannungen aushielt und Freiräume gewährte, die die ältere Geschichtsschreibung nur in der Neuzeit für möglich hielt und daher, wenn sie eher auftraten, nur als Vorzeichen der Reformation oder Frühformen der aus ihr hervorgegangenen Gemeinden und Kirchen verstehen konnte.

Der Versuch, die *Devotio moderna*, genauer die semireligiose Bruderschaft vom gemeinsamen Leben, nicht aus einer einmaligen Situation, sondern aus der Eigenart eines bestimmten Standes abzuleiten, kann sich nicht nur auf institutionsgeschichtliche und kanonische Überlegungen stützen. Er kann sich auch auf das historische Selbstverständnis der Brüder, auf den Stellenwert, den sie sich selbst im Ablauf der Geschichte von Kirche und Christenheit gaben, berufen. Zusammen mit Urkunden, Chroniken und *Consuetudines* sind auch dafür die bereits erwähnten Gutachten und Verteidigungsschriften aufschlußreich, neben der Schrift des Gerard Zerbolt von Zutphen besonders der unveröffentlichte, wahrscheinlich aus der ersten Hälfte des 15. Jahrhunderts stammende *Apologeticus perbrevis pro fraternitate Gregoriana alias communis vitae,* der in einer Handschrift der Bibliothek des Emmericher Gymnasiums enthalten ist.[40] Mehr auf juristische Argumentation als auf historische Untersuchung hin angelegt, verzichten diese Schriften auf eine explizite Darstellung der Geschichte des *status tertius* und seiner Stellung zwischen Laien und Ordenswelt. Ihre auf historische Vorbilder verweisende und mit geschichtlichen Fakten operierende Beweisführung erlaubt es jedoch, aus ihnen das, was man als historisches Selbstverständnis bezeichnet, zu extrapolieren.[41] Die Lebensweise der Devoten wurde, so argumentieren sie, vorgelebt von den frühchristlichen römischen Asketen und den Freundeskreisen, die Augustinus und Hieronymus in Cassiciacum und Bethlehem um sich sammelten. Auch die Mönche und Anachoreten Ägyptens, Syriens und Palästinas, ja selbst Elias und Elisaeus, die im Früh- und Hochmittelalter als Prototypen des Eremiten- und Mönchtums galten, werden als Vorbilder für den *status medius* in Beschlag genommen. Darüber hinaus werden die Essener, ja selbst die antiken Philosophenschulen in einer Art naturrechtlicher Argumentation als Zeugen und Vorbilder für das gemeinsame Leben angerufen und bezeichnet. Es kann jedoch kein Zweifel daran bestehen, daß die Brüder weder die Kirchen- und Wüstenväter noch solche Frommen wie Alexius und Elisabeth als ihr eigentliches Vorbild betrachteten. Als die bestimmende Norm ihres Lebens galt die apostolische Urgemeinde, die *ecclesia primitiva,* in der das brüderliche Zusammenleben von den Aposteln begründet und vom göttlichen Herrn selbst legitimiert worden war. Die für ihre Gemeinschaft typische Stellung zwischen Kloster und Welt versuchen sie mit dem Hinweis auf die Söhne Jacobs, die Apostel und die Städte Judäas zu definieren.[42] Der Rekurs auf diese Gestalten des Alten und Neuen Testamentes, erst recht aber der Anschluß an die apostolische Urgemeinde war nicht ungewöhnlich. Wie im Ordens-

---

40 Gymnasium Emmerich, MS 5 (15. Jh.), fol. 77-93. GLEUMES, Die Handschriften, in: *1200 Jahre Gymnasium Emmerich. Festschrift des staatlichen Gymnasiums zu Emmerich zur Jahrhundertfeier der Wiederaufrichtung mit der Zwölfhundertjahrfeier des Bestehens,* ²Emmerich, 1959, S. 219-220. Ich bereite eine Ausgabe dieses Textes vor.

41 Aufschlußreich: DITSCHE (wie Anm. 25)

42 Vgl. dazu neben der in Anm. 8 genannten Literatur: P. GROOTENS, *Onuitgegeven sermoenen van Jan Brugman OFM* (Studien en Tekstuitgaven van Ons Geestelijk Erf 8), Tielt, 1948, S. 7-8.

wesen, so war er auch im Semireligiosentum schon seit langem eine der wichtigsten Faktoren bei der Ausbildung des historischen Selbstverständnisses.[43] Ungewöhnlich ist nur der Ton, mit dem sich die Autoren und Apologien auf die Vorbilder des Alten und Neuen Testamentes berufen, und die Argumentation, mit der sie den Anspruch vertreten, die Brüder seien legitime Fortsetzer der *vita vere apostolica*.

Wenn Joseph, der Erwählte, als der jüngste Sohn Jacobs, Bethlehem, der Ort der Geburt des Herrn, als die geringste unter den Fürstenstädten, der Völkerprediger Paulus als der letzte der Apostel angerufen werden und die *vita communis* der Brüder als eine Lebensform bezeichnet wird, die angesichts ihrer apostolischen Ursprünge keiner Sanktionierung durch den Heiligen Stuhl bedürfe, war das mehr als die Wiederholung oft gebrauchter Topoi. Das Ordenswesen, das zumindest nach Auffassung einiger seiner Vertreter ein Monopol auf die *vita perfecta* besaß,[44] wird deutlich abgewertet und unter Berufung auf die Vorbilder des Alten und Neuen Testamentes dem Stand nachgeordnet, der jahrhundertelang als minderer Abglanz der *vita monastica* mehr geduldet als anerkannt worden war. Wenn es schließlich heißt, daß die am Vorbild der apostolischen Urgemeinde orientierte *vita communis* keiner Bestätigung mehr durch Konzil und Papst bedürfe, da sie von Christus als dem eigentlichen Legislator der Kirche approbiert worden sei und so als *prior et maior omnium religionum* zu gelten habe,[45] dann ist der Weg nicht mehr weit bis zu der Meinung John Wicliffs, für den die Orden nichts anderes bedeuten als *particularia secta* und *conventicula*, die den Zugang zum wahren Christenleben verstellen, also mehr Hindernisse als Hilfen auf dem Wege zum Heil sind.[46]

Das hier nur grob charakterisierte historische Selbstverständnis der Devoten, in dem schon früher im *status medius* angeschlagene Töne zu vollem Klang kamen, blieb im 15., ja noch im 16. Jahrhundert auch dort erhalten, wo man freiwillig oder gezwungen eine Anpassung an Klerus und Ordensleben vollzogen hatte. Auch wenn man zu Kanonikern geworden war und von *ecclesia* und *monasterium* statt von *domus* sprach, also die *societas* zugunsten des *collegium* aufgegeben hatte, wollte man auf den Ehrentitel einer am Vorbild der Apostel orientierten, nicht auf Recht und Zwang, sondern auf *fraternitas, caritas* und *libertas* begründeten Gemeinschaft nicht verzichten, wofür der Traktat über das Bruderleben, den Gabriel Biel verfaßte, den besten Beweis liefert.[47] Es gab unter den Fraterherren nur wenige, die aus dem Hinweis auf

---

43 M.-H. VICAIRE, *L'imitation des apôtres: Moines, chanoines, mendiants, IV<sup>e</sup>-XIII<sup>e</sup> siècles*, Paris, 1963. G. OLSEN, The Idea of the Ecclesia Primitiva in the Writings of twelfth-century Canonists, in: *Traditio*, 25 (1969), S. 61-68. G. LEFF, The Apostolic Ideal in Later Medieval Ecclesiology, in: *Journal of Theological Studies*, 18 (1967), S. 58-82.

44 Vgl. u. a.: WACHTER, *Matthäus Grabow* (wie Anm. 8).

45 Gymnasium Emmerich, MS 5, fol. 61<sup>V</sup>: *Religio enim christiana que prior et maior est omnium religionum approbatissima est ... a Christo summo legislatore instituta et approbata et a fidelibus deinceps observata nec indigens aliqua approbatione sedis apostolice*.

46 Fifty Heresies and Errors of Friars, in: TH. ARNOLD (Hrsg.), *Selected English Works of John Wyclif*, London, 1869-71, III, S. 367 ff. A. DAKIN, *Die Beziehung John Wiclifs und der Lollarden zu den Bettelmönchen*, London, 1911. Über die Kritik der Humanisten und Reformatoren am Ordenswesen: C. TRINKAUS, Humanist Treatises on the Status of the Religious, in: *Our Image and Likeness*, London, 1970, II, S. 651-665. B. LOHSE, *Mönchtum und Reformation. Luthers Auseinandersetzung mit dem Mönchsideal des Mittelalters*, Göttingen, 1963.

47 Neben der Schrift *De communi vita clericorum* (KB Den Haag, MS 75 g 58, fol. 1-21) vgl. die

das apostolische Leben als einem Gemeinschaftsleben ohne Regel und Gelübde ähnliche Konsequenzen zogen wie Wicliff. Zu ihnen gehörte Petrus Dieburg, der 1494 gestorbene Rektor des Bruderhauses in Hildesheim. Der von anderen ohne Schwierigkeiten vollzogene Übergang vom Frater- zum Ordensleben bedeutete für ihn, den Devoten alten Schlages, nichts anderes *„quam vendere libertatem nostram, singulare decus christiane religionis et emere vincula et carceres"*, wie er in einem Brief an das *Colloquium* von Münster schreibt.[48] Wo ohne Erlaubnis des Papstes, wo außerhalb des Klosters und ohne Ordensgewand ein vollkommenes Leben geführt werden konnte, da bedurfte man, so muß man die Konsequenz aus den Äußerungen Dieburgs ziehen, zur Erlangung des vollkommenen Lebens nicht mehr bestimmter Institutionen, da wurden sowohl die *vita regularis* als auch die *vita media* vom Prinzip her überflüssig, da galt die Gleichung *purus Christianus, verus monachus*, da war der wahre Christ zugleich auch der wahre Mönch. Daß eine konsequente Auslegung des Fraterherrenideals, wie sie sich bei Petrus Dieburg anbahnt, an die Grundlagen der Kirche und ihres Ordenswesens rührte, ist nicht nur das Ergebnis rückschauender Betrachtung. Eine ganze Reihe von Brüdern schloß sich einzeln oder geschlossen der Reformation an.[49] Mehrere führende Reformatoren wurden von der *Devotio moderna* und dem Bruderleben beeinflußt.[50] Luther, der die „Nullbrüder" in Magdeburg kennengelernt hatte, war sich der Nähe des alten Institutes und der neuen Lehre durchaus bewußt.[51] Als ihn die Bewohner des Herforder Bruderhauses 1532 um Begutachtung ihres Fraterlebens baten, hatte er nichts dagegen einzuwenden. Er lobte vielmehr ihre *ratio vivendi*, da sie dem Evangelium entspräche. Er sagte, er könne an ihrem geistlichen Leben nichts Unchristliches finden, da sie ohne Ablegung der von ihm verurteilten

*Collatio de Vita Communi* (SB Trier, MS 796). W. LANDEEN, Gabriel Biel and the Devotio moderna in Germany, in: *Research Studies of the Washington State University*, 28 (1960), S. 79-95. (Vgl. auch: *Church History*, 20, 1951, S. 23-56.) M. SCHRAMA, Gabriel Biel et son entourage: Via moderna et Devotio moderna, in: *Nederlands Archief voor Kerkgeschiedenis*, NS 61 (1981), S. 154-184.

48 R. DOEBNER, *Annalen und Akten der Brüder vom Gemeinsamen Leben im Lüchtenhof zu Hildesheim* (Quellen und Darstellungen zur Geschichte Niedersachsens 11), Hannover, 1903, S. 113. Über Dieburg: W. SCHÜLTKE, *Die Brüder vom gemeinsamen Leben und Peter Dieburg, 1420-1494,* Diss. theol., Rostock, 1969. Vgl. auch: E. BARNIKOL, Bruder Dieburgs deutsches Christentum und Luthers Stellung zu den Brüdern vom gemeinsamen Leben, in: H. ETZROD / K. KRONENBERG, *Das Eisleber Lutherbuch*, Magdeburg, 1933, S. 18-28.

49 Ein erster Überblick über das Verhalten der Brüderhäuser zur Reformation: R. MOKROSCH, Devotio Moderna: Verhältnis zu Humanismus und Reformation, in: *Theologische Realenzyklopädie*, 8 (1980/81), S. 609-616.

50 K. A. STRAND, John Calvin and the Brethren of the Common Life, in: *Andrews University Seminary Studies*, 12 (1974), S. 67-78; 13 (1975), S. 67-68; 15/16 (1977/78), S. 43-56. Vgl. auch: C. A. VAN KALVEEN, Johann Pupper van Goch en de Broeders des gemenen levens, in: *Archief voor de Geschiedenis van de Katholieke Kerk in Nederland*, 20 (1978), S. 103-113.

51 E. BARNIKOL, Luther in Magdeburg und die dortige Bruderschule, in: *Theologische Arbeiten aus dem Rheinischen Wissenschaftlichen Prediger-Verein*, NF 17 (1917), S. 1-63. R. KEKOW, *Luther und die Devotio moderna.* Diss. phil., Hamburg, 1937. M. ELZE, Züge spätmittelalterlicher Frömmigkeit in Luthers Theologie, in: *Zeitschrift für Theologie und Kirche*, 62 (1965), S. 381-402. H. M. STAMM, *Luthers Stellung zum Ordensleben* (Veröffentlichungen des Instituts für Europäische Geschichte Mainz 10), Wiesbaden, 1980. R. MOKROSCH (wie Anm. 49), S. 614-616.

Gelübde ein Leben im Sinne des Herrn führten; was Melanchthon bestätigte, indem er in der seit langem bei der Definition des *status medius* angewandten Terminologie feststellte, *hanc societatem esse rem licitam.*[52]

Die Analyse des historischen Selbstverständnisses der Fraterherren kann zu dem Schluß verleiten, durch sie seien die bei der Betrachtung der institutionellen Grundlagen des Devotenlebens erzielten Ergebnisse entwertet und nichts anderes als das bestätigt worden, was man seit eh und je über die Devoten und ihr Verhältnis zur Reformation gesagt hat. Sie seien für die von Luther propagierte Freiheit des Christenmenschen in besonderer Weise disponiert gewesen, könnten mit Recht als Reformatoren vor der Reformation gelten, ja hätten die Reformation selbst mit herbeigeführt. Wir sollten uns jedoch vor einem solchen Schluß hüten. Ist es nicht auffällig, so muß man sich nämlich fragen, daß man die Lehre von der christlichen Freiheit in den Brüderhäusern zu Münster und Hildesheim, wo die ursprünglichen Intentionen am lebendigsten geblieben waren, gar nicht oder nur mit Zögern annahm[53] und in Württemberg, wo die Anpassung an das traditionelle Ordensleben schon im 15. Jahrhundert erfolgt war, den Übergang zum neuen Glauben ohne Schwierigkeiten fand.[54] Die in diesem Verhalten zum Ausdruck kommende Paradoxie läßt sich am besten am Falle Herford verdeutlichen. Die dortigen Brüder waren schon früh mit Luther und Wittenberg in Verbindung getreten und gehörten zu den ersten, die sich im „heiligen Herford" zum neuen Glauben bekannten. Als sie jedoch 1530/32 Rat und Stadt zum Verzicht auf ihre Sonderexistenz nötigten, beriefen sie sich auf den „Grund ihres Fraterlebens" und verlangten auch nach dem Übertritt zum neuen Glauben für sich das Recht, in christlicher Freiheit *caste, concorditer et in communi vivere* zu können, wofür sie nicht nur die Unterstützung Luthers und

---

52 R. STUPPERICH, Luther und das Fraterhaus in Herford, in: *Geist und Geschichte der Reformation. Festgabe H. Rückert zum 65. Geburtstag* (Arbeiten zur Kirchengeschichte 38), Berlin, 1966, S. 221-238. A. COHAUSZ, Anmerkungen zum Herforder Bildersturm im Jahre 1532, in: *Paderbornensis Ecclesia. Festschrift für Kardinal Jaeger*, Paderborn, 1972, S. 207-225. R. STUPPERICH, *Das Herforder Fraterhaus und die Devotio Moderna. Studien zur Frömmigkeitsgeschichte Westfalens an der Wende zur Neuzeit* (Schriften der Historischen Kommission Westfalens 10), Münster, 1975. W. LEESCH, *Das Fraterhaus zu Herford, Teil I: Inventar, Urkunden, Amtsbücher* (Veröffentlichungen der Historischen Kommission Westfalens 35), Münster, 1974. R. STUPPERICH, *Das Fraterhaus zu Herford, Teil II: Statuten, Bekenntnisse, Briefwechsel* (Ebd. 35), Münster, 1984.

53 K.-H. KIRCHHOFF, Die Anfänge des Fraterhauses zu Münster 1400-1409. Analyse und Korrektur der Gründungslegende, in: *Westfälische Zeitschrift,* 131 (1971), S. 9-36. H. HÖING, *Kloster und Stadt. Vergleichende Beiträge zum Verhältnis Kirche und Stadt im Spätmittelalter, dargestellt am Beispiel der Fraterherren in Münster* (Westfalica Sacra 7), Münster, 1981. W. BRÜGGEBOES, *Die Fraterherren (Brüder des gemeinsamen Lebens) im Lüchtenhof zu Hildesheim* (Unsere Diözese in Vergangenheit und Gegenwart 18), Hildesheim, 1939.

54 O. MEYER, *Die Brüder des gemeinsamen Lebens in Württemberg 1477-1517*, Stuttgart, 1913. W. M. LANDEEN, Das Brüderhaus St. Peter im Schönbuch auf dem Einsiedel, in: *Blätter für Württembergische Kirchengeschichte,* 60/61 (1960/61), S. 5-18. W. SCHÖNTAG, Die Anfänge der Brüder vom gemeinsamen Leben in Württemberg, in: *Archiv für Diplomatik,* 23 (1977), S. 461-464. M. BRECHT, „Moderne Frömmigkeit" und „Gemeinsames Leben". Das Uracher Brüderhaus und seine Geschichte, in: *Blätter für Württembergische Kirchengeschichte,* 78 (1978), S. 5-23.

Melanchthons, sondern auch der altgläubigen Äbtissin von Herford und des Bischofs von Paderborn zu erhalten versuchten.[55]

Wie soll man es sich erklären, daß es auch hier, wo die Bereitschaft zur Annahme des neuen Glaubens erklärt worden war, nicht zu einem direkten Übergang von den „Vorreformatoren" zu den Reformatoren kam, man vielmehr an den hergebrachten Lebensformen festzuhalten suchte? Geht die Zurückhaltung der Fraterherren lediglich auf ihre Anhänglichkeit an der hergebrachten Lebensweise zurück? Handelt es sich bei ihr um nichts anderes als das Pochen auf wohlerworbene Rechte? Ahnten sie vielleicht, daß die sich schon in den ersten Jahren der Reformation abzeichnende Polarisierung zwischen Amtsträgern und Kirchenvolk erneut zu jenem scharfen Dualismus zwischen Klerikern und Laien führen würde, dem sie sich hatten entziehen wollen, oder hatten sie gar eine ganz andere Auffassung von den für ihre Gemeinschaft grundlegenden Werten der *caritas, libertas et fraternitas* als die Reformatoren? Wenn wir auf diese Frage eine einigermaßen befriedigende Antwort geben wollten, müßten wir noch einmal ausholen und grundsätzlich auf die Bedeutung des genossenschaftlichen Gedankens hinweisen, der schon seit dem frühen Mittelalter, wenn nicht gar seit der späten Antike, Gemeinschaftsbildungen zwischen Klerus und Gemeinde, zwischen Herrschaft und Untertanenverband zuließ, die mit den freien Assoziationen des *status medius* identisch waren oder sie vorwegnahmen. Hier war, um zumindest auf die letzte Frage eine Antwort zu geben, der Ort, an dem sich ein Verständnis von Freiheit, Gleichheit und Brüderlichkeit ausbildete, das so weit von dem Gedanken der Freiheit des Christenmenschen, erst recht aber von den Proklamationen der Französischen Revolution entfernt war, daß sich schwer eine Brücke, geschweige denn ein unmittelbarer Anschluß zwischen ihm und dem neuen Glauben ergeben konnte. Hier war der Ort, so kann man diese Beobachtung ausweiten, an dem sich eine Spiritualität, eine geistliche Kultur, entwickelte, die weder mit der der Laien noch mit derjenigen der Kleriker und Ordensleute identisch war, sondern jenen ambivalenten Charakter trug, der für die Rechtsgestalt und das Selbstverständnis des Semireligiosentums kennzeichnend ist. Dies in einem erneuten Zugriff zu beschreiben ist hier, wie bereits angedeutet, nicht möglich. Die Phänomenologie des Semireligiosentums, die auch seine Spiritualität mit einschließt, ist eine Aufgabe, die trotz der vielen Beiträge, die in den letzten Jahrzehnten geleistet wurden, noch zu lösen ist.

Ich möchte diesen Beitrag nicht mit dem Hinweis auf noch zu erledigende Aufgaben beenden. Statt dessen will ich die Aufmerksamkeit noch einmal auf die wissenschaftsgeschichtlichen Überlegungen lenken, mit denen wir unsere Erörterung über die Bruderschaft vom gemeinsamen Leben begonnen haben. Die Erforschung der *Devotio moderna*, besonders diejenige der Bruderschaft, war bis in unsere Zeit bestimmt durch die Suche nach den Vorläufern der Reformation. Im Grunde genommen ging es dabei jedoch um mehr, nämlich um die Frage nach den Ursprüngen der Moderne, nach dem Anteil, den sie an dem vom Mittelalter über Reformation und Aufklärung ins „Reich der Freiheit" führenden Fortschritt des

---

55 R. STUPPERICH, *Das Fraterhaus zu Herford* II (Anm. 52). Ein weiteres in diesem Zusammenhang bemerkenswertes Paradoxon: K. A. STRAND, *A Reformation Paradox. The Condamned New Testament of the Rostock Brethren of the Common Life*, Ann Arbor, o. J.

Geistes hatte. Unter dem gleichen Vorzeichen stand auch die Beschäftigung mit anderen, älteren Ausformungen des *status medius*. Die Gemeinschaften der Humiliaten und Waldenser, der Beginen und Begarden erschienen in diesem Lichte als Vorläufer der reformatorischen Gemeinde, in den Eremiten und Inklusen sah man eine Vorwegnahme des modernen Individuums; die franziskanisch geprägten Bußbruderschaften lieferten den Beweis dafür, daß Franz von Assisi nicht eine Ordensgründung, sondern eine die Reformation präludierende Erneuerung der ganzen Kirche intendierte und dabei, wie P. Sabatier und H. Thode betont haben, im Geist der Moderne handelte. Ähnliche Vorstellungen waren dort wirksam, wo man, wie Karl Kautsky, nicht nur in den Zünften, sondern auch in den Assoziationen des Semireligiosentums, seien sie nun rechtgläubig oder häretisch, nichts anderes sah als Zusammenschlüsse jener Kräfte, die sich bereits im späten Mittelalter gegen die Herrschaft des „Feudalismus" gewandt und die „frühbürgerliche Revolution" initiiert haben sollen. Diese Versuche, einzelne Ausprägungen des *status medius* als in die Zukunft weisende Phänomene zu klassifizieren und damit aus ihrem historischen Kontext zu lösen, beruhen auf einer historischen Konzeption, die das Mittelalter und die Neuzeit scharf kontrastiert und in der fortschreitenden Säkularisierung das entscheidende Movens für den Ablauf der europäischen Geschichte sieht.

Die hier vorgenommene Einordnung der Bruderschaft nicht in den Prozeß zunehmender Modernität, sondern in die Tradition eines weit in das Mittelalter zurückreichenden eigenen Status steht in einem gewissen Gegensatz zu dieser seit langem die Erforschung der *Devotio moderna* – in Zustimmung und Ablehnung – beherrschenden Konzeption. Sie stellt sich damit jedoch keineswegs in das Lager derjenigen, die im Semireligiosentum nichts anderes sehen als eine bloße Modifikation, wenn nicht gar einen Abklatsch des mittelalterlichen Mönchtums, sondern betont Eigengewicht und Eigencharakter eines Standes, für den das Spannungsverhältnis von Eigenwilligkeit und Gehorsam, Anpassung und Verweigerung, Selbstbewußtsein und Selbstbescheidung bestimmend war. Sie beschränkt sich auch nicht darauf, im *status medius* ein allein für das Mittelalter charakteristisches Phänomen zu sehen, geht vielmehr davon aus, daß es sich bei der Bildung „freier Assoziationen", Bruderschaften und Gemeinschaften, um eine alle Epochen der europäischen Geschichte übergreifende Erscheinung handelt, die, in welchen Varianten auch immer, dann zu besonderer Bedeutung gelangt, wenn traditionelle Führungsgruppen und Herrschaftsträger versagen oder auch nur an Überzeugungskraft verlieren: wie im hohen und späten Mittelalter, so auch in der frühen Neuzeit und der Gegenwart, wie bei den Humiliaten, Beginen und Begarden, so auch bei den gegen die altlutherische Orthodoxie opponierenden Pietisten, den sich von den Hochkirchen abwendenden Freikirchen und den Gruppen und Basisgemeinden, die sich in unserer Gegenwart konstituieren, gewöhnlich geduldet, wenn nicht gar gefördert, nicht selten jedoch auch unterdrückt oder in die Illegalität gedrängt.

# Die Devotio moderna im Weserraum*

Die Devotio moderna, die im 15. Jahrhundert in Nordwesteuropa das geistige Leben tief beeinflußte, war anders als die fast gleichzeitig vom Weserraum ausgehende Bursfelder Reform keine auf die monastische Welt beschränkte Bewegung. Sie entstand nicht im Kloster, sondern in den Handelsstädten des Ijsseltales, erstrebte nicht die Wiederherstellung klösterlicher Observanz, sondern die Reform der ganzen Kirche und die geistige Erneuerung aller Gläubigen. An ihrem Anfang stand die dem Deventer Patriziersohn Geert Grote († 1384) um das Jahr 1374 zuteil gewordene Einsicht, daß die in sich uneinige, von Ketzereien bedrohte, mehr denn je zum Objekt weltlicher Interessen gewordene Kirche nicht durch äußere Maßnahmen oder gewaltsamen Umsturz, sondern nur durch eine den Grund erfassende Wiederbelebung ihrer Glieder, durch eine neue Frömmigkeit, reformiert werden könne. Eigene an den Universitäten gemachte Erfahrungen mit den scholastischen Spitzfindigkeiten und rhetorischen Künsteleien der Theologen und der allenthalben zu beobachtende Widerspruch zwischen dem Standesideal und dem Leben der Kleriker und Mönche ließen ihn daran zweifeln, daß die beiden zur geistlichen Führung berufenen Stände Kraft und Ansehen genug besäßen, diese Erneuerung hervorzurufen. Daher verkündigte er selbst, ohne je zum Priester geweiht worden zu sein, immer in der Gefahr, von den heftig attackierten Bettelmönchen und Klerikern der Ketzerei verdächtigt zu werden, sein Reformprogramm, den Weckruf zu einem persönlichen geistlichen Leben. In der Besinnung auf die Heilige Schrift, in der Nachfolge Christi und geleitet von den großen asketischen Lehrmeistern sollten die Gläubigen zu einer allem bloßen Formalismus abholden *ynnikeit van herten*, zu einer tiefen, in der Beschauung genährten, sich in Gebet und Liebeswerk äußernden Frömmigkeit gelangen, durch die das kirchliche Leben erneuert, der einzelne aber, wenn auch nicht zur *unio mystica*, dann doch zu einem aus der Gewißheit eines gottgefälligen Lebens gespeisten Vorgeschmack himmlischer Freuden geführt werden sollte.

Nur wenige Jahre konnte Grote seine Forderung nach einer religiösen Verinnerlichung erheben, die stärker als etwa bei Meister Eckhart, Suso oder Ruusbroec die mystische Spekulation zurücktreten ließ und nicht nur von einer Elite, sondern von allen Gläubigen guten Willens erreicht werden konnte. Trotz der Zurückhaltung des Klerus und des Widerstandes der Bettelorden genügte die Zeitspanne, um durch Wort und Schrift Anhänger zu finden und mit ihnen die Grundlage für die beiden Einrichtungen zu schaffen, in denen sich seine weitgespannten, auf eine allgemeine Erneuerung gerichteten Reformideen verengten und istitutionalisierten: die Gemeinschaft der Fraterherren und die Kongregation der Windesheimer Kanoniker.

Das Institut der Fraterherren oder der Brüder vom gemeinsamen Leben, das am meisten den ursprünglichen Intentionen des Reformers entsprach, ging aus dem Kreis der um ihn und seinen Schüler Florens Radewijns in Deventer versammelten Kleriker und Laien hervor. Nach dem Vorbild der apostolischen Urgemeinde, das seit Jahrhunderten immer wieder neue religiöse Gemeinschaftsbildungen inspirierte, hatten sie sich in Armut und Bescheidenheit zu einem gemeinsamen Leben zusam-

---

* In: Kunst und Kultur im Weserraum 800-1600. Ausstellung des Landes Nordrhein-Westfalen, Corvey 1966, I: Beiträge zu Geschichte und Kunst, ²Münster 1966, 251-256.

mengeschlossen, dessen materielle Grundlage im bewußten Gegensatz zur Praxis der Bettelorden nicht durch Almosen, sondern in erster Linie durch eigene Arbeit geschaffen wurde. Ohne sich durch offizielle Gelübde zu binden und ohne einer der approbierten Regeln zu folgen, wollten sie durch gegenseitige Erbauung und gemeinsame geistliche Übungen an ihrer eigenen Vervollkommnung arbeiten und durch Ermahnung und vorbildliches Leben für das Seelenheil ihrer Mitmenschen wirken. Einige von ihnen, die diesem unkonventionellen klösterlichen Leben in der Welt das durch Jahrhunderte geprägte Ordensleben mit Regel und Gelübde vorzogen, gründeten in Windesheim bei Zwolle das Mutterhaus der zukünftigen Windesheimer Kongregation, die die Tradition des Regularkanonikertums aufnahm, d. h. nach der Augustinerregel und eigenen, für alle Mitglieder der Kongregation gleichermaßen verbindlichen Konstitutionen lebte. Kirchenrechtlich unanfechtbar konnten die Kanoniker, wie es dem Wunsch Grotes entsprach, den Fraterherren, aus deren Reihen zahlreiche ihrer Novizen stammten, helfend zur Seite stehen und ihnen Schutz gegen Verdächtigungen und Mißverständnisse bieten, denen die Brüder bei ihrer unverkennbaren Ähnlichkeit mit den immer wieder der Ketzerei beschuldigten Lollarden und Begarden oft genug ausgesetzt waren.

Schon in ihren Anfängen fand die Devotio moderna den Weg von den Niederlanden in das benachbarte Westfalen. Einer der wichtigsten Vermittler war der münstersche Domvikar Heinrich von Ahaus († 1439). Unmittelbar nach dem Tode Florens Radewijns' († 1400) hatte er sich den Deventer Brüdern angeschlossen und nach ihrem Vorbild zunächst in Münster (1401), dann in Köln (1416/17) und Wesel (1435/36) mit der Errichtung bzw. Neuordnung von Brüdergemeinschaften begonnen. Mit seiner Unterstützung entstand auch in Osnabrück ein Bruderhaus, das zwar nur kurzen Bestand hatte, für die Verbreitung des gemeinsamen Lebens nach Ostwestfalen und Niedersachsen jedoch von Bedeutung wurde. In der schon 1431 wieder aufgelösten Gemeinschaft lernte nämlich der Osnabrücker Priester Konrad Westerwolt die Lebensweise der Devoten kennen, die er im Weserraum, von wo schon früh die aus Höxter stammenden Brüder Heinrich und Johann Klinkebijl in den engeren Kreis um Geert Grote gelangt waren, heimisch machte: in dem 1426/28 gegründeten *Godeshus der geistliken prester und clercker up dem Hollande bynen Hervorde*. Die kleine, z. T. aus ehemals Osnabrücker Brüdern gebildete Gruppe beschränkte ihre Tätigkeit nicht auf Herford, sondern wirkte unter der Leitung ihres Gründers als eine wichtige Durchgangsstation weit über die Stadt hinaus. Eines ihrer ersten Mitglieder, der in den Quellen wegen seines frommen Eifers besonders gerühmte Frater Gottfried, bereitete durch Verkündigung und vorbildliches Leben in Hildesheim den Boden für eine Neugründung, die schließlich 1440 durch gemeinsame Anstrengung der Herforder und Münsterschen Brüder zustande kam und zum Ausgangspunkt von Reformen und Neugründungen wurde, durch die die in Overijssel entstandene Bewegung bis nach Hessen und Niedersachsen, ja bis an die Weichsel gelangte.

Weitreichender und fruchtbarer noch erwies sich die Wirksamkeit der von den Niederlanden nach Westfalen gekommenen Kanoniker. Mittel- und Ausgangspunkt ihrer Tätigkeit in Ostwestfalen war das unweit von Büren in idyllischer Waldeinsamkeit gelegene Kloster Böddeken. Es wurde zwar erst 1430 mit anderen Mitgliedern der Neußer Kongregation in den Windesheimer Klosterverband aufgenommen, war aber schon zwei Jahrzehnte zuvor von Kanonikern besiedelt und vom Geiste der Devotio geprägt worden. 1408 hatte der Organisator der Neußer Kongregation, der Zwoller Propst Johannes Waal, von Bischof Wilhelm von Paderborn den Auftrag übernommen, in Böddeken an Stelle des nach 836 von dem Paderborner Archidiakon Meinolf errichteten, seit dem 14. Jahrhundert aber in Verfall befindlichen Frauenstiftes eine Kanonikergemeinschaft nach den Grundsätzen einzuführen, die er in Windesheim kennengelernt und in den Klöstern der Neußer Kongregation zur Geltung gebracht hatte. Als dieser Auftrag nach Jahren der Entbehrung erfüllt war, weiteten die Kanoniker ihre Reformtätigkeit aus. Sie übernahmen 1429 das benachbarte Augustinerinnenkloster Dalheim aus den Händen des Adels, in die es im 14. Jahrhundert nach dem Auszug der Nonnen gekommen war, und konnten es dreißig Jahre später als ein selbständiges Stift der Windesheimer Kongregation zuführen. 1441 entsandten sie auf Veranlassung Bischof Alberts von Minden Brüder nach Möllenbeck, die hier nach Abfindung der letzten Insassinnen des 896 gegründeten Stiftes einen Konvent Windesheimer Observanz errichteten. Seine Mitglieder wandelten 1465 das ehemalige Frauenkloster Volkhardinghausen in ein Kanonikerstift um und gründeten drei Jahre später in Blomberg am Schauplatz des bekannten Hostienwunders ein Kloster, das bald zum Mittelpunkt der kurz zuvor einsetzenden Heilig-Leib-Wallfahrt wurde. Zu diesem engeren Kreis westfälischer und hessischer Klöster gesellten sich innerhalb weniger Jahrzehnte neugegründete und reformierte Häuser im Rheinland, in Holstein, der Pfalz, dem Elsaß und in der Schweiz, so daß sich die Kanoniker in Böddeken am Ende des 15. Jahrhunderts rühmen konnten, rund zwanzig Ordenshäuser z. T. alter kanonikaler Tradition mit dem Geist der Devotio moderna erfüllt zu haben.

Die Böddeker Chorherren halfen überdies mit, die Lebenform der devoten Frauen, die sich in Deventer ähnlich wie die Fraterherren zu gemeinsamem Leben zusammengeschlossen und in Diepenveen bei Utrecht ein weibliches Windesheim errichtet hatten, im östlichen Westfalen und seinen Nachbargebieten heimisch zu machen. Sie veranlaßten Nonnen aus Diepenveen zur Reform des ehrwürdigen Stiftes Hiltwartshausen, sorgten für die geistige Erneuerung der Frauenklöster in Berich und Weissenstein und gründeten in Volkmarsen ein Kloster nach der Observanz ihres weiblichen Zweiges. In den Frauenstiften St. Maria zu Kassel und St. Dionys zu Fischbeck und den Schwesternhäusern in Lemgo, Herford und Detmold übernahmen sie zeitweilig die Visitation und Seelsorge. Mit Ausnahme des Stiftes in Kassel war jedoch deren Gründung bzw. Reform nicht ihr Werk. Sie gingen von dem Windesheimer Stift Wittenburg jenseits der Weser aus. Es hatte die Frauenklöster Eldagsen und Wülfingen gegründet bzw. reformiert, von denen das eine mit Hilfe der Herforder Fraterherren zum Mutterkloster der Süsterngemeinschaften in Lemgo, Herford und Detmold wurde, während das andere die Äbtissin des Stiftes Fischbeck veranlaßte, ihr schon im 10. Jahrhundert gegründetes Stift so zu reformieren, daß es selbst für die Erneuerung der Zucht in den niedersächsischen Frauenklöstern Werder, Wennigsen und Barsinghausen wirken konnte.

Trotz der vielfältigen Verflechtung und der zunehmenden gegenseitigen Anpassung ließen Fraterherren und Schwestern, Chorherren und Chorfrauen ihre Umwelt auf verschiedene Weise an der ihnen gemeinsamen neuen Frömmigkeit teilnehmen. Die Kanoniker brachten ähnlich wie die von ihnen beeinflußten Benediktiner von Bursfelde in erster Linie die im 14. Jahrhundert durch Seuchen und Dynastenfehden fast völlig ruinierte Klosterkultur des Weserraumes zu neuer Blüte. Sie führten den zerstreuten und entfremdeten Klosterbesitz wieder zusammen, ordneten die Wirtschaft, restaurierten Gebäude und Kirchen, förderten die bildenden Künste, belebten alte Kulttraditionen wie die Meinolfverehrung, erneuerten die Liturgie und ließen den zahlreichen Mitgliedern ihrer Klosterfamilien eine strenge geistige Formung zukommen. Eine besondere Eigentümlichkeit der unter Windesheimer Einfluß neu auflebenden Klosterkultur war die außergewöhnliche Hochschätzung des Buches. Die Skriptoriumsarbeit der Kanoniker, die zuallererst Erfüllung der asketisch begründeten Forderung nach Handarbeit war, ließ Klosterbibliotheken entstehen, deren Reichtum noch aus ihren Überresten zu erkennen ist, und machte über die Klosterinsassen hinaus interessierte Kreise mit dem Schriftenkanon vertraut, der für die meditative, scholastischen Methoden und Fragestellungen abgeneigte Spiritualität der Windesheimer charakteristisch ist: die Hl. Schrift, die Kirchenväter, neue und alte asketisch-homiletische Autoren sowie die Legenden der Heiligen. Im Gegensatz zu dem durch ländliche Zurückgezogenheit und agrarische Verhältnisse bestimmten Leben der Kanoniker war das der Fraterherren und Süstern auf die Stadt und die bürgerliche Welt orientiert. Aus bürgerlichen Kreisen stammend, inmitten der städtischen Bevölkerung lebend und wegen des Verzichtes auf Bettel mehr aus wirtschaftlichen als asketischen Gründen auf bürgerlich-handwerkliche Erwerbsformen wie die Herstellung und den Verkauf von Büchern bzw. Textilien angewiesen, bezogen sie unmittelbarer als die auf ihre Autonomie bedachten Kanoniker die Umwelt in ihr geistiges Leben mit ein. Wie schon in Deventer, wo die Schüler der Kapitelschule unter die geistliche Obhut der Brüder genommen wurden, stand auch in Herford den Auswärtigen die Teilnahme an den *Collationes*, der für die Fraterherren typischen gemeinsamen Schriftauslegung, offen. Anders als in den Niederlanden oder in Münster, dem Vorort der nordwestdeutschen Brüdergemeinschaften, sind wir nicht direkt über das in Herford und den ostwestfälischen Süsternhäusern herrschende geistige Klima unterrichtet. Es hat hier weder einen Thomas von Kempen noch einen Johann Veghe gegeben. Das älteste und wichtigste Zeugnis für den Geist des Herforder Hauses, die kürzlich entdeckte Hausordnung von 1437, läßt jedoch keinen Zweifel daran, daß auch hier die Grundmotive der Devotio moderna, die Reinheit des Herzens, das Wachstum in der Liebe und die Nachfolge Christi in der Demut, bestimmend waren.

Die Devotio moderna, wie sie sich bei den Fraterherren und Windesheimern sowohl in den Niederlanden als auch in Westfalen manifestierte, schlug keine nie gehörten Themen an und vermittelte keine bisher unbekannten geistlichen Erfahrungen. Weniger spekulativ als die deutsche Mystik, dafür aber faßbarer und einfacher in ihren Frömmigkeitsformen, hat sie nicht den Rang des Exzeptionellen, dafür aber das Verdienst, in Westfalen wie in ganz Nordwesteuropra weite Kreise einer höheren geistlichen Kultur zugeführt zu haben. Auch im Hinblick auf Humanismus und Reformation war sie weniger bahnbrechend, als es gelegentlicch behauptet wird. Zwar hatten einige ihrer Träger, so der Herforder Fraterherr Jacobus Montanus, engen Kontakt mit den Humanisten, zwar teilten sie mit diesen die Liebe zum reinen Text und die Bevorzugung der Quellen; daß sie jedoch den Humanisums in zahlreichen eigenen Schulen verbreitet oder gar der Antike den Rang einer sittlichen Norm zugebilligt hätten, davon kann nicht die Rede sein. Noch weniger waren sie Reformatoren vor der Reformation. Es lag ihnen fern, an die Glaubenssubstanz zu rühren oder sich der kirchlichen Autorität zu entziehen. Sie lebten in der Tradition einer spirituellen Frömmigkeit, die immer, im 14. und 15. Jahrhundert genauso wie im Hochmittelalter, in der Spannung zu kirchlichem Amt und theologischer Schule stand, deswegen jedoch keineswegs den Rahmen der Orthodoxie sprengte. Aber trotz aller Einschränkungen: Die Devotio moderna stand im Vorraum einer neuen

Zeit. Die Betonung individueller Frömmigkeit, die Abwendung vom religiösen Formalismus und der bewußte Rückgriff auf die Autorität der Kirchenväter und der Hl. Schrift schufen ein Klima, das ihnen die Sympathie der Humanisten eintrug und es vielen von ihnen ermöglichte, sich ohne radikalen Bruch der Reformation anzuschließen, so daß ihre Gemeinschaften in einigen Fällen, so z. B. in Herford und Möllenbeck, bis weit in die Neuzeit auch in der evangelischen Kirche eine Heimstatt behielten.

## Literatur

*Th. P. van Zijl*, Gerard Groote. Ascetic and Reformer (1341-84). The Catholic University of America. Studies in Mediaeval History, NS 18 (Washington 1963). – *C. van der Wansem*, Het ontstaan en de geschiedenis der Broederschap van het Gemene Leven tot 1400. Universiteit te Leuven. Publicaties of het gebied der Geschiedenis en der Philologie IV, 12 (Löwen 1958). – *B. Windeck*, Die Anfänge der Brüder vom Gemeinsamen Leben in Deutschland (Phil. Diss. Bonn 1951). – *N. M. Landeen*, The Beginnings of the Devotio moderna in Germany. Research Studies of the State College of Washington 19 (1951) -22 (1954). – *I. Crusius*, Die Brüder vom Gemeinsamen Leben in Deutschland. Zur rechtlichen Entwicklung religiösen Genossenschaftswesens im späten Mittelalter (Phil. Diss. Göttingen 1961). – *J. G. R. Acquoy*, Het klooster te Windesheim en zijn invloed, 3 Bde. (Utrecht 1875-80). – *L. Schmitz-Kallenberg*, Monumenta Budicensia. Quellen zur Geschichte des Augustiner-Chorherrenstiftes Böddeken i. W., I. Geschichtl. Darstellungen und Quellen 2 (Münster 1915). – *E. Schatten*, Kloster Böddeken und seine Reformtätigkeit im 15. Jh. Geschichtl. Darstellungen und Quellen 4 (Münster 1918). – *W. Oeser*, Die Handschriftenbestände und die Schreibtätigkeit im Augustiner-Chorherrenstift Böddeken. Archiv für Geschichte des Buchwesens 7 (1967) 317-448. – *R. Stupperich*, Die Herforder Fraterherren als Vertreter spätmittelalterlicher Frömmigkeit in Westfalen. Dona Westfalica, Georg Schreiber zum 80. Geburtstag dargebracht von der Hist. Kom. Westfalens. Schriften der Hist. Kom. Westfalens 4 (Münster 1963) 339-353.

# Entstehung und Reform des belgisch-niederländischen Kreuzherrenordens*
## Ein Literaturbericht

Die ordensgeschichtliche Forschung hat in den letzten Jahrzehnten dem belgisch-niederländischen Kreuzherrenorden, einem der zahlreichen im 13. Jhdt. entstandenen neuen Orden, besondere Aufmerksamkeit zugewandt.[1] Dabei kam sie zu einer Revision der bisher geltenden Auffassung, wonach der Orden kurz vor 1214 von dem mit Maria von Oignies und Dominikus von Caleruega eng befreundeten Lütticher Kanoniker Theodorus von Celles in Clairlieu bei Huy gegründet und nach der Approbation durch Innozenz III. in den Dienst der schon 1209 vom Ordensstifter im Languedoc begonnenen Ketzerbekämpfung gestellt worden sein soll.[2] Die Ergebnisse dieser Revision, zu der der belgische Kirchenhistoriker Edouard de Moreau 1945 mit einer kritischen Analyse[3] der 1635 in Köln erschienenen Kreuzherrenchronik des Henricus Russelius[4] den Anstoß gab, liegen in einer 1961 von Henri van Rooijen veröffentlichten Studie vor,[5] in der der Verfasser, niederländischer Kreuzherr und Autor einer 1936 herausgegebenen Biographie des Theodorus von Celles,[6] nach sorgfältiger Untersuchung der älteren chronikalen und urkundlichen Überlieferung zu dem Schluß kommt, daß sowohl die Historizität des Ordensgründers als auch die Entstehung des Ordens in Clairlieu in Zweifel gezogen werden müßten. Dieses an die Fundamente des historischen Selbstverständnisses der Kreuzherren rührende Ergebnis veranlaßte 1963 den Nimweger Kirchenhistoriker R. R. Post[7] und

---

* In: Zeitschrift für Kirchengeschichte 82 (1971) 292-313.

1 Über die Forschung unterrichtet regelmäßig: Clair-Lieu (auch Clairlieu). Tijdschrift gewijd aan de geschiedenis van de Kruisheren 1 ff. (Diest 1943 ff.). Bis 1951 zusammenfassend: *H. van Rooijen*, De stand der geschiedschrijving van de Orde, Clair-Lieu 9 (1951) 67-74.

2 *C. R. Hermans*, Annales canonicorum regularium S. Augustini ordinis S. Crucis, 3 Bde., 's-Hertogenbosch 1858. *J. Francino*, Geschiedenis van de Orde der Kruisheren, Utrecht – Brüssel 1948. *M. Heimbucher*, Die Orden und Kongregationen der katholischen Kirche, ³Paderborn 1933-34, I, 420 ff. *P. A. Ceyssens*, Croisiers, Règle des, in: Dictionnaire de droit canonique IV (1949) Sp. 799-814. Vorsichtiger: *M. Vinken*, Croisiers, in: DGHE XIII (1956) Sp. 1042-1046, und in: Dictionnaire de spiritualité ascétique et mystique II (1953) Sp. 2561-2576. *A. van de Pasch*, Kreuzherren, in: LThK 6 (1961) Sp. 619-21.

3 *E. de Moreau*, L'origine des Croisiers belges, Clair-Lieu 3 (1945) 7-12. *Ders.*, Les origines des Croisiers belges, in: Mededelingen van de Koninklijke Academie van België. Klasse der letteren, 5e reeks, t. XXXI, Brüssel 1946, 192-200. *Ders.*, Histoire de l'Eglise en Belgique, III, Brüssel 1945, 462-71.

4 *H. Russelius*, Chronicon Cruciferorum, sive Synopsis memorabilium sacri et canonici Ordinis Sanctae Crucis, Köln 1635. Anastatischer Neudruck, Diest 1964, als Vol. 1 der Bibliotheca Antiqua Crucigerana.

5 *H. van Rooijen*, De Oorsprong van de Orde der Kruisbroeders of Kruisheren. De Geschiedbronnen, Diest 1961. *Ders.*, Les origines des Croisiers, Bulletin de la Société d'Art et d'Histoire du Diocèse de Liège 42 (1961) 87-113.

6 *Ders.*, Theodorus van Celles, Een tijds – en levensbeeld, Cuyk 1936.

7 *R. R. Post*, De Oorsprong van de Orde der Kruisbroeders, Archief voor de Geschiedenis van de Katholieke Kerk in Nederland 5 (1963) 243-53.

ein Jahr später den an der University of Detroit lehrenden J. M. Hayden[8] zu kritischer Stellungnahme. Ihre Einwände richteten sich gegen die Argumente, mit denen van Rooijen eine heute verschwundene, angeblich in Seilles an der Maas zu lokalisierende *Ecclesia S. Crucis* an die Stelle des bisher als Wiege des Ordens unumstrittenen Clairlieu[9] zu setzen versuchte, nicht aber gegen die von de Moreau und van Rooijen vermittelte Einsicht, daß gegenwärtig über die Anfänge der Kreuzherren so gut wie nichts Sicheres bekannt ist, ihre Geschichte vielmehr erst ab 1247, als Innozenz IV. dem Prior und den *Fratres Ordinis S. Crucis Leodiensis Diocesis* mit gewissen Einschränkungen die Annahme der *regula fratrum praedicatorum* gestattete,[10] feste Konturen zu gewinnen beginnt. Nach dieser für die Kreuzherrenforschung entmutigenden Bilanz griff 1968 der niederländische Kreuzherr Petrus van den Bosch erneut die Frage nach den Ursprüngen seines Ordens auf.[11] Er tat dies nicht direkt, sondern versuchte auf dem Umweg über die Observanzbewegung des 15. Jhdts., wenn nicht die Unsicherheit über die Anfänge des Ordens, dann doch die Unklarheit über seinen ursprünglichen Charakter zu beseitigen.[12] Der Wert der von J. F. Niermeyer angeregten und unter C. van de Kieft als Amsterdamer Dissertation zum Abschluß gebrachten „Studiën over de observantie der Kruisbroeders in de vijftiende eeuw" ist daher nicht nur daran zu messen, wie sie ihre im Titel formulierte Hauptaufgabe erfüllen, sondern auch daran, welche neuen Anstöße sie der Diskussion über die Ursprünge des Kreuzherrenordens zu geben vermögen.

Die Observanzbewegung setzte im Kreuzherrenorden verhältnismäßig früh ein. Schon 1410 veranlaßte das in Huy tagende Generalkapitel den bisherigen Generalprior Johannes d'Avins, zugunsten des reformwilligen Libertus Janssen van Bommel sein Amt niederzulegen, nachdem es zuvor die Vernichtung aller bisherigen, in vielen Punkten vom kanonischen Recht und den Ordenskonstitutionen abweichenden Generalkapitelsbeschlüsse angeordnet hatte. Die Observanten, die es sich zum Ziel setzen, *vita communis* und persönliche Armut zu erneuern, die Einhaltung der Fasten- und Schweigegebote zu erreichen und die Uniformität des Ordens in Kleidung, Liturgie und Verfassung wiederherzustellen, hatten schon bald beachtliche Erfolge aufzuweisen. Unter Libertus Janssen und seinen Nachfolgern gelang es ihnen, in wenigen Jahrzehnten von Huy, Venlo, Asperen, St. Agatha und Namur aus die süd- und nordniederländischen, dann die rheinischen, hennegauischen und nordfranzösischen Klöster für ihre Ziele zu gewinnen, während die Bemühungen um eine Regulierung der Klöster in Südfrankreich und England ohne vergleichbaren Erfolg blieben. Hand in Hand mit der Reform der alten ging die Gründung neuer Niederlassungen. Am Niederrhein, in Westfalen und in Nordfrankreich, vor allem

---

8 *J. M. Hayden*, The Crosiers in England and France, Clairlieu 22 (1964) 91-109.

9 Über Clairlieu: *A. van de Pasch*, Monastère des Croisiers à Huy, in: Monasticon Belge III, 3, Lüttich 1955, 405-413. Ders., Het klooster Clairlieu te Hoei en zijn prioren-generaal 1210-1796, Clairlieu 17 (1959) 65-112, 18 (1960) 13-70.

10 *E. Berger*, Les Registres d'Innocent IV = Bibl. des Ecoles françaises d'Athène et de Rome II, 1-13, Paris 1884-1921, I, 404, Nr. 2708. Vollständiger Text: *H. van Rooijen*, De Oorsprong van de Orde der Kruisbroeders of Kruisheren, Appendix I, Nr. 3, S. 199.

11 *P. van den Bosch*, Studiën over de observantie der Kruisbroeders in de vijftiende eeuw. Academisch Proefschrift ter Verkrijging van de Graad van Doctor in de Letteren aan de Universiteit van Amsterdam, Diest 1968.

12 *P. van den Bosch*, a.a.O., 28-29.

aber im Gebiet der heutigen Niederlande und Belgiens entstanden nicht weniger als 37 neue Klöster, so daß sich am Ende des 15. Jhdts. die Zahl der Niederlassungen gegenüber dem Stand von 1410 mehr als verdoppelt hatte. Diese Bestrebungen, die das 15. Jahrhundert zum goldenen Jahrhundert des sich immer stärker als niederländischer Orden profilierenden Kreuzherrenordens gemacht haben, fanden schon früher, so noch in letzter Zeit bei R. Haass,[13] M. Vinken,[14] H. U. Weiss,[15] C. van Dal[16] und J. M Hayden,[17] verdiente Beachtung. Dennoch bedeuten die Studien von van den Bosch gegenüber der älteren Forschung einen nicht unerheblichen Fortschritt, sind sie doch aufgrund der von A. van de Pasch gesammelten Generalkapitelsbeschlüsse[18] in der Lage, die bisherigen Ergebnisse insofern zu präzisieren, als sie die im Vergleich zu anderen Orden außergewöhnlich starken Initiativen der Ordensleitung deutlicher machen, die bei der Reform angewandten Methoden genauer beschreiben und den starken personellen Anteil der Nordniederländer sowohl an der Erneuerung der alten als auch an der Gründung der neuen Klöster hervorheben. Weitere vom Verfasser selbst als besonders wichtig bezeichnete Präzisierungen betreffen den politischen Hintergrund der Kreuzherrenobservanz und die Eigenart der sie bestimmenden Spiritualität. Da sie zum Problem des Ursprungs zurücklenken bzw. die Kreuzherrengeschichte in den Rahmen der allgemeinen politischen Geschichte Nordwesteuropas stellen, muß auf sie näher eingegangen werden.

Ausgehend von der Feststellung des Russelius, am Generalkapitel von 1410 hätten neben Johann von Bayern, Elekt von Lüttich, auch Herzog Johann ohne Furcht von Burgund, Prinz Johann von Oranien, Graf Wilhelm I. von Namur und Graf Wilhelm VI. von Hennegau, Holland und Seeland teilgenommen,[19] geht van den Bosch der Frage nach, wieweit für den Wechsel in der Ordensleitung und die durch ihn in Gang gesetzte Observanzbewegung politische Motive ausschlaggebend gewesen sein könnten.[20] Die Tatsache, daß die 1410 in Huy anwesenden Herren zwei Jahre zuvor eine militärische Allianz gebildet hatten, der es in der Schlacht bei Othée gelungen war, den von Benedikt XIII. gestützten Lütticher Gegenbischof Dietrich von Perwez und die mit ihm verbündeten Städte des Fürstbistums Lüttich und der Grafschaft Looz niederzuwerfen, veranlaßt ihn zu dem Schluß, die Absetzung des Generalpriors Johannes d'Avins sei eine der Strafmaßnahmen Johanns von Bayern gewesen, durch

---

13 *R. Haass,* Die Kreuzherren in den Rheinlanden = Rheinisches Archiv. Veröffentlichungen des Instituts für geschichtliche Landeskunde der Rheinland an der Universität Bonn 23, Bonn 1932. *Ders.,* Spätmittelalterliche Reformbestrebungen im niederländisch-niederrheinischen Raum und der Kreuzherrenorden, Annalen des Hist. Vereins für den Niederrhein 144-145 (1946-47) 44-62. *Ders.,* Devotio moderna in der Stadt Köln im 15. und 16. Jahrhundert, Veröffentlichungen des Kölnischen Geschichtsvereins 25 (1960) 133-154.

14 Neben den in Anm. 3 angeführten Artikeln: *M. Vinken,* De Spiritualiteit der Kruisheren, Antwerpen 1953, 31 ff.

15 *H. U. Weiss,* Die Kreuzherren in Westfalen, Diest 1963.

16 *C. van Dal,* Moderne Devoten en Kruisbroeders, Cruciferana 1 (1934).

17 *J. M. Hayden,* The Crosiers in England and France, 104 ff.

18 Die Definities der generale kapittels van de Orde van het H. Kruis 1410-1786 liegen seit 1969 als Publication de la Commission royale d'Histoire vor (XIII, 629 S.). Es handelt sich bei ihnen um eine sowohl für die Geschichte des Kreuzherrenordens als auch des allgemeinen religiösen Lebens in Nordwesteuropa aufschlußreiche Quelle.

19 *H. Russelius,* Chronicon, 90-91.

20 *P. van den Bosch,* Studiën, 36 ff.

die er sich den Beinamen „Jan zonder Genade" erwarb: ein Schluß, der die Reform des Kreuzherrenordens mit der zu Beginn des 15. Jhdts. im Fürstbistum Lüttich herrschenden politischen Konstellation, in gewissem Sinne also mit seiner Einbeziehung in den Herrschaftsbereich der Herzöge von Burgund in Zusammenhang bringt. Die Verknüpfung von politischer Repressalie und klösterlicher Reform erscheint auf den ersten Blick aus durchaus plausibel, bei genauerem Zusehen verliert sie jedoch zunehmend an Glaubwürdigkeit. Als erstes spricht gegen sie der verhältnismäßig lange Zeitraum zwischen der am 23. 9. 1408 geschlagenen Schlacht bei Othée und dem am 1. 7. 1410 abgehaltenen Generalkapitel. Warum, so fragt man sich, sollte der Elekt, der schon im Oktober 1408 den zur besiegten Gegenpartei gehörenden Lütticher Klerus zur Rechenschaft zog,[21] die Parteinahme der Abtei Val-Saint-Lambert verurteilte[22] und in Flône den mit Dietrich von Perwez sympathisierenden Abt Eustache de Melen durch den ihm genehmen Jean de Bodeur ersetzte,[23] seine „Rache" an den Kreuzherren fast zwei Jahre aufschieben, d. h. so lange warten, bis sich allgemein die politische Konstellation verändert[24] und speziell in Lüttich die Position seiner Gegner, der Haydroits, in einer Weise gefestigt hatte,[25] die eine rücksichtslose Revanche unmöglich machte? Warum sollte Johann, so muß man weiter fragen, anläßlich der Wahl eines relativ unbedeutenden Ordensprälaten die Koalition von 1408, Herzog Johann ohne Furcht an der Spitze, zusammenrufen, wenn er dies bei den viel einschneidenderen Strafmaßnahmen, die auch noch nach der im Oktober 1408 verkündeten Sentence de Liège getroffen wurden,[26] nicht für nötig gehalten hatte? Diese und andere Bedenken ließen sich zurückstellen, wenn die von van den Bosch vorausgesetzten politischen Motive in den Quellen auch nur angedeu-

---

21 *E. Schoolmeesters,* Quelques nouveaux documents concernant le schisme de Thierry de Perwez, Bulletin des bibliophiles liégeois 9 (1910) 185-190. Regest in: *E. Fairon,* Régestes de la Cité de Liège. Commission communale de l'histoire de l'ancien pays de Liège, Lüttich 1938, III, 128, Nr. 671.

22 *E. Fairon,* Supplément à l'inventaire analytique des chartes de l'abbaye du Val-Saint-Lambert-Lez-Liège, Bulletin de la commission royale d'histoire 79 (1905) 191, vgl. auch: *U. Berlière,* Abbaye du Val-Saint-Lambert, in: Monasticon Belge II, 2, Lüttich 1929, 173-179.

23 *E. Schoolmeesters,* Notice concernant un manuscrit de l'ancienne abbaye de Saint-Jacques à Liège relatif au schisme de Thierry de Perwez (1406-1408), Compte rendu des séances de la commission royale d'histoire ou recueil de ses bulletins, 4ᵉ Série, 5 (1888) 55-57, vgl. auch: *J. Russe,* Abbaye de Flône, in: Monasticon Belge II, 3, Lüttich 1955, 271-72.

24 *J. d'Avout,* La querelle des Armagnacs et de Bourguignons, Paris 1943. *R. Vaughan,* John the Fearless. The Growth of Burgundian Power, London 1966, 67 ff.

25 Dazu: *G. Kurth,* La Cité de Liège au Moyen Age, Brüssel 1910, III, 78-81. *J. Bartier,* Burgondiës indringen in het prinsbisdom Luik, in: Algemene Geschiedenis der Nederlanden III: De late Middeleeuwen 1305-1477, Utrecht, Antwerpen, Gent, Löwen 1951, 302-303. Auf das natürliche Interesse Johanns v. Bayern, die Repressalien der Fürstenkoalition gegen seine Städte zu mildern, ist seit *F. Schneider,* Herzog Johann von Bayern. Erwählter Bischof von Lüttich und Graf von Holland (1373-1452). Ein Kirchenfürst und Staatsmann am Anfang des XV. Jahrhunderts = Historische Studien 104, Berlin 1913, 60 ff., wiederholt hingewiesen worden, so noch kürzlich von *R. Vaughan,* John the Fearless, 64-66.

26 Vgl. dazu: *L. Devillers,* Cartulaire des Comtes de Hainaut, Commission royale d'Histoire, Brüssel 1886, III, 327. *X. E. Bacha,* Catalogue des actes de Jean de Bavière, Bulletin de la Société d'Art et d'Histoire du Diocèse de Liège 12 (1898) 59 ff. *E. Fairon,* Régestes de la Cité de Liège, 110 ff., sowie: *Ders.,* Chartes confisquées aux bonnes villes du pays de Liège et du comté de Looz après la bataille d'Othée (1408), Commission royale d'Histoire, Brüssel 1937, S. III ff.

tet würden. Tatsächlich ist jedoch nirgendwo von einem Kalkül dieser Art die Rede,[27] läßt sich weder für den Generalprior Johannes d'Avins noch für seinen Nachfolger eine deutliche Parteinahme in der Auseinandersetzung zwischen der von Burgund angeführten Fürstenkoalition und den mit Bischof Dietrich verbündeten Städten nachweisen. Aber damit nicht genug. Es existiert keine Quelle, die den Angelpunkt der Argumentation, die Anwesenheit der genannten Herren auf dem Generalkapitel von 1410, mit Sicherheit verbürgen könnte.[28] Der einzige Autor, der von ihrem Aufenthalt in Huy weiß, ist der Ordenschronist Russelius:[29] ein Historiker, dessen von de Moreau erschütterte Glaubwürdigkeit dadurch nicht gewinnt, daß er berichtet, *e Germania, Francia, Anglia, caeterisque partibus* seien die Ordensväter nach Huy gekommen,[30] obwohl tatsächlich nur wenige Prioren aus dem Kernland des Ordens an der Versammlung teilnahmen.[31] Wenn man den Verdacht unterdrückt, Russelius habe dem Reformkapitel nachträglich durch den Hinweis auf die Anwesenheit zahlreicher weltlicher und geistlicher Würdenträger einen besonderen Rang geben wollen, mit van den Bosch die 1452 angewandte Datierung *ab ordinis reformatione et strage Leodiensi facta aput villagium Othei* als Beweis für einen Zusammenhang zwischen der Niederlage der Lütticher Städte und der Reform der Kreuzherren ansieht[32] und schließlich bereit ist, die Teilnahme der Fürstenkoalition am Generalkapitel von 1410 für möglich zu halten,[33] bleibt immer noch ungeklärt, warum sich der persönlich alles andere als vorbildliche Johann von Bayern 1410 nicht mit der Absetzung des ihm mißliebigen Generalpriors zufriedengab, vielmehr dessen Maßregelung zum Anlaß nahm, die Reform des Kreuzherrenordens in Gang zu

---

27 So *P. van den Bosch,* Studiën, 40-44.

28 Wenn auch aus den unvollständigen Itinerarien, die sich aus *L. Devillers,* Cartulaire des Comtes de Hainaut, *E. Bacha,* Catalogue des actes de Jean de Bavière, *Th. van Riemsdijk,* Tresorie en kanselarij van de Graven van Holland en Zeeland uit het Henegouwsche en Beijersche huis, 's-Gravenhage 1908, ergeben, keine Auskunft über den Aufenthalt der Grafen von Hennegau bzw. Holland sowie des Elekten von Lüttich am 1. 7. 1410 zu erhalten ist, so steht doch aufgrund von *E. Petit,* Itinéraires de Philippe le Hardi et de Jean sans Peur, ducs de Bourgogne (1363-1419), d'après les comptes de dépenses de leur hôtel = Collection de documents inédits sur l'histoire de France, Série I, Paris 1888, 374-76, 594-96, fest, daß sich Johann ohne Furcht von September 1409 bis November 1410 ununterbrochen in Paris aufhielt.

29 *H. Russelius,* Chronicon, 90-92. Die *Diffinitiones capituli generalis anno 1410,* auf die sich Russelius beruft, teilen lediglich mit: *venerabilem et dilectum patrem et confratrem nostrum Lubertum Joannis ... suscepit capitulum in nostrum et totius sacri ordinis priorem generalem et gubernatorem, multum itaque renitentem et totis viribus reluctantem, sed omnium tandem nostrum precipueque venerabilium et reverendorum patrum et dominorum diversarum et magnarum dignitatum, ordinum et graduum ibidem existentium, prece et instinctibus, difficulter consentientem.* (*A. van de Pasch,* Definities der generale kapittels van de Orde van het H. Kruis 1410-1786, 25-26.)

30 *H. Russelius,* Chronicon, 90. So auch: *Hermans,* Annales I, 94.

31 Vgl. dazu: *P. van den Bosch,* Studiën, 43, 48.

32 *P. van den Bosch,* Studiën, 39-40, stützt sich dabei auf eine aus dem Kreuzherrenkloster Falkenhagen stammende, heute im Landesarchiv Detmold befindliche Abschrift der Generalkapitelsbeschlüsse (HS 6), in der der Generalprior Georg van Brueggen als *ab ordinis reformatione et a strage Leodiensi facta aput villagium Othei quintus nostri ordinis reformator* bezeichnet wird.

33 *G. Hövelmann,* Annalen des Hist. Vereins für den Niederrhein 171 (1969) 315, hält ein Treffen der genannten Herren im Zusammenhang mit dem Armagnakenkrieg für möglich.

setzen. Die schon im 15. Jhdt. aufgestellte und seither oft wiederholte These,[34] der Lütticher Siegelbewahrer Arnold von Merode habe auf Veranlassung seines Bruders, des Venloer Kreuzherrenprokurators Johann von Merode, den Bischofelekten für die Reform gewonnen, liefert keine ausreichende Erklärung, wenn man bedenkt, daß der Elekt in seiner von 1390 bis 1418 dauernden Regierungszeit durchaus nicht nur die Kreuzherrenobservanz förderte, sondern auch in anderen geistlichen Institutionen seines Sprengels, so in Florennes,[35] Moulins[36] und Oignies[37], auf Reform und Neuordnung gerichtete Bestrebungen unterstützte. Um eine befriedigende Antwort auf die von van den Bosch dankenswerterweise aufgeworfene Frage nach dem politischen Hintergrund der Kreuzherrenreform geben zu können, wird man sich also nicht allein darauf kaprizieren dürfen, „een verband tussen het begin van de hervorming, namelijk de priorswisseling te Hoei in 1410 en de slag bij Othée"[38] herzustellen, sondern auf breiterer Basis nach den Motiven fragen müssen, die die Herzöge von Burgund, den mit ihnen verbundenen Adel, den Klerus und die Städte veranlaßten, durch oft unmittelbaren Eingriff über Erfolg und Mißerfolg einzelner Observanzbemühungen zu entscheiden[39] oder gar zur Neublüte ganzer Orden wie etwa der Kartäuser beizutragen.[40] Dabei wird sich zeigen, daß das Engagement dieser politischen und gesellschaftlichen Kräfte nicht nur den Verlauf der Observanzbewegung zu beeinflussen, sondern auch deren Zielrichtung, ja selbst die Spiritualität ihrer Träger mitzubestimmen imstande war.[41]

Die zweite Präzisierung betrifft nicht die politische, sondern die religiöse Verflechtung der Observanzbewegung, genauer ihren Zusammenhang mit der Devotio moderna. Auf die vielfältigen Verbindungen zwischen Kreuzherren, Brüdern vom Gemeinsamen Leben und Windesheimer Chorherren ist seit dem 15. Jhdt., seit

---

34 Auf dem Generalkapitel von 1446 wurde A. von Merode als *primordialis cooperator ... reformationis ordinis nostri* bezeichnet (*A. van de Pasch*, Definities, 85). Danach: *C. R. Hermans*, Annales can. reg. S. Aug. ord. S. Crucis II, 225, *H. Russelius*, Chronicon, 88-89. *J. Davis*, Histoire du diocèse et de la principauté de Liège pendant le XV<sup>e</sup> siècle, Lüttich 1887, 128-29. *E. de Moreau*, Histoire de l'Eglise en Belgique, IV, 310. *R. Haass*, Die Kreuzherren im Rheinland, 11. *P. van den Bosch*, Studiën, 30 ff.

35 *E. Bacha*, Catalogue des actes de Jean de Bavière, 78, Nr. 176. *U. Berlière*, Benedictiner- und Zisterzienserreformen in Belgien vor dem Trienter Konzil, Studien und Mitteilungen aus dem Benediktiner-Zisterzienser-Orden 8 (1887) 321.

36 *E. Bacha*, a.a.O., 78, Nr. 174. *J.-M. Canivez*, L'Ordre de Citeaux en Belgique des origines (1132) aux XX<sup>e</sup> siècle. Aperçu monastique, Forges-Lez-Chimay 1926, 326-27, 347.

37 *E. Bacha*, a.aO., 55, Nr. 87. *U. Berlière*, Monasticon belge I, 1, Maredsous, 1890, 456.

38 *P. van den Bosch*, Studiën, 40.

39 Vgl. *E. de Moreau*, Histoire de l'Eglise en Belgique, IV, 304 ff., Speziell: *P. L. Ceyssens*, Les ducs de Bourgogne et l'introduction de l'observance à Malines, Archivum Franciscanum Historicum 30 (1937) 391-419. *A. de Meyer*, La congrégation de Hollande ou la réforme dominicaine en territoire bourguignon, Lüttich 1947. *G. Meersseman*, La réforme des convents d'Ypres et de Bergues-Saint-Vinnoc, Archivum Fratrum Praedicatorum 7 (1937) 191-209.

40 *C. Le Couteulx*, Annales Ordinis Cartusiensis I-VIII, Montreuil 1887-91. *L. Le Vasseur*, Ephemerides Ordinis Cartusiensis I-V, Montreuil 1890-93.

41 Hierzu: *St. Axters*, Geschiedenis van de vroomheid in de Nederlanden III: De moderne devotie, Antwerpen 1956, der jedoch den politischen und sozialen Hintergrund der niederländischen Frömmigkeitsgeschichte so gut wie gar nicht in seine Betrachtung einbezieht. Vgl. dazu: *J. Toussaert*, Le sentiment religieux en Flandre à la fin du Moyen-Age, Paris 1960, 634-35.

Thomas von Kempen,[42] wiederholt aufmerksam gemacht worden.[43] Van den Bosch hat nicht die Absicht, weitere Verbindungslinien zwischen den genannten Gruppen aufzudecken, es geht ihm vielmehr darum, die Art der gegenseitigen Beziehungen neu zu beurteilen, d. h., die Auffassung, die Kreuzherrenreform sei lediglich ein Epiphänomen der Devotio moderna,[44] zu korrigieren. Dabei kommt er zu dem Ergebnis, daß die sich in der zweiten Hälfte des 14. Jhdts. regende, 1410 zum Durchbruch kommende Observanzbewegung als ein von der Devotio moderna unabhängiger Vorgang anzusehen sei, dessen Eigenständigkeit so ausgeprägt war, daß man sich fragen müsse, „of misschien de Broeders van het Gemene Leven onder invloed van de Kruisbroeders stonden in plaats van de Kruisbroeders onder invloed van de Broeders".[45] Den schlagendsten Beweis für die Eigenständigkeit und Vorbildhaftigkeit der Kreuzherrenobservanz sieht van den Bosch in der Eigenart der sie bestimmenden Spiritualität. Die sich auf *vita communis, stabilitas loci* und *uniformitas vitae* neubesinnenden Ordensleute entfalteten nach ihm eine Frömmigkeit, die in bewußter Abkehr von Mystik und Intellektualismus die monastische Spiritualität des hohen Mittelalters fortsetzte, also nicht erst durch die auf Geert Grote zurückgehende Erneuerungsbewegung der Devotio moderna hervorgerufen und geprägt worden sein kann. Wenn durch diese These, die die Kreuzherren ähnlich wie die Kartäuser zu Vorbildern, wenn nicht gar Vätern der Devotio moderna macht,[46] nicht nur dem Ruhm des eigenen Ordens gedient werden soll, muß sie sich auf eine breite und wohlabgesicherte Beweisführung stützen können. Tatsächlich argumentiert van den Bosch jedoch nur von einer schmalen und unsicheren Basis aus. Unter Verzicht auf eine Untersuchung institutionalisierter Frömmigkeitsformen wie der Liturgie konzentriert er sich ganz auf die Spiritualität im engeren Sinne, deren Eigenart nun nicht, wie man erwarten sollte, aufgrund der asketisch-homiletischen Literatur der Kreuzherren,[47] sondern einer Analyse ihrer Bibliotheken definiert wird. Bei den für diese Analyse herangezogenen Bibliotheken handelt es sich nicht, wie die Kapitelüberschrift „De Bibliotheken van de Kruisbroeders" nahelegt,[48] um die Gesamtheit der Kreuzherren-Bibliotheken, sondern lediglich um die Handschriften der relativ gut bekannten Klosterbibliotheken von Huy, Lüttich, Köln, Hohenbusch, Marienfrede, Schwarzenbroich, Namur, Tournai und Düsseldorf, soweit sie sich in der Königli-

---

42 *Thomas von Kempen,* Chronicon montis S. Agnetis, ed. *M. I. Pohl,* Opera omnia VII, Freiburg 1922, 509.

43 Z. B. in: *M. Vinken,* De Spiritualiteit der Kruisheren, 35-38, *C. van Dal,* Moderne Devoten en Kruisbroeders, Cruciferana 1 (1934).

44 *J. Acquoy,* Het klooster te Windesheim e zijn invloed, Utrecht 1875-1880, II, 177 ff. *F. van de Borne,* Geert Groote en de moderne devotie in de geschiedenis van het middeleeuwse kloosterwezen, Studia Catholica 16 (1940)-18 (1942).

45 *P. van den Bosch,* Studiën, 158.

46 Über den Einfluß der Kartäuser auf Geert Groote und damit auf die Entstehung der Devotio moderna: *H. J. J. Scholtens,* Hendrik van Eger uit Kalkar en zijn kring, in: Dr. L. Reypens-Album. Opstellen aangeboden aan Prof. Dr. L. Reypens = Studiën en tekstuitgaven van Ons Geestelijk Erf 16, Antwerpen 1964, 383-408. *H. Rüthing,* Der Kartäuser Heinrich Egher von Kalkar 1328-1408 = Veröffentl. des Max-Planck-Instituts für Geschichte 18, Göttingen 1967, 158-59.

47 Über sie: *M. Vinken,* Croisiers, Dictionnaire de spiritualité II, 2573. *Ders.,* De Spiritualiteit der Kruisheren, 21 ff.

48 *P. van den Bosch,* Studiën, 130.

chen Bibliothek zu Brüssel, der Universitätsbibliothek Lüttich, dem dortigen Grand Séminaire, der Landes- und Stadtbibliothek Düsseldorf, dem Historischen Archiv der Stadt Köln, der Landesbibliothek Darmstadt und der Bibliothek des Priesterseminars in Köln befinden.[49] Das bedeutet also, daß sich der Verfasser für seine weitreichenden Schlüsse auf nicht viel mehr als ein Konglomerat aus den zufällig erhaltenen Überresten von zehn eng benachbarten Bibliotheken stützt, auf eine Basis also, die kaum breit genug sein dürfte, um von ihr aus die Spiritualität eines Ordens zu bestimmen, der zur fraglichen Zeit ein Vielfaches an Niederlassungen zählte und nicht nur in der Diözese Lüttich, im Hennegau und am Niederrhein, sondern in ganz Nordwesteuropa, in Frankreich und England verbreitet war. Die Beschränkung auf eine nur kleine Zahl von Bibliotheken und deren Handschriften ist nicht von vornherein suspekt. Sie wäre durchaus zu rechtfertigen, wenn sich der Verfasser zum Beweis der von der Devotio moderna unbeeinflußten Entstehung der observanten Kreuzherrenspiritualität auf eine Analyse der maßgeblichen älteren Klosterbibliotheken konzentriert hätte. Eine sorgfältige Rekonstruktion ihrer Bestände unter Beachtung des Zeitpunkts und der Art des Erwerbs hätte ihm dann die Chance geboten, aus dem Inhalt der älteren, für die angedeutete Fragestellung relevanten Handschriften mehr über die frühe Kreuzherrenspiritualität zu ermitteln, als uns gegenwärtig bekannt ist.[50]

Aber ganz offenbar hat der Verfasser ein solches Ziel nicht im Auge gehabt. Er hätte sonst nicht nur die Bibliotheken der jüngeren, 1443 bzw. 1444 gegründeten Klöster Düsseldorf und Marienfrede,[51] sondern auch die zahlreichen erst am Ende des 15. und zu Beginn des 16. Jhdts. geschriebenen oder erworbenen Codices der älteren Bibliotheken aus dem seiner Analyse zugrunde gelegten Material ausscheiden müssen. Zweifel an der Überzeugungskraft der von van den Bosch angewandten Argumentation stellen sich nicht nur angesichts der Zusammensetzung, sondern auch der Auswertung der von ihm herangezogenen Bibliotheksbestände ein. Eine Klassifi-

---

49 Literaturangaben bei *P. van den Bosch*, 131, Anm. 8. Hinzugefügt werden sollte u.a.: *K. Löffler*, Kölnische Bibliotheksgeschichte im Umriß, Köln 1923. *E. Gotenburg*, Die Handschriften der Kölner Kreuzbrüder (Masch.-Arbeit aus dem Bibliothekar-Lehrinstitut des Landes NRW) Köln 1957. *L. Eizenhöfer/H. Knauss*, Die liturgischen Handschriften der hessischen Landes- und Hochschulbibliothek Darmstadt = Die Handschriften der hess. Landes- und Hochschulbibliothek 2, Wiesbaden 1968.

50 Daß die von *van den Bosch* herangezogenen Codices keineswegs den Gesamtbestand der erwähnten Bibliotheken ausmachen, zeigt schon eine Stichprobe. Köln: *K. Löffler*, Kölner Bibliotheksgeschichte, 74. *E. Gotenburg*, Die Handschriften der Kölner Kreuzbrüder, 1 ff. – Hohenbusch: *Fr. W. Oediger*, Stifts- und Klosterarchive. Bestandsübersichten = Das Hauptstaatsarchiv Düsseldorf und seine Bestände 4, Siegburg 1964, 88-90, 233-36, HStA Düsseldorf, Kloster Hohenbusch, Akten 14: Bibliothekskatalog von 1802. – Düsseldorf: *Pfannenschmidt*, Die Kgl. Landesbibliothek zu Düsseldorf, Archiv f. Gesch. des Niederrheins 7 (1870) 389. – Marienfrede: *R. Haass*, Die Kreuzherren im Rheinland, 140 ff. *G. I. Lieftink*, Manuscrits datés conservés dans les Pays Bas I, Amsterdam 1964, 7. – Schwarzenbroich: *F. W. Oediger*, Stifts- und Klosterarchive, 285. – Huy: *A. Hulshof*, Catalogus codicum manu scriptorum Bibliothecae Universitatis Rheno – Trajectinae II, Utrecht 1909, 38. – Namur: *Ch. Samaran/R. Marichal*, Catalogue des manuscrits en écriture latine portant des indications de date, de lieu ou de copiste I: Musée Condé et Bibliothèques Parisiennes, Paris 1959, 91, 97, 225, 301. Über die von *van den Bosch* ungenützten Möglichkeiten der BNM: *P. J. H. Vermeeren*, De Bibliotheca Neerlandica Manuscripta van Willem de Vreese, Utrecht 1953.

51 Über diese Klöster vgl. die von *van den Bosch* übersehenen Angaben bei *F. W. Oediger*, Stifts- und Klosterarchive, 88-90, 233-36.

zierung der Autoren nach ihrer Ordenszugehörigkeit, die für Boethius, Buridan und Gerson nichts anderes als die Rubrik „Seculiere geestelijkheid en leken" übrigläßt,[52] sowie die betonte Hervorhebung der nach Jean Leclercq für die monastische Theologie charakteristischen Autoren und Gattungen[53] führen mit verdächtiger Schnelligkeit zu dem erwähnten Ergebnis, daß es sich bei der Spiritualität der Kreuzherren des 15. Jhdts. um eine Fortführung hochmittelalterlicher monastischer Traditionen handelt. Die in diese Definition implizierte These von der „afkeer van het intellectualisme en de mystiek"[54] wird dadurch bewiesen, daß der Verfasser die Mystikertexte, die es der älteren Forschung erlaubten, Kloster Marienfrede einen Hort rheinischer Mystik zu nennen,[55] als eine quantité négligeable betrachtet und in den zahlreichen Handschriften der Werke spätmittelalterlicher Theologen, antiker Autoren und Humanisten keinen ausreichenden Hinweis auf intellektuelles Interesse sieht: ein Mangel an Verständnis für die seit der Hochscholastik gewandelte Wissenschaftsauffassung, der am beredtsten darin zum Ausdruck kommt, daß auf den vielen Seiten der Dissertation nicht ein einziges Mal das Wort Humanismus gebraucht wird. Wenn man bereit ist, die von van den Bosch gelieferte Definition der Kreuzherrenspiritualität zu akzeptieren, bleibt immer noch die Frage offen, welches Kriterium es ihm denn erlaubt, sie als autonom zu bezeichnen und scharf von der Spiritualität der als Devoten bezeichneten Fraterherren und Windesheimer abzugrenzen. Die Antwort auf diese Frage ist ein Verweis auf die Frömmigkeitsgeschichte. Van den Bosch ist nämlich der Meinung, der Rückgriff auf die monastische Tradition des Hochmittelalters sei bei den Kreuzherren anders als bei den Devoten nicht direkt, sondern durch Vermittlung der „seculiere auteurs" Pierre d'Ailly und Jean Gerson erfolgt, was zur Folge gehabt haben soll, daß „hun inspiratie-bronnen van uitgebreider omvang waren dan die van de Moderne Devoten",[56] das heißt konkret, daß die Kreuzherren im Unterschied zu den Devoten stark unter dem Einfluß von Richard und Hugo von St. Victor standen. Van den Bosch hat dies ein wenig überraschende Kriterium mehr vorausgesetzt als bewiesen. Ein Beweis für seine Anwendbarkeit wäre in der Tat auch nur schwer zu erbringen. Schon ein flüchtiger Blick in Bibliothekskataloge und Bibliotheksbestände des 15. Jhdts. zeigt nämlich, daß Johannes Gerson, der „Kirchenvater der deutschen geistlichen Schriftsteller",[57] und Petrus von Ailly, der Fürsprecher der Bruderschaft vom Gemeinsamen Leben,[58]

---

52 *P. van den Bosch*, Studiën, 147.

53 *P. van den Bosch*, a.a.O., 139 ff., stützt sich dabei auf *J. Leclercq*, Initiation aux auteurs monastiques du Moyen Age, Paris 1957, und *Ders.*, Témoins de la spiritualité occidentale, Paris 1965.

54 *P. van den Bosch*, a.a.O., 157 u. passim.

55 *Pfannenschmidt*, Die Kgl. Landesbibliothek zu Düsseldorf, 394, danach *R. Haass*, Die Kreuzherren in den Rheinlanden, 141, *M. Vinken*, Croisiers, Dict. de spiritualité II, 2568, und noch weitergehend: *M. Vinken*, Croisiers, DGHE XIII, 1049.

56 *P. van den Bosch*, Studiën, 150.

57 *B. Moeller*, Frömmigkeit in Deutschland um 1500, Archiv für Reformationsgeschichte 56 (1965) 19.

58 *L. Salembier*, Le Cardinal Pierre d'Ailly = Publ. de la Société d'Etudes de la Province de Cambrai 35, Tourcoing 1932. Über seine Verteidigung der Bruderschaft, an der sich übrigens auch Gerson beteiligte, zuletzt: *C. van der Wansem*, Het ontstaan en de geschiedenis der Broederschap van het Gemene Leven tot 1400, Universiteit te Leuven. Publ. op het Gebied der Geschiedenis en der Philologie IV, 12, Löwen 1958, 42 ff.

genausogut in die geistige Ahnenkette der Devoten wie in die der Kreuzherren gehören.[59] Noch schwieriger ist es indes, einen mangelnden „weerklank" der Victoriner bei den Devoten zu konstatieren, beweisen doch nicht allein die Bibliotheken der Fraterherren[60] und Windesheimer,[61] sondern auch die bei ihnen schon früh praktizierten Formen der Meditation, daß für sie wie für die Kreuzherren die Chorherren von St. Victor hochgeachtete Lehrer des geistlichen Lebens waren.[62] Es würde ins Detail führen, wollte man noch weiter auf die von van den Bosch vorgebrachten Argumente eingehen. Aus dem Bisherigen dürfte deutlich genug hervorgehen, daß die von ihm betriebene Bibliotheksanalyse kaum geeignet ist, die Autarkie der sich im 15. Jhdt. ausbildenden Kreuzherrenfrömmigkeit glaubhaft zu machen. Angesichts der Einmütigkeit, mit der innerhalb und außerhalb des Kreuzherrenordens die Observanz als ein Ergebnis „fruchtbarer Zusammenarbeit mit den Brüdern vom Gemeinsamen Leben" verstanden wird,[63] muß man fragen, ob sich überhaupt eine Methode finden läßt, mit der der Beweis für die vom Verfasser postulierte Selbständigkeit, wenn nicht gar Präponderanz der Kreuzherrenspiritualität geführt werden kann. Van den Bosch selbst hat sowohl mit dem Hinweis auf das starke Gewicht der Nordniederländer[64] als mit dem Nachweis,[65] daß es sich bei dem Generalprior Helmicus Amoris, der 1424 mit einem vielbeachteten Gutachten

---

59 Zur Verbreitung der beiden Autoren in NW-Europa u. a.: *K. O. Meinsma*, Middeleeuwsche Bibliotheken, Zutphen 1903, 267, 268, 189, 292, 278-79, *R. L. Plancke*, Middeleeuwse inventarissen van belgische kloosterbibliotheken, De Gulden Passer 26 (1948) 237-52. *Ders.:* Middeleeuwse Handschrifteninventarissen, ebd. 27 (1949) 24-35, *A. Derolez*, Corpus Catalogorum Belgii. De Middeleeuwse bibliotheekscatalogi der zuidelijke Nederlanden I: Provincië West-Vlaanderen, Brüssel 1966.

60 Z. B.: *M. E. Kronenberg*, De Bibliotheek van het Heer-Florenshuis te Deventer, Nederlandsch Archief voor Kerkgeschiedenis NS 9 (1912) 276.

61 *K. O. Meinsma*, Middeleeuwsche Bibliotheken, 252, 268-69, 283, 286, 290. *J. Acquoy*, Het klooster te Windesheim en zijn invloed, III, 275, und spezieller: *A. Hulshoff*, Een en ander over de Bibliotheek van het Regulierenklooster te Utrecht, Tijdschrift voor Boek- en Bibliotheekswezen 8 (1910) 17-48. *B. Nonte*, Untersuchungen über die Handschriften des Augustiner-Chorherren-Stiftes Frenswegen bei Nordhorn, Westf. Forschungen 14 (1961) 142-143. *G. Hövelmann*, Neue Beiträge zur Geschichte der Gaesdonck X: Die Handschriften der Klosterbibliothek Gaesdonck. Ein Versuch, den ursprünglichen Bestand zu rekonstruieren, mit einem Anhang über die Schreibtätigkeit des Gaesdoncker Konvents, Gaesdoncker Blätter 21 (1958) 53, 65. *W. Lourdaux/E. Persoons*, De bibliotheken en scriptoria van de zuidnederlandse kloosters van het Kapittel van Windesheim. Een bibliografische inleiding, ABB 37 (1966) 61-74.

62 *L. A. M. Goossens*, De meditatie in de eerste tijd van de moderne devotie, Nimwegen 1952. *R. R. Post*, The Modern Devotion. Confrontation with Reformation and Humanism = Studies in Medieval and Reformation Thought 3, Leiden 1968, 328.

63 Vgl. z. B.: *M. Vinken*, Croisiers, Dict. de spiritualité II, 2567-68, *Ders.:* De Spiritualiteit der Kruisheren, 34-35, *C. van Dal*, Moderne Devoten en Kruisbroeders, Cruciferana 1 (1934). *H. U. Weiss*, Die Kreuzherren in Westfalen, 46 ff., die in Anm. 13 genannten Studien von *R. Haass* und *L. Indestege*, Bij het zevenhonderdvijftigjarig bestaan van de Orde van het H. Kruis, Het Oude Land van Loon 16 (1961) 201-219.

64 *P. van den Bosch*, Studiën, 174.

65 Ebd., 73-74. *Van den Bosch* stützt sich bei seinem Nachweis auf eine Randnotiz in MS Historisches Archiv der Stadt Köln, GB 4, 134, fol. 165$^V$. Er hätte seine These noch mit einer Urkunde vom 9. 1. 1424 (AE Lüttich, ad datum), in der *Stouwe Minne alias Zerboldes* zugunsten der Konvente, in denen Helmicus und sein Bruder Johannes Minne lebten, eine Stiftung macht, untermauern können. (*A. van de Pasch*, Het klooster Clairlieu, Clair-Lieu 18, 1960, 16, Anm. 22).

zugunsten der in ihrer Existenz bedrohten Bruderschaft vom Gemeinsamen Leben eintrat,[66] um einen leiblichen Bruder des zur engeren Jüngerschaft Geert Grotes gehörenden Gerard Zerbolt van Zutphen handelt,[67] eine schon frühe Beeinflussung der Kreuzherrenobservanz durch die Devotio moderna wahrscheinlicher gemacht.[68] Personengeschichtliche Untersuchungen, wie sie H. U. Weiss für die westfälischen Kreuzherren angestellt hat,[69] kodikologische Forschungen nach Art der von der Lütticher Universitätsbibliothek herausgegebenen Studien zur Geschichte der Kreuzherrenbibliotheken von Huy, Lüttich und Cuyk[70] sowie Einzelbeobachtungen, die sich bei sorgfältigen Handschriftenkatalogisierungen ergeben,[71] können zweifellos den Grad der bisher erreichten Wahrscheinlichkeit noch erhöhen. Wie wenig außergewöhnlich und das Verdienst des eigenen Ordens mindernd die Vorstellung ist, daß Kreuzherren von den Devoten die *prima melioris vitae incitamenta perciperunt,*[72] könnte ein Blick über die Grenzen der eigenen Ordensgeschichte hinaus auf die sich gleichzeitig mit der Kreuzherrenobservanz durchsetzenden Reformbemühungen im kanonikalen und monastischen Bereich lehren. Die Reformkongregationen von Groenendal, Sion und Neuss sowie die von Sibculo, Ijsselstein und Warmond ausgehende Zisterzienserreform sind – um nur einige Beispiele zu nennen – nicht denkbar ohne Einwirkung und Vorbild der durch die neue Frömmigkeit geprägten Fraterherren und Kanoniker. Andererseits steht aber auch fest, daß diese Einflüsse ohne Wirkung geblieben wären, wenn nicht schon im 14. Jh. in den zu diesen Reformkreisen gehörenden Klöstern und Stiften aus vielen Quellen der Gedanke der institutionellen Reform und inneren Erneuerung gespeist

---

66 Der Text des Gutachtens in: *J. H. Hofman,* De broeders van het Gemeene Leven en de Windesheimse klooster-vereeniging, Archief voor de Geschiedenis van het Aartsbisdom Utrecht 2 (1875) 272-75. *E. Barnikol,* Studien zur Geschichte der Brüder vom gemeinsamen Leben, Tübingen 1917, 53-54.

67 Über dessen Bedeutung für die Devotio moderna, speziell die Bruderschaft: *C. van der Wansem,* Het ontstaan en de geschiedenis der Broederschap van het Gemene Leven tot 1400, Löwen 1958. *J. de Rooij,* Gerard Zerbolt van Zutphen I: Leven en werken, Nimwegen 1936.

68 Dadurch wird die Annahme von *R. Haass,* Devotio moderna in der Stadt Köln im 15. und 16. Jahrhundert, 145, Helmicus sei erst um 1420 in Köln mit der Devotio moderna in Berührung gekommen, korrigiert.

69 *H. U. Weiss,* Die Kreuzherren in Westfalen, Teil III: Anhänge 195 ff.

70 Les manuscrits des Croisiers de Huy, Liège et Cuyk au XVe siècle = Bibliotheca Universitatis Leodiensis, Publications 5, Lüttich 1951.

71 Als Beispiel seien die sich heute in der Universitätsbibliothek Groningen (Cod. 19 ff.) befindlichen Handschriften der Pantheologia des Raynerius Pisanus angeführt. Sie wurden von Gerhard Doliatoris (Fraterherr?) aus Metelen für Hermann von Langen, den für die Geschichte des westfälischen Humanismus wichtigen Dekan des Münsterschen Domkapitels, geschrieben und befanden sich als Geschenk des genannten Dekans im Besitz des 1427 von einem Fraterhaus in eine Kreuzherrenniederlassung umgewandelten Klosters Osterberg, bis sie in die Bibliothek der Grafen von Bentheim-Tecklenburg gelangten, die sie 1620 der Universität Groningen schenkten. *H. Brugmans,* Catalogus Codicum Manu Scriptorum Universitatis Groninganae Bibliothecae, Groningen 1897, 12-13. *G. I. Lieftinck,* Manuscrits datés, 18. Eine weitere Beobachtung dieser Art – Fraterherrenhandschriften aus Osnabrück in Köln – bei *R. Haass,* Devotio moderna in der Stadt Köln im 15. und 16. Jahrhundert, 147.

72 Helmicus in dem in Anm. 66 angeführten Gutachten: *Quia vero quamplurimis monasteriis ordinis nostri ... a dictis domibus frequentius personae bonae voluntatis diriguntur, qui a dictis presbyteris et clericis prima melioris vitae incitamenta perceperunt.*

worden wäre.[73] P. van den Bosch hat im Falle der Kreuzherren nur die eine, die autonome Komponente des Reformvorgangs betont. Den fremden Einflüssen, speziell den Einwirkungen der Devotio moderna, ist er nicht ganz gerecht geworden. Aber damit nicht genug. Bei Licht besehen hat er den eigenständigen Reformimpetus nur betont, nicht aber wirklich deutlich gemacht. Wie die Spiritualität der Kreuzherren zu Beginn des 15. Jhdts. beschaffen war, wie stark sich schon im 14. Jhdt. in ihrem Orden ein eigenständiger Reformwille durchzusetzen vermochte,[74] das bleibt auch nach seinen Studien noch genauer zu erforschen. Solche Forschungen dürften sich nicht nur auf eine Analyse von Bibliotheksbeständen beschränken, hätten vielmehr neben anderen Quellen auch die asketisch-homiletische Literatur des 14. und beginnenden 15. Jhdts. heranzuziehen,[75] wobei der Untersuchung des nur in einem Druck des 17. Jhdts. vorliegenden mystischen Traktats *Vestis Nuptialis* des Generalpriors Petrus Pincharius (1346-1382) besondere Bedeutung zukäme.[76]

Anders als die Frage nach dem politischen Hintergrund führt die Analyse der Kreuzherrenspiritualität des 15. Jhdts. zum Ausgangsproblem zurück. Ihre Ergebnisse sind für van den Bosch nämlich nicht nur „ein schlagender Beweis dafür, daß die Kreuzbrüder des 15. Jhdts. die Inspiration für ihr Klosterleben nicht in dem Leben und Arbeiten der Modernen Devoten suchten",[77] sondern auch eine Antwort auf die von de Moreau aufgeworfene Frage nach Entstehung und ursprünglichem Charakter des Ordens der Kreuzherren. Van den Bosch ist nämlich der Meinung, daß sich in dem durch *vita communis* und *stabilitas loci*, durch *divinum officium* und *vita apostolica* gekennzeichneten Leben der Kreuzherren des 15. Jhdts. sowie in ihrer allen Übersteigerungen der Mystik und Verstiegenheiten der Theologie abholden Spiritualität nichts anderes als die „levenswijze van de eerste Kruisbroeders" erneuerte.[78] Da er nun die eben charakterisierte Lebensweise und Spiritualität als eine reine

---

73 Vgl. dazu im Überblick: *St. Axters*, Geschiedenis van de Vroomheid in de Nederlanden III, 243 ff. *P. C. Boeren*, Kerkelijk, godsdienstig en intellectueel leven, in: Algemene Geschiedenis der Nederlanden III, 425 ff. *R. R. Post*, Kerkgeschiedenis van Nederland in de Middeleeuwen, Utrecht 1963, I, 350 ff.

74 Über das relativ starke Wachstum des Ordens im 14. Jahrhundert, das gelegentlich mit dem der Kartäuser verglichen wird: Les manuscrits des Croisiers de Huy, Liège et Cuyk au XV$^e$ siècle, 27. *L. Heere*, Het Kruisherenklooster te Venlo, Publ. de la soc. hist. et arch. dans le Limbourg 92-93 (1956-57) 235-368, 94-95 (1958-59) 209-300.

75 *M. Vinken*, Croisiers, Dictionnaire de spiritualité II, 2572 X. *Ders.*, De Spiritualiteit der Kruisheren, 69 ff.

76 Vestis nuptialis seu Ornatus animae devotae maxime religiosae ad nuptias agni aeternitatis pie anhelantis ... digestus per R. P. Petrum Pincharium ... nunc demum jussu et auctoritate Rev. mi P. F. Augustini Neaerii ... recognitus et luce donatus, Köln, H. Kraft, 1639. Auf die Problematik dieser Schrift, die auf Veranlassung des Generalpriors A. Neaerius (1619-48) von dem aus Deventer stammenden Ehrensteiner Prior Aegidius de Vriese herausgegeben wurde, unterrichtet knapp *C. van Dal*, Rond „Vestis Nuptialis", Clairlieu 11 (1953) 3-29. Möglichen Zweifeln an der Autorschaft des Pincharius, die sich aus dem Fehlen einer vor 1639 zurückzuführenden Textüberlieferung ergeben, ist entgegenzuhalten, daß die in dem genannten Traktat herangezogene Literatur ausschließlich aus der Zeit vor dem 14. Jahrhundert stammt und vorwiegend französischer Herkunft ist. Der starke Einfluß der Victoriner legt eine nähere Untersuchung im Zusammenhang mit der von van den Bosch aufgestellten These nahe. Über Pincharius und seine Reformbemühungen: *A. Durand*, Les Croisiers en Normandie. Le prieuré Sainte-Croix de Caen, Clairlieu 25 (1967) 22 ff.

77 *P. van den Bosch*, Studiën, 175.

78 Ebd., 124.

Ausprägung der *vita canonica* ansieht, ist für ihn der Beweis erbracht, daß es sich bei dem Orden der Kreuzherren von seinen Anfängen an um nichts anderes gehandelt haben kann als um einen Orden regulierter Chorherren. Wenn man bereit ist, mit van den Bosch Leben und Frömmigkeit der Kreuzherren des 15. Jhdts. als reine Verwirklichung der *vita canonica* anzusehen, und darauf verzichtet, seine mechanischen Vorstellungen von Reform in Frage zu stellen, bleibt immer noch offen, ob die Kreuzherrenspiritualität des 15. Jhdts. unbedingt mit der Kanonikerfrömmigkeit des 13. Jhdts. identisch sein muß, ja, ob man überhaupt von der Kanonikerfrömmigkeit schlechthin reden darf. Nachdem Dickinson, Dereine, Leclercq, Dalaruelle u.a. deutlich gemacht haben, daß die *vita canonica* nicht allein durch Seelsorge, Liturgie, *stabilitas loci* und *vita apostolica* zu definieren ist, ihre Spannweite vielmehr die Extreme von Eremos und Kathedralkapitel umfaßt,[79] tun sich hier Probleme auf, deren Bewältigung dem Kampf mit der Hydra gleicht. Ihn auszufechten soll jedoch nicht unsere Aufgabe sein, sondern dem überlassen bleiben, der die vielköpfige Schlange herausgefordert hat!

Ein zweiter Versuch, das von de Moreau aufgeworfene Problem der Ursprünge zu klären, geht von der erstaunlichen Tatsache aus, daß der im Jahre 1635 schreibende Russelius der erste Ordenshistoriker ist, der den Namen Theodorus von Celles erwähnt und ihm die Gründung des Ordens zuschreibt. Anders als de Moreau und van Rooijen, die aus dieser späten Erwähnung auf eine mehr oder weniger beabsichtigte Mystifikation des Ordenschronisten schließen, sucht van den Bosch nach einer Erklärung, die sowohl die Historizität des Ordensstifters sichert als auch das Schweigen von fast vier Jahrhunderten erklärt. Er geht auch dabei von dem angeblich ausgeprägt kanonikalen Charakter des Kreuzherrenordens aus. Die Kreuzherren wollten, wie er meint, als Kanoniker in erster Linie im Geiste des hl. Augustinus leben und ihn, das Vorbild der Kanoniker, auch als ihren geistlichen Vater ehren: „So konnte es wohl geschehen, daß der Name des Gründers in den Hintergrund geriet."[80] Van den Bosch kann sich in der Tat darauf berufen, daß die Kreuzherren den Namen des hl. Augustin in ihrem offiziellen Ordenstitel führen und den Kirchenlehrer nicht selten als ihren Vater, als *pater noster*, bezeichnen.[81] Das Gewicht dieser Argumente nimmt jedoch bei genauerem Zusehen ab. Da es in fast allen Orden, die die Augustinerregel befolgen, so bei den Prämonstratensern[82] und Dominikanern,[83] bei

---

[79] J. C. *Dickinson*, The Origins of the Austin Canons and their Introduction into England, London 1950. Ch. *Dereine*, Vie commune, règle de S. Augustin et chanoines réguliers au XIe s., Revue d'histoire ecclésiastique 41 (1946) 365-406. J. *Leclercq*, La spiritualité des chanoines réguliers, in: La vita comune del clero nei secoli XI e XII, Atti della Settimana di studio: Mendola, settembre 1959, Mailand 1962, 117-134. E. *Delaruelle*, La vie commune des clercs et la spiritualité populaire au XIIe siècle, ebd., 142-173.

[80] P. *van den Bosch*, Studiën, 176.

[81] A. *van de Pasch*, De tekst van de constituties der Kruisheren van 1248, Handelingen van de Kon. Commissie voor Geschiedenis 117 (1952) 1-95. A. *Ramaekers*, De Privileges der Kruisherenorde. BN Paris MS lat. 2921: Regula Augustini et expositio. Bibl. Univ. Lüttich MS 89, fol. 248 sq.: Sermo in festo b. Augustini patris nostri.

[82] Pl. F. *Lefèvre*, Les statuts de Prémontré réformés sur les ordres de Grégoire IX et d'Innocent IV au XIIIe siècle = Bibliothèque de la Revue d'Histoire Ecclésiastique 23, Löwen 1946.

[83] A. H. *Thomas*, De oudste constituties van de Dominicanen. Voorgeschiedenis, tekst,

Sackbrüdern,[84] Serviten[85] und Paulinern[86], üblich war bzw. ist, den Regelgeber als Vater zu bezeichnen, lassen sich daraus keine Schlüsse auf ein besonders enges Verhältnis zwischen den Kreuzherren und dem Bischof von Hippo ziehen. Welche Anstrengungen tatsächlich unternommen werden mußten, um sich auf Augustinus als *caput et fundator ordinis* berufen zu können, zeigt die Fülle der Traktate und Streitschriften aus den Federn der Augustiner-Eremiten und Augustiner-Chorherren, die sich seit dem 13. Jhdt. den Anspruch streitig machten, einzig und allein die wahren Söhne des Heiligen zu sein.[87] Eine überzeugende Antwort auf die Frage nach der Rolle des hl. Augustinus in der Geschichte des Kreuzherrenordens darf es indes nicht mit dem Hinweis auf die intensivere Augustinusverehrung in anderen Orden genug sein lassen. Sie muß vielmehr auf das historische Selbstverständnis der vor dem Chronicon des Russelius zu datierenden Kreuzherrenhistoriographie zurückgreifen.[88] Nach ihr lag der Ursprungsort des Ordens nicht in der Diözese Lüttich, nicht in Hippo oder Thagaste, sondern im Heiligen Land, genauer in Jerusalem. Hier wurde der Orden nicht etwa im 13., sondern bereits im 4. Jhdt. gegründet. Sein Urheber und Stifter war jedoch nicht Augustinus oder gar Theodorus von Celles, sondern niemand anders als die hl. Helena. Die seit dem 14. Jhdt. in der Ordensliturgie gefeierte[89] und den Ordensleuten als Vorbild der Kreuzesverehrung[90] vorgestellte Mutter Kaiser Konstantins wurde nach der älteren Tradition zur *fundatrix et patrona ordinis*, als sie nach der Auffindung des Hl. Kreuzes zwölf Männer mit der Bewachung des in Jerusalem verbliebenen Teils des wahren Kreuzes beauftragte und ihnen, den ersten Kreuzherren, als Zeichen ihres Dienstes ein Kreuz auf die Kleider heftete. Erst relativ spät wird erwähnt, daß diese neuen Seraphim, die Tag und Nacht die *custodia ligni vitae* ausübten, durch Papst Eusebius eine offizielle Bestätigung ihres Instituts

---

bronnen, ontstaan en ontwikkeling (1215-1237) = Bibliothèque de la Revue d'Histoire Ecclésiastique 42, Löwen 1965, 321. Vgl. auch: *A. Walz*, „Magne Pater Augustine". Dominikanisches zur Regel des hl. Augustinus, Angelicum 31 (1954) 213-231.

84 *G. M. Giacomozzi*, L'Ordine della Penitenza de Gesù Cristo. Contributo alla storia della spiritualità del sec. XIII. Institutum historicum fratrum servorum S. Mariae = Scrinium historiale II, Rom 1962, 105.

85 Constitutiones antiquae fratrum servorum S. Mariae, in: Monumenta Ordinis Servorum S. Mariae I, Brüssel 1897, 27 ff.

86 *S. Swidziński*, Die Augustinerregel im Pauliner-Orden, Augustiana 18 (1968) 29-38.

87 Zu diesen Auseinandersetzungen, mit denen sich der Vf. ausführlicher zu beschäftigen beabsichtigt, vgl. vorläufig *N. Widloecher*, La Congregazione dei Canonici Regolari Lateranensi, Gubbio 1929. *K. Elm*, Neue Beiträge zur Geschichte des Augustiner-Eremitenordens im 13. und 14. Jahrhundert, Archiv f. Kulturgeschichte 42 (1960) 379-87. *M. Reeves*, The Influence of Prophecy in the later Middle Ages. A Study in Joachimism, Oxford 1969.

88 *A. van Asseldonk*, Handschriften van Kruisheren uit de XV$^e$ en XVI$^e$ eeuw over het ontstaan der Orde van het H. Kruis, Clair-Lieu 1 (1943) 84-102, 3 (1945) 32-45. *H. van Rooijen*, De Oorsprong van de Orde der Kruisbroeders, 215-233.

89 *A. van Asseldonk*, Het Brevier van de Kruisheren, Clair-Lieu 2 (1944) 8-144. *Ders.*, Een handgeschreven Lectionarium van het voormalige Kruisherenklooster te Maaseik, ebd., 10 (1952) 22-27. *Ders.*, Een Predikheren-Wiegedruck als Kruisheren-Brevier, ebd., 12 (1954) 3-16.

90 Vgl. z.B.: *Walter von Nimwegen*, Vita S. Helene, regine, matris Constantini magni imperatoris, in: UB Lüttich, MS 135, fol. 134-140$^V$ (15. Jh.). *Arnold von Cloetingen*, In festo b. Helene regine matris nostre sermo, in: UB Lüttich, MS 89, fol. 237$^V$-239 (15. Jh.). Hist. Arch. Stadt.-Köln, MS GB 4° 21, fol. 128: Revelaciones cuiusdam defuncti cruciferis (14. Jh.).

erhielten und Quiriacus, dem Bischof von Jerusalem, unterstanden.[91] Die älteren Berichte lassen die Frühzeit des Kreuzherrenordens, in der sein Ruhm die ganze Welt erfüllte, schnell und abrupt enden. Seine Mitglieder fielen nach ihnen ohne Ausnahme der Wut christenfeindlicher Heiden zum Opfer, bei denen es sich nicht etwa um die 614 die Grabeskirche verwüstenden Perser oder die sich 638 in den Besitz der Hl. Stadt setzenden Muslime, sondern um die Schergen des Kaisers Julian gehandelt haben soll. Ihre Verfolgung machte der nur wenige Jahrzehnte währenden Frühzeit des Ordens ein so vollständiges Ende, daß er gänzlich in Vergessenheit geriet und erst im 13. Jhdt. von fünf frommen Männern dem *sepulcrum oblivionis* entrissen wurde. Am Ende des 14. Jhdts. trat neben Helena, die seit dieser Zeit auch außerhalb des Ordens als Stifterin der Kreuzherren bezeichnet wurde,[92] eine zweite Patronin, die ähnlich wie sie einer Herrscherfamilie angehörte: die hl. Odilia. Es handelt sich bei ihr nicht um die bekannte Etichonin, sondern um eine englische Königstochter, die als eine der 11 000 Jungfrauen in Köln den Märtyrertod erlitten haben soll. Wie Helena genoß sie seit der Mitte des 14. Jhdts. besondere Verehrung, wurde sie gelegentlich als Mutter und Gründerin, häufiger jedoch als *reparatrix ordinis* bezeichnet. Während es sich bei der Helenatradition, wie leicht zu erkennen ist, um die Übernahme der seit Ambrosius nachweisbaren und im Laufe der Zeit mehrfach verästelten Überlieferung von der *Inventio S. Crucis* handelt, hat die Odiliaverehrung im Kreuzherrenorden eine eigene, ins 13. Jhdt. zurückreichende Geschichte. Wie aus den im 15. Jhdt. entstandenen Translationsberichten hervorgeht, wurden 1292 von einem Pariser Kreuzherrn Reliquien einer angeblich Odilia heißenden Jungfrau in Köln aufgefunden und nach Huy übertragen, wo sie in einem kunstvoll bemalten Schrein niedergelegt und bald wegen ihrer Wundertätigkeit von den Gläubigen verehrt wurden.[93] Odilia, die den Kreuzherrn in einer himmlischen Vision zur Translation ihrer Reliquien aufgefordert haben soll, war nach Mitteilung der älteren Ordenshistoriker schon vor ihrem Martyrium in besonderer Liebe zum Hl. Kreuz entbrannt, was sie in einer Art mystischer Verwandtschaft dazu veranlaßte, das Kreuz der Kreuzherren auf ihrer Kleidung zu tragen und sie durch ihre Erscheinung zu besonderer Verehrung des Hl. Kreuzes anzuspornen.[94]

---

91 Maastricht, Rijksarchief in Limburg, 2763, Nr. 3: Notula compendiosa de ordinis nostri institucione. Vgl. auch: *H. van Rooijen*, De Oorsprong, 223-24.

92 Z. B. *W. Rolevinck*, Fasciculus temporum, Köln 1470, 78. *Philipp v. Bergamo*, Supplementum Chronicarum, Brixen 1485, 274.

93 Über den aus dem Jahre 1292 stammenden, heute in der Pfarrkirche zu Kerniel in Belgien befindlichen Odilienschrein und die auf ihm befindliche Darstellung der Inventio und Translatio der Odilienreliquien vgl. *J. Paquay*, A propos de la châsse de St.-Odile à Kerniel, Leodium 25 (1932) 62 f., *H. van Lieshout*, Rond het reliekschrijn van Sint Odilia, Verzamelde Opstellen II, Hasselt 1935, 1-159, Art mosan et arts anciens du pays de Liège, Lüttich 1951, 108 f., 236 f. Über die Verehrung der elsässischen Odilia in den Niederlanden: *M. Hereswitha*, Het Verband tussen Sint-Odilia, Sint-Odiliënberg en de daar gestichte priorij van het Heilig Graf, De Maasgouw 84 (1965) 1-22.

94 *Petrus von Amsterdam*, Sermo in translatione Odilie virginis et martiris, in: Lüttich, Grand Séminaire, MS 6-M-7 (1439) fol. 86, und ebd., MS 6-N-2 (15. Jh.) fol. 295. Vgl. *A. van Asseldonk*, De Odilia-preek van 1439 te Hoei, Clairlieu 17 (1959) 26-52. *Arnold von Cloetinghen*, Sermones ad laudem et honorem bte. Odilie virginis et martiris, dilecte matris et patrone nostre, in: UB Lüttich, MS 89 (1485) fol. 183$^V$-189$^V$. *Walter von Nimwegen*, De translatione b. virginis et martyris Odilie, in: ebd., MS 135 C (1467) fol. 131-134. *J. Banelius*, Gloriosi corporis S. Odiliae ... translatio ... (Köln 1621). *Ders.*, Petit discours de la translation

Am Anfang der Odilienverehrung stand wie bei der Übernahme der Helenatradition ganz offenbar das Bedürfnis nach einer weit zurückreichenden Geschichte und einem damit verbundenen höheren Prestige. Der aus der Anonymität kommende Orden, dem man seine Jugend und das Fehlen eines heiligen Stifters zu einem seine Existenz gefährdenden Vorwurf machen konnte, brauchte den Hintergrund einer alten, ehrwürdigen Geschichte und die Protektion anerkannter Heiliger.[95] In seinem frühesten Lebens- und Wirkungsraum zwischen Maas und Rhein boten sich ihm die beiden Legendenkreise um Helena und die 11 000 Jungfrauen zunächst und mit besonderem Nachdruck an.[96] Beide berichten von Ereignissen, die hier bekannt waren und Gläubige aller Schichten zu besonderer Verehrung der Kaiserin und der Märtyrerinnen entzündet hatten. Sich mit ihnen zu verbinden, verschaffte dem Orden, was er entbehrte, die Aura der Geschichte und eine himmlische Bundesgenossenschaft. Die beiden Legendenkreise standen nicht lange unverbunden nebeneinander. Schon bald wurden sie durch eine hypothetische Verwandtschaft der beiden Ordenspatroninnen miteinander verknüpft. Dabei ist evident, daß die Verklammerung der Odiliaverehrung mit der Helenatradition dem Ziel diente, die älteren Berichte von einer nur wenige Jahrzehnte dauernden, durch das Martyrium des Quiriacus und seiner Gefährten abrupt beendeten Frühzeit vergessen zu lassen und statt dessen eine Brücke zwischen der Gründung durch Helena und der Wiederbelebung des Ordens im 13. Jh. zu schlagen. Der Versuch, aus Odilia eine Art Kontinuitätsträgerin zu machen, ist jedoch nicht gelungen, da es in der Tat schwierig war, ihr eine besondere Leistung für den Bestand des Ordens zuzuschreiben. Erst eine dritte, im 17. Jh. zum Abschluß gebrachte Konzeption war geeignet, die Lücke zu schließen und den Kreuzherrenorden zum *omnium ordinum post pontificiam dignitatem vetustissimus* zu machen, der im 13. Jhdt. auf eine mehr als tausendjährige Vergangenheit zurückblicken konnte. Den ersten Schritt zur Ausbildung dieser Konzeption bildete der Entwurf einer bis auf Christus zurückgehenden Vorgeschichte des Ordens. Nach ihr war es der Erlöser selbst, der als *cruciferorum antesignatus* den *ordo S. Crucis* gründete und aus seinen Aposteln und Jüngern Kreuzherren machte.[97] Die These von der Gründung des Ordens durch Christus

du corps de Madame S. Odilie ... Patronesse des Frères Croisiers (Lüttich 1616, 1664). BN Paris, MS Franç. 16846, fol. 30-37ᵛ: Explication historique, qui represente la révélation miraculeuse, l'invention, élévation et translation du corps ou relique de Ste. Odilie, Patrone de l'Ordre ... par *C. Averkamp*, (1636), Prieur de S. Croix de Cologne et Gerard à Lendt (1636-65), Prieur du Couvent d'Emric, traduite par un religieux de S. Croix de la Bretonnerie de Paris. – Kort verhaal van de miraculeuse lichaem der H. Odilia, maget en martelaeresse, patronesse van het canonycke orde des H. Cruys (Roermond 1674). Eine Zusammenfassung der legendären Überlieferung bei: *H. van Rooijen*, Sinte Odilia, legende of historie, Diest 1946.

95 Vgl. zu diesem Komplex vorerst: *K. Elm*, Neue Beiträge zur Geschichte des Augustiner-Eremitenordens im 13. u. 14. Jahrhundert, 357 ff. *Jean le Solitaire*, Aux sources de la tradition du Carmel, Paris 1953. *K. Elm*, Ausbreitung, Wirksamkeit und Ende der provençalischen Sackbrüder (Fratres de Poenitentia Jesu Christi) in Deutschland, Belgien und den Niederlanden, Francia 1 (1972) 257-324.

96 *G. de Tervarent*, La légende de Ste-Ursule dans la littérature et l'art du moyen âge, 2 Bde., Paris 1931. *J. Solzbacher/V. Hopmann*, Die Legende der hl. Ursula und die Geschichte der Ursula-Verehrung, Köln 1963. *J. Straubinger*, Die Kreuzauffindungslegende = Forschungen zur christl. Literatur- und Dogmengeschichte 11, 3 (1911).

97 *P. Verduc*, La vie du bienheureux Théodore de Celles, restaurateur du très ancien ordre canonical, militaire et hospitalier du Saint Croix, Périgeux 1681. *A. Hertzworms*, Religio Sanctissimae Crucis seu brevis ac solida informatio de ortu ac progressu necnon memorabilibus

verbindet seine Geschichte eng mit der der christlichen Urgemeinde. Aus ihrem Schoß kamen die Kreuzherren im Gefolge der Apostel von Jerusalem nach Rom, wo sie ähnlich wie ihre in der Hl. Stadt verbliebenen Brüder die Sezession der Lauen und den monastischen Zusammenschluß der Eiferer erlebten. Sowohl in Rom als auch in Jerusalem gab ihnen der Schüler und Nachfolger des hl. Petrus, Papst Cletus, Ordnung und Regel. Was Helena und Quiriacus im 4. Jhdt. für den Orden taten, kann daher nicht als seine Gründung angesehen werden, muß vielmehr als Reform und Neubeauftragung im Dienste des Hl. Kreuzes gelten. Das Martyrium des Quiriacus und der Fall Jerusalems schlugen der durch Helena reformierten Gemeinschaft tiefe Wunden, konnten ihre Existenz jedoch nicht auslöschen. Aus Zerstreuung und Vereinzelung kehrten die Kreuzherren im 7. Jhdt. wieder nach Jerusalem zurück, um hier erneut ihre eigentliche Aufgabe, die Bewachung des Hl. Kreuzes, zu übernehmen. Einige von ihnen blieben indes in Europa, wohin sie die Gewalt der Heiden vertrieben hatte, zurück. Als sich im 13. Jhdt. in der Diözese Lüttich einige Fromme in Clairlieu zusammenfanden, war das daher nicht ein völliger Neubeginn, sondern nur die Sammlung und Reorganisation eines uralten, über ganz Europa, ja, über die ganze Christenheit verstreuten Kreuzherrentums. Mustert man zum Abschluß die drei eng miteinander verflochtenen, an der Kreuzverehrung[98] orientierten Konzeptionen auf ihre Relevanz für die von van den Bosch aufgestellte These hin, dann läßt nur die jüngere, die Gleichsetzung des Kreuzherrentums mit der *ecclesia primitiva*, Schlüsse auf ein kanonikales Selbstverständnis zu. Für die Feststellung, das Übergewicht der Augustinusverehrung habe den wahren Stifter, Theodorus von Celles, in Vergessenheit geraten lassen, liefert jedoch auch sie keinen Beweis. Gewiß verschweigen die Historiker nicht, daß der Orden im 13. Jhdt. die die *vita apostolica* erneuernde Regel des hl. Augustinus annahm; eine Rolle, die mit der der Helena und Odilia oder auch nur der des Cletus und des Quiriacus vergleichbar wäre, schreiben sie ihrem Regelgeber jedoch nirgendwo und zu keinem Zeitpunkt zu.

Die Studien von van den Bosch lassen, wie bereits angedeutet, den Verlauf und die Eigenart der Observanzbewegung des 15. Jhdts. in manchen Punkten deutlicher als bisher erkennen. Wieweit sie jedoch in der Lage sind, der Diskussion über Entstehung und ursprünglichen Charakter des Ordens neue Anstöße zu geben, ist nur dann gerecht zu beurteilen, wenn man sich noch einmal den Stand der bisherigen Forschung vergegenwärtigt. Bei den Bemühungen um eine Definition der ursprünglichen Eigenart des Ordens gibt eine schon im 17. und 18. Jhdt. nachweisbare,[99] heute

---

quibusdam gestis virisque Ordinis S. Crucis vel Cruciferorum, Roermond 1661. *A. de Vriese*, Via regia S. Crucis, hoc est semita vitae alternae, per diversas Ecclesiae religiosas ordines demostrata cum explicatione theatri sacri ordinis S. Crucis per dialogum genii et viatoris, in: Aegis Aegidio-Vresana sive Poëmata R. P. Aegidii de Vrese (Köln 1665). *G. van Lit*, Lucerna splendens super candelabrum sanctum, id est solida ac dilucida explanatio constitutionum ordinis S. Crucis (Köln 1632).

98 Über die bis in die Anfänge des Ordens zurückreichende Kreuzesverehrung: *J. van den Bosch*, De „Cultus crucis" in de Kruisherenorde, in: Rond inhoud en beleving van de spiritualiteit der Orde van het H. Kruis, Diest 1955, 101-23.

99 Paris, Bibl. Ste-Geneviève, MS 702: Recueil de pièces concernantes le caractère canonical de l'ordre de St. Croix (18. Jhdt.). Weiteres Material in MSS Franç. 14482 und Coll. Baluze 337 der BN Paris und Pièce curieuse ou l'abrégé de la réforme du couvent de St. Croix de la Bretonnerie de Paris, Paris 1640 (BN, Imprimées 4° LK$^7$ 7214).

vor allem von A. Ramaekers repräsentierte Schule den Ton an.[100] In Untersuchungen zu Liturgie, Ordenskleid und Ordensverfassung versucht sie den Beweis zu erbringen,[101] daß der Kreuzherrenorden von den Anfängen bis zur Gegenwart ein Orden regulierter Chorherren gewesen sei. Während man im 17. Jhdt. auf dieser Klassifikation insistierte, um den Anschluß des Pariser Ordenshauses an die Congrégation de Sainte Geneviève zu verhindern,[102] entwickelten Ramaekers und seine Schule ihre Argumente in der Auseinandersetzung mit Untersuchungen, denen es weniger um eine kirchenrechtliche Kategorisierung als vielmehr um eine Einordnung der Kreuzherrenordensgeschichte in den Ablauf der allgemeinen Ordens- und Frömmigkeitsgeschichte ging. Aus einem solchen primär historischen Interesse hat R. Haass, einige Jahre bevor de Moreau und van Rooijen den Gründungsbericht des Russelius in Frage stellten, Zweifel an dem bisher unangefochtenen kanonikalen Charakter des Ordens angemeldet. Aufgrund von Verfassung, Privilegien und Ordensnamen glaubte er, den Kreuzherrenorden erst seit dem 16. Jhdt. als einen Kanonikerorden ansehen zu dürfen. Was seine Ursprünge angeht, ist er für ihn nichts anderes als einer der zahlreichen kleineren Bettelorden des 13. Jhdts., die in ihrer Spiritualität dem Vorbild der Franziskaner, in ihrer Verfassung hingegen dem der Dominikaner folgten.[103] Dieser von der Ramaekerschen Schule bekämpften, von angelsächsischen Forschern wie R. Emery, D. Knowles und R. Neville Hadcock jedoch übernommenen These[104] stellten E. de Moreau und H. van Rooijen eine weitere an die Seite, die sich stärker der Position Ramaekers nähert.[105] Sie besagt, daß das geistige Ambiente, in dem der Kreuzherrenorden entstand, nicht in dem von Italien und Frankreich ausgehenden Mendikantentum des 13., sondern in der kanonikalen Reformbewegung des 11. und 12. Jhdts. zu suchen sei. Für die beiden Forscher handelt es sich nämlich bei den ältesten Kreuzherren um Kanoniker, die nach dem Vorbild der Gründer von Rolduc,

---

100 *A. Ramaekers*, De Privileges der Kruisheerenorde vanaf haar ontstaan tot aan het Concilie van Trente, Clair-Lieu 1 (1943) 9-82. Ders., De Kruisherenorde als „ordo canonicus", in: Rond inhoud en beleving van de spiritualiteit van de Orde van het H. Kruis, 47-100.

101 *A. van Asseldonk*, Het brevier van de Kruisheeren, Clair-Lieu 2 (1944) 7ff. *L. Heere*, Het kloosterkleed der Kruisheren, Cruciferana NS (1955). *W. Sangers*, De oudste constituties der Kruisherenorde, in: Miscellanea L. van der Essen, Brüssel-Paris 1941, I, 315-27. Ders.: Predikbroeders – Kruisbroeders, in: Miscellanea Gessleriana, Antwerpen 1948, I, 1089-95. *L. Heere*, Oude gebruiken bij de Kruisheren, Clair-Lieu 3 (1945) 19 ff.

102 Vgl. dazu neben den in Anm. 99 genannten Archivalien und Drucken: *E. Raunie*, Epitaphier du vieux Paris, Paris 1901, III, 423.

103 *R. Haass*, Die Kreuzherren in den Rheinlanden, 6 ff. Am deutlichsten Ders. in: Kreuzbrüder – Kreuzherren. Ein Beitrag zum Wechsel ihrer Bezeichnung und zu ihrer inneren Wandlung, Rheinische Vierteljahresblätter 3 (1933) 124-29. In: Spätmittelalterliche Reformbestrebungen im niederländisch-niederrheinischen Raum und der Kreuzherrenorden, 44 ff., modifiziert Haass seine These insofern, als er die kirchenrechtliche Zuordnung des Kreuzherrenordens zum ordo canonicus auch für das 13. Jh. nicht in Zweifel zieht.

104 *R. Emery*, The Second Council of Lyons and the Mendicant Orders, Catholic Historical Review 39 (1953) 257-71, und *Ders.*, The Friars in Medieval France, New York – London 1962, 12, ist der Meinung, die Kreuzherren hätten als Reaktion auf den 13. Kanon des 2. Lyoner Konzils den Status von Kanonikern angenommen, so daß sie „can hardly be considered as mendicants after the thirteenth century". Seiner Meinung schließen sich an: *D. Knowles/R. Neville Hadcock*, Medieval Religious Houses in England and Wales, London 1953, 204-205. *Dies.*, Additions and Corrections to Medieval Religious Houses: England and Wales, The English Historical Review 72 (1957) 73.

105 Vgl. die in Anm. 3 und 5 genannte Literatur.

Flône, Saint Gilles oder Oignies[106] jahrzehntelang in der Abgeschiedenheit eine *vita eremitica* führten und erst in der Mitte des 13. Jhdts. zu einem am Vorbild der Dominikaner orientierten Ordensleben übergingen: eine Hypothese, die nicht nur gewichtige Quellenaussagen für sich hat, sondern auch in der Lage ist, das auffällige Schweigen der zeitgenössischen Quellen über die Anfänge des Kreuzherrenordens zu erklären. De Moreau und van Rooijen fanden für ihre These die Zustimmung von B. van Luijk[107] und M. Hayden.[108] Beide brachten jedoch nicht unwichtige Modifikationen an, die zumindest die von de Moreau vorgebrachte Erklärung für das Schweigen der zeitgenössischen Quellen abschwächen. Während nämlich Hayden der Meinung ist, es habe sich bei den ersten Kreuzherren um eine lockere Gemeinschaft von Priestern und Laien beiderlei Geschlechts gehandelt, die sich vornehmlich der Hospitalfürsorge widmeten, schreibt ihnen van Luijk unter Hinweis auf toskanische Verhältnisse eine ausgesprochene Orientierung auf die *cura animarum*, die Tätigkeit also in der Seelsorge, zu. Erstaunlicherweise sind in der sich um die genannten Positionen zentrierenden Diskussion andere Möglichkeiten der Einordnung so gut wie ganz unbeachtet geblieben. Eine dieser Möglichkeiten, nämlich die Zuordnung der belgisch-niederländischen Kreuzherren zu den übrigen nichtritterlichen Kreuzherrenorden, drängt die ältere Ordenshistoriographie geradezu auf.[109] Dennoch hat sich die jüngere Forschung[110] nie ernsthaft die Frage nach dem Zusammenhang zwischen den schon für die Zeitgenossen[111] kaum mehr unterscheidbaren *cruciferi, crucigeri, crucifixi* und *fratres S. Crucis* gestellt, obgleich sie sich vor allem in England immer wieder gezwungen sah, aus den zahlreichen durch die Verehrung des Hl. Kreuzes geprägten Gemeinschaften diejenigen auszusondern, in denen sie Mitglieder des um Huy zentrierten Kreuzherrenordens zu sehen glaubte, und da organisatorische Zusammenhänge nachzuweisen, wo nur die Hinordnung auf das Hl. Kreuz ein gemeinsames Band bildete.[112] Noch auffälliger als dieses Versäumnis ist die Tatsache, daß die Kreuzherrenforschung bisher nie den Motiven nachgegangen ist, die die Kurie in der Mitte des 13. Jhdts. veranlaßten, Kreuzherren nicht nur im Fürstbistum Lüttich, sondern auch in den Diözesen Langres und Lincoln zu

---

106 Dazu u. a. *Ch. Dereine*, Les chanoines réguliers au diocèse de Liège avant Saint Norbert, Verhandelingen van de Koninklijke Academie van België 47, Brüssel 1952. *N. Spaey*, L'expansion de l'ordre canonical et monastique du X$^e$ au XII$^e$ siècle dans l'ancien diocèse de Liège, Löwen 1964.

107 *B. van Luijk*, Het Kruisherenideaal en de intensivering van de volkszielzorg in de dertiende eeuw, Het Oude Land van Loon 16 (1961) 135-47.

108 Vgl. Anm. 8.

109 Vgl. z. B. Anm. 97.

110 *M. Hayden*, The Crosiers in England and France, 96, fragt nach möglichen Zusammenhängen mit „an old Order of the Holy Cross in Syria".

111 Als Beispiel; Chronicon St. Catharinae Rotomagiensis, in: Recueil des Historiens des Gaules et de la France XXIII, Paris 1876, 406.

112 *E. Beck*, The Order of the Holy Cross in England, Transactions of the Royal Historical Society III, 7 (1913) 191-208. *J. Bulloch*, The Crutched Friars, Records of the Scottish Church History Society 10 (1949) 89-106. *H. F. Cheetle*, The Friars of the Holy Cross in England, History 34 (1949) 204-220. *R. Neville Hadcock*, The Order of the Holy Cross in Ireland, in: Medieval Studies presented to Aubry Gwynn S. J., Dublin 1961, 44-53.

organisieren und zu approbieren.[113] Dabei hätte sie schnell zu der Feststellung kommen können, daß die Reglementierung der Kreuzherren durchaus kein Sonderfall ist, vielmehr zu den zahlreichen Maßnahmen gehört, mit denen vor allem Innozenz IV. und Alexander IV. das unüberschaubar gewordene Ordenswesen unter dem Gesichtspunkt der *utilitas ecclesiae* zu ordnen und umzuformen suchten.[114] Ein großer Zusammenhang, aus dem sich zweifellos auch etwas mehr Licht in die „ténèbres répandues sur l'histoire des premiers temps de l'ordre des Croisiers"[115] bringen läßt.

Angesichts der hier nur skizzierten Thesen und Fragestellungen erscheint der von van den Bosch unternommene Versuch, auf dem Umweg über die Observanz die permanente Zugehörigkeit des Kreuzherrenordens zum *ordo canonicus* zu beweisen, als ein Anachronismus, der die Diskussion weniger fördert als vielmehr auf alte, längst ausgefahrene Gleise zurücklenkt. Man wird nicht fehlgehen, wenn man unterstellt, daß die Fragestellung seiner Studien von dem *tonus rectus* der vor allem aus dem Kreuzherrenorden selbst rekrutierten Ramaekerschen Schule bestimmt wurde. Überdies schleicht sich der Verdacht ein, hier sei die kanonistische Klassifikation mit der historischen Gestalt, der eigentlichen Physiognomie, verwechselt worden, weil es an der elementaren Einsicht mangelte, daß auch religiöse Orden lebendige Gebilde sind, die im Laufe ihrer Geschichte oft erstaunliche Metamorphosen vollzogen und sich nicht in der Isolation, sondern nur in gegenseitiger Bezogenheit weiterentwickelten: Einsichten, die nicht nur bei der Beschäftigung mit den Anfängen des Kreuzherrenordens, sondern erst recht bei einer Untersuchung der komplexen, vielfältig aufeinander bezogenen Reformbestrebungen des 14. und 15. Jhdts. vorausgesetzt werden müßten.

---

113 Zu diesem Problem: *M. Hayden*, The Crosiers in England and France, 97 ff., und *R. R. Post*, De Oorsprong van de Orde der Kruisbroeders, 249 ff.
114 Vgl. dazu: *K. Elm*, Ausbreitung, Wirksamkeit und Ende der provençalischen Sackbrüder.
115 *E. de Moreau*, Histoire de l'Eglise en Belgique, IV, 310.

# Weitere das mittelalterliche Ordensleben in Westfalen und am Niederrhein betreffende Veröffentlichungen

Beiträge zur Geschichte des Wilhelmitenordens, Münstersche Forschungen 14 (Köln-Graz 1962).

Zisterzienser und Wilhelmiten. Ein Beitrag zur Wirkungsgeschichte der Zisterzienserkonstitutionen (Achel, Belgien 1966). Zuerst: Cîteaux 15 (1964) 92-124, 171-202, 213-231.

Die Bulle „Ea quae iudicio" Clemens' IV. (30. VIII. 1266). Vorgeschichte, Überlieferung, Text und Bedeutung (Löwen 1966). Zuerst: Augustiniana 14 (1964) 500-522; 15 (1965) 54-67, 495-520; 16 (1966) 95-145.

Wilhelmiten in Brandenburg und Pommern, Augustiniana 16 (1966) 89-94.

Ausbreitung, Wirksamkeit und Ende der provençalischen Sackbrüder (Fratres de Poenitentia Jesu Christi) in Deutschland, Belgien und den Niederlanden. Ein Beitrag zur kurialen und konziliaren Ordenspolitik des 13. Jahrhunderts, Francia 1 (1972) 257-324.

Papsturkunden aus dem Kölner Augustiner-Eremitenkloster in der Pariser Nationalbibliothek (Fonds latin 9286), in: Scientia Augustiniana. Studien über Augustinus, den Augustinismus und den Augustinerorden. Festschrift P. Dr. theol. Dr. phil. Adolar Zumkeller OSA. zum 60. Geburtstag. Herausgegeben von Cornelius Petrus Mayer und Willigis Eckermann (Würzburg 1975) 515-543.

Fratres et Sorores Sanctissimi Sepulcri. Beiträge zu fraternitas, familia und weiblichem Religiosentum im Umkreis des Kapitels vom Hl. Grab, Frühmittelalterliche Studien 9 (1975) 287-333.

Quellen zur Geschichte des Ordens vom Hl. Grab in Nordwesteuropa aus deutschen und niederländischen Archiven (1191-1603), Academie royale de Belgique. Commission royale d'histoire (Brüssel 1976).

Ordo Fratrum Eremitarum S. Guilielmi. Ontstaan, eigen karakter, activiteit en erfgoed van een Toscaanse Eremietengemeenschap (Huijbergen 1978).

St. Leonhard und St. Peter in Basel. Neue Beiträge zur Geschichte des hoch- und spätmittelalterlichen Kanonikertums, Freiburger Diözesan-Archiv 99 (1979) 499-511.

Verfall und Erneuerung des Ordenswesens im Spätmittelalter. Forschungen und Forschungsaufgaben, in: J. Fleckenstein (Hrsg.), Untersuchungen zu Kloster und Stift. Studien zur Germania Sacra 14. Veröffentlichungen des Max-Planck-Instituts für Geschichte 68 (Göttingen 1980) 188-238.

Der Verfall des zisterziensischen Ordenslebens im späten Mittelalter, in: K. Elm u. a. (Hrsgg.), Die Zisterzienser. Ordensleben zwischen Ideal und Wirklichkeit. Eine Ausstellung des Landschaftsverbandes Rheinland. Aachen. Krönungssaal des Rathauses, 3. Juli – 28. September 1980 (Köln-Bonn 1980) 237-242 (mit P. Feige).

Reformen und Kongregationsbildungen der Zisterzienser in Spätmittelalter und früher Neuzeit. Ebd. 243-254 (mit P. Feige).

Der gescheiterte Versuch einer Union zwischen belgischen und böhmischen Kreuzherren (1673/1674). Ein Beitrag zur Geschichte der mittelalterlichen Kreuzherrenorden, in: Festschrift W. Kohl, Westfalen 53 (1980) 1392-1404.

Brüder vom gemeinsamen Leben, in: Evangelisches Kirchenlexikon 1 (1986) 551-52.

An Hitherto Unknown 17th Century Correspondence Between Bohemian and Belgian Crosiers (1673-74), Crosier Heritage 19 (1986) 1-11.

Christi cultores et novelle ecclesie plantatores. Der Anteil der Mönche, Kanoniker und Mendikanten an der Christianisierung der Liven und dem Aufbau der Kirche von Livland, in: Gli inizi del Cristianesimo in Livonia-Lettonia. Atti del colloquio internazionale di storia ecclesiastica in occasione dell' VIII centenario della Chiesa in Livonia (1186-1986). Roma, 24-25 Giugno 1986. Pontificio Comitato di Scienze Storiche. Atti e documenti 1 (Città del Vaticano 1989) 127-170.

Reformbemühungen und Observanzbestrebungen im spätmittelalterlichen Ordenswesen. Berliner Historische Studien 14. Ordensstudien VI (Berlin 1989).

Heinrich von Ahaus, in: Westfälische Lebensbilder. Im Auftrag der Historischen Kommission für Westfalen hrsg. von R. Stupperich, Bd. XV (Münster 1990).

Eine bisher unbekannte Verteidigungsschrift der Bruderschaft vom Gemeinsamen Leben aus dem St.-Gregorius-Haus in Emmerich, in: Memorialschrift W. Lourdaux (Löwen 1990).